소유권유보에 관한 연구

소유권유보에 관한 연구

김 은 아 지음

경인문화사

일러두기

1. 우리 법명의 인용은 원문 그대로 인용함을 원칙으로 한다.
2. 국내 재판례의 인용은 선고법원, 선고일자, 사건번호, 판결/결정 순으로 하며, 특별한 표시가 없는 한 그 출처는 대법원홈페이지(https://glaw.scourt.go.kr/wsjo/intesrch/sjo022.do)이다.
3. 프랑스 등 외국의 문헌 및 판례의 인용은 그 방식에 따른다.
4. 외국문헌의 인용 시 문단번호가 있으면 이를 가리키는 문자인 n°, n, Rn. 와 그 번호로 인용하고, 그 외에는 특별한 표시 없이 페이지(p. 또는 S.)를 인용한다.
5. 프랑스의 법명은 다음과 같은 인용을 원칙으로 한다.
   [code→법전(法典) ; loi→법률(法律) ; ordonnance→오르도낭스(法律命令) ; décret→데크레(法律規則)] ex) Code civil→프랑스민법전
6. 이 책에서 사용되는 용어의 정의는 다음과 같다.
   (1) "소유권유보(la réserve de propriété)"는 소유권을 유보하는 행위 자체를 의미하거나, 다른 담보제도와 구별되는 소유권유보제도를 의미하거나, 소유권유보부 매매의 법률관계를 의미한다.
   (2) 유보소유권은 소유권유보로 유보된 소유권을 의미하며, 유보매도인과 유보매수인은 소유권유보부 매매의 매도인과 매수인을 의미한다.
   (3) 소유권유보에 관한 합의는 소유권유보약정(la clause de réserve de propriété)이라고 한다.
   (4) 프랑스법상 법률용어인 갸랑띠(garantie)와 쉬르떼(sûreté)는 종래부터 모두 담보라고 번역되어 왔으나, 이 책에서 양자를 비교하는 의미에서 사용할 때에는 갸랑띠(garantie)는 담보, 쉬르떼(sûreté)는 담보권으로 번역하여 사용한다. 즉, 갸랑띠는 채권회수를 용이하게 하기 위한 물권법 또는 채권법상의 어떤 제도나 권리의 담보적 이용을 말하며, 쉬르떼는 피담보채권의 변제를 목적으로 하는 민상법상의 제도 및 권리로 담보제도 또는 담보(물)권을 의미한다.

약 어 표

Clunet	*Journal du droit international*
D.	*Receuil Dalloz*
Gaz. Pal.	*Gazettes du Palais*
JCP	*La Semaine Juridique(Jurisclasseur périodique)*
JCP E	*La Semaine Juridique(Jurisclasseur périodique, édition Entreprise et affaires)*
JCP G	*La Semaine Juridique(Jurisclasseur périodique, édition Général)*
Rép. civ.	*Répertoire de droit civil*
Rép. com.	*Répertoire de droit commercial*
RJ com.	*Revue de jurisprudence commercial*
RTD civ.	*Revue trimestrielle de droit civil*
RTD com.	*Revue trimestrielle de droit commercial et droit économique*
S.	*Recueil Sirey*
Cass. (1re, 2e ou 3e) Civ.	Cour de cassation, (1re, 2e ou 3e) chambre civile
Cass. Com.	Cour de cassation, chambre commerciale
CA	Cour d'appel

머리말

이 책은 2019년 2월에 제출한 저자의 박사학위 논문인 「소유권유보에 관한 연구-프랑스법을 중심으로-」를 책으로 엮은 것이다. 그 사이 특별히 개정해야 할 사정이 발생하지 않아 위 학위논문의 오기를 바로 잡는 정도로 수정하였다.

우리의 거래계에서는 동산에 대한 소유권유보부 매매가 널리 행해진다. 이 거래를 통해 매수인은 매매대금에 대한 신용을 얻을 수 있고, 매도인은 매매대금에 대한 담보를 얻을 수 있기 때문이다. 이 책은 이러한 소유권유보부 매매의 담보로서의 본질을 탐구하는 것을 목적으로 한다.

그 방법론으로 외국 법제와의 비교, 특히 프랑스법과의 비교법적 연구를 택하였다. 프랑스법에서의 소유권유보는 지금 우리와 같이 이를 규율하는 명문의 규정이 없었다가 2006년 민법전이 개정되어 법률상 담보물권으로 인정되어, 담보물권의 효력으로서 매도인의 소유권에 기한 반환청구권을 인정하고 있다. 이 책에서는 우리 법과 비교·분석을 위하여 프랑스법의 발전과정을 추적하였고 그 경위를 우리 법과 비교하여 검토하였다.

연구 결과, 우리 법에서의 소유권유보부 매매는 거래의 실제 유형에 따라 원칙적인 내용의 소유권유보와 특수한 소유권유보의 두 가지 유형으로 나눌 수 있고, 그 유형에 따라 본질이 달라진다는 것을 알 수 있었다.

우리 법에서 소유권유보의 원칙적인 모습은 담보물권으로 볼 수 없다고 할 것이다. 우리 법에서 소유권유보부 매도인의 권리는 프랑스의 현행민법과 같이 담보물권으로 규정된 것이 아닌 이상 담보물권으로 볼 것은 아니며, 소유권을 담보적으로 이용한 것에 불과하다고 보아야 하기 때문이다. 즉, 이 경우의 소유권유보는 통상 행해지는 매매계약에 결부한 정지조건부 소유권이전약정을 통하여 매매대금채권에 대한 담보적 기능을 하는 제도일 뿐인 것이다. 따라서 우리법상 매수인의 도산절차 개시 시 매도인이 소유권에 기한 반환청구권, 즉 환취권을 행사할 수 있도록 해석되어야 한다.

그런데 거래의 실제에서는 소유권유보에 관한 법률관계의 확장형인 특수한 소유권유보의 경우가 인정될 수 있으며, 그러한 소유권유보는 양도담보에 준하는 효력을 가진다. 이러한 특수한 소유권유보는 전매약정이나 가공약정을 통해 이루어질 수 있고, 이 경우에는 원칙적인 물품신용으로서의 소유권유보가 아니라 금전신용으로서의 소유권유보로 취급할 수 있다. 이 경우에는 당사자가 별도의 담보계약 체결의 의사로 목적물을 선인도한 것으로 보아야 한다. 따라서 매수인의 도산절차에 있어서 원칙적인 경우에는 소유권유보부 매매를 미이행쌍무계약으로 보아 매도인이 해제할 수 있어야 하지만(채무자 회생 및 파산에 관한 법률 제119조 및 제335조), 특수한 소유권유보부 매매의 경우에는 이를 미이행쌍무계약으로 볼 수 없어 양도담보와 같은 환가담보로 취급되어야 하는 것이다. 즉, 특수한 소유권유보의 경우에는 매수인의 도산에 있어서도 환가담보로서 회생담보권으로 볼 수 있다.

위와 같이 소유권유보의 담보적 성질을 분별하지 않고 매도인의 유보소유권이 담보적 성질을 갖는다는 이유만으로 매수인의 도산절차에서 목적물의 환취를 부정한 현재 대법원의 태도에는 동의하기 어렵다.

이 자리를 빌어 저자가 민법을 공부하고 제 역량을 다할 수 있도록 도와주신 여러 스승께 감사드리고 싶다. 특히 학부 시절 민법을 가르쳐 주신 송덕수 교수님, 대학원에서 지도교수를 맡아 주신 양창수 교수님과 김형석 교수님의 學恩은 부족한 말로 일일이 표현하기 어려울 정도이다. 성실한 학자가 되는 것으로 보답하겠다고 다짐한다. 석사학위 논문의 심사위원장으로 엄밀한 논증의 중요성을 느끼게 해 주신 윤진수 교수님, 박사논문 심사위원장으로 프랑스법을 올바로 이해할 수 있도록 이끌어 주신 남효순 교수님께도 감사의 마음을 올린다.

목차

머리말

제1장
서론

제1절 문제의 제기

소유권유보부 매매란 매도인이 매매대금의 담보를 위하여 매수인의 대금의 완제 시까지 소유권을 유보하기로 하는 매매계약을 말한다. 통상 매매계약 시 별도로 소유권유보에 관한 특약을 하는 식으로 이루어지는데, 이때 이러한 특약을 소유권유보약정이라 한다.

소유권유보부 매매는 할부거래와 관련하여 우리의 거래계에서 많이 이용되고 있고, 그 관련된 한도에서 할부거래에 관한 법률의 적용을 받는다. 그러나 우리 민법에는 명문의 규정이 존재하지 않아, 이에 관한 법률문제를 학설과 판례를 통한 해석에 의존하고 있었다.

종래 우리법상 소유권유보는 "소유권유보부 매매의 법률관계", "소유권유보제도" 또는 "소유권을 유보하는 것"(이 글에서는 이를 통상 "소유권유보"라고 약칭한다)을 의미하며, 이를 해석하는 다수의 견해는 그 법적구성에 관하여 정지조건부 소유권이전설을 취하여 소유권의 이전이라는 물권행위에 대금의 완제라는 정지조건이 부가된 매매계약을 말한다고 함으로써, 소유권유보에 매매대금에 대한 담보적 기능을 인정하였다. 특히 이를 해석함에 있어서 우리 법에서는 여러 면에서 설명하기 쉽지 않은 독일법상의 물권적 기대권 개념을 차용하고 있었다.

한편, 소유권유보를 해석함에 있어서 소유권유보약정으로 매도인에게 유보된 소유권에는 매매대금에 대한 담보적 기능이 있다는 해석에서 더 나아가 소유권유보약정으로 매도인에게 유보된 소유권, 즉 유보소유권을 양도담보와 유사한 변칙담보 또는 담보권이라고 하는 견해도 있다. 이 견해는 일본과 미국의 통일상법전 및 각종 국제규범의 영향을 받은 것으로 소유권유보약정을 담보권을 설정하는 것으로 취급한다는 것이었다.

이와 관련하여 2014년에 대법원은 매수인의 회생절차가 개시된 경우 매도인에게 유보된 소유권이 담보권의 실질을 가지고 있다고 하여 양도담보와 같이 회생담보권이 된다고 판결하였다.[1] 이 대법원 판결이 소유권유보의 일반론에 관하여 판시한 것은 아니지만, 기존의 해석론과 관련하여 어떠한 의미가 있는지 문제된다.

이와 같이 기존의 해석론은 소유권유보가 매매대금에 대한 담보적 기능을 하는 제도인지, 아니면 더 나아가 매도인에게 담보권을 설정하는 담보제도인지에 관하여 논의하고 있다. 다시 말하면, 소유권유보약정으로 매도인에게 유보된 유보소유권이 담보권인지 여부에 관한 법적성질론을 중심으로 하는 것이다. 물론 그 법적성질이 무엇인지가 소유권유보의 해석에 선결적인 것은 아니다. 그러나 여러 문제를 해결하는 데에 중요한 역할을 한다는 점에서 그 선행적 검토가 의미 있다고 생각한다. 즉 소유권유보약정으로 유보된 유보소유권의 법적성질을 어떻게 보는지에 따라 매수인의 법적 지위, 매수인의 목적물에 대한 사용·수익의 근거 여부, 매수인의 목적물의 보관의무의 정도의 문제, 매수인의 목적물 처분 시 횡령죄의 성립 여부, 매수인의 채권자에 의한 강제집행 시 매도인의 제3자이의의 소의 제기 여부, 그리고 매수인의 도산절차에 있어서 매도인의 권리에 있어서 차이를 보일 수 있기 때문이다.

이 글은 이러한 법적성질의 해명을 위해 비교법적으로 프랑스민법의 담보제도에 소유권유보가 명문화된 것에 주목한다. 프랑스법은 그동안

---

1) 대법원 2014. 4. 10. 선고 2013다61190 판결. 이에 관하여는 이 책 제4장 제5절 Ⅱ. 참조.

우리와 마찬가지로 소유권유보에 관하여 민법전(民法典, Code civil)상에 명문의 규정을 두지 않고 해석에 의존하고 있었다. 시장경제의 발달로 근대에 신용매매가 증가하고, 동산의 경우에 인정되지 않는 동산저당, 즉 비점유질(非占有質)을 대체하기 위한 수단으로서 소유권유보약정이 활성화되기 시작하자, 프랑스에서는 입법을 통하여 매수인에 대한 도산절차가 개시된 경우에 소유권유보약정의 대항력을 인정하였다. 그 결과 소유권유보약정은 동산매도인의 주요한 담보수단의 하나로 인정되는 방향으로 발전하게 되었다. 다만, 프랑스에서 도산절차는 상인의 상거래상의 채권에 관하여 인정되는 것이었다. 따라서 입법을 통한 소유권유보약정의 대항력의 범위는 여전히 제한적이었다.

그런데 2006년 민법전의 개정을 통하여 담보에 관한 권(IV Livre)에 소유권유보를 명문화하였다.[2] 이는 프랑스의 소유권유보가 일반법상의 담보제도로 편입한 것을 의미한다. "담보로 유보된 소유권(la propriété retenue à titre de garantie)", 즉 소유권유보약정으로 유보된 유보소유권이 일반법상의 담보권이 되었다고 할 때 그 의미가 무엇인지, 즉 우리 민법의 해석상 정지조건부 소유권이전설에 의한 담보적 기능을 가진 제도에 불과한지, 아니면 담보물권의 설정이라고 볼 수 있을지, 우리법과의 비교를 통해 제도의 실질을 이해할 수 있을 것이다. 이를 기초로 다시 우리 법에서 소유권유보가 어떻게 해석되는 것이 올바른지 판단해 볼 것이다. 이를 위하여 기존의 독일법에 기초한 종래의 우리의 해석상 문제점을 살펴보고, 프랑스법과의 비교를 통하여 소유권유보약정으로 매도인에게 유보된 유보소유권의 법적성질이 무엇인지 살펴본 다음, 이를 기초로 우리법상 개별 문제에 관한 해석론을 전개해 나가고자 한다.

---

2) 프랑스민법전 제2367조부터 제2372조까지. 이에 관하여는 이 책 제3장 제3절 I. 참조.

제2절 논의의 범위

우선 이 글은 동산의 소유권유보를 중심으로 한다. 부동산을 대상으로 하는 소유권유보는 연혁적으로 검토할 필요가 있거나 문제되는 범위에서 별도로 언급하기로 한다.

본격적인 논의에 앞서 소유권유보의 연원과 최근의 발전과정에 대하여 살펴본다. 소유권유보의 연원이 되는 제도와 발전과정에 관한 연구는 소유권유보의 본질을 이해하도록 도움을 줌으로써 문제되는 법률관계와 제도의 올바른 해석에 도움을 줄 것이다(제2장).

그리고 프랑스 민법전상 담보권의 하나가 된 담보로서 유보된 소유권에 관하여 자세히 살펴본다. 이를 위하여 먼저 민법전에 소유권유보약정이 편입되기 전에 행해진 소유권유보의 해석을 살펴본다. 이는 현재 소유권유보 규정이 없이 해석으로만 소유권유보를 인정하는 우리 법 상황에 시사점을 줄 것이다. 다음으로는 프랑스민법전상 담보로서 유보된 소유권, 즉 유보소유권의 인정배경과 그 승인에 대하여 논의한다. 마지막으로 현재 행해지는 소유권유보의 해석에 관하여 살펴본다(제3장).

다음으로는 우리법상 소유권유보의 해석을 살펴본다. 기존의 학설 상황을 살펴보고, 이를 평가한다. 우리법상 소유권유보가 프랑스와 비교하여 볼 때 어떤 성질을 가지고 있는지, 단지 담보적 기능을 하는 법제도일 뿐인지, 아니면 이를 통해 유보된 소유권을 담보물권의 하나로까지 인정할 수 있는지 여부에 관한 논의의 당부를 살펴본다. 이러한 기존의 해석상 문제점과 프랑스법과의 비교를 중심으로 소유권유보의 법적성질과 해석의 기본방향을 제시한 다음, 이를 바탕으로 개별적인 소유권유보의 법률문제를 해석한다. 그리고 입법론적으로 더 나은 제도 운용을 위한 입법론은 없는지 검토한다(제4장). 마지막으로 앞선 논의를 정리한다(제5장).

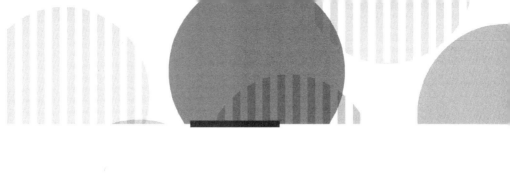

제2장
소유권유보의 발전과정

제1절 서설

이 장에서는 소유권유보의 연원이 되는 제도와 그 발전과정을 살펴보 도록 한다. 오늘날의 소유권유보와 동일한 것은 아니지만, 로마법상의 매 매실효약관(lex commissoria), 소유권유보의 합의(pactum reservati dominii) 제도와 중세 독일의 정기금유보(vorbehaltene Rente) 제도가 소유권유보의 연원으로 소개된다.[3] 그 밖에 프랑스에서도 근대 나폴레옹 민법전 제정 전의 파리관습법이 매수인의 파산절차상 소유권유보부 매매에 있어서의 매도인의 지위에 대하여 정하고 있었다. 또한, 각국에서 근대 민법전이 시행된 이후에는, 국제거래에서 담보의 통일과 조화를 추구하기 위한 노 력의 일환으로 각종 국제규범이 제정되기 시작하였다. 여기에서도 소유 권유보부 매매의 매도인이 가지는 유보소유권을 일반적인 담보권과 비 교하여 어떻게 취급할 것인지에 관하여 규정하였다. 이는 국제거래의 발 전을 위한 담보법 통합의 주요 동향으로 파악된다.

소유권유보의 연원 및 발전에 관한 연구는 소유권유보가 현재 어떻 게 해석되어야 하는지에 대한 시사점을 제공할 수 있다는 점에서 의미 가 있다. 소유권유보의 연원은 현재의 소유권유보의 기능 및 본질을 파

---

3) 소유권유보의 연원에 관하여 소개하고 있는 선행연구로는 독일의 M. Maaß, *Die Geschichte des Eigentumsvorbehalts: insbesondere im 18. und 19. Jahrhundert*, Peter Lang, 2000이 있다. 이 책에서는 매매실효약관(lex commissoria)과 소유권유보의 합의(pactum reservati dominii), 그리고 게르만법 상의 정기금유보(vorbehaltene Rente) 제도를 소유권유보의 기원으로 들고 있다. 소유권유보의 연원에 대한 논의 는 특히 독일에서 활발하였는데, 이는 소유권유보에 관한 구 독일민법 제455조(현 행 제449조)가 독일민법 제정 시부터 존재하고 있었기 때문이다. 일본의 石口修, 所有権留保の現代的課題(久留米大学法政叢書), 成文堂, 2006, 道垣內弘人, 買主 の倒産における動産売主の保護, 有斐閣, 1997에서도 소유권유보의 연원이 소개 되고 있다.

악하는데 도움을 줄 수 있으며, 그 발전에 관한 연구는 소유권유보의 나아갈 바를 제시하는 역할을 하기 때문이다. 이하에서는 그 연원과 발전에 관하여 차례로 살펴보도록 하겠다.

제2절 로마법

Ⅰ. 서설

로마에서의 매매계약(emptio venditio)은 현행 우리 민법상의 매매계약(민법 제563조 및 제568조 제1항)의 경우와 마찬가지로 소유권이 매도인으로부터 매수인에게 최종적으로 이전되는 것을 그 목적으로 하고 있었다. 그러나 로마법상 매도인이 현행 우리 민법의 해석과 같은 엄밀한 의미의 소유권이전의무를 부담하는 것이 아니었다. 매도인은 목적물을 매수인에게 이전하여 매수인이 방해받지 않고 당해 목적물을 향유하게 할 수 있는 상태를 유지하게 해주면 자신의 의무를 다한 것이었다.[4]

이러한 로마의 매매계약은 처음에는 현실매매의 형태를 보이다가 이후 신용매매, 즉 당사자의 매매에 관한 합의만으로 계약이 체결되는 낙성계약의 형태를 갖게 된다. 낙성계약으로서의 신용매매는 매매계약 체결 시 대금지급을 유예하는 것으로, 물적 급부와 계약체결이 분리되면서 발전하였다.[5] 이를 자세히 살펴보면 다음과 같다. "현실매매(la vente au comptant)"는 로마 초기부터 나타난 것으로, 물물교환과 같이 매매계약과 이행이 동시에 이루어지는 형태였다. 이 경우에는 물건의 소유권은 인도 시까지 매수인에게 이전되지 않았고, 매수인이 매매대금을 지급하지 않더라도 어떠한 담보가 필요하지 않았다. 그러나 "신용매매(la vente à

---

4) 최병조, 로마법강의, 박영사, 2007, 462면; 이때 매도인은 매수인에 대하여 목적물인도의무, 추탈담보책임, 목적물의 하자에 대한 담보책임을 지고 있었다 (Zulueta, *The roman law of sale*, Oxford, 1949, pp.35-51. 참조, F. Schulz, *Classical roman law*, Oxford, 1954, n°909 이하 참조).

5) 최병조, 전게서(주 4), 463면.

credit)"는 매수인에게 매매대금의 지급에 대하여 담보하기로 당사자 간에 합의하는 경우로서, 목적물의 인도로 소유권의 이전이 즉시 이루어지는 것이었다. 따라서 신용매매의 경우에는 매수인의 매매대금에 대한 채무불이행에 대하여 대비하여야 할 필요가 있었다.[6] 이러한 매매의 두 가지 범주는 유스티니아누스 법학제요(Institutiones Iustiani 2. 1. 41.)에서도 드러난다. 그에 따르면 현실매매와 신용매매의 경우에 각각 소유권의 이전 시기가 달라진다. 즉 매수인이 그 자리에서 대금을 지급해야 할 현실매매에서는 대금이 지급될 때까지 목적물의 소유권이 매도인에게 있는데 반하여, 매도인이 매수인에 신용을 주는, 즉 대금지급이 유예되는 신용매매에 있어서는 소유권의 이전이 목적물의 인도로 즉시 이루어지고, 소유권의 이전은 매수인의 매매대금 지급과는 관계없게 되는 것이다.[7] 당해 개소를 살펴보면 다음과 같다.

41. 그런데 증여 또는 지참재산 또는 임의의 기타 원인에 의하여 인도되는 경우, 의심의 여지없이 [권리가] 이전된다. 그런데 매도되어 인도된 것은 매도인에게 대금을 지급하거나 또는 예컨대 병존적 채무인수 또는 입질 등 다른 방식으로 그를 만족시켜야만 매수인이 취득한다. 이것이 12표법에 규정은 되어 있지만, 그렇게 되는 것은 만민법 즉 자연법이라고 하는 것이 더 옳을 것이다. 그런데 매도한 자가 매수인에게 신용을 준 경우에도, 즉시 물건이 매수인의 것이 된다고 하여야 한다.[8]

---

6) Zulueta, *op. cit.*, p.53; 현승종·조규창, 로마법, 법문사, 2004, 734면; 이에 대한 담보로 로마에서는 유치권, 각종 법정담보와 약정담보가 설정되기도 하고, 별도의 합의가 체결되기도 한다. 이에 관하여는 L. Hot, *Droit romain des droits du vendeur non payé, droit français des droits du vendeur non payé, en cas de faillite ou de liquidation judiciaire de l'acheteur*, 1893, p.XLII 이하 참조. 이때 사용되는 현실매매와 신용매매의 개념은 현재의 프랑스법에도 사용된다. 이에 관하여는 이 책 제3장 제2절 II. 1. 가 참조.

7) J. Carbonnier, 《L'influence du paiement du prix sur le transfert de la propriété dans le vente》, in Travaux et conférences de l'Université Libre de Bruxelles, VIII 1960, p.129; M. Maaß, *op. cit.*, S.35.

소유권의 이전에 관한 위와 같은 구별은 매수인이 대금을 완제하지 않고 파산한 경우에 매도인에게 결정적인 의미를 지니는 것이었다. 즉 현실매매에서 매도인은 아직 매매물건의 소유권을 잃지 않은 것이기 때문에, 당해 목적물을 소유자로서 반환청구할 수 있다. 그러나 신용매매에서 매도인은 즉시 소유권을 잃고 있는 것이어서 어떠한 반환청구도 인정되지 않는다. 그는 파산자에게 신용을 준 자로서 다른 채권자와 동일한 법적 지위를 가질 뿐이었다. 요컨대 법학제요에 따르면, 현실매매의 경우에는 매수인의 파산 시 매도인은 소유권에 기하여 매매목적물을 반환청구할 수 있으나, 신용매매의 경우에는 그것이 불가능하다.[8)]

따라서 신용매매의 매도인이 매매대금을 지급받을 때까지 여러 가지 담보수단이 강구되게 된다. 그 중 대표적인 것이 오늘날 소유권유보의 연원으로 논의되는 것이 매매실효약관(lex commissoria)과 소유권유보의 합의(pactum reservati dominii)이다.

이와 별도로 소유권이 담보로 이용되는 신탁적 담보(fiducia cum creditore)가 로마법 역사에 출현하게 된다. 이러한 신탁적 담보도 채무에 대한 담보로 채권자에게 채무자의 소유권을 담보로 이전한다는 점에서 매매대금채권을 담보로 소유권이 유보되는 소유권유보와 유사한 메커니즘을 가진다. 이하에서는 소유권유보와 관련된 로마법상의 제도를 상술하기로 한다.

---

8) 이 개소의 해석은 성중모, 유스티니아누스 법학제요 한글 初譯 - 제2권 번역과 注釋, 법사학연구 제45호, 2012, 152면 참조.
9) H. Lévy-Bruhl, 《Étude historique sur la revendication du vendeur de meuble en matièrede faillite》, Annales de droit commercial, 1938, p.295.

II. 매매실효약관(lex commissoria)

로마법상 매수인의 매매대금불이행에 대한 담보의 하나로 매매실효
약관(lex commissoria)이 이용되었다. 매매실효약관은 우리 법과 같은 법
정해제권이 존재하지 않는 로마법에서 매수인의 채무불이행의 경우를
대비하여 약정담보의 역할을 하기 위해 매도인과 매수인 사이에서 체결
되는 약관이었다.[10] 즉 매도인과 매수인은 매수인이 매매대금을 지급하
지 않는 경우에 매매계약이 해제된다는 합의를 할 수 있을 뿐이었고, 그
합의를 매매실효약관이라고 하는 것이다.[11] 이는 매수인보다는 매도인
을 위하여 체결된 것이었다.[12] 매매계약과 별도로 구두 또는 서면으로
체결되는데,[13] 'si ad diem pecunia soluta non sit'(또는 'nisi intra certum
diem pretium sit exsolutum), 'ut fundus inemptus sit'라는 문구를 작성하여
체결되었다.[14]

매매실효약관은 매매계약에 부수하여 매도인을 위하여 체결된다는

---

10) J.-Ph. Lévy et A. Castaldo, *Histoire du droit civil*, 2e éd., Dalloz, 2010, n°506; M. Maaß, *op. cit.*, S.52.

11) L. Hot, *op. cit*, p.LVII. 한편, lex commissoria는 로마법상의 매매실효약관으로서
의 의미로 사용되기도 하지만, 신탁과 관련하여 유질계약의 의미하기도 하였
다. 유질계약으로서의 lex commissoria는 피담보채권의 만족이 없을 경우에 담
보물이 채권자인 담보권자에게 귀속한다는 실권약관을 의미한다. 그러나 이러
한 유질약정은 채무자에게 매우 위험한 것이었으므로 326년 콘스탄티누스 황
제에 의하여 금지되었고, 오늘날의 소유권유보와 관련한 의미는 아니다(최병
조, "D.18.1.6.1(Pomp. 9 ad Sab.)의 釋義 로마법상 매매실효약관(D.18.3)의 법
리", 현대민사법연구, 법문사, 2002, p.613-614 참조).

12) J.-Ph. Lévy et A. Castaldo, *op. cit.*, n°506; 최병조, 전게논문(주 11), 640면; R. Zimmermann, *The law obligations, Roman foundations of the civilian tradition*, C.H. Beck'sche Verlagsbuchhandlung, 1992, p.738.

13) R. Zimmermann, *op. cit.*, p.737.

14) R. Zimmermann, *op. cit.*, p.737; Zulueta, *op. cit.*, p.57.

점, 즉 매도인을 위한 대금변제를 담보하는 역할을 한다는 점에서 오늘 날의 소유권유보와 기능적으로 동일한 역할을 한다. 만약 소유권유보를 해제조건부 소유권이전으로 보는 경우에는 매매실효약관과 소유권유보 는 법적 구성까지 동일하게 될 것이다.

독일에서는 2차에 걸친 독일민법전 초안 작성과정에서 소유권유보를 정지조건부 소유권이전으로 할 것인지, 해제조건부 소유권이전으로 할 것인지 견해가 대립되었다. 그러다가 의심스러운 때에는 정지조건부 소 유권이전으로 보는 것으로 결론지었다.[15] 이러한 독일의 태도에 따라 소 유권유보를 정지조건부 소유권이전으로 보게 되면, 매매를 해제할 가능 성을 성립시키는 매매실효약관과는 그 효력 면에서 차이가 생긴다.[16] 매 매실효약관의 효력으로 매수인의 채무불이행시 매도인이 매매계약에 더 이상 구속되기 원하지 않는 경우에 매도인이 이 약관을 실행하여 매매계 약을 아예 없었던 것으로 되돌릴 수 있다는 점에서 그러하다. 즉 매도인 은 이 경우 매도인소권(actio venditi)을 이용함으로써 대금을 청구하거나, 인도했던 목적물을 반환받을 것인지에 관한 선택권을 가지게 되었다.[17]

매매실효약관은 매매대금의 완제 시까지 매수인으로의 소유권의 이 전이 정지되는 소유권유보의 법적 구성과는 차이가 있지만, 매매대금에 대한 담보로서 기능한다는 점에서 소유권유보의 연원으로 볼 수 있다. 독일의 마쓰(Maaß)는 독일민법 제정과정에서 제2위원회의 2차초안 제394 조(현행 독일민법 제449조)가 소유권유보와 결합된 해제권에 관한 규정

---

15) Hübner, Zur dogmatischen Einordnung der Rechtsposition des Vorbehaltskäufers, NJW 1980, S.730.

16) R. Zimmermann, op. cit., p.738.

17) 이 경우 매수인의 이익은 매도인이 이러한 선택권의 행사를 신속히 그리고 완 전히 행해야 한다는 점에서 보호되었다(R. Zimmermann, op. cit., p.738).

을 하고 있다는 점에서 동산 소유권유보에 있어 거래 당사자들이 매매
계약의 해제를 전제조건으로 한다는 것이 명백하므로, 매매실효약관(lex
commissoria)으로서의 소유권유보가 중요하다고 평가한다. 즉 매매실효
약관으로서의 소유권유보는 제2위원회에서 해제권의 형태를 취하여 독
일민법전 초안으로 편입되게 되었다는 것이다.[18] 소유권유보가 매매실
효약관과 관계있다는 것은 소유권유보에 있어서 해제권의 행사가 필요
하다는 것을 나타낼 수 있다는 점에서 우리 민법의 해석에도 시사하는
바가 있다. 특히 매매대금에 관한 매수인의 채무불이행이 있을 때 매도
인이 해제권을 행사하여야 하는지에 관하여 명문으로 규정하고 있는 독
일민법과 달리 우리 민법에서는 아무런 규정도 없다는 점에서 더 의미
가 있다.

Ⅲ. 소유권유보의 합의(pactum reservati dominii)

신용매매의 경우에 매도인은 매수인의 지급능력과 성실성에만 의존
하지 않고, 매수인과 별도의 특별한 합의를 함으로써 매수인의 채무불이
행에 대비하였다. 이때 소유권유보의 합의(pactum reservati dominii)가 체
결된다.[19] 이는 매매실효약관과 마찬가지로 매수인의 채무불이행에 대
비하여 매매계약과는 별도로 체결되는 합의(pactum)였다.[20] 이것은 매수
인이 매매대금을 지급하기 전에 그 목적물을 사용하는 것과 동시에 매
도인의 지위를 담보하는 것도 가능하게 하였다. 이러한 상황에서는 목적
물의 인도가 일어나지 않은 것으로 보기 때문에, 매도인은 이미 매각된
물건의 소유권을 보유할 수 있었다.[21] 로마법학자들은 이를 단일한 매

---

18) M. Maaß, *op. cit.*, S. 322ff 참조.
19) R. Zimmermann, *op. cit.*, p.276.
20) L. Hot, *op. cit.*, p.LIV.

매 거래가 아니라 매매와 임대차의 결합이라고 해석하였으나, 이 합의는 그 본질상 매매계약으로 평가되었다. 임대차는 그 매매의 효력발생을 위하여 보조적으로만 기능하는 것이었다.[22]

소유권유보의 합의의 체결은 명시적일 수도 있고 묵시적일 수도 있었다. 매도인이 매각된 물건의 소유권을 유보하면서 임대차의 합의나 허용대차(precarium)의 합의[23]가 함께 행해진 경우에는 매도인과 매수인 사이에서 묵시적인 소유권유보계약이 체결된 것으로 보았다.[24] 이때의 매도인은 소유자인 동시에 점유자이기도 하였는데, 그 매도인은 사용취득요건을 구비한 점유(possessio ad usucapionem)뿐 아니라 법무관의 특시명령으로 보호되는 점유(possessio ad interdicta)의 요건도 갖춘 점유자였다.[25]

독일에서는 이 합의를 소유권유보의 연원으로 볼 수 있는지 견해가 대립하고 있다. 독일의 쉬만(Schiemann)은 로마법상 소유권유보 합의의 목적물이 부동산에 한하고 동산을 목적물로 하는 소유권유보의 합의는

---

21) R. Zimmermann, *op. cit.*, p.276; 로마법상의 인도(traditio)는 그 대상이 악취물인지 비악취물인지의 여부에 따라 달라진다. 非握取物(res nec mancipi)은 소유자가 정당한 원인에 기하여 인도하면 그 소유권이 이전하였으나(Gai. 2. 19-20), 握取物(res mancipi)은 악취행위(mancipatio) 또는 법정양도(in iure cessio)로 소유권이 이전된다는 점에서 오늘날의 물건의 인도와는 다르다(최병조, 전게서(주 4), 415-417면 참조).

22) R. Zimmermann, *op. cit.*, p.276-277.

23) 허용대차란 당사자 일방의 간청에 따라 상대방이 특정물의 사용 또는 권리의 행사를 허용하고 허용대주(prevario dans)가 필요한 경우 언제든지 허용대차를 철회할 수 있는 철회권을 유보하고 목적물을 허용차주(precario accipiens)에게 인도함으로써 성립하는 계약을 말한다. 허용대차는 로마의 지배계급인 귀족·대지주와 그의 피보호인 사이에 농지의 무상경작을 목적으로 이용된 것이다(현승종·조규창, 전게서(주 6), 782면).

24) L. Hot, *op. cit.*, p.LIV-LV.

25) L. Hot, *op. cit.*, p.LV.

행해지지 않았다는 점에서, 현재 동산매매에서만 소유권유보가 허용되
는 독일 민법의 해석으로는 동 제도가 소유권유보의 연원인 것으로 보
기 어렵다고 하기도 한다.[26] 우리나라에서도 민법상 부동산 물권변동에
관한 형식주의를 이유로 부동산에서의 소유권유보를 부정하는 것이 다
수의 견해이다.[27] 그러나 소유권을 유보하기로 하는 합의라는 매매계
약과는 별도의 약정이라는 점, 그리고 그 법률관계가 우리 현행법상
의 소유권유보와 유사하다는 점에서 이는 우리 법에서도 소유권유보
의 연원이 될 수 있다고 생각한다. 즉 로마법상의 소유권유보의 합의
(pactum reservati dominii)가 우리의 소유권유보와 절연되어 있다고 할
수는 없다.

IV. 신탁적 담보(fiducia cum creditore)

로마법상의 신탁적 담보는 채무자가 채권자에게 소유권의 양도방법
을 통해 물건을 양도하고, 신탁계약에 기하여 채권자가 피담보채무의 변
제 시 목적물을 반환하는 계약을 말한다.[28] 초기의 로마법은 소유권과
용익권 이외의 다른 물권을 인식하지 못하였기 때문에, 소유권의 이전이
담보 목적을 달성하는데 이용되었다.[29]

이 제도는 처음에는 엄격하게 운용되었다. 즉 채권자는 물건의 소유
자가 되어 이를 점유하는 누구에게든지 소유권에 기한 반환청구를 할

---

26) G. Schiemann, Über die Funktion des pactum reservati dominii während der Rezeption
des römischen Rechts in Italien und Mitteleuropa, SZ (Rom.) 93(1976), S.163.
27) 이에 관하여는 이 책 제4장 제4절 I. 3. 참조.
28) M. Kaser, *Roman private law*, 4th ed., University of South Africa, 1984, p.155.
29) P. F. Girard, *Manuel élémentaire de droit roman*, 8e éd., Paris, 1929, p.814.

수 있고, 마찬가지로 추급할 권리가 있었다. 따라서 신탁적 담보가 설정되자마자, 채권자는 목적물을 사용할 수 있고 과실을 수취할 수 있었다. 이행기에 변제받지 못하게 되면 채권자는 물건의 가치가 채무액을 초과하더라도 자신을 위해 물건을 보전할 수도 있고, 이를 매각할 수도 있었다. 이 경우 매매대금이 채무액을 초과하더라도 이를 채권자의 몫으로 할 수 있었다. 반대로 채무자는 답답한 지위에 처하게 된다. 담보가 설정되는 즉시 채무자는 목적물에 대한 사용 및 과실수취가 불가능해지기 때문이다. 게다가 신탁적 담보는 모든 신용에 대하여 한 번에 이용해야 하는 것이었다. 따라서 목적물의 가액이 피담보채무보다 더 값 나간다고 하더라도 그 목적물에 대하여 후순위의 담보를 설정할 수 없었다. 이행기에 그가 채무를 변제하지 못하는 경우, 채무자는 채무를 초과하는 가치에 대해 어떠한 권리도 가지지 못하였다. 또한 채무자가 채무를 변제하였음에도 불구하고 채권자가 담보목적물을 반환하지 않는 경우, 채무자는 대인소권인 신탁소권만을 사용할 수 있을 뿐이어서, 채무의 이행기 전에 담보목적물을 매각해버리는 채권자의 배신적 행위에 대해 대처하기 어려웠다.[30] 신탁적 담보제도는 로마에서 3세기까지 계속 이용되었다. 그러나 이 제도는 고전기에 이르러 다음과 같은 실무의 발전으로 매우 완화되었던 것으로 나타났다. 즉 신탁적 담보를 설정하면서 채무자가 임차인 또는 허용차주로서 목적물을 점유 또는 사용·수익하거나, 채무자가 목적물을 담보로 제공하였다고 하더라도 자신을 위하여 물건을 보존하는 것을 방해하지 못하도록 채권자와 약정하는 실무가 허용되기 시작한 것이다. 이렇게 완화되어 가던 신탁적 담보제도는 유스티니아누스 시대에 이르러 역사상 사라지게 되고 질권(pignus)이 그 지위를 대신하게 되었다.[31]

---

30) J.-Ph. Lévy et A. Castaldo, *op. cit.*, n°756.
31) *Ibid.*

이러한 신탁적 담보제도는 소유권을 담보로 이용하는 담보라는 점에서 소유권유보와 맥락을 같이 하는 것이다. 그런데 3세기 이후에 사라졌던 신탁적 담보제도는 근대에 들어와 독일과 프랑스 등 근대 민법에서 부활하여 유용한 담보 방법으로 이용되고 있다. 독일에서는 19세기에 양도담보, 담보 목적의 채권양도, 어음의 추심을 위한 배서, 담보를 위한 어음이 새롭게 신탁적 담보제도로 이용되었다.[32] 소유권유보는 소유권의 이전이 아니라 유보일 뿐이라는 점에서 신탁적 담보제도(fiducia cum creditore)가 소유권유보에 직접적인 연원이 되는 것은 아니다. 다만, 뒤에서 살펴보게 될 소유권유보의 특수 유형들은 그 법적성질이 양도담보에 준하는 것이므로, 이러한 소유권유보의 경우에는 신탁적 담보제도와 직접적으로 관련된다고 할 것이다. 즉 신탁적 담보제도는 담보로 이용되는 소유권유보의 특징과 효력을 이해하는데 도움을 줄 수 있다.

---

[32] 이계정, 신탁의 기본법리에 관한 연구-본질과 재산독립성, 경인문화사, 2018, 84면 이하 참조.

제3절 게르만법과 프랑스고법

Ⅰ. 정기금유보(vorbehaltene Rente)

게르만법에서 부동산의 소유권유보와 유사한 것이라고 평가되는 제도로 정기금유보(vorbehaltene Rente) 제도가 있다.[33] 정기금유보약정이 체결되면 부동산 취득자는 그의 계약상대방과 부동산의 이용에 따른 수익에 관하여 매년 정기금을 약속한다. 정기금의 설정은 공정증서에 의해야 하고, 매도인은 매매대금 대신에 매년 정기금을 지급받는다. 정기금유보계약의 체결로 매매대금의 지급을 보충하거나 변제되지 않은 대금의 일부를 담보할 수도 있었다.[34] 매도인은 정기금권리자로서의 지위를 향유한다. 따라서 부동산에서 정기적으로 일정금액을 수령할 수 있는 권리, 즉 게베레(Gewere)를 취득하였다. 이는 금전지급의무가 이행되지 않을 경우 부동산소유권을 취득할 수 있는 기대적 게베레였다.[35] 매수인이 채무를 이행하지 못하더라도 매수인이 이에 대하여 인적 책임을 지는 것은 아니었으므로, 매도인은 부동산과 그의 종물을 통하여 만족을 얻을 수 있을 뿐이었다.[36] 정기금채권이 변제되지 못한다면 채권자는 그 물건을 회복하는 방식으로 담보가 실행되었다.[37] 정기금제도를 통해 상업자본가인 도시의 신흥귀족은 자금의 조달이라는 경제적 목적을 달

---

33) 이에 관한 소개로는 M. Maaß, op. cit., S.102ff.

34) M. Maaß, op. cit., S.103.

35) 당사자의 합의로 성립하는 약정물권로 평가되는 정기금은 부동산양도방식에 따라 시(市)참사회나 법원에서 공개적으로 설정된 때 정기금대장에 기입되었다. 현승종·조규창, 게르만법 제3판, 박영사, 2001, 331면.

36) M. Maaß, op. cit., S.105.

37) M. Maaß, op. cit., S.106; 정기금의 이행을 지체한 경우, 권리자는 우선 부동산 위의 동산을 압류하고 부족분에 대하여는 부동산을 강제집행하여 변제받을 수 있었다. 현승종·조규창 공저, 전게서(주 35), 331면.

성할 수 있었고, 함부르크와 뤼벡에서는 단기투자수단으로 이 제도가 이용되었다.[38] 이러한 역사적 사실을 통하여 독일의 도시법에서 매각된 물건의 소유권이 매매대금을 담보하기 위하여 이용된 것을 알 수 있다. 그리고 이는 부동산을 대상으로 하는 것이라는 점에서, 정기금유보는 오늘날 부동산을 대상으로 하는 소유권유보와 유사하다고 볼 수 있다.

그러나 교회가 이자부 금전소비대차의 금지를 폐지함에 따라 정기금 제도는 필요성이 현저히 감소되었다. 또한 정기금채무자의 인적책임이 인정됨에 따라 정기금은 저당권부 금전소비대차에 접근하는 양상을 보인다.[39] 17세기부터는 함부르크에서 더 이상 정기금유보의 약정을 찾아볼 수 없다. 이때는 소유권유보가 독일에서 널리 퍼지기 시작한 시기로 정기금유보가 소멸되고 어떠한 잔존 제도를 남기지 않았다는 점을 볼 때 소유권유보가 독일에서 정기금제도의 대체물로 발전한 것으로 볼 수 있다고 평가된다.[40] 다만, 오늘날 소유권유보가 부동산의 물권변동에 관한 성립요건주의와는 친하지 않음을 여전히 주의하여야 한다. 독일에서는 명문으로 부동산의 소유권유보를 부정하고 있다.[41] 이는 독일에서 부동산소유권이전에 관하여 형식주의를 채택한 것과 관련이 있다.

II. 파리관습법

1804년 프랑스민법전 제정 전, 구체제 하의 법의 규율이 이루어지던

---

38) M. Maaß, *op. cit.*, S.108ff und S.119ff.
39) 현승종, 조규창 공저, 전게서(주 35), 332면.
40) M. Maaß, *op. cit.*, S.136.
41) **독일민법 제925조** ② 조건부로 또는 기한부로 행하여진 부동산소유권양도합의는 효력이 없다." 이 책에서 인용된 독일민법 조문은 양창수, 독일민법전, 박영사, 2018년 참조.

시기를 프랑스의 고법(Ancien droit) 시대라고 한다.[42] 이때의 소유권유보에
관해서 오늘날 알려진 바는 많지 않으나, 전반적으로 프랑스의 고법 하에
서는 매매대금이 변제되지 못하였을 때에 물건의 반환청구에 호의적이었
던 것으로 보인다.[43] 프랑스 고법의 하나인 1580년의 파리관습법에 따르면,
변제받지 못한 현실매매의 매도인에게 소유권에 기한 반환청구소권이 부
여되고(art. 176 de la Coutume de PARIS de 1580), 신용매매의 매도인은 다른
채권자에 의해 채무자의 물건이 압류된 경우에도 그 매각처분을 저지할
수 있고 그 물건에 대한 우선권을 가진다고 한다(art. 176).[44] 이에 대하여
프랑스의 학자 레뷔-브륄(Lévy-Bruhl)은 프랑스 고법상의 관습법은 현실매
매의 경우에는 로마법의 법학제요의 입장(Institutiones Iustiani 2. 1. 41.)을
그대로 따르되, 신용매매의 경우에는 매수인의 파산 시에 매도인이 우선권
을 가지는 결과를 갖는다고 평가한다. 즉 신용매매의 매도인은 물건이
현존하는 경우 물건을 되찾아올 수 있다는 것이다.[45] 이는 프랑스 고법상
신용매매의 경우에 매수인의 파산시의 지위가 로마법에 비하여 더 유리해
졌음을 보여주는 것이다.

레뷔-브륄(Lévy-Bruhl)은 또한 매매대금을 변제받지 못한 매도인이 가
지는 우선특권과 소유권에 기한 반환청구소권은 매도인이 자신의 물건
에 대해 실행한다는 점에서 유사하다고 하면서, 프랑스의 고법 하에서는
매매대금을 변제받지 못한 동산의 매수인은 오늘날 소유권유보약정을
한 것과 매우 비슷한 결과가 된다고 한다.[46] 그러나 이 파리관습법은 18
세기 파리 상사법원에 의하여 부정되기 시작하였다. 그에 따르면 매도인

---

42) 당시의 법은 몇 가지 지방관습법과 지방성문법에 의해 규율되었다. J. Lévy et
  A. Castalde, *op. cit.*, n°5 이하 참조.
43) H. Lévy-Bruhl, *op. cit.*, p.316.
44) H. Lévy-Bruhl, *op. cit.*, p.298; P. Crocq, *Propriété et garantie*, L.G.D.J., 1995, n°49.
45) H. Lévy-Bruhl, *op. cit.*, p.296.
46) H. Lévy-Bruhl, *op. cit.*, p.295.

의 반환청구를 인정하는 것은 채권자평등원칙에 위배되는 결과를 낳기 때문이라고 한다.[47]

---

47) H. Lévy-Bruhl, *op. cit.*, p.316 이하 참조.

제4절 근대 및 현대

Ⅰ. 프랑스48)

1. 초기 판례의 입장

근대 프랑스에서 소유권유보는 앞서 살펴본 로마법과 고법을 통해 잘 알려져 있었다. 그러나 나폴레옹이 편찬한 1804년의 프랑스민법전에는 이에 관한 어떠한 규정도 존재하지 않았으며, 소유권유보약정이 독일에 비하여 활발히 이용된 것은 아니었다. 독일과 달리 소유권유보가 활발히 이용되지 못한 이유는 소유권유보부 매매를 통하여 매수인에게 신용을 주었으면서도 변제받지 못하고 있는 물건의 매도인의 지위가 매수인이 도산절차에 빠진 경우 특히 불안정하기 때문이었다. 특히 초기 판례는 매도인에게 불리한 입장을 확인하였다. 매수인이 파산하더라도 매도인은 매수인의 채권자에게 소유권유보약정으로 대항할 수 없어서 매도인은 상품을 반환청구하지 못한다는 것이었다.49) 그 이유는 매수인이 매매목적물을 가지고 있는 것은 매수인에게 지급능력의 외관요소(élément de la solvabilité apparante)가 되기 때문이었다. 매수인의 채권자의 입장에서는, 그 목적물에 대하여 소유권유보약정을 무시하면서 그들의 채무자인 매수인이 소유자이고 따라서 그에게 지급능력이 있다고 믿을 수 있다는 것이다.

---

48) 특히 프랑스의 소유권유보의 발전과정에 대하여는 이 책 제3장 제2절 Ⅲ. 2.에서 다시 상세히 소개한다.

49) Cass. Civ. 28 mars et 22 oct. 1934 : DP 1934, Ⅰ 151, note J. Vandamme; S. 1935, 1, 337, note Esmein.

2. 판례에 대한 대응

이러한 판례의 태도로 피해를 입는 매도인을 보호하고자, 몇 가지 동
산의 경우에 특별한 입법이 제정되었다. 예컨대 자동차 및 전동트랙터의
신용매매에 관한 1934년 12월 29일 법률(소위 loi Malingre),[50] 직업적 장
비의 설비 및 재료의 권리질권에 관한 1951년 1월 18일 법률[51]이 그것이
다.[52] 이들 법률에 따르면, 매도인은 등록이라는 공시요건을 갖추면 목
적물의 소유권을 갖지는 못하지만 채권자에게 대항력이 있는 질권을 보
유하게 되었다.[53] 그러나 판례가 엄격한 입장을 고수할 경우 소유권유
보는 유명무실해지는 결과를 낳기 때문에 판례는 점차 완화되는 입장을
취하였다.[54]

3. 도산법상 소유권유보약정의 대항력 인정

그러나 판례의 태도변화만으로는 증가하는 신용매매의 수요를 충족
시키지 못하였다. 결국 1980년 5월 12일 법률 제80-335호는 기존의 1967
년 7월 13일 법률 제563호를 개정하여 매수인에 대한 도산절차가 개시된
경우 매도인에게 소유권에 기한 반환청구권을 인정한다.[55] 이는 소유권
유보부 매매의 매도인에게 반환청구권을 인정하지 않을 경우 매도인이
연쇄도산할 위험을 막기 위한 것이었다.[56] 이는 EC의 통일도산법준비초

---

50) Loi du 29 décembre 1934 dite Malingre relative à la réglementation de la vente à
   crédit des vehicules ou tracteurs automobiles.
51) Loi n°51-59 du 18 janvier 1951 relative au nantissement de l'outillage et matériel
   d'équipement professionnel.
52) Annick de Martel-Tribes, 《Les clauses de propriété : deux enseignements tires d'un
   échec》, JCP 1977 Ⅰ 2875, n°16.
53) J. Lévy et A. Castalde, *op. cit.*, n°504, p.748.
54) *Juris-classeur civil Art, 2367 à 2372* par P. Crocq, LexisNexis, 2008, n°12.
55) 이에 관하여는 제3장 제2절 Ⅲ. 4. 참조.

안 채택의 영향을 받은 것이기도 했다. 이 초안에서 기존의 프랑스 판례
와는 달리 소유권유보의 경우에 파산채권자집단에 대항할 수 있도록 하
여야 한다고 하였기 때문이었다.[57]

1980년 5월 12일 법률 제80-335호는 이후 1985년 1월 25일 법률 제85-98호
와 1994년 6월 10일 법률 제94-475호, 그리고 1996년 7월 1일 법률 제96-588호
를 통하여 일부 개정되었고, 2000년 9월 18일 오르도낭스(ordonnance)[58]를
통하여 프랑스상법전에 통합된다(제L.621-115조부터 제L.621-124조까지).[59]
이에 대해서는 이 책 제3장 제2절에서 다시 상술한다.

4. 프랑스민법전의 개정

프랑스에서는 민법전의 담보에 관한 권(제IV권)에 대한 2006년 3월 23
일 오르도낭스 제2006-346호로 일반법 차원에서 소유권유보를 규율하기

---

56) *Juris-classeur civil Art, 2367 à 2372*, n°13 *supra* note 54.

57) Annick de Martel-Tribes, *op. cit.*, n°75.

58) 프랑스 헌법 제38조 제1항에 의하면 정부가 국정의 수행을 위하여 통상적으로
법률에 속하는 사항에 대한 조치를 일정한 기간 동안 오르도낭스로 행할 수
있도록 승인해줄 것을 의회에 요구할 수 있다. 이에 따라 정부는 국사원의 의
견을 들은 후에 오르도낭스를 제정하고, 제정된 오르도낭스는 공포된 날부터
효력을 발생한다. 다만, 정부는 수권행위가 정하는 기한 내에 오르도낭스에 대
하여 다시 의회의 승인을 받아야 한다(제2항). 이때의 오르도낭스란 법률명령
이라고 할 수 있다. 오르도낭스에 의한 입법절차는 의회의 사후승인이 필요하
다는 점에서 임시적인 성격을 가진다. 그럼에도 불구하고 원칙적인 의회입법
에 필요한 엄중한 절차를 우회하면서도 신속하게 필요한 입법을 행할 수 있다
는 점에서 오늘날 유용한 입법수단으로 이용되고 있다(P. Deumier, 《Le code
civil, la loi et l'ordonnance(à propos du projet de loi relatif à la modernisation et
à la simplification du droit et des procédures dans les domaines de la justice et des
affaires intérieures du 27 nov. 2013, art. 3)》, *RTD Civ.* 2014, p.597; F. Hamon et
M. Troper, *Droit constitutionnel*, 33ᵉ éd., L.G.D.J., 2012, n°745-751 참조).

59) *Juris-classeur civil Art. 2367 à 2372*, n°20-21 *supra* note 54.

시작하였다.[60] 2006년 3월 23일 오르도낭스 제2006-346호는 소유권유보를 담보에 관한 민법전 제Ⅳ권 안에서 규정하는 것으로 결정하였다(프랑스 민법전 제2367조부터 제2372조까지). 한편, 프랑스의 도산법의 개정으로 그동안 도산절차에 관한 개별법에서 인정되던 소유권유보의 규정들이 상법전에 편입되었다. 이때 편입된 상법전상의 소유권유보 관련 규율(제 L.624-9조부터 제L.624-18조까지)은 그대로 유지된 채 2006년 민법전 개정 시 소유권유보약정에 관하여 규율하면서 "담보로서 유보된 소유권", 즉 유보소유권을 담보권에 관한 프랑스민법전의 제Ⅳ권에서 규정하기로 한 것이다.[61]

Ⅱ. 우리나라

우리나라에서는 민법상 소유권유보에 관한 명문의 규정이 존재하지 않지만, 계약의 자유의 원칙상 이는 유효한 것으로 해석되었다. 그리고 학설과 판례는 종래부터 소유권유보약정이 활발히 이용되고 있는 독일의 영향을 받아 이를 해석해 오고 있었다. 우리법상 소유권유보는 특히 동산의 경우에 동산저당, 즉 비점유질이 인정되지 않기 때문에(민법 제330조), 동산신용의 필요로 인하여 이를 대체하는 수단으로 이용되어 왔다.

민법에는 소유권유보에 관한 명문의 규정이 없지만, 할부거래에 관한 법률이 제정되어 소유권유보에 관한 약정을 규정하고 있다.[62] 그러나

---

60) 2005년 7월 26일 법률 제2005-842호 제24조는 오르도낭스로 담보에 관한 민법전을 개정하도록 정부에게 권한을 주고 있다. 이를 통하여 정부는 민법전 제4권을 개정하였다.

61) *Juris-classeur civil Art. 2367 à 2372*, n°22 *supra* note 54.

62) **"할부거래에 관한 법률 제6조** ① 할부거래업자는 총리령으로 정하는 바에 따라 다음 각 호의 사항을 적은 서면(전자문서 및 전자거래 기본법 제2조 제1호에

이는 동법이 적용되는 할부계약에 해당하는 소유권유보에 관하여만 적용된다. 이 법에서의 할부계약은 계약의 명칭·형식이 어떠하든 재화나 용역(일정한 시설을 이용하거나 용역을 제공받을 수 있는 권리)에 관하여 소비자가 사업자에게 재화의 대금이나 용역의 대가를 2개월 이상의 기간에 걸쳐 3회 이상 나누어 지급하고, 재화 등의 대금을 완납하기 전에 재화의 공급이나 용역의 제공을 받기로 하는 계약 또는 소비자가 신용제공자에게 재화 등의 대금을 2개월 이상의 기간에 걸쳐 3회 이상 나누어 지급하고, 재화 등의 대금을 완납하기 전에 사업자로부터 재화 등의 공급을 받기로 하는 계약을 말한다(할부거래에 관한 법률 제2조 제1호). 따라서 소비자와 거래하지 않는 상인간의 소유권유보는 동법의 적용을 받지 않는다.

소유권유보약정이 실무상 약관의 형식으로 행해지는 경우 약관의 규제에 관한 법률이 적용된다. 약관의 형식으로 체결될 때, 상품제조업자인 매도인과 소비자인 매수인 사이에서 매수인의 채무불이행에 대비하기 위해 해제조항, 기한이익상실조항, 실권조항, 위약금조항, 자력구제허용조항 등을 포함하는 매수인에게 불리한 약관이 있는 경우가 있을 수 있다. 이는 매수인에게 불리한 약관으로 약관의 내용상 통제를 받는다.[63]

이처럼 우리 법에서 소유권유보에 관한 규율은 당사자 간의 사회·경

따른 전자문서를 포함한다. 이하 같다)으로 할부계약을 체결하여야 한다. 8. 재화의 소유권 유보에 관한 사항."
63) 이동흡, 소유권유보부매매에 관한 입법론적 연구, 동아대학교 대학원 법학석사학위논문, 1985, 14-15면 참조, 동 논문은 약관의 규제에 관한 법률이 제정되기 전에 연구된 것으로, 소유권유보약관이 경제·사회적 약자인 매수인을 보호하기 위하여 약관에 대한 내용통제를 받아야 함을 피력하고 있다. 이후 1986년 약관의 규제에 관한 법률이 시행되고, 소유권유보약관도 동법에 의한 내용통제를 받게 되었다.

제적 격차를 해소하기 위하여 개별 법률에 의해 규율되고 있으나, 민법 상으로는 그 법적성질이나 효력에 관하여 어떠한 규정도 없어 그 정의 및 법적성질에 대해서는 여전히 학설과 판례의 해석에 맡겨져 있는 상황이 계속되고 있다. 그런데 최근 소유권유보부 매매의 매수인이 도산절차에 들어간 경우에 매도인의 권리를 어떻게 취급하는지 여부가 문제되었다. 이러한 매도인과 매수인의 지위 및 권리 등은 소유권유보를 어떻게 해석하느냐에 따라 결과가 달라지기도 한다. 이에 관한 자세한 사항은 이 책 제4장 제1절에서 서술하기로 한다.

III. 국제기구의 담보화 경향

1. 서설

20세기 이후 신용거래의 증가로 각국의 담보를 통일적으로 규율하여 국제거래의 촉진을 목적으로 하는 담보법의 현대화를 위한 각종 국제기구의 노력이 시작되었다.[64] 이러한 노력은 사실 UCC(Uniform Commercial

---

64) 이에 관한 국내의 선행연구로는 박훤일, "상사채권에 대한 새로운 담보수단의 모색-국제기구에서의 논의를 중심으로", 상사법연구 제21권 제1호, 2002, 145면 이하; 김재형, "담보제도의 개혁방안-동산 및 채권담보를 중심으로", 저스티스, 2008, 655면 이하; 석광현, UNCITRAL 담보권 입법지침, 법무부, 2010; 권영준, "유럽사법(私法)통합의 현황과 시사점- 유럽의 공통참조기준초안(Draft Common Frame of Reference)에 관한 논쟁을 관찰하며", 비교사법 제18권 제1호(통권 제52호), 2011, 35면 이하; 남윤삼, "유럽 동산담보제도의 역사적 발전과 통일화 과정", 법학논총 제23권 제2호, 2011, 511면 이하; 정소민, "채권담보제도의 현대화 -DCFR과 우리나라의 채권담보제도의 비교를 중심으로-", 민사법학 제61호, 2012, 85면 이하; 김현진, 동산·채권담보권 연구, 경인문화사, 2013; 권영준, "담보거래에 관한 UNCITRAL 모델법의 주요내용과 시사점", 비교사법 제24권 2호, 2017, 599면 이하; 민주희, "UCC상 소유권유보에 관한 연구", 무역상무연구 제75권 제

Code, 미국통일상법전)에서 소유권유보로 유보되는 유보소유권을 담보권(security interest)으로 취급하고 있는 것에서 영향을 받은 것이다.[65] UCC는 실질이 형식을 지배한다는 실질주의, 즉 기능적 접근방법을 취하고 있는 것으로 이해되고 있다.[66] 이에 따라 UCC 제9편은 매매대금의 담보에 일반적인 등록요건을 갖추도록 규정하고, 이를 위한 20일의 유예기간을 부여하며, 이렇게 대항력을 갖춘 매도인에게는 매매대금의 담보를 위한 최우선권이 인정된다.[67]

소유권유보가 각국에서 여타의 비점유질권에 비하여 담보로서 선호된 이유로는 다음의 세 가지를 들 수 있다. 첫째, 매도인은 사업을 유지하기 위해 신용을 확대해야 한다는 압박을 받는다. 둘째, 소유권유보를 이용함으로써 매수인의 자산을 매도인이 확보하는 것으로 인정된다. 셋째, 통상 매매목적물을 제외하면 기존에 담보로 제공된 적이 없는 쓸 만한 담보물이 없다.[68] 이러한 소유권유보의 담보로서의 활용에 발맞추어

1호, 2017, 29면 이하 참조.

65) 현행 UCC § 1-201(b)(35) "…(전략)… 제2-401절에 따른 매수인에 대한 선적 또는 인도에도 불구하고 상품의 매도인이 행한 소유권의 유보는 효력 면에서 "담보권"의 유보로 제한된다. …(후략)…"; 미국통일상법전은 1951년 제정된 이래로 수차례의 개정을 거쳐 현재에 이르렀다.

66) UCC 제정 당시의 논의를 살펴보면, 19세기부터 미국에서는 성질과 사용목적을 불문하고 모든 종류의 재산권이 담보로 이용할 수 있어야 한다는 요구가 있었고, UCC 제9편은 그러한 요구에 대한 종합적인 입법적 시도로 이해된다. 즉 "형식적(formal)" 측면보다는 "기능적(fontional)" 측면으로 입법이 이루어지게 된 것이다(G. Gilmore, *Security interests in personal property*, Vol Ⅰ, LTD, 1999, p.288-290 참조).

67) 현행 UCC § 9-324(a), 이 규정에 의하여 매도인은 목적물의 수령 후 20일 내에 금융명세서를 등록하여 대항력을 갖추면 먼저 대항력을 갖춘 일반담보권보다 우선하게 된다. 이는 매매대금의 수익(proceeds)에도 미친다(J. J. White and R. S. Summers, *Uniform commercial code Sixed Edition*, West, 2010, p.1285 이하 참조).

68) E.-V. Kieninger(ed), *Security rights in movable property in european private law*, CAMBRIDGE, 2009, p.659.

여러 국제기구는 이를 담보권으로 취급하여 제조업자인 매도인의 권리
를 보장하는 법리를 명문화하기에 이른다. 이에 관해 대표적인 것이
EBRD(유럽부흥개발은행)의 모범담보거래법, DCFR(공통참조기준초안)의
제9권, UNCITRAL의 모델법이다. 이들 모두 소유권유보를 담보권과 같이
취급하려는 경향을 보인다. 그러나 이들 국제규범은 개별 회원국의 입법
에 권고적 역할을 할 뿐 이를 대체할 규범력을 갖지 아니한다. 따라서
회원국들은 여전히 개별국의 법체계 하에서 각기 다른 방식으로 소유권
유보를 운영하고 있다.[69] 그러나 국제거래의 안정성이 계속적으로 추구
되고 있고, 계약법 분야와 사법영역에 있어서 유럽법이 발전함에 따라
현대적으로 통일된 담보법에 대한 열망은 계속되고 있다. 결국 이러한
법규범은 담보법의 현대화와 그 통일성을 추구하는 국제적인 흐름을 존
중해야 한다는 차원에서 그 의미가 있다.

2. EBRD(유럽부흥개발은행)의 모범담보거래법

EBRD(European Bank for Reconstruction and Development, 유럽부흥개발
은행)[70]의 모범담보거래법(Model Law on Secured Transactions)[71]에서는
매매계약 당시 또는 그 전에 매도인과 매수인이 서면으로 대금이 완제
될 때까지 매도인이 소유권을 유보한다거나 담보권을 가진다는 합의를
하면 매도인의 취득담보(unpaid vendor's charge)가 성립하고 여기에 별도
의 담보계약서의 등록은 요구되지 않는다고 하면서, 소유권유보를 매도

---

69) E.-V. Kieninger(ed), *op. cit.*, p.665.
70) 지난 1990년 구소련의 붕괴 이후 동구권 국가들과 구소련 국가들의 시장경제
    체제로의 전환을 지원하기 위해 1991년 설립된 지역개발 금융기구를 말한다.
    박훤일, 전게논문(주 64), 145면.
71) 명문규정과 주해는 다음의 홈페이지를 참조.
    http://www.ebrd.com/news/publications/guides/model-law-on-secured-transactions.ht
    ml (2020. 12. 09. 최종검색)

인의 취득담보에 포함시켰다.[72] 다만, 소유권유보는 소유권유보부 매매
를 체결한 뒤 6월 동안 당해 매매대금에 한하여만 담보하는 것이다. 6개
월 후에는 매도인의 취득담보권은 소멸하거나 등록됨으로써 공시된 담
보로 전환될 수 있다.[73] 이 담보권으로서의 소유권유보는 다른 공시된
담보권에 비해 담보물에 대해 우선적 권리를 가지게 되었다.[74] 이에는
소유권유보로 매각된 물건의 매도인으로서는 매각된 물건 이외에는 매
매대금의 변제에 대하여 다른 어떠한 담보도 취득할 수 없다는 사정이
고려된 것이다.[75]

3. DCFR(공통참조기준초안)

DCFR(Draft Common Frame of Reference, 공통참조기준초안)은 유럽민법
전 연구그룹과 유럽사법의 연구그룹이 유럽민사법 통일을 목적으로 기초
한 모델규칙이다.[76] 이는 재산법의 전 분야를 포괄하는데, 제9권에 동산·
채권 등의 담보에 관한 규칙을 정하고 있고,[77] 이때 동산이나 채권 등에
대한 담보권을 원칙적으로 담보권(security right)과 유보소유권(ownership
retained under retention of ownership devices)으로 구분한다.[78] 담보권은 담

---

72) Model Law on Secured Transactions 9.1.

73) Model Law on Secured Transactions 9.3.

74) Model Law on Secured Transactions 17.3.

75) E.-V. Kieninger(ed), *op. cit.*, p.672.

76) 동 규칙 원문은 Ch. von Bar and E. Clive, *Principles, definitions and model rules of european private law, draft common frame of reference (DCFR)*, VOLUME Ⅵ, Oxford University Press, p.5389 이하 참조.

77) DCFR의 담보규칙의 선행연구 중에서는 동산(movable assets)에 관하여 UCC 제9 편의 'personal property'와 동일한 의미로 파악하여 부동산에 대응하는 동산, 채권 기타 재산으로서 인적재산으로 통일하여 지칭하기도 한다(정소민, 전게논문(주 64), 85면 및 90면 각주 1 및 15 참조).

78) DCFR Ⅸ 1:101 및 DCFR Ⅸ 1:103.

보목적의 신탁 등의 예외적인 법정담보를 제외하고는 담보계약을 전제로
하는 약정담보를 원칙으로 한다. 약정담보에서의 담보계약은 통상은 담보
채권자와 채무자인 설정자가 체결하나, 경우에 따라서는 제3자가 담보를
설정하는 것도 가능하다.[79] 담보권은 제한물권적인 성격을 가진다.[80] 이에
비하여 소유권유보로 인한 유보소유권은 유럽에서 널리 쓰이는 취득담보
의 하나로, 이 취득담보에는 소유권유보부 매매에서의 매도인의 소유권,[81]
매수임대차계약상의 공급자의 소유권,[82] 그리고 리스계약상의 목적물의
소유권[83] 및 담보목적의 위탁계약상의 공급자의 소유권[84]이 있다.[85] 제한

---

79) Ch. von Bar and E. Clive, *op. cit.*, p.5389s.

80) Ch. von Bar and E. Clive, *op. cit.*, p.5392.

81) 실무적으로 유럽의 여러 국가에서 인정되는 소유권유보는 매도인에게 유보된
소유권이 경제적인 취급과 도산절차에서의 구제를 위하여 매도인이 매매대금
의 완제를 정지조건으로 하여 매수인에게 일종의 소유권을 인도로서 즉시 이
전하는 것을 말한다. 이때 매수인은 점유를 취득하는 것이 아니라 '조건부 소
유권'을 취득하는 것으로 해석된다(Ch. von Bar and E. Clive, *op. cit.*, p.5399).

82) 매수임대차계약(contract of hire-purchase)은 유럽의 영어권국가에서 사용되는
계약으로 임차인이 임대차 분할대금을 완제한 후에 임차목적물을 무상 또는
소액으로 취득할 것에 대한 선택권을 가지는 계약을 의미한다. 이는 소유권유
보와 기능적으로 완전히 동일한 것으로 해석된다(Ch. von Bar and E. Clive, *op.
cit.*, p.5399).

83) 금융리스는 소비자인 리스이용자가 리스업자와 상품의 임대차계약을 체결하
는 것을 말하는데, 이때 리스업자는 제조업자로부터 상품을 취득하여 리스이
용자에게 상품을 빌려주고, 리스이용자는 리스업자에게 리스료를 지급하기만
하면 된다. 리스는 물건을 취득하는데 드는 자금을 조달한다는 점에서 소유권
유보와 동일한 경제적 기능을 한다는 점에서 소유권유보와 함께 대표적인 취
득금융의 하나로 소개된다(Ch. von Bar and E. Clive, *op. cit.*, p.5398).

84) 담보목적의 위탁계약(contract of consignment with the intention or the effect of
fulfilling a security purpose)은 스칸디나비아 국가에서 담보목적으로 이용되는
물건의 위탁계약을 말한다(Ch. von Bar and E. Clive, *op. cit.*, p.5400).

85) DCFR IX 1:103, Ch. von Bar and E. Clive, *op. cit.*, p.5396; 특히 이중에서도 금융
리스는 물건을 취득하는데 드는 자금을 조달한다는 점에서 소유권유보와 동일
한 경제적 기능을 한다. 금융리스는 소유권유보와 함께 대표적인 취득금융의
하나로 소개된다(Ch. von Bar and E. Clive, *op. cit.*, p.5398).

물권으로서의 담보권과 취득담보로서의 유보소유권은 당사자들이 선호하는 바에 따라 채택되어 운용된다.[86] 동 규칙의 해석상 담보권과 유보소유권의 구분은 담보의 설정(제2장)과 그 실행(제7장)에 있어서 규율 상 몇몇차이가 있을 뿐, 그 밖의 제3자에 대한 효력, 우선적 효력 및 소멸 등에서 있어서는 양자의 구분이 불필요하다고 한다.[87] 그러나 그럼에도 불구하고 다음과 같은 중요한 차이점이 있다. 매수인의 채무불이행의 경우뿐 아니라 매수인에 대한 도산절차가 개시된 경우에 있어서 유보소유권이 담보권에 비하여 매도인에 대하여 상당히 강한 보호를 한다는 점이다.[88] 즉 유보소유권은 등록이라는 공시에 의해 최우선적 지위를 부여받아,[89] 담보실행 시 목적물을 반환청구할 수 있는 것이다.[90] 이는 결과적으로 다른 담보권에 비하여 그 권리자인 매도인에게 유리한 지위를 부여하는 것을 의미한다.

4. UNCITRAL의 모델법

UNCITRAL의 모델법은 담보법의 현대화를 추구하기 위하여 유엔국제상거래법위원회(United Nations Commission on International Trade Law)가 채택한 담보에 관한 모델법(Model Law on Secured Transactions)이다.[91] 기존에 이 위원회는 주제의 복잡성을 고려하고 유연한 처리를 가능하게 하기 위하여 협약 또는 모델법이 아닌 입법지침(legislation guide)이라는

---

86) Ch. von Bar and E. Clive, *op. cit.*, p.5397.
87) Ch. von Bar and E. Clive, *op. cit.*, p.5392.
88) Ch. von Bar and E. Clive, *op. cit.*, p.5397.
89) DCFR IX 4:102.
90) 담보목적물을 인도받은 날로부터 35일 내에 담보등기를 하면 계약일에 소급하여 대항력이 발생한다. DCFR IX 3:107. 35일이 경과하여도 일단 등기를 하면 등기 시부터 대항력을 가진다.
91) 이는 UNCITRAL의 제6워킹그룹의 국제규범의 정립을 위한 노력의 성과로 이에 관하여는 http://www.uncitral.org/pdf/english/texts/security/MLST2016.pdf(2020. 12. 09. 최종검색) 참조.

입법형식을 취하였으나,[92] 이를 참조하여 최종적으로 2016년 7월 1일 담보에 관한 모델법을 채택하였다.[93] 담보에 관한 모델법 역시 입법지침과 마찬가지로 법적 구속력을 가지는 규범은 아니지만, UN이 공식적으로 제시하는 일종의 표준 법제이므로 각국의 입법에 사실상 영향을 미칠 수 있다.[94]

담보에 관한 모델법은 기존의 입법지침과 마찬가지로 기능적 접근방법을 채택한다. 채무의 이행을 담보하기 위하여(즉 담보기능을 충족하기 위하여) 어떤 유형의 자산에 담보권을 설정하는 모든 거래는 담보로 간주하고, 동일한 규칙 또는 적어도 동일한 원칙에 의하여 규율되어야 한다는 것이다.[95] 동법에서는 UCC 제9편의 영향을 받아 담보권(security right) 개념을 사용한다.[96] 그에 따르면, 담보권은 담보설정자와 담보권자가 담보약정을 체결함으로써 성립하고, 이는 담보약정의 당사자에게는 바로 담보권의 효력이 미치나 제3자에 대하여는 등기 등의 대항요건

---

92) 기존의 UNCITRAL 담보권입법지침에 관하여는, 석광현, 전게서(주 64), 참조; UNCITRAL 담보권입법지침의 원문은 다음의 홈페이지를 참조. https://www. uncitral.org/pdf/english/texts/security-lg/e/09-82670_Ebook-Guide_09-04-10English.pdf(2 020. 12. 09. 최종검색); 이러한 UNCITRAL 입법지침은 우리의 동산·채권 등의 담보에 관한 법률의 제정과 시행에 많은 영향을 미쳤다. UNCITRAL 담보권 입법지침(2007) 이후에도 UN은 지식재산권에 관한 담보권보충자료(2010), 담보권 등기제도 시행에 관한 지침(2013)을 채택하였고, 별도로 국제채권양도에 관한 UN협약(2001), 도산법에 관한 입법지침(2004, 2010, 2013)이 채택되었다. 모두 담보와 관련된 국제규범의 성립을 위한 노력의 일환이었다.

93) 이에 관한 선행연구로는 권영준, 전게논문(주 64), 599면 이하 참조.

94) 권영준, 전게논문(주 64), 599면; 이렇게 입법지침에서 모델법으로 규범의 형식은 변화하였더라도 기본 개념과 체계, 방향성, 주요내용은 그대로 유지되었다(권영준, 전게논문(주 64), 606면 참조).

95) 석광현, 전게서(주 64), 50면; 권영준, 전게논문(주 64), 625면.

96) UNCITRAL 모델법 제2장 제6조 ① 담보권은 담보설정자와 담보권자가 담보약정을 체결함으로써 성립한다.

을 갖추어야 비로소 발생하는 것이다(제3장 제18조 제1항).[97] 담보권자는 담보등기를 통하여 제3자에 대한 효력, 즉 대항력과 이에 기초한 우선순위를 확보하게 되는데, 원칙적으로 담보권의 성립과 등기가 개념적으로 분리되어 있으므로, 담보권 성립 전에 담보등기를 하는 것도 허용된다(제4장 모델등기규칙 제4조).[98] 이때의 등기는 공적으로 검색이 가능한 때부터 효력을 가진다(제4장 모델등기규칙 제13조).[99] 취득담보권도 위의 담보권의 하나로 인정된다.[100]

그런데 모델법이 채택되기 전 단계인 입법지침에서는 특징적인 발상이 있었다. 그것은 각국의 법제가 특히 통일되지 못한 소유권유보 시의 취득담보의 경우에는 선택적 지침을 제공한다는 점이다. 즉 취득금융을 위한 담보권을 다른 담보권과 같이 취급하는 일원적 접근방법에 따른 권고와 다른 담보권과 다르게 취급하는 비일원적 접근방법에 따른 권고

---

97) 이는 우리의 담보물권의 성립요건주의와는 차이가 있다. 즉 담보물권의 변동에 관하여 대항요건주의를 취하고 있는 것이다. 이때 등기에 관하여 모델법은 제28조에서 등기의 설정에 관한 일반규정을 두고 이하의 세부사항에 대하여는 모델등기규칙(제1조부터 제33조까지)을 두고 있다. 이에 따르면 등기는 담보권자의 서면에 의한 통지(notice)로 이루어진다(모델등기규칙 제2조). 모델법의 통지등기는 부동산등기와 같은 우리의 동산·채권 담보 등에 관한 법률상의 담보등기와는 차이가 있다.

98) UNCITRAL 모델법 제4장 모델등기규칙 제4조 담보권 성립 전이나 당해 담보약정 체결 전에도 통지는 등기될 수 있다.

99) UNCITRAL 모델법 제4장 모델등기규칙 제13조 제1항 최초 또는 변경통지의 등기는, 등기부의 공적 검색이 가능하도록 통지상의 정보가 등기부에 기재된 일시부터 효력이 있다.

100) UNCITRAL 모델법 제1장 제2조 (b) "취득담보권"이란 유형자산 또는 지적재산권이나 지적재산권의 라이센스에 있어서의 라이센스권자의 담보권을 의미하는 것으로, 이는 자산의 매매대금의 미지급부분에 대한 변제의무를 담보하거나, 신용의 수여자가 담보목적을 위하여 이용할 수 있는 신용의 범위 내의 자산에 대한 권리를 취득하게 하는 기타 확장된 신용에 대한 변제의무를 담보하는 것이다.

를 선택지로 하는 것이다.[101] 일원적 접근방법에 따르면, 취득담보권은 기본적으로 일반적인 담보권에 적용되는 규칙이 적용되므로 담보권의 성립, 제3자 효력, 우선권의 부여 및 도산에서의 취급이 일반적인 담보권과 동일하다.[102] 다만, 우선권의 부여에 관하여 취득담보권의 특성에서 기인하는 예외가 인정되어 취득담보권자가 물품을 점유하거나 물품이 설정자에게 인도된 뒤 인정기간 내에 등기가 이루어지면 먼저 등기된 다른 담보권자보다 우선하는 최우선적 지위를 갖는다. 반면, 비일원적 접근방법에서는, 소유권유보부 매매에서의 매도인의 권리와 금융리스에서의 리스회사의 권리 이외의 동산에 대한 담보권을 취득담보권으로 취급하고, 소유권유보매매에서의 매도인의 권리와 금융리스에서의 리스업자의 권리를 소유권으로 취급하되, 이때의 소유권을 취득금융에 관하여 초래되는 결과와 기능적으로 등가적인 경제적 결과를 가져오도록 한다.[103] 이때 소유권을 유보하는 의사는 서면으로 표시해야 하고, 매수인은 소유권유보의 대상이 되는 동산에 대하여 담보권을 설정할 수 있다.[104] 그런데 동지침은 두 접근방법에 공통적으로 재고에 대한 취득담보권을 통상의 취득담보권과 동일하게 취급할지의 여부와 동산의 취득담보권에 부여되는 우선권이 담보동산의 수익에도 마찬가지로 인정될지에 대해 선택지를 두었다.[105] 그에 따라 매도인이 취득담보를 실행할 때 동산의 처분이 요구되는지 여부와 그 처분방법 및 청산의무와 부족액의 지급청구권이 있는지에 대하여 규율할 것을 권고하고, 도산절차에서 담보권자로 취급할 것인지, 소유권자로 보아 환취권을 인정할 것인지를 선택할 것을 권고한다.[106]

---

101) UNCITRAL 담보권 입법지침 제9장 para. 74 이하.
102) 석광현, 전게서(주 64), 638면.
103) UNCITRAL 담보권 입법지침 제9장 권고 188.
104) UNCITRAL 담보권 입법지침 제9장 권고 190.
105) UNCITRAL 담보권 입법지침 제9장 권고 180, 192 및 권고 185, 199.
106) UNCITRAL 담보권 입법지침 제9장 권고 200, 202.

모델법에서도 선택지 중 하나를 선택할 수 있다고 하고 있으나, 이를 선택하지 않으면 일원적 접근방법이 채택된다.[107] 다만, 소유권유보가 포함되는 일정 가액 이하의 소비자물품에 대한 취득담보권의 경우에는 담보권의 성립요건만 갖추면 대항력이 부여된다(제3장 제24조).[108] 이는 소액의 개인거래에 대해서까지 일일이 별도의 등기를 하도록 하는 것이 비효율적이기 때문이다. 이 경우에 공시되지 않은 취득담보권이 설정된 소비자물품에 대한 선의의 제3자를 보호하기 위한 규정(제5장 제34조 제9항)[109]으로 선의의 제3자가 보호되고, 물상대위에 관한 규정(제3장 제19조 및 제20조)[110]을 통하여 재매매대금 등의 수익이나 혼화물 및 가공물에 대한 물상대위가 행해진다.[111]

---

107) 회원국이 비일원적 접근방법을 채택하고자 하는 경우에는 담보권 입법지침의 권고 187-202(취득금융에 대한 비일원적 접근방법)의 실행을 고려해야 한다. UNCITRAL 모델법 제5장 제38조 주33 참조.

108) UNCITRAL 모델법 제3장 제24조 소비품의 취득가액 이하에 대한 취득담보는 그 성립만으로 별도의 행위 없이 제3자에 대하여 대항력이 있다.

109) UNCITRAL 모델법 제5장 제34조 제9항 취득담보권이 제3자에게 대항력이 없는 경우에는 매수인과 임차인이 물건에 대하여 권리를 취득하기 전이라면 매수인이 제24조상의 소비물품에 대하여 취득할 취득담보권으로부터 자유로운 권리를 취득하고, 리스권자의 권리도 취득담보권에 의하여 어떠한 영향도 받지 않는다.

110) UNCITRAL 모델법 제3장 제19조 제1항 자산에 대한 담보권이 제3자에게 대항력이 있는 경우, 제10조상 발생하는 자산에 대한 어떠한 수익도 그것이 금전, 매출채권, 지급증권 또는 은행계좌상의 신용 펀드에 대한 지급 권리의 형식인 경우에는 별도의 행위 없이 제3자에게 대항력이 있다.
제20조 유형물에 대한 담보권이 제3자에 대하여 대항력이 있는 경우, 담보권이 제11조 상에서 확장되는 범위에서의 혼화물 또는 가공으로 인한 생산품(mass or product)에 대한 담보권도 별도의 행위 없이 제3자에게 대항력이 있다.

111) 권영준, 전계논문(주 64), 614면.

5. 국제규범에서 담보권으로서의 유보소유권의 실질적 의미

그런데 이처럼 국제규범에서 유보소유권을 담보권(security right)과 같이 취급하였다고 해서 그것이 우리법상의 담보물권과 같다고 단정할 수는 없다.[112] 담보물권이 되기 위해서는 각국에서 당해 국제규범을 존중하여 이를 입법화하거나 이것이 관습상의 담보물권으로 승인되어야 한다. 왜냐하면 국제규범은 지침 또는 모델법 수준인 경우가 대부분이어서 법적 구속력이 없고, 그에 비하여 담보물권은 민법상 제한물권의 하나로서 물권법정주의에 따라야 하기 때문이다.[113] 이러한 문제를 입법을 통해 해결한 대표적인 예가 담보로서 유보된 소유권, 즉 유보소유권을 담보권(sûreté)으로 규정한 프랑스민법전이다. 그러나 어느 법제도에서 이러한 입법화 작업이 없다면, 국제규범에 있어서 이를 담보권으로 분류하고 다른 담보권과 나란히 취급한다고 하여, 그것이 바로 당해 국가의 담보물권이 되는 것은 아니다. 우리나라에서 소유권유보부 매매에 기한 매도인의 권리, 즉 유보소유권을 바로 담보권 또는 담보물권이라고 할 수 없는 이유가 바로 그것이다. 즉 이를 민법상 담보물권으로 규정하지 않은 우리 법에서는 관습법상 담보물권이 되는지 여부를 판단할 수 있을 뿐이다.[114]

---

112) 한편 UCC 제9편의 "security interest"는 우리나라에서 통상 담보권이라고 번역되나 엄밀히 말하면 권리가 아닌 담보이익이라고 해야 한다. 왜냐하면 담보권이라고 하면 법률가의 무의식중에 이를 우리식의 담보물권으로 보는 언어의 개념화가 이루어지는데, 실제로는 금융리스계약 또는 소유권유보부 매매에서와 같이 담보물권이 아니지만 담보적으로 이용되는 제도도 포함하고 있기 때문이다.

113) 기존 UNCITRAL의 담보권 입법지침에서는 담보권에 관하여 물권법정주의가 완화된 것이라고 하기도 한다(석광현, 전게서(주 64), 50면 주26 참조). 그러나 특히 물권법정주의를 명문으로 규정하고 있는 우리나라의 경우에는 민법의 개정이 없이는 쉽게 완화될 수 없다는 점에서 그 논의가 더욱 의미가 있다.

114) 다만, 소유권유보약정으로 유보된 매도인의 유보소유권이 담보권인지 여부에

그리고 국제규범에서 소유권유보로 인하여 유보된 소유권이 그 기능상 매수인의 대금채무에 대한 채무불이행에 대비하기 위한 담보권(security right)과 같이 취급된다고 하더라도, 실제 그 의미는 매수인의 도산절차가 개시된 경우에 매도인이 "물건을 환취할 권리" 또는 "계약을 해제할 권리"를 유보한 정도로 이해되고 있다는 점을 유의해야 한다.[115]

관하여 이는 기존의 물권형식인 소유권을 담보의 목적으로 이용한데 불과한 것이라고 보면, 이를 담보물권의 하나로 볼 필요가 있는지 의문을 가질 수 있다. 이는 동산양도담보의 법적성질론에 관한 견해의 대립과 마찬가지이다. 이에 대하여는 이 책 280면 주 896 참조.

115) T. Håstad, *"General aspects of transfer and creation of property rights(comments)"* in U. Dronnig/H. J. Snijders/E.-J. Zippro, Divergences of Property Law, an Obstacle to the Internal Market?, European Law Publighers, 2006, p.41; S. Singleton, *Retention of title : How to keep ownership of your goods and recover them when a buyer goes under,* Thorogood, 2010, p.16.

제5절 소결

지금까지 소유권유보의 발전과정을 살펴보았다. 소유권유보의 연원이라고 소개되는 경우에도 반드시 현재의 소유권유보와 동일한 형태는 아니다. 각 제도는 중세, 근대와 현대를 거쳐 현재의 소유권유보가 되었다. 현재의 소유권유보와 동일하지는 않지만 그 연혁으로 소개되는 로마법상의 제도인 매매실효약관(lex commissoria), 소유권유보의 합의(pactum reservati dominii)를 통하여 소유권유보는 매매계약상 약관의 형태로 운용되었고, 신용매매에서 대금을 변제받지 못한 매도인을 위하여 목적물을 환취하는 방식으로 매매대금을 담보하는 제도라는 것이 확인되었다. 그 밖에 관련제도로 신탁적 담보(fiducia cum creditore)가 있다. 이는 소유권을 담보권으로 인정하는 제도이나, 프랑스 및 대륙법계에서는 이를 적극적으로 인정하지 않다가 최근에서야 인정하기 시작하였다. 다만, 원칙적으로 소유권유보는 비신탁적 담보이므로 양자가 차이가 있음을 주의해야 할 것이다. 로마법상의 소유권유보의 합의(pactum reservati dominii)나 게르만법상의 정기금유보(vorbehaltene Rente)를 통하여 소유권유보약정의 대상이 연혁적으로 반드시 동산에만 한정된 것은 아님을 알 수 있었으나, 부동산에 관하여 형식요건주의를 취하는 오늘날의 소유권유보와는 거리가 멀다고 생각한다. 또한 프랑스에서는 민법전의 제정 전 시행되던 파리관습법에서 파산절차와 관련하여 대항력이 논의된 것을 확인할 수 있었다. 근대 민법의 제정 및 발전과 별개로 20세기 후반에 담보법의 현대화와 통일화를 목적으로 국제규범이 발전하기 시작하였다. 이는 미국의 UCC 제9편의 영향을 받은 것으로, EBRD의 모범담보거래법(Model Law on Secured Transactions), DCFR(공통참조기준), UNCITRAL의 담보에 관한 모델법에서의 유보소유권이 그것이다. 이들은 대체로 기능적 접근방식을 취하면서 이를 담보권의 하나로 정의하고 있는데, 그 내용이 일반적인 담보와는 달리 매도인이 매수인의 채무불이행으로 인하여 목적물을 반환청구할 수 있다는 것을 내용으로 하고, 이는 매수인에 대한 도산절차가 개시되는 경우까지 전제한 것으로 확인할 수 있었다. 다만, 그 공시방법에 대하여는 약간의 차이가 있다.

제3장
프랑스의 소유권유보

제1절 서론

제2장에서 살펴본 바와 같이 로마법상 연원을 가진 소유권유보는 프랑스의 고법(Ancien droit)을 거친 뒤, 독일의 영향을 받아 프랑스에서 인정되게 되었다.[116] 종래 프랑스에서는 민법전에 소유권유보약정에 관하여 어떠한 규율도 하고 있지 않았었는데, 2006년 민법전 중 담보권에 관한 개정 시 담보로서 유보된 소유권이 담보권의 하나로 승인되었다. 현재 우리 법에서는 소유권유보에 관한 어떠한 규정도 없어 이를 해석함에 있어 학설과 판례에 의존하고 있는 실정이다. 학설 가운데는 이때의 소유권유보를 양도담보와 유사한 변칙담보제도라고 하거나 유보소유권을 담보권이라고 주장하기도 한다. 그러한 우리법의 해석이 올바른지 판단하기 위하여 프랑스에서는 어떠한 필요에서 소유권유보약정에 의한 매도인의 유보소유권을 담보권으로 승인하게 되었고, 프랑스에서 담보제도로 인정된 것은 어떤 의미를 가진 것인지를 살펴볼 필요가 있을 것이다. 이하에서는 특히 프랑스민법전의 개정 전의 상황을 도산절차와 관련하여 논의한 후(제2절), 민법전 개정으로 유보소유권이 어떠한 법적성질을 가지게 되었는지를 설명하고(제3절), 개정 후에는 어떻게 해석되고 있는지 논의를 전개하도록 하겠다(제4절).

도산절차에 있어서의 소유권유보에 관하여 살펴보기 위해서는 앞서 언급하였듯이 1934년의 파기원 판결의 영향으로 인하여 소유권유보약정의 대항력이 부인된 상황과 이를 입법적으로 극복한 1980년의 법률 개정 전후의 상황에 대하여 상세히 살펴보아야 한다. 이후 이 1980년 법률을 바탕으로 한 민법전의 개정 후의 해석을 살펴보기로 한다.

---

116) 이 책 제2장 제3절 참조.

제2절 프랑스민법전 개정 전의 도산법상의 논의상황

Ⅰ. 서설

프랑스민법전의 개정 전에도 소유권유보약정(clause de réserve de propriété)[117)의 유효성은 거의 다툼 없이 인정되고 있었다. 이는 당사자 사이에서 뿐 아니라 제3자와의 관계에서도 유효한 것으로 해석되었다.[118) 소유권유보약정은 자동차, 재봉틀, 피아노 등의 고가의 동산 매매에 있어서, 매수인에게 신용을 주거나 할부로 행해지는 매매를 통해 이용되고 있었다. 그것은 동산 매매에 있어서 특히 매수인으로부터 매매대금을 변제받지 못한 경우의 매도인에게 중요한 수단의 하나였다. 그러나 다른 구제수단이 매수인에 대한 도산절차가 개시된 경우에 유명무실해지는 상황에 처한 반면, 소유권유보약정은 매수인의 도산절차에 있어서도 대항력을 유지하여 왔다는 점에서 그 유용성은 자못 큰 것이었다. 그러나 1934년 파기원의 두 판결례를 통하여 그 대항력이 명시적으로 부인된 바 있었다. 그 결과 매도인에게 주요 구제수단으로 쓰이던 소유권유보약정 역시 유명무실해지는 결과가 되어 매도인의 보호에 미흡하게 되었다. 이에 대한 반작용으로 1980년 법률을 통하여 소유권유보약정의 대항력을 인정하게 되었다. 이하에서는 민법전 개정 전 프랑스에서 소유권유보약정이 유용했던 이유와 법적 상황을 설명하고, 그럼에도 불구하고 소유권유보약정의 대항력을 부인한 1934년 파기원 판결이 선고된 이유

---

117) 프랑스법에서는 소유권유보약정을 "clause de réserve de propriété"이라고 하고, 이는 "소유권유보조항"으로도 번역될 수 있다. 그러나 이때의 "clause"를 조항이라고 하는 경우 법규정을 의미하는 것으로 오인될 수 있고, "clause"가 계약의 내용이 되는 약관의 내용 또는 약정의 의미를 가지므로 이를 약정으로 번역한다.

118) Esmein, *op. cit.*, p.337 *supra* note 49.

와 그 의미, 그리고 다시 법적으로 그 대항력을 인정하게 된 이유를 설명하고자 한다. 이에 대한 인식은 2006년 프랑스민법전에서 담보로서 유보된 소유권, 즉 유보소유권이 담보권으로 인정되게 된 상황을 이해하는 데 유용할 것이다.

다만, 이때의 논의들은 주로 동산을 대상으로 하는 소유권유보에 관한 것이다. 물론 프랑스에서는 우리나라와 달리 계약상 당사자의 합의만으로 소유권이 이전되기 때문에 부동산에 대하여도 소유권유보약정이 불가능한 것은 아니며, 현행법상 이를 긍정하는 규정도 있다(프랑스민법전 제2373조 제2항). 그러나 프랑스에서도 종래부터 소유권유보의 대상으로 논의되던 것은 주로 동산이었다. 이 책에서도 동산의 소유권유보에 관한 논의를 중심으로 서술한다. 다만, 부동산을 대상으로 하는 소유권유보에 관하여는 논의가 필요한 경우에 살펴보고자 한다.[119]

II. 도산절차에 있어서 소유권유보약정의 필요성

1. 소유권유보약정 이외의 매도인의 구제수단

동산의 매도인은 매수인이 매매대금을 변제하지 않는 경우에 미리 인도하였던 목적물만큼은 회복해야 한다고 생각하였다.[120] 이를 위하여 매수인에게 대금을 변제받지 못한 동산의 매도인은 매매계약의 해제, 우선특권과 우선특권에 기한 반환청구권 및 유치권의 행사를 강구하였다. 그러나 후술할 1934년 파기원 판결이 선고되기 전까지는 상인인 매수인에게 도산절차가 개시되는 경우 매도인의 이 권리들이 모두 상실되나

---

119) 이에 관하여는 이 책 제3장 제4절 II. 3.에서 상술한다.
120) Esmein, *op. cit.*, p.337 *supra* note 49.

소유권유보약정에 기한 반환청구는 여전히 가능하였기 때문에, 매도인에게 있어서 소유권유보는 매우 유용하였다.[121] 즉 1934년 판결 이전에는 매수인이 도산하는 경우, 매도인은 우선특권 및 그에 기한 반환청구의 소, 해제조건에 기한 재판상 해제의 청구권을 모두 상실하였고, 유치권도 더 이상 행사하지 못하게 되나,[122] 소유권유보약정을 하면 목적물을 반환받을 수 있기 때문이었다. 이하에서는 당시 프랑스에서 소유권유보약정의 유용성을 알기 위해 소유권유보약정 이외의 매도인의 구제수단이 도산절차에서 어떻게 유명무실해지는지 살펴보도록 하겠다.

가. 매매계약의 해제

개정 전 민법전 하에서는 재판상 해제, 해제약정에 의한 해제, 합의에 의한 해제가 가능하였다.[123]

우선 1804년 프랑스민법전에서는 해제조건에 관한 조문에서 계약의 해제에 관하여 설명하였다.[124] 이러한 해제조건은 당사자 일방이 채무를 이행하지 않는 경우를 대비하여 쌍무계약에 내재한 것으로, 별도로 약정하지 않아도 인정되는 것이었다(개정 전 프랑스민법전 제1184조 제1항).[125] 그러나 쌍무계약에 기한 해제조건이 성취되더라도 계약은 당연

---

121) 1934년의 파기원 판결에 대하여는 이 책 제3장 제2절 Ⅲ.에서 상술한다.
122) Annick de Martel-Tribes, *op. cit.*, n°1.
123) 도산절차에 있어서 해제의 발전과정은 뒤에서 살펴볼 소유권유보의 발전과정과 동시에 진행되었다. 따라서 매매가 소유권유보부로 체결되었을 경우 이후 매수인이 파산하더라도 매도인이 매수인의 채권자집단에 대항할 수 없다는 후술할 1934년의 판례법리는 소유권유보약정의 측면에서나 해제 측면에서 동일하게 적용되었다(Esmein, *op. cit.*, p.338 *supra* note 49).
124) 김현진, "개정 프랑스 채권법상 계약의 해제·해지", 민사법학 제75호, 2016, 288면.
125) 개정 전 프랑스민법전은 1804년 시행됨으로써 나폴레옹 민법전으로도 불린

히 해제되는 것이 아니었다. 채무를 이행하지 않은 자의 상대방은 현실 이행이 가능한 경우에는 그 상대방에 대하여 이행을 강제하거나 손해배상과 함께 계약의 이행을 요구할 수 있는 선택권을 가졌기 때문이다(동조 제2항).[126] 또한 계약 각칙에 해당하는 매매에 관한 편(編, titre)에서 매수인이 대금을 지급하지 않은 경우에 매도인이 계약해제를 청구할 수 있다고 정하였다(프랑스민법전 제1654조). 이와 같이 매수인이 대금을 지급하지 않은 것을 이유로 하는 매매계약의 해제는 해제조건의 성취에 의한 해제와 대금채무의 불이행에 의한 해제가 원칙이었고, 이때의 해제는 재판상 이루어져야 하므로, 해제를 위해서는 반드시 법원의 판결이 있어야 했다(동조 제3항). 이러한 점에서 매도인에게 있어서 해제가 그리 용이한 것은 아니었다.[127] 따라서 매도인이 매수인의 대금채무의 불이행을 이유로 해제를 재판상 청구할 수 있는 권리를 가진 것만으로는 매도인의 이익이 보호되기 쉬운 것은 아니었다.[128] 게다가 매수인에 대

다. 이때의 조건(condition)은 현재 법률행위의 부관으로서의 의미를 가진 우리법의 의미와 동일한 것이 아니다. 이와 관련하여 이 책 제3장 제3절 Ⅲ. 2. 참조.

126) H., L. et J. Mazeau et F. Chabas, *Leçons de droit civil, t. Ⅲ vol. fᵉ, Sûretés Publicité foncière*, 7ᵉ éd, par Y. Picod, Montchrestien, 1999, n°190.

127) **"개정 전 프랑스민법전 제1184조 ③ 계약의 해제는 법원에 청구해야 하며, 법원은 그 사정에 따라 피고에게 유예기간을 부여할 수 있다."** 따라서 제정 프랑스민법전 상의 해제조건에 기한 해제를 재판상해제라고 한다. 이는 2016년 2월 16일 오르도낭스 제2016-131호로 프랑스민법전에서 채권법 분야가 개정되기 전의 논의상황임을 주의해야 한다.

128) 2016년 2월 10일 오르도낭스로 최근 프랑스민법전에서 채권법 분야가 개정되었다. 개정법에서는 더 이상 계약의 해제를 재판상 해제나 해제약정(*pactum commissoire*)에 한하지 않는다. 기존의 판례법(1998년 10월 13일 Tocqueville 판결, Cass. 1ᵉʳ civ., 13 oct. n°96-21,485)을 승인하여 채권자의 일방적 해제권까지 인정하게 된 것이다. 우선 편제상 계약불이행으로 이동하였고 그로 인한 효과의 하나로서 계약의 해제가 규정되었다(제1217조). 해제의 방법도 재판에 의한 해제 뿐 아니라, 재판에 의하지 않은 해제도 일반적으로 인정하게 되었다(제1224조). 즉 개정 프랑스민법전 제1224조에 따라 계약불이행으로 인한

한 도산절차에서 대금을 변제받지 못한 매도인은 도산절차 개시 시부터
는 더 이상 재판상 해제를 청구할 수 없었다.[129] 도산절차에서 이렇게
재판상 해제를 청구하지 못한 이유는 동산매도인의 우선특권이 파산의
경우에 효력이 없다는 1955년 상법전 제550조의 논리적 귀결이었다. 이
때 매매계약을 해제할 수 있다면 매도인은 상품을 반환받을 수 있어야
하기 때문이었다.[130] 또한 파산선고 후에는 새로 해제의 소를 제기하는
것 자체가 허용되지 않았다.[131]

위에서 설명한 매수인의 대금채무 불이행으로 인한 재판상 해제는
매매계약 체결 시 당사자가 합의에 의하여 당사자의 채무불이행이 있으
면 매매계약이 당연히 해제되는 해제약정(pactum commissoire 또는 clause
résolutoire)을 체결하는 것과는 별개의 것이었다. 재판상 해제와 대비되
는 해제약정은 법률에 기한 것이 아니라 당사자 사이의 자유로운 합의
에 의한 것으로 일방의 채무불이행이 있으면 계약이 당연히 해제되는
것으로 판례에 의하여 유효한 것으로 인정된 것이다.[132] 해제약정은 특

해제는 첫째, 해제약정이 실행되는 경우(해제약정에 의한 해제), 둘째, 불이행
이 충분히 중대한 것을 조건으로 채무자에게 채권자가 통지하는 경우(일방적
해제), 셋째, 법원의 결정이 있는 경우(재판상 해제)에 이루어진다고 한다. O.
Deshayes, Th. Genicon et Y.-M. Laithier, *Réforme du droit des contrats, du régime
général et de la preuve des obligations, commentaire article par article*, LexisNexis,
2016, p. 474s et p.497s; 김현진, 전게논문, 281면 이하; 여하윤, "프랑스 민법상
재판상 해제(résolution judiciaire) 요건 검토", 재산법연구 제34권 제2호, 2017,
33면 이하; 여하윤, "프랑스 민법상 자동해제조항(clause résolutoire)에 관하여,
민사법의 이론과 실무 제20권 제3호", 2017, 151면 이하; 여하윤, "프랑스 민법
상 해제권에 관하여", 법과 정책연구 제17권 제3호, 2017, 367면 이하 참조.
129) H., L. et J. Mazeau et F. Chabas, *op. cit.*, n°190 *supra* note 126.
130) E. Thaller, *Traité élémentaire de droit commercial*, Arthur Rousseau, 1898, n°1722.
131) Annick de Martel-Tribes, *op. cit.*, n°22-23. 이는 현행법의 해석으로도 타당하다.
132) H., L. et J. Mazeau et F. Chabas, *Leçon de Droit civil, t. III, vol. 2, Principaux
contrats: vente et échange*, Montchrestien, 7ᵉ éd., par Michel de Juglart, Paris, 1987,

히 채무자가 회생 또는 파산절차에 들어가게 된 경우에, 동산 매매를 해제하기 위한 소를 제기하지 못하는 상황을 회피하는 수단이 될 수 있는 것이었다.133) 그밖에 해제약정과 별개로 당사자 사이에서는 합의에 의하여 사후에 계약을 해제할 수도 있었고, 이는 20세기 초반 파기원의 판례에 따른 것이었다.134) 이를 합의해제(mutuus dissensus 또는 convention amiable de résolution)라고 한다. 합의에 의한 해제는 계약의 구속적 효력(개정 전 프랑스민법전 제1134조)에 관한 원칙에 대한 예외로 기능하는 것이었다. 프랑스민법학에서는 계약에는 계약이 지켜져야 한다는 계약의 구속적 효력이 있는 것으로 해석하고 있었다. 이러한 계약의 구속적 효력은 오로지 당사자의 합의나 법률에 의하여 허용된 원인이 있는 경우에만 해제될 수 있는 것이었다.135) 이는 계약자유의 원칙에 의한 것이기도 했다. 따라서 실무상 매수인이 지급불능 상태가 된 후에도 매도인의 목적물 회복을 위하여 합의해제가 행해지곤 했다.136) 그런데 파기원은 파산선고 이후는 물론 의심기간 동안 당사자가 합의에 의해 해제하더라도 이를 채권자집단에 대항할 수 없다고 판시함으로써 당사자가 합의해제를 통하여 매도인이 그 목적물을 환취할 수 있는 가능성을 축소시켰다.137) 이렇게 의심기간 동안의 합의해제를 제한하는 판결은 그것이 의심기간 동안에 행한 처분행위에 해당하여 무효화되기 때문이며, 그러한 합의해제는 매수인이 파산절차에 들어갔음에도 불구하고 매도인에게 대물변제를 하는 것과 마찬가지라는 점에서 정당화될 수 있었다.138)139)

---

n°947.

133) G. Marty et P. Raynaud, *Droit Civil, t. I, Les obligations*, 2ᵉ éd., Sirey, 1987, n°345.

134) Cass. Com., 24 mai 1948, *JCP* 1948 Ⅱ 4568, note J. Becqué.

135) G. Marty et P. Raynaud, *op. cit.*, n°246s *supra* note 133.

136) J. Becqué, *op. cit.*, *supra* note 134.

137) *Ibid.*

138) *Ibid.*

이와 같이 쌍무계약에 내재한 해제조건의 성취로 인한 재판상 해제
는 재판상 청구되어야 한다는 점에서, 그리고 해제약정이나 합의해제의
경우에는 특히 1934년 파기원 판결 이후에 도산절차 개시 시 그에 기한
반환청구가 제한되었다는 점에서 매도인을 위한 유용한 구제수단이 될
수 없었다.

나. 동산우선특권 및 그에 기한 반환청구권

프랑스에서는 매매대금을 변제받지 못한 동산매도인이 우선특권을
가지고 있었다(개정 전 프랑스민법전 제2102조 제4호).[140] 프랑스에서는

---

139) 의심기간 동안 무효가 되는 채무자의 행위에 관한 규정은 1955년 프랑스상법
   전 제446조에서의 제도로, 현재 프랑스상법전 제L.632-1조 제1항 제6호에서 규
   율되고 있다. 이는 지급정지 시부터 도산절차가 개시될 때까지의 15일간의
   기간을 말하며, 이 기간 동안 법이 열거한 거래행위 및 담보제공행위가 무효
   로 선고될 수 있었다. 이 제도는 우리법상의 위기부인(채무자 회생 및 파산에
   관한 법률 제100조 제1항 제2호)과 유사한 면이 있다. 그런데 그 법률효과를
   취소로 보는 우리와 달리 프랑스에서는 이를 무효(nullité)가 되는 행위로 본
   다. 다만, 문제가 되는 여러 행위가 당연 무효가 아니어서 어느 행위가 무효가
   되는 행위인지의 여부에 관한 판단이 필요하고, 이는 법원에 일임되어 있다(P.
   Pétel, *Procédures Collectives*, 6ᵉ éd, Dalloz, 2009, n°357s 참조; A. Martin-Serf,
   《Entreprise en difficulté: nullités de la période suspecte》, *Rep. com.*, Dalloz, n°1
   et n°36).

140) 프랑스어로 우선특권은 "privilège"이다. 이는 우리의 구민법상의 선취특권과
   같은 개념이어서 오늘날에도 선취특권이라고 번역되기도 한다. 그러나 우리
   의 구민법상의 선취특권은 일반채권자의 권리를 침해한다는 이유로 1960년
   민법제정시에 삭제되었다(이에 관하여는 남효순, "프랑스민법상의 부동산우
   선특권-개정담보법 2006을 중심으로", 민사법학 제49권 제2호, 2010, 189면 이
   하 참조). 우리 민법상 일반선취특권은 사라졌으나, 현재는 임금채권, 조세채
   권 등에서 몇 가지 형태로 남아있고, 강학상 이들 권리를 우선특권이라고 부
   르고 있다. 현재 강학상 통용되는 용어는 선취특권이 아니라 우선특권이므로,
   "privilège"를 우선특권이라고 번역하기로 한다. 우선특권에 관하여는 이지은,
   일반우선특권에 관한 연구: 프랑스법상 우선특권(Privilèges)과의 비교를 중심

우리와 달리 우선특권제도가 발달하였다. 프랑스의 우선특권은 채무자의 일반재산을 대상으로 하는 일반우선특권과 채무자의 특정재산인 동산 또는 부동산을 대상으로 하는 특정우선특권으로 구분되었다.[141] 그 중 프랑스의 동산에 관한 특정우선특권은 동산매매에 있어서 매수인이 매매대금을 지급하지 않은 경우에 매매목적물이 된 동산에 대하여 매매대금을 담보하기 위한 수단으로 인정된 것이었고,[142] 이는 로마법에서 기원한 것이었다.[143] 우선특권에 기하여 매매계약의 당사자가 변제 기한을 정하지 않고 매매계약을 체결한 경우에 목적물이 매수인의 점유하에 있는 한 물건의 반환을 청구하여 전매를 저지할 수 있었다. 이를 위하여 인도된 날로부터 8일 내에 반환을 청구해야 하고 당해 물건은 그것이 인도된 것과 동일한 상태에 있어야 했다(개정 전 프랑스민법전 제2102조 제4호 제2문).[144] 그러나 이는 현실매매의 동산매도인에 해당하

으로, 서울대학교 박사학위논문, 2011 참조.

141) H., L. et J. Mazeau et F. Chabas, *op. cit.*, n°188 *supra* note 126.

142) H., L. et J. Mazeau et F. Chabas, *op. cit.*, n°191 *supra* note 126.

143) 동산매도인의 우선특권 및 그에 기한 반환청구권의 기원은 로마의 12표법으로 이는 현실매매의 매도인에게 인정되는 것이었다. 12표법에 의하면 非握取物(*res enc mancipi*)에 관한 현실매매에서는 매매대금이 변제된 경우에만 소유권이 매수인에게 이전되었다. 따라서 변제되기 전까지 매도인은 여전히 소유자였고, 소유권에 기한 반환청구소권을 보전하고 있었다. 따라서 매수인이 대금을 변제하지 않는 경우에는 우선특권이 인정되고 그에 기한 소유권에 기한 반환청구소권이 인정되었다. 그러나 신용매매의 매도인은 기한이 부여됨으로 인하여 반대약정이 있는 경우를 제외하면 묵시적으로 소유권에 기한 반환청구소권을 포기한 것으로 해석되었다. 따라서 신용매매의 매도인은 매수인이 대금을 지급하지 않더라도 우선특권을 가지지 못하는 것이었다(H., L. et J. Mazeau et F. Chabas, *op. cit.*, n°187s *supra* note 126).

144) "**개정 전 프랑스민법 제2102조** 일정한 동산 위에 우선특권을 인정받을 채권은 다음과 같다. (1.-3. 생략)
4. 지급되지 않은 동산물건의 대금. 다만 채무자가 기한부로 구입했는지 기한 없이 구입했는지 여부를 불문하고 그 물건을 여전히 채무자가 점유 중인 경우에 한한다.

는 것이었다.[145] 신용매매의 동산매도인은 목적물을 매수인에게 인도함
으로써 유치권을 포기한 것이고, 매도인이 채무자인 매수인을 신뢰함으
로써 자신의 신용부여로 인한 결과를 감내할 것을 전제하고 있기 때문
이다.[146]

 1807년 상법전 제576조에서는 '운송 중에 있는 상품' 및 '임치의 명목
으로 또는 소유자의 계산으로 매각되도록 채무자에게 위탁된 상품'의 두
경우에 한하여 반환청구를 인정하였다. 그리고 동산 매도인의 우선특권
에 대해서 명시적으로 규정한 바는 없지만, 매수인이 파산한 경우에도
우선특권이 인정되어 있던 것으로 해석되었다.[147] 그런데 1838년 상법전
제550조는 개정 전 프랑스민법전 제2102조 제4호가 동산 매도인을 위해
규정한 우선특권 및 반환청구권은 파산의 경우에 이를 행사할 수 없다
고 규정한다. 이 조문을 신설한 취지는 매도인을 위해 숨어있는 이 우선
특권이 상사에 관한 신용을 근본부터 동요시키고, 또한 채무자가 점유하
고 있는 동산에 대하여 그 소유권이 채무자에게 있다고 믿고 그와 거래

 매매가 기한 없이 행해진 경우에는 매도인은 그 물건을 매수인이 점유하는
 한 그 물건의 반환을 청구하고 그 전매를 저지할 수 있다. 그러나 그 반환청
 구를 인도 8일 이내에 하여야 하며, 물건이 그 인도가 행해졌을 때와 동일한
 상태에 있음을 요건으로 한다."

145) H., L. et J. Mazeau et F. Chabas, *op. cit.*, n°193 et n°191 *supra* note 126; G. Marty
 et P. Raynaud, *Droit Civil*, t.Ⅲ vol. 2°, *Les Sûretés La Publicité Foncière*, Sirey,
 1987, n°445; 프랑스법상 현실매매(vente au comptant)는 로마법에서 기원한 개
 념으로 매수인이 매매대금을 즉시 변제하기로 약속하는 매매를 말한다. 이에
 대비되는 의미에서의 신용매매(vente à crédit)는 변제기를 정한 매매를 의미
 한다(Association Henri Capitant, Vocabulaire juridique, sous la direction de G
 Cornu: PUF, 11° *éd.* 2015, V°Vente).
146) G. Marty et P. Raynaud, *op. cit.*, n°446 *supra* note 145, 이에 대하여는 이하의
 (3) 유치권에서 후술.
147) E. Massin, 《Les droits du vendeur de meubles impayés en vas de cessation des
 paiements de l'acheteur》, *RJ com.* 1973, p.208.

한 자에게 손해를 끼치므로, 이러한 우선특권의 효력을 매수인의 파산 시 소멸시키는 것이 상사에 관한 신용의 건전한 규율에 합치하기 때문이었다.[148] 이는 현실매매의 매수인에 대한 도산절차가 개시되면, 개시결정 시에 매도인의 우선특권은 소멸함을 의미하였다. 이 조문은 그 후 상법전 개정에서도 거의 그대로 유지되고(1955년 상법전 제534조), 1967년 법률에서 개정 전 민법전 제2102조 제4호에 따라 동산매도인을 위해 정해진 우선특권, 해제소권 및 반환청구권은 이하의 규정의 제한 안에서만 채권자집단에 대하여 행사할 수 있다고 규정되었다(1967년 법률 제60조). 결국, 동산 매도인의 우선특권은 매수인이 도산할 때에 매도인이 우선적으로 대금을 지급을 받기 위한 유효한 수단이 될 수 없는 것이었다.

다. 유치권

현실매매의 경우에는 매매대금이 변제될 때까지 매도인이 목적물을 보유할 권리를 가질 수 있었다(프랑스민법전 제1612조).[149] 현행 프랑스 민법전에서는 유치권에 관하여 일반규정을 두고 있으나, 프랑스민법전 개정 전에는 단지 개별적인 경우에만 학설과 판례에 의하여 유치권이 인정되고 있을 뿐이었다. 프랑스민법전 제1612조은 개정 전에 개별적으로 유치권을 규정한 조문의 하나였고, 이 규정에 따라 현실매매의 매도인은 대금이 지급될 때까지 매매 목적물을 유치할 수 있었다.[150] 이는

---

148) A. C. Renouard, *Traité des faillites et banqueroutes*, t.2, Paris, 1857, p.271.

149) "**프랑스민법전 제1612조** 매수인이 대금을 변제하지 않고 있으며, 매도인이 매수인에게 대금지급을 위한 기한을 부여하지 않은 경우에는, 매도인은 물건을 인도할 의무를 지지 않는다."

150) 프랑스의 유치권은 물건의 점유에 기초를 둔 것으로, 2006년 담보에 관한 민법전의 개정 전에는 학설과 판례로서만 인정되다가, 현행 프랑스민법 제2286조에 의하여 명문으로 규정되었다(L. Aynès et P. Crocq, *Droit Des Sûretés*, 10ᵉ éd., L.G.D.J., 2016, n°433).

매수인이 도산절차에 빠진 경우에도 마찬가지였다. 특히 매수인에 대하여 회생 절차에 들어간 경우에도 프랑스민법전 제1612조[151]는 유지되었다. 사실 이 유치권에 기한 조문은 동시이행의 항변(non adimpleti contractus)과 동일한 기초에서 규정된 것이다. 또한 이는 매도인이 소지 중인 매각된 물건에만 적용되는 것이 아니라, 운송 중인 것까지 확장된 것이다.[152] 그러나 이러한 유치권 역시 동산에 관한 신용매매에 있어서는 매도인이 강구할 수 있는 구제수단이 되지 못하였다.

Ⅲ. 도산절차에서 소유권유보약정의 대항력

1. 서설

위와 같이 프랑스에서 민법전이 개정된 2006년 이전의 상황에서는 매도인의 매매대금에 대한 담보수단은 기존의 해제권, 우선특권, 유치권, 반환청구권만으로는 부족하였다. 따라서 소유권유보부 매매를 하는 경우 매도인에게 있어서 소유권유보약정은 매매대금의 확보를 강제하는 중요한 담보수단이 되었다. 그러나 한때 실무에서는 도산절차에 있어서

"프랑스민법전 제2286조 ① 다음에 해당하는 자는 물건에 대하여 유치권을 주장할 수 있다.
　1. 채권의 변제 시까지 물건을 교부받은 자
　2. 물건을 인도할 의무를 가지는 계약으로부터 발생한 채권을 변제받지 못한 자
　3. 물건을 소지하는 경우에 발생하는 채권을 변제받지 못한 자
　4. 비점유질권을 가진 자
　② 유치권은 자발적인 소지의 상실에 의해 소멸된다."

151) **"프랑스민법전 제1612조** 매수인이 대금을 변제하지 않는데, 매도인이 매수인에게 변제 기한을 허여하지 않은 경우라면, 매도인은 물건을 인도할 의무가 없다."

152) H., L. et J. Mazeau et F. Chabas, *op. cit.*, n°192 *supra* note 126.

소유권유보약정의 대항력을 부정하여 매도인으로서는 목적물을 반환받을 수 없게 되었다. 그러나 이후에 이 판례 법리를 파기하고 매도인을 보호하기 위해 도산절차에서 소유권유보약정의 대항력을 인정하여 매도인의 구제수단으로까지 입법화되기에 이른다. 이하에서는 그 전개 과정을 살펴보도록 한다.

2. 소유권유보약정의 대항력에 관한 초기 판결과 그에 대한 입법적 수정 및 반대입법

가. 서설

앞서 제2장에서 간략하게 살펴본 바와 같이, 도산절차에 있어서 소유권유보약정의 대항력에 관하여는 1934년에 중요한 파기원의 두 판결이 있었다. 그리고 위 II.에서 살펴본 바와 같이 소유권유보약정은 동산의 매도인에게 주요한 구제수단이자 다른 구제수단에 비하여 매우 유용하였음에도 불구하고 위 판결들에 의하여 도산절차에서 소유권유보약정의 대항력이 인정되지 않게 되었다. 먼저 이 1934년 판결들의 사실관계와 판결 이유를 살펴보고, 그 의의를 살펴보고자 한다.153) 이 법리는 프랑스에서도 이후에 비판을 받게 되었는데, 그 비판의 이유와 그로 인하여 완화된 판례법리를 살펴보고, 이 판결들에 대한 반대입법이 등장하게 된 배경도 차례대로 살펴보기로 한다.

---

153) 이들 판례의 평석으로는 Vandamme, *op. cit.*, *supra* note 49; Esmein, *op. cit.*, *supra* note 49 참조; 1934년의 두 판결을 포함하여 당시 판례의 발전과정을 소개한 문헌으로는 道垣內弘人, 전게서(주 3), 107頁 이하가 있다.

나. 파기원 판결

1) 1934년 판결 1

Cass, civ. 28 mars 1934 : D. H. 1934. 249.

[사실관계 및 상고이유] 원심은 까엥 지방법원 1931년 1월 12일 원심판결 (Caen, 12 janv. 1931)이다.[154] 자동차회사인 A와 매수인 B는 소유권유보 부 매매를 체결하고 그에 기하여 A는 B에게 소형화물차를 인도하였다. B는 매매대금의 완제를 정지조건으로 목적물을 인도받아 소유자인 것처럼 보이는 가운데 대금에 상당하는 액면의 어음이 B로부터 X에게로 양도되었다. 그런데 1930년 3월 15일에 B가 파산하여 X는 당해 어음채권을 지급받을 수 없었다. 또한 당해 자동차는 경매로 C에게 매각되었다. 그 후 이 경매대금은 B의 재산관리인인 Y가 수치인의 자격으로 보관하고 있었다. 이에 X는 Y를 상대로, 위 경매대금을 자신에게 인도하도록 하는 소를 제기하였다. 원심에서는 이 사건 소유권유보약정은 공서에 관한 상법전 제550조를 잠탈하는 것으로 그 효력을 인정할 수 없다는 것을 이유로 X가 패소하였다. 이에 대하여 X가 상고하였다.

[판시] 원심판결이 소유권유보약정은 매수인의 파산에 있어서의 채권자집단에 대항하지 못한다는 점과 소유권유보약정을 통하여 대금의 완제라는 조건이 성취되기 전에 이미 매수인의 영업장에 들어감으로써 매수인의 지급능력의 외관을 갖춘다는 점을 고려하였다는 점은 정당하다. (중략) 따라서 X의 반환청구는 인정되지 아니한다.

---

154) Caen, 12 janv. 1931.

2) 1934년 판결 2

Cass. Civ. 22 octobre 1934 : D. H. 1934. 569.

[사실관계 및 상고이유] 원심은 루엥 지방법원 1931년 3월 19일 판결(Rouen, 19 mars 1931)이다.[155] 1928년 7월 6일, A는 B에게 자동차 한 대를 판매하고 인도하였다. 대금은 31만7,000 프랑이며, 그 중 7,940 프랑은 현금으로 즉시 지급하고, 나머지는 1929년 매달 한두 차례씩 어음으로 지급하기로 했다. 그리고 대금완제까지 당해 자동차의 소유권은 A에게 유보되며, 각 어음이 지급되지 않을 때에는 최고 후 1주 내에 B는 A에게 당해 자동차를 반환해야 한다고 합의하였다. 그런데 B는 1929년 중에 6월분 이후 대금을 지급하지 않은 채로 파산하였다. 이에 A와 신용보증계약을 체결하여 A의 권리를 대위한 X는 B의 재산관리인 Y를 상대로 당해 자동차의 반환을 청구하였다. 제1심에서 Y는 승소하였고, 이에 X가 항소하였다. 원심은 이때의 매매는 소유권의 이전을 대금완제라는 정지조건에 걸리게 한 것이고, 임치인·판매위탁자의 물건의 반환청구권을 정하는 상법전 제575조는 파산자가 임치의 명목으로 또는 판매위탁을 받아 상품을 보유하고 있는 경우 뿐 아니라 어떠한 자격의 반환청구자가 아직 소유인인 상품을 파산자가 보유하고 있는 경우에도 적용되는 것으로 이 사건의 경우에도 동조가 적용되는 것이라는 점, 또한 이 사건의 소유권유보약정은 어떠한 모호함도 없이 합법적으로 약정된 것이라는 점에서 매도인은 소유권유보약정으로 채권자집단에 대항할 수 있으므로, X는 당해 자동차에 대하여 그 반환을 청구할 수 있다고 판시하였다. 이에 대하여 매수인의 파산관재인 Y가 상고하였다.

[판시] 후에 파산에 이른 상인인 매수인에게 매각된 동산을 그가 이미 인도받음으로써 매수인의 지급능력의 외관요소가 되어 있는 경우에는, 매

---

155) Rouen, 19 mars 1931, 사실관계는 H. Defert et A. Defert, 《Journal des faillites et des liquidations judiciaires françaises et étrangères》, *Revue de jurisprudence, de doctrine et de legislation*, 1931, p.231 이하 참조.

도인은 채권자집단에 대하여 그 상품의 반환을 구할 수 없게 된다. 그것
은 민법전 제1184조와 제1654조 및 상법전 제550조와 제574조 이하의 해
제소권의 행사로도 할 수 없는 것이며, 또한 대금 완제까지 매수인에 대
한 소유권이전을 정지하는 내용의 약정을 이유로 하여서도 반환되지 않
을 것이다. 따라서 매수인의 파산에 대하여 매도인의 소유권에 기한 반
환청구를 인정한 원심판결은 파기를 면할 수 없다.

다. 지급능력의 외관

위에서 본 바와 같이, 1934년의 두 판결은 소유권유보약정으로 채권
자 집단에 대항할 수 없는 이유로 우선적으로 채무자에게 지급능력의
외관이 있다는 점을 들고 있다. 그리고 이러한 판단은 1900년대 초반 당
시의 학설과 판례가 일반적으로 승인하고 있는 것이었다.[156] 그에 따르
면, 채무자가 소지하고 있는 자체가 외관상 채무자에게 지급능력이 있음
을 보여준다. 이러한 지급능력의 외관에 대한 고려는 법적인 근거는 아
니지만, 상법전의 입법자는 파산한 영업장에 상품이 들어와 있는 것이
점유를 취득한 것과 같은 의미라고 파악하고 있었다.[157] 이후에 파산한
매수인에 의하여 매각된 목적물이 파산의 선고 전에 그의 영업장 안에
들어왔을 때, 매도인은 일반적인 채권자에 지나지 않게 되어 상품에 대
한 반환청구권을 상실하게 된다. 이는 매수인이 그의 영업장에서 수령한
상품은 매수인의 신용을 높이는데 기여하기 때문이었다.[158] 따라서 이
물건은 매수인의 채권자에 대한 청구의 대상이지, 매도인의 채권자가 반

---

156) Ch. Lyon-Caen et L. Renaut, *Traité de droit commercial*, t. 8, Paris, 1916, n°838;
    한편, 1934년의 양 판결이 명시적으로 표현하고 있지는 않지만, 지급능력의
    외관과 더불어 채권자 평등의 원칙에 기반하고 있다고 하는 견해로는, Annick
    de Martel-Tribes, *op. cit.*, n°20.
157) Esmein, *op. cit.*, p.337-338 *supra* note 49.
158) Ch. Lyon-Caen et L. Renaut, *op. cit*, n°834.

환청구할 대상은 아니라고 한다. 이러한 지급능력의 외관은 소유권유보 약정에만 관련된 것은 아니었고, 도산법에 있어서 반환청구권의 존부를 결정하는 통일적인 개념이었다. 따라서 아직 채무자의 영업장에 들어가지 못한 물건에 대한 반환청구권이 인정되는 것은, 그것이 아직 채무자의 지급능력의 외관의 요소 중 하나가 되어 있지 않기 때문이었다. 또한, 채무자가 이미 점유를 취득한 물건에 대해 우선특권 및 우선특권에 기한 반환청구가 인정되지 않는 것은 그것이 채무자의 지급능력의 외관요소 중 하나가 됨으로써, 우선특권 및 우선특권에 기한 반환청구권의 효력을 인정하게 되면 다른 채권자에게 불측의 손해를 끼치게 되게 때문이었다.[159] 이러한 것은 상인 간의 상사거래와 상인의 파산이라는 상사적인 관계에서는 민법상의 권리가 제한될 수 있다는 관념에도 기인한다.[160]

일본의 도우가우치 히로토(道垣內弘人)는 지급능력의 외관이라는 개념이 동산에 관하여 점유는 권원의 값을 가진다(개정 전 프랑스민법전 제2279조 제1항)는 원칙과 관련된 것으로 추측하기도 한다.[161] 그러나 1934년 양 판결을 평석한 반담(Vandamme)은 매수인의 채권자가 실제로 매수인이 소지하는 동산이 자기의 채권에 충당될 것이라는 점에 대하여 착오에 빠졌는지에 관하여 판결이 적시하지 않았으며, 또한 통상적으로 신용매매가 행해지는 경우에는 목적물의 소유권이 매도인에게 유보되어 있음이 예견되어 있으므로, 매수인의 채권자가 그러한 착오에 빠질 일이 없다고 비판한다.[162] 그리고 지급능력의 외관을 통하여 채권자가 보호된다고 하더라도, 이는 당해 물건의 인도 후에 채권자가 된 사람에 대해

---

159) 道垣內弘人, 전게서(주 3), 129頁.
160) Esmein, *op. cit.*, p.338 *supra* note 49.
161) 道垣內弘人, 전게서(주 3), 128-129頁; 동산에 관하여 점유는 권원의 값을 가진다는 전제는 고법에서 부여된 것으로, 소유권이전에 대한 전통과 관련되어 있다(Annick de Martel-Tribes, *op. cit.*, n°33).
162) Vandamme, *op. cit.*, p.155 *supra* note 49.

서만 해당한다고 하는 것이 타당할 것인데, 판례는 동산의 인도 전의 채권자와 인도 후의 채권자를 구분하고 있지 않아 인도 전의 채권자도 보호되는 것은 논리적이지 않은 결과가 된다고 한다.[163] 또한 오늘날 많은 비점유질권이 존재하는 것도 이러한 관념의 존립을 약화시키는 것이라고 하여 지급능력의 외관 법리에 대한 반증이라고 하기도 하는 견해도 있다.[164]

라. 판례의 완화

지급능력의 외관에 대한 파기원의 엄격한 입장은 곧바로 완화되는 양상을 보인다.[165]

완화된 판례법리는 다음과 같다. 첫째, 매수인이 파산하기 전에 목적물의 반환을 구하는 소를 제기한 경우에는, 그 후에 매수인이 파산하더라도 매도인은 물건을 반환받을 수 있었다.[166] 둘째, 매수인의 파산 전에 명확하며 취소할 수 없는 행위로써 소유권유보약정으로 인도된 상품의 반환청구의 최종적인 의사를 표시하고 매수인의 점유가 임시적일 뿐임을 확언하는 경우에는, 매도인은 이미 인도한 물건을 매수인의 파산선고 전에 반환받을 수 있다. 이러한 의사표시의 방법은 반환 또는 반환소송의 제기에 한하는 것이 아니었다.[167] 이는 최초의 매매계약에서의

---

163) Vandamme, op. cit., p.156 supra note 49.

164) M. Bellamy, 《Malaise et déséquilibre du droit crédit en France》, JCP 1974 Ⅰ 2650.

165) 이에 대하여는 道垣內弘人, 전게서(주 3), 116-124頁을 참조.

166) Cass. Civ. 3 mai 1935: D. H. 1935. 313; S. 1935. 1. 227; H. Defert et A. Defert, Journal des faillites et des liquidations judiciares française et étrangères, JANVIER-FÉVRIER 1935, N°1-2, p.106s 참조.

167) Cass. Req., 26 oct. 1938, D.H. 1939. 84; Cass. Com., 22 déc. 1975, Bull. Civ. Ⅳ, n°313, p. 260; D.1976, I.R. p.22 ; Cass. Com., 7 juill. 1975, D 1976, p.70, note A. Honorat; Cass. Com., 8. mai 1979, Bull. Civ.Ⅳ, n°147, p.116; Gaz. Pal. 1979, Somm. p.413 Cass. Com., 18 juin 1979, D. 1980, I.R. p.19; Gaz. Pal. 1979, Somm.

해제약정이 있는 것을 이유로 명시적으로 해제의 의사표시를 한 경우에도 마찬가지였다.[168] 그 이유는 동산의 매매계약을 체결하면서 소유권유보약정과 함께 약정해제 또는 합의해제가 함께 존재하는 경우가 많았고, 도산절차에 있어서 소유권유보약정의 판례 법리는 해제에 관한 것과 함께 발전하였기 때문이다.

3. 입법적 수정

판례의 완화된 태도는 이후의 입법에도 영향을 미쳤다. 1934년 양 판결의 엄격성을 완화하는 입법이 이루어진 것이었다. 1955년 5월 20일 데크레 제583호는 두 번째 판례의 입장을 1955년 상법전 제548조[169]에 규정하였다.[170] 이는 곧, 1967년 법률 제61조가 되었다. 그에 따라 상품의 전부 또는 일부가 현물로 존재하는 한 그 상품을 목적으로 하는 매매가 재판에 의하여 또는 해제조건의 성취에 의하여 물건의 재판상 정리 또는 파산을 선고하는 판결 이후에 해제되었더라도 그 상품은 반환될 수 있게 되었다(동조 제1항). 또한 매매계약의 해제가 목적물의 재판상 정리 또는 파산의 선고 결정 후에 법원의 결정에 의해 인용되었을지라도, 반환청구의 소 또는 해제의 소가 매매대금을 변제받지 못한 매도인에 의하여 이를 확인하는 판결 전에 제기되었을 때에는 반환청구가 마찬가지로 인정되어야 하는 것으로 완화되게 된다(동조 제2항).[171] 위 조문은

---

p.508.

168) Cass. 1ʳᵉ Civ., avr. 1935: *Gaz. Pal*, 1, 746.

169) "**개정 전 상법전 제548조** ① 파산 또는 회생을 선고하는 판결에 앞서 그 매매가 재판에 의해 또는 해제조건의 성취에 의해 해제된 상품은, 그 전부 또는 일부가 현물로 존재하는 한, 이를 반환청구할 수 있다. ② 매매의 해제가 파산 또는 회생을 선고하는 판결 후에 재판에 의해 선언되거나 확인된 경우에도, 변제를 받지 못한 매도인이 선고 판결 전에 반환청구의 소 또는 해제의 소를 제기한 때에는 마찬가지로 반환청구를 인정해야 한다."

170) Annick de Martel-Tribes, *op. cit.*, nº17.

엄밀히 말하면 파기원이 채택하고 있던 매수인에 대한 파산절차가 개시
된 경우 해제조건이나 소유권유보로 대항할 수 없다는 1934년 판결의 원
칙과는 배치되는 것이었다. 그러나 1934년 판결에 의한 파기원이 근거로
하는 채권자 평등의 원칙과 지급능력의 외관법리는 매도인이 소유권유
보약정을 이용하여 얻을 수 있는 신용의 이익과 더 이상 조화되지 못하
였기 때문에, 1934년 판결이 선언한 해제와 소유권유보약정의 대항불가
능 원칙은 후퇴하게 된 것이다. 즉 1955년 상법전과 1967년 법률[172]은 소
유권유보약정의 대항불가능원칙에 대한 수정의 결과물이다.[173]

4. 1980년 법률에 기한 대항력의 승인

가. 개정의 내용

1980년 법률은 프랑스에서 소유권유보약정으로 매도인이 채권자집단
에 대항할 수 있는 계기를 마련해 준 최초의 입법이다.[174] 이 법률은 일
명 뒤방세 법(loi Dubanchet)이라고 일컬어진다. 이에 따라 1967년 7월 13
일 법률 제65조는 1980년 5월 12일 법률 제80-335호를 통하여 매수인의
파산 시 소유권유보약정이 당사자 사이에서 서면으로 적어도 인도 시까

---

171) 道垣內弘人, 전게서(주 3), 78頁.
172) 1967년 법률은 어려움에 처한 기업에 대하여 우선적으로 기업의 회생에 주력
    하여, 처음으로 사람과 기업에 대해 법적 차등을 두어 서로 구별하였다. 즉
    파산채무자의 처벌이 가능한 동시에, 그 기업이 회생할 수 있는 경우에는 우
    선 기업구제에 중심을 두게 된 것이다(이상영, "프랑스 소비자파산제도에 관
    한 연구", 비교사법 제7권 제1호(통권 제12호), 2000, 554면).
173) Annick de Martel-Tribes, *op. cit.*, n°21 et n°27s; 1967년 7월 13일 법률 제563호
    및 이후의 개정 법률에서의 소유권유보에 관한 조문은 이 책 [부록] 프랑스의
    관련 법령 1. 소유권유보 관련 연혁법령 참조.
174) H., L. et J. Mazeau et F. Chabas, *op. cit.*, n°57-1 *supra* note 126; L. Aynès et P.
    Crocq, *op. cit.*, n°800 *supra* note 150 참조.

지 합의되었다면 매도인이 매수인의 채권자 집단에 대항할 수 있다는 내용으로 개정되었다.[175] 1980년 법률을 통한 개정으로 소유권유보부 매매에서의 매도인은 일반채권자에 비하여 강한 우선권, 즉 최우선특권(superprivilégié)을 부여받게 되었다.[176] 그러나 이는 일반적인 우선특권에 기한 것도, 담보권에 기한 것도 아닌, 소유권에 기한 것으로 평가되는 것이었다. 원칙적으로 매수인은 매매대금을 완제할 때까지는 소유자가 아니었다. 따라서 매수인이 도산절차에 들어갔을 때 매도인은 소유자로써 행동하였고 그에 따라 목적물에 대하여 반환을 청구할 수 있었다.[177]

나. 개정법에 대한 찬반론

1980년의 법률에 대하여는 프랑스에서도 그 인정 여부에 관하여 강한 찬반의 대립이 있었다. 이를 반대하는 견해에서는 매도인에게 공시 없이 이러한 최우선특권을 부여하는 것은 다른 일반채권자를 해하여, 평등의 원칙에 반하는 것이라고 비판하였다. 도산법에서 채권자평등의 원칙이란 파산한 채무자의 전 재산이 그의 모든 채권자 사이에서 평등하게 분배된다는 것이다. 이는 채권자평등의 원칙에 기초한 것으로, 채권자를 신뢰한 모든 자를 동등하게 취급하려는 데서 오는 이상적인 관념이었다. 이 원칙은 채무자의 일반적 신용을 높이는 것을 그 경제적인 목적으로 한다. 즉 이 원칙을 적용하면, 특정 채권자에게 채무자의 재산을 빼앗기지 않고 모든 채권자가 채무자의 전 재산에서 채권액에 비례한 금액의 지급을 받을 수 있게 되는 것이다.[178] 그런데 소유권유보약정에 대항력을 인

---

175) R. Houin, 《L'Introduction de la clause de réserve de propriété dans le droit Français de la faillite》, *JCP* Ⅰ 2978, n°1.

176) H., L. et J. Mazeaud et F. Chabas, *op. cit.*, n°922-2 *supra* note 132.

177) R. Houin, *op. cit.*, n°8.

178) M. Vasseur, *L'égalité entre les creanciers chirographaires dans la faillite*(thèse Paris), 1949, n°38, p.113.

정한 1980년 법률은 도산법상의 채권자 평등원칙에 반한다는 것이다.[179)]

이에 대하여 소유권유보약정에 대항력을 인정한 입법으로 인하여 은
행이 소유권유보를 통한 담보를 확보할 수 있다는 점에서 소유권유보약
정은 은행에 유리하며 이로써 제조업자인 기업에 신용이 부여되어 기업
간 신용의 발달되므로 경기가 신장된다는 것을 이유로 입법을 지지하는
견해도 있었다.[180)181)] 도산절차상 채권자평등의 원칙은 채권자들 사이
에서 담보(sûretés)를 설정한다거나 입법자에 의하여 일반채권자와 달리
취급되는 각종의 우선특권을 부여하는 방식으로 변화할 수 있으며, 이
법률의 제정은 그러한 맥락의 하나라는 것이다.[182)] 또한 입법을 통한 소
유권유보의 대항력의 인정으로 인하여 도산절차 개시 결정 당시 존재하
는 매수인의 적극재산의 많은 부분이 제조업자인 매도인에게 회복되게
됨으로써, 기업인 매도인의 구제에 도움을 주었다. 실제로 1980년의 개
정 법률을 통하여 프랑스에서 연간 도산절차에 들어가는 기업의 수가
줄어들게 되었던 것이다.[183)]

다. 이후의 개정상황

이후 1980년 법률은 1985년 법률 제85-98호와 1994년 법률 제94-475호
를 통하여 부분적으로 개정되었다. 이 개정으로 시적 제한을 두어 매도

---

179) M. Bellamy, 《Malaise et déséquilibre du droit crédit en France》, *JCP* 1974 Ⅰ 2650,
     n°3; R. Houin, *op. cit.*, n°20.
180) G. Ripert et R. Roblot, *Traité de droit commercial*, t. 2, 12ᵉ éd., L.G.D.J, 1990,
     n°3160.
181) 1977년 4월 26일부터 1978년 11월 24일까지 위원회초안 《Crédit Inter-entreprise》
     p.23s 참조. Cité par R. Houin, *op. cit.*, n°9.
182) R. Houin, *op. cit.*, n°3.
183) G. Ripert et R. Roblot, *op. cit.*, n°3160.

인의 반환청구권은 회생 또는 청산절차가 개시되는 것에 대한 공고로부터 3월내에만 행사할 수 있게 되었다(1994년 6월 10일 법률 제94-475호에 의하여 개정된 1985년 1월 25일 법률 제85-98호 제115조). 그리고 1985년 법률 제85-98호는 2000년 9월 18일 오르도낭스 제2000-912호에 의하여 상법전에 편입되었다.[184] 상법전의 규정은 몇 차례의 개정을 거쳐 현재 상법전 제L.624-16조에서 규정되고 있다. 이는 프랑스민법전 담보권에 관한 권(livreⅣ)에 "담보로서 유보된 소유권"이 신설될 때까지 소유권유보에 관한 유일한 실정법의 지위를 차지하였다. 담보권에 관한 민법전이 개정된 2006년 이후에도 상인에 대한 도산절차가 개시된 경우에는 별도로 당해 규정이 적용된다.

첨언하자면, 소유권유보약정과 대응하여 발전한 도산절차에서의 해제는 현행 상법전 제L.624-12조 제1항에서 규율되고 있다. 이에 따라 도산절차 개시 결정 전 해제조건의 성취 또는 해제의 소의 제기로 해제되는 매매의 목적물인 상품의 반환청구만 허용된다. 이는 매도인이 해제의 소급효에 따라 소유자로서 반환청구를 구한다는 점에서 진정한 의미에서의 "소유권에 기한 반환청구권(revendication)"으로 평가된다.[185]

---

184) Ordonnance n°2000-912 du 18 septembre 2000 relative à la partie législative du code de commerce.

185) P.-M. Le Corre, *Droit et pratique des procédures collectives*, 8ᵉ éd., dalloz, 2014, n°815-21; **현행 프랑스상법전 제L.624-12조** ① 도산절차를 개시하는 결정에 앞서 그 매매가 재판에 의해 또는 해제조건의 성취에 의해 해제된 상품은, 그 전부 또는 일부가 현물로 존재하는 한, 이를 반환청구할 수 있다. ② 매매의 해제가 도산절차를 개시하는 결정 후에 재판에 의해 선언되거나 확인된 경우에도, 매도인이 도산절차 개시 결정 전에 대금지급의 불이행과 다른 원인으로 반환청구의 소 또는 해제의 소를 제기한 때에는 마찬가지로 반환청구를 인정해야 한다."

제3절 프랑스민법전상 담보권으로의 승인 및 소유권유보약정의 법적성질론

Ⅰ. 프랑스민법전 개정을 통한 담보권으로의 승인

1. 서설

전술한 바와 같이 프랑스민법전에는 소유권유보약정에 관한 어떠한 규정도 존재하지 않았음에도 불구하고 20세기 이후 실무에서 소유권유보약정이 이용되기 시작하였고 오랜 기간 동안 판례를 통하여 그 유효성이 인정되었다. 그런데 소유권유보부 매매가 행해짐과 동시에 매수인이 파산한 경우에 목적물에 대한 매도인의 소유권에 기한 반환청구권을 인정해야 할 필요성으로 인하여, 도산절차에서 소유권유보약정의 대항력을 인정하는 법률이 제정되기에 이르렀다.[186] 이러한 입법은 몇 번의 개정 후에 상법전에 편입되어 프랑스상법전에서 규율되었다. 그런데 프랑스민법전은 2006년 오르도낭스를 통하여 담보법에 관한 대개정을 단행하게 된다. 이때 소유권유보약정으로 유보된 소유권이 담보권(sûreté)의 하나로 승인되었다. 2006년 오르도낭스를 통하여 담보권에 관한 卷(livre)이 신설되어 제4권 담보권으로 규율되었는데, 담보로서 유보된 소유권은 담보권의 하나로 승인된 것이다.[187]

---

186) 그 입법의 연혁에 관하여는 이 책 제3장 제2절 참조.

187) 과거 프랑스에서는 담보권(sûreté)이라는 용어를 민법전 차원에서 정의하지 않았다. 이는 그에 합당한 정의를 찾기 어렵기 때문이었다. 2006년 오르도낭스로 담보권이 하나의 권(Livre)의 표제가 된 오늘날에도 역시 이를 정의하는 규정은 없다. 따라서 과거와 마찬가지로 2006년 오르도낭스에 의하여 담보로 명시적으로 정의되는 모든 메커니즘, 즉 보증, 독립적 이행보증, 의향서, 질권, 권리질권, 부동산저당권, 우선특권, 저당권, 담보권으로서의 소유권을 포

2. 담보권으로서의 소유권(Propriété-Sûreté)

가. 담보적 기능의 소유권(propriété-garantie)

프랑스에서 소유권유보약정은 매매대금을 담보한다는 의미에서 갸랑띠(담보, garantie)로 인정되고 있었다. 그런데 소유권유보약정이 있는 경우와 같이 소유권이 담보라는 것을 인정할 수 있는지에 관하여 견해가 대립하고 있었다. 이는 소유권이 분지(分枝, démembrement)[188]되지 않은 경우, 즉 원래 의미의 소유권인 경우에도 그것이 담보적 기능을 가질 수 있는지 여부에 관한 것이었다. 프랑스에서 소유권이 담보적 기능을 한다는 것은 소유권이 피담보채권에 종된 권리가 됨, 즉 부종성을 가져야 하는 것을 의미하는 것이었다. 즉 소유권이라 하더라도 제한되거나 제한받을 수 있는 소유권이어야 하는 것이다.[189] 결국 문제는 소유권이 제한될 수 있는 성질을 가졌는지 여부에 달려있었다.[190] 이는 담보목적의 소유권양도, 즉 담보신탁을 인정할 수 있는지에 관하여도 마찬가지로 문제된 것이었다.[191]

괄하는 정의를 찾아야 할 필요가 있다(D. Legeais, 《Sûretés》, Rép. civ., n°7).

[188] 소유권의 분지(分枝, démembrement)는 프랑스민법학에서 전통적으로 물권을 분류하는 체계상의 개념이다. 이에 관하여는 이 책 제3장 제3절 I. 3. 나 참조.

[189] 물적 담보가 된다는 것은 피담보채권에 부종하는 권리가 된다는 것을 의미한다. 프랑스에서 종된 것(l'accessoire)은 산출물과 같은 과실과 주된 물건의 사용에 제공된 것으로 분류된다. 물건(un bien)과 권리(un droit)는 모두 종적인 것, 즉 종물이나 종적 권리가 될 수 있다. 종된 것은 주된 것에 따르며, 따라서 종적 요소는 그 자체로는 불충분하다(G. Goubeaux, La règle de l'accessoire en droit privé, Bibl. dr. privé, tome XCIII, L.G.D.J. 1969, n°18s).

[190] P. Crocq, op. cit., p.62 supra note 44.

[191] 프랑스의 신탁적 소유권담보는 담보로서의 소유권양도(De la propriété cédée à titre de garantie, 개정 프랑스민법전 제2372-1조부터 제2372-5조 및 제2488-1조부터 제2488-5조까지), 즉 담보신탁을 말하며, 우리의 양도담보와는 다음과 같은 차이가 있다. 동산양도담보의 경우에 판례와 같이 신탁적 양도설을 취하

유보소유권이 담보권(sûreté)으로서 민법전에 편입되기 전에는 소유권은 피담보채권에 종된 권리가 아니라고 하면서 소유권의 담보권화를 비판하는 견해가 많았다. 그 근거로 질권과 저당권만 담보목적에 이용할 수 있는 종된 권리이므로, 소유권이 종된 권리가 된다면 이는 물권법정주의에 위배될 여지가 있다고 하거나,[192] 물적 담보는 소유권과 다른 종된 물적 권리를 성립시키며 종된 물적 권리로서의 담보권은 소유권과 구분되어야 하므로 소유권은 물적 담보가 될 수 없다고 하기도 하였다.[193] 이는 소유권의 절대성을 인정하는 자연법사상의 영향에 의한 기초한 것이었다.[194]

면 채무자가 채권자에게 소유권을 담보목적으로 이전하여 준 것을 말한다(대법원 1994. 8. 26. 선고 93다44739 판결 등). 이에 대하여 담보신탁은 신탁자가 수탁자에게 소유권을 담보목적으로 이전한 것은 양도담보와 마찬가지이나, 그것이 담보목적으로 이용되어 채권자를 수익자로 하고 채무자가 담보목적물을 수탁자에게 이전한다고 하더라도, 첫째, 수탁자와 수익자의 분리를 전제하고 있어 채권자가 수익자인 동시에 수탁자가 될 수 없다는 점에서(이익향수금지원칙, 신탁법 제36조) 양도담보와 같이 채권자가 이를 취득할 수 없고, 둘째, 수탁자는 수익자를 위하여 재산을 관리 및 행사하여야 한다는 제한을 가지며, 셋째, 수탁자의 재산은 채권자의 공취에서 자유로운 독립한 신탁재산이라는 점에서 양도담보와 차이가 있기 때문이다(최수정, 신탁법, 박영사, 2016, 10-11면 참조; 이연갑, 신탁법상 수익자의 보호법리, 경인문화사, 2014, 9-12면 참조).

192) B. Foex, Le 《numerus clausus》 des droits réels en martière mobilière, Collection Juridique Romande, Payot, Lousannem 1987, n°432.

193) J. Ghestin, 《Réflexions d'un civiliste sur la clause de réserve de propriété》, D. 1981, p.1s.; J. Acquaviva et C. Bacrot, 《La clause de réserve de propriété en droit affaires》, Gaz. Pal. 1980, Chr. p.526s.; A. Kornmann, 《Propriété et procédures collectives : vers en succédané des sûretés?》, Rev. Jurispr. Com. 1991, p.64s.

194) 소유권의 자연법적 특성에 관해서는, P. Crocq, op. cit., n°76s supra note 44. 이에 따르면, 소유권은 16세기 자연법 사상가들에 의해 인간의 자연권으로 규정되었으며, 그 결과 소유권은 목적물에 대한 개인의 권리이고, 그 대상은 물질적인 영역 뿐 아니라 비물질적인 영역에까지 미친다.

그러나 다른 일부의 견해는 분지되지 않은 소유권도 담보적으로 기능할 수 있다고 하였다. 본래 소유권의 성질로 이해되는 영구성(perpétuité)은 당사자들이 소유권에 시간적으로 제한을 둘 수 없고 채권이 완제되었을 때 채무자에게 물건의 소유권이 이전되는 것을 의미하고, 소유권의 완전성(plénitude)은 물건의 모든 이용에 관한 권리를 소유자에게 부여하는 것이다. 프랑스민법전 제544조에 의하면 소유권의 영구성에 대한 제한은 원칙적으로는 불가능하나, 점차 그 제한에 대한 유용성이 인정되고 있음은 주지의 사실이라는 점이 그 근거가 된다는 것이다.[195] 또한 소유권의 완전성도 실제로는 법에 의해 정해진 한도에서만 인정되고 각종 입법으로 그 제한이 가능한 것이었다는 견해,[196] 당사자의 약정으로 대금채권의 변제를 담보하기 위하여 물건을 확보할 권리만을 남겨둔 채 나머지 권리는 소유자로부터 빼앗을 수 있었는데, 이렇게 담보로 이용되는 소유권의 예로 민법전의 개정 전부터 판례[197]가 인정해 온 것이 바로 소유권유보였다는 견해[198]도 담보적으로 기능하는 소유권을 인정하는 입장이었다.

나. 담보권(sûreté)으로 승인된 유보소유권

2006년 오르도낭스에 의한 프랑스 민법전의 개정으로 소유권유보약정으로 유보된 소유권은 담보이자, 쉬르떼(담보권, sûreté)으로 승인되었다. 이는 소유권유보약정이 제4권에서 규정되게 됨으로써 가능한 것이었다(프랑스민법전 제2367조부터 제2372조까지). 담보에 관한 2006년 오르도낭스 제2006-346호의 대통령보고서에서는 "담보로 유보되는 소유권"에 대한 승인(1.2.2.4)에 관하여 다음과 같이 설명하고 있다.[199]

---

195) P. Crocq, op. cit., n°111 supra note 44.

196) P. Crocq, op. cit., n°82-93 supra note 44.

197) Cass. Com., 15 mars 1988: Gaz. Pal. 1988, Ⅰ, 244, note Soinne; D. 1988, 330, note Pérochon.

198) M. Cabrillac et Ch. Mouly, Droit des sûretés, 6ᵉ éd., Litec, 2002, n°528.

오르도낭스 제13조는 민법전에 소유권유보약정에 관한 규율을 넣기 위한 것이다. 이처럼 당해 오르도낭스는 제4권 제2편의 제2부속절의 제4장을 덧붙여, 한편으로는 소유권유보약정을 정의하고, 다른 한편으로는 그 형식과 제도의 요건에 대해 규정하고 있는 소유권유보약정에 관한 여러 규정을 포함한다. [여기에서] 소유권유보약정은 《그에 관한 대가관계인 채무의 완제 시까지 계약의 이전적 효력이 정지되는 약정》으로 정의된다(제2367조). 이 형식요건에 관하여, 제2368조는 소유권유보는 《서면으로 합의되어야 한다》고 명시한다. 그러나 소유권유보약정은 담보의 범위에서 특별한 지위로 유지된다. 왜냐하면 질권과 달리 이에 대하여 제3자에게 알리기 위한 공시에 대해 정하지 않고 있기 때문이다. 한편, 이 오르도낭스는 소유권유보약정이 유체물을 대상으로 할 때(제2369조)와 다른 물건에 부합되는 물건을 대상으로 할 때에 적용가능한 규율을 명확히 한다(제2370조). 그러나 이러한 해법은 새로운 것은 아니었다. 마지막으로 이 담보의 실현을 용이하게 하기 위하여, 법안은 목적물의 매매대금 또는 그 물건이 멸실된 경우의 보험금에 대하여 매도인인 채권자를 위한 물상대위를 정한다. 따라서 채권자의 권리는 전득자가 채무자에게 아직 지급하지 않은 경우에 그 대금에 대하여 실행될 수 있다(제2372조).

이에 따라 개정된 프랑스민법전 제2367조는 소유권유보약정을 대가관계에 있는 채무의 완제 시까지 계약의 이전적 효력을 정지시키는 계약이라고 정의하고 있다. 이러한 소유권유보약정에 의해서 물건의 소유권은 담보로서 유보될 수 있다고 하며, 그와 같이 유보소유권은 변제를 담보하는 채권의 종된 권리라고 한다. 유보소유권은 개정 민법전에 의하여 담보권으로 제도화 된 것이다.

---

199) 이 대통령 보고서는 다음의 사이트에서 찾을 수 있다.
　　 https://www.legifrance.gouv.fr/affichTexte.do?cidTexte=JORFTEXT000000456743&fast
　　 Pos=1&fastReqId=2018404509&categorieLien=id&oldAction=rechTexte(2020. 12. 09. 최
　　 종검색)

이처럼 전통적인 담보권으로 인정되지 않던 유보소유권이 2006년에 이것이 민법전 상의 담보권, 즉 전형담보가 된 이유는 무엇인가? 원래 소유권은 다음과 같은 이유에서 프랑스에서 담보권으로 인정되지 않고 있었다. 첫째, 원래 담보권으로서의 소유권은 유질약정의 금지의 원칙에 반하는 것이었다. 왜냐하면 담보권으로서의 소유권이 인정되면 채무자가 목적물을 사적으로 실행하게 되는데, 이는 법적인 통제 없이 목적물을 잃게 되는 결과를 가져왔기 때문이었다. 둘째, 담보권으로서의 소유권은 물권법정주의에도 위배되는 것이었다. 그것은 2006년 오르도낭스로 인한 담보법의 개정 전까지 민법에 의해 승인된 담보권이 아니었기 때문이다. 셋째, 담보권으로서의 소유권은 채무자나 채무자의 다른 채권자에게 불리하기 때문에 인정되지 못하였다. 즉 담보권으로서의 소유권이 이전되면, 그로 인하여 채권자는 채권의 이행기가 도래하기 전이라도 목적물을 처분할 수 있었고, 그 결과 채무자는 변제로 물건을 반환받을 수 없기 때문이다. 넷째, 담보권으로서의 소유권은 공시되지 않는다는 점에서도 채무자의 다른 채권자에게도 위험한 것이었다. 담보권으로서의 소유권이 인정되게 되면, 목적물은 채권자의 담보로 배타적으로 이용되는데 공시가 되지 않아 법적 안정성을 해치는 결과가 되었기 때문이다.[200] 이러한 특성은 프랑스에서 소유권을 담보로 이용하는 유보소유권이 담보권으로 승인되기 어렵게 하였다.

그러나 프랑스에서 전통적으로 인정되던 유질계약의 금지의 원칙은 담보제도의 활성화를 위하여 2006년 오르도낭스에 의하여 폐지되었다.[201] 또한 물권법정주의에 반하는 문제도 물권법에 의한 제약에 이의를 제기하는 견해가 많아짐에 따라 더 이상 문제되지 않게 되었다. 여기

---

200) M. Bourassin, V. Brémond et M.-N. Jobard-Bachellier, *Droit des sûretés*, 2ᵉ éd., Dalloz, 2010, n°1229.

201) M. Bourassin, V. Brémond et M.-N. Jobard-Bachellier, *op. cit.*, n°1229.

에 도산절차의 범위에서 전통적인 담보가 그 역할을 다하지 못한다는 인식이 더해져서, 2006년 오르도낭스에 의해서는 담보로 유보된 소유권이, 2007년 오르도낭스에 의해서는 담보로 양도된 소유권이 민법전상의 담보로 인정되기에 이르게 된다.[202] 결국 프랑스에서는 소유권유보와 담보신탁이 담보제도로 승인된 것이다.[203]

이렇게 갸랑띠(담보, garantie)로 인식되던 소유권[204]이 쉬르떼(담보권, sûreté)이 된다는 것은 어떠한 의미를 가지는가? 우선 프랑스에서 담보(garantie)[205]와 담보권(sûreté)[206]의 구별이 반드시 명확한 것이 아님을

---

202) M. Bourassin, V. Brémond et M.-N. Jobard-Bachellier, *op. cit.*, n°1230.

203) 한편, 기존에 담보적 기능의 소유권으로 인정되던 금융리스(crédit-bail)는 민법전 상의 담보권으로서의 소유권으로 승인되지 못하였다. 그러나 금융리스는 여전히 프랑스민법학에서 소유권유보와 함께 비신탁적 소유권담보제도의 하나로 비교·분석된다(P. Crocq, *op. cit.*, n°56-58 *supra* note 44).

204) "소유권이 담보(garantie)"로 인식된다는 것은 우리법 해석에 의하면 소유권의 담보적 이용이 승인된다는 것을 의미한다. 즉 소유권의 담보적 이용을 말한다.

205) 담보(garantie)라는 용어의 어원을 살펴보면 이는 게르만의 어원(gewähr)을 가진 용어로 그것은 실재를 의미하는 "wahr"에서 나온 것이다. 어원적으로 보면 담보는 첫째, 그러한 물건이 실재하고, 둘째, 그러한 성질이 존재함이 사실이라는 것을 보증한다는 것을 의미한다. 이렇게 물건이 실재함과 그 성질을 보증한다는 의미는 프랑스세법전(Code général des impôt) 제521조에서 "제작물의 권원은 국가에 의해 …(중략) 담보된다"고 하는 의미로 사용된다. 이는 개인의 권리와 자유의 담보에 관하여 말할 때도 동일하게 사용할 수 있다. 민법전에서도 이와 같은 의미로 사용되는데, 매도인의 숨은 하자를 담보한다는 것은 예컨대 매각된 물건이 매매계약 당시에 그러한 기능을 충족할 수 있음을 뜻한다. 이러한 의미의 담보는 어떠한 평온상태, 즉 수익자에게 물건의 외관과 실제 상태의 일치를 확언함에 의하여 안전성을 가져다주는 것이 명백하다(P. Crocq, *op. cit.*, n°283 *supra* note 44).

206) 담보권(sûreté)은 안심, 안전의 의미를 가지는 라틴어 "securitas"에서 그 어원을 찾을 수 있다. 담보(garantie)와 담보권(sûreté)의 근본적인 차이는 담보가 실재의 확언에 의한 평온상태를 가져옴으로 인하여 현재와 관련되나, 담보권은 담보와 달리 사건의 장래 실현 가능성을 논거로 하는 평온상태를 가져오는

주의할 필요가 있다. 민법전 개정 전에는 양자는 비슷한 의미로 사용되기도 하였다. 그러나 현행 민법전의 개정으로 민법전 상의 담보권이 열거된 이상 두 개념은 구분된다.[207]

담보(garantie)는 기능적인 개념으로, 채권자의 채권 회수를 용이하게 하기 위하여 비배타성을 가지며, 채권법과 물권법상의 기술에 근거한 메커니즘이다.[208] 이는 채권자에 의해 담보권을 대체하여 이용되기도 한다. 대표적인 담보로는 보증을 대체하는 채무참가(délégation),[209] 제3자 행위의 담보계약(porte-fort)[210] 등이 있다. 또한 민사상 상계도 담보권은 아니나 담보로 간주된다.[211] 담보는 불가분성을 가지며, 그것은 채권자가 채무자의 채무자에게 직접 변제를 청구할 수 있는 것을 허용하는 직접소권을 갖게 한다.[212] 반면 담보권(sûreté)은 금전채권 또는 기한부채권의 변제의 목적으로 자주 이용되는 채권관계에 부가되는 민법전이나

것이어서 장래와 관련하고 있다는데 있다(P. Crocq, *op. cit.*, n°284 *supra* note 44 참조). 이 책에서는 "sûreté"를 "garantie"와 구분되는 개념으로 설명되는 경우에 "담보권"으로 번역하나, 그렇지 않은 경우에 "담보"로 번역하는 용례에 따라 "담보"로 번역하는 경우도 있음을 일러둔다. 예컨대 물적 담보(sûreté réele)와 인적 담보(sûreté personnelle)의 번역이 그러하다. 이에 관하여는 이 책 제3장 제3절 Ⅰ. 3. 다 참조.

207) D. Legeais, *Droit des sûretés et garanties du crédit*, 11e éd., L.G.D.J., 2017, n°20.
208) M. Bourassin, V. Brémond et M.-N. Jobard-Bachellier, *op. cit.*, n°9.
209) "**개정 프랑스민법전 제1336조** ① 채무참가는 채무참가인이 자신을 채무자인 것으로 승낙하는 제3자에 대하여 채무를 지는 피참가인과의 법률행위이다."
210) "**개정 프랑스민법전 제1204조**
  ① 제3자의 행위를 약속함으로써 제3자의 행위를 담보할 수 있다.
  ② 제3자가 약속한 행위를 이행한 경우에 낙약자는 모든 의무를 면한다. 반대의 경우 낙약자는 손해배상책임을 질 수 있다.
  ③ 제3자 행위의 담보를 위한 계약이 의무부담에 대한 추인을 목적으로 하는 경우, 그러한 의무부담은 행위담보약정이 체결된 날로 소급하여 효력이 있다."
211) D. Legeais, *op. cit.*, n°22 *supra* note 207.
212) *Ibid.*

상법전상의 메커니즘을 일컫는다.[213] 이는 채무자의 지급불능의 결과에
대항하여 채권자를 대비하게 하는 배타적 목적을 가진다.[214] 담보권은 담
보목적물과 피담보채권을 특정하는 역할을 한다. 즉 담보권은 특정성
(spécialité)을 가지는데, 이 특정성으로 인하여 담보물이 법에 의하여 피
담보채권의 담보로 할당되는 것이다. 예를 들어 물적 담보로서의 질권은
제공한 질물을 특정한 채권의 담보로만 이용한다는 점에서 다른 채권을
담보하지 않는 것이다. 이러한 담보권의 특정성은 담보에는 찾아볼 수
없는 성질이다.[215]

이렇게 담보권(sûreté)으로 열거되는 권리는 다음과 같은 원칙을 따른
다. 첫째, 담보권은 피담보채권에 대한 부종성을 가진다. 부종성으로 인
하여 피담보채권이 소멸되면 담보권도 그 효력을 잃게 된다. 또한 피담
보채무의 성질에 따라 민사 또는 상사의 담보권이 되며, 피담보채권이
양도되는 경우에 담보권이 피담보채권에 수반된다.[216] 둘째, 담보권은
집단적 절차, 즉 도산절차에서 다음과 같이 취급된다. 인적 담보계약을
체결한 보증인은 도산절차상 채무자를 이롭게 하는 기한이나 채무면제
로 채권자에게 대항할 수 없다. 또한 물적 담보가 설정되면, 지급불능으
로 인한 절차개시가 있더라도 담보권의 우선변제권으로 인해 변제의 순
위가 정해짐으로써 당해 법률관계를 명확하게 된다.[217] 셋째, 담보권이
되면 피담보채권이 과잉담보되는 것이 제도상 방지된다. 목적물에 대한
과잉담보는 그에 대해 담보를 제공한 자에게 손해를 입히게 되므로, 그
설정단계에서 당사자가 과잉담보를 회피하는 방식으로 담보를 선택하게
되고, 그 실행 단계에서도 특정 담보권자에게 이익이 되지 않는 방식으

---

213) 그 개념은 단일하나 채권자에게 제공되는 어떠한 권리에까지 확장되지 않는다.
214) M. Bourassin, V. Brémond et M.-N. Jobard-Bachellier, op. cit., n°8 et n°39-42.
215) M. Mignot, Droit des sûretés, Montchrestien, lextenso, 2010, n°1212, p.341.
216) M. Bourassin, V. Brémond et M.-N. Jobard-Bachellier, op. cit., n°8. et 39.
217) M. Bourassin, V. Brémond et M.-N. Jobard-Bachellier, op. cit., n°40.

로 실행방법이 선택된다.[218) 넷째, 예외가 있기는 하지만 대부분의 담보권은 공시와 관련된다. 공시로 우선권을 가진 담보권자는 다른 채권자들과의 경합에서 우선한다. 다만, 이 경우 공시는 대항요건에 불과하다.[219)

3. 프랑스의 물적 담보와 우리의 담보물권과의 비교

가. 프랑스민법전의 기본체계

프랑스의 민법전은 개정 전에 제1권에서 인(人)에 관하여 규정하고, 제2권에서 물건과 소유권에 관하여 규정하며, 제3권에서는 소유권을 취득하는 여러 방식을 규정하면서 상속, 유언, 채권총칙에 해당하는 규정, 전형계약과 함께 소위 인적 담보로서의 보증과 소위 물적 담보로서의 우선특권, 질권, 저당권 등을 함께 규율하고 있었다. 마지막 제4권에서는 프랑스령인 마요트(Mayotte)에서 적용되는 규정을 두고 있었다. 요컨대 프랑스의 민법전은 대표적인 인스티투티오네스식 체계를 취하고 있는 것이다. 이는 재산에 관한 법을 물권과 채권으로 구분하는 우리의 판덱텐 체계와는 대비되는 것이었다. 1804년 나폴레옹민법전의 제정 이후 민법전에 관한 소규모의 개정은 종종 있었으나, 그 체계에는 거의 변화가 없었다. 대규모로 민법전이 개정되기 시작한 것은 제3권의 담보권(sûreté)에 관한 규정을 현대적으로 정비하기 위하여 제4권을 신설하여 이를 인적 담보와 물적 담보라고 편제한 2006년 이후였다. 이후 2009년에 담보에 관하여 부분적으로 개정되었고, 2016년 오르도낭스에 의하여 제3권상의 채권에 관한 부분이 대폭 개정되었다. 이처럼 200여 년간 운용되던 1804년의 제정 프랑스민법전은 최근에 와서야 대대적인 개정 작업이 진행되게 되었다.

---

218) M. Bourassin, V. Brémond et M.-N. Jobard-Bachellier, *op. cit.*, n°41.
219) M. Bourassin, V. Brémond et M.-N. Jobard-Bachellier, *op. cit.*, n°42.

나. 프랑스민법학상의 주된 물권과 종된 물권

프랑스민법학에서 물권은 전통적으로 주된 물권과 종된 물권으로 구별된다. 주된 물권(droits réels principaux)에는 물건에 대한 가장 완전한 힘을 부여하는 소유권(propriété)과 소유권에서 분리된 권리인 소유권의 分枝(démembrement de la propriété)가 있고, 소유권의 분지권으로는 용익권(usufruit),[220] 지역권(servitude), 사용권 및 주거권(droit d'usage et d'habitation) 등이 있다.[221] 이러한 분지가 이루어진 경우에 소유자가 갖는 지위를 소유권의 분지로 인하여 제한된 소유권, 즉 허유권(虛有權, nue-propriété)이라고 한다고 한다.[222] 종된 물권(droits réels accessoires)은 주된 물권과는 달리 채권에 부종하는 물권이다. 따라서 종된 물권은 채권에 대한 담보

---

220) 최근 한불민사법학회에서는 "usufruit"의 번역과 관련하여, 종래부터 번역어로 사용되던 용익권(用益權)과 우리법상 담보물권에 대비되는 용익물권과 혼동을 줄 수 있다는 점에서 이를 점용권(占用權)으로 번역하고 있으나(한불민사법학회, 개정프랑스민법전(물권법, 담보법) 번역 - 제2권(물건 및 소유권의 변경) 및 제4권(담보), 법무부연구용역 보고서, 2017, 33면 이하), 프랑스의 "usufruit"는 소유자로부터 목적물을 사용(usus)·수익(fructus)하게 하는 권리, 즉 목적물을 용익하는 권리를 말하고, 소유자가 목적물의 점유자이므로 용익권자는 소지자에 불과하여 점유자가 아니라는 점(L. et J. Mazeaud et F. Chabas, Leçons de droit civil, t. II, Biens, Droit de propriété et ses démembrements, 8ᵉ éd., Montchrestien, 1994, n°1648 et 1654), 그리고 용익물권은 민법에서 정의되는 권리가 아니라 강학상의 용어일 뿐이라는 점에서, 이 책에서는 종래와 같이 용익권으로 번역한다.
221) G. Marty et P. Raynaud, Droit civil, Les biens, 2ᵉ éd., Sirey, 1980, n°1; H., L. et J. Mazeaud et F. Chabas, op. cit., n°1286-1287 supra note 220; H., L. et J. Mazeaud et F. Chabas, Leçons de droit civil, t. I., Introduction à l'étude du droit, 12ᵉ éd., Montchrestien, 2000, n°163.
222) H., L. et J. Mazeaud et F. Chabas, op. cit., n°1646 supra note 221. 다만, "plein-propriété"와 대비하는 의미에서의 "nue-propriété"의 번역과 관련하여, 용익권 등으로 제한된 소유권을 가진 자는 처분권을 보유하고 있고 용익권 등으로 제한된 소유권이 권리로써 유명무실해진 고법시대와는 달리 실제 처분이 가능하다는 점에서 엄밀하게는 "제한소유권(制限所有權)"이라고 번역할 수 있을 것이다.

(garantie)를 성립시킨다. 종된 물권에는 강학상 우선특권, 저당권, 부동산질권, 점유질 및 비점유질권 등 민법전 상의 물적 담보(les sûretés réelles)가 포함된다.[223] 프랑스의 소유권의 분지와 물적 담보에 대하여는, 전자는 우리법상의 용익물권과 유사하고, 후자는 우리법상의 담보물권에 해당하는 것이라고 이해할 수 있다.[224]

다. 물적 담보와 인적 담보

프랑스민법전에서는 2006년 오르도낭스로 인한 담보법 개정 이후부터 민법전에서 담보권(sûreté)라는 표현을 사용하여 그 카테고리를 분류

---

223) 그런데 이러한 이원화 체제는 최근에 앙리까삐땅협회가 제안한 물권법 개정안에서는 폐지되었다. 폐지된 이유로는 첫째, 소유권유보부 매매, 담보신탁 등의 신설로 물적 담보의 개념이 변화되었고, 둘째, 이러한 구별이 민법전 제2권(livre II)의 체제상 무용하기 때문이다(김현진, "프랑스法上 action en revendication과 action possessoire", 재산법연구 제29권 제4호, 2013, 71면).

224) 우리 민법상 물권에는 소유권과 타물권인 점유권과 제한물권이 존재하고, 제한물권에는 용익물권과 담보물권이 있다. 우리법상 용익물권은 타인의 물건이 가지는 사용가치의 지배를 목적으로 하는 물권의 총칭이며, 타인의 물건을 일정한 범위 내에서 사용·수익함을 내용으로 하는 물권을 말하는 제한물권의 일종으로서, 담보물권과 대비되는 위치에 있다. 이러한 용익물권에는 지상권, 지역권, 전세권이 있다(곽윤직 대표편집, 민법주해(VI), 박재윤 집필부분, 박영사, 1997, 1면); 프랑스에서 소유권의 분지는 우리의 용익물권의 분류와 유사하고, 물적 담보는 우리의 담보물권과 일응 대비될 수 있다. 다만, 프랑스의 소유권에서 분지된 권리에는 용익권이 있는데, 이는 타인이 소유한 물건을 그 실체를 보존할 것을 부담으로 하여 소유자처럼 향유하는 권리(프랑스민법전 제578조)로서 법률이나 약정에 의해 발생하고(프랑스민법전 제579조), 모든 동산 또는 부동산을 대상으로 하며(프랑스민법전 제581조), 이에 대한 과실수취권(프랑스민법전 제582조 이하), 물건의 용법에 따른 사용권(프랑스민법전 제589조), 벌채권 및 숲의 보존·이용권(프랑스민법전 제590조 이하), 지역권, 통행권 및 소유자와 같은 사용권(프랑스민법전 제597조)을 가지는 것으로, 우리 법에서 이와 일치하는 물권이 존재하지는 않는다.

하고 있다. 프랑스의 담보권은 인적 담보와 물적 담보로 나뉜다.[225] 인적 담보(la sûreté personnelle)는 채무의 변제에 타인의 자산을 추가하는 것을 목적으로 하는 것으로, 제3자가 채무자 스스로 이를 변제하지 못할 때 채무를 변제하기로 약정하는 것이다. 현행법상 보증이 인적 담보의 전형이라 할 수 있다.[226] 보증 이외의 인적 담보로 인정되는 것에는 독립적 이행보증(la garantie autonome)[227]과 의향서(la lettre d'intention)[228]가 있다. 반면 물적 담보(la sûreté réelle)는 다른 정신을 지향한다. 즉 채권자는 채무자의 재산에 대해서만 우선적으로 변제받을 수 있는 우선변제권(le droit préférentiel)을 얻게 된다. 따라서 물적 담보를 실행함으로써 채권자는 적어도 우선변제권을 행사할 수 있고, 그밖에 채무의 변제에 제공된 재산에 관한 추급권까지도 이용할 수 있다.[229] 담보물의 점유를 기초로 하는 물적 담보도 있고, 점유를 기초하지 않은 물적 담보도 있다. 저당권은 목적물의 점유를 기초로 하지 않는 물적 담보나, 질권은 질물을 점유이전하는 방법으로도 설정될 수 있을 뿐 아니라 이를 점유이

---

225) 프랑스에서도 우리와 같이 인적, 물적 권리의 구분이 통용된다. 인적 권리는 당사자의 약정으로 무제한적으로 약정될 수 있으나, 그 권리의 효력은 당사자 사이에서만 미치고, 물적 권리는 제3자에게도 그 효력을 대항할 수 있으나, 이는 공시되어야 할 필요가 있다(H., L. et J. Mazeaud et F. Chabas, *op. cit.*, n°164 *supra* note 221; H., L. et J. Mazeaud et F. Chabas, *op. cit.*, n°6 *supra* note 126).

226) J.-B. Seube, *Droit des sûretés*, 5ᵉ éd., Dalloz, 2010, n°12; D. Legeais, *op. cit.*, n°19 *supra* note 207.

227) "**프랑스민법전 제2321조** ① 독립적 이행보증은 독립적 이행보증인이 제3자가 약정한 채무를 고려하여 채권자의 최초의 청구가 있든지 합의된 방법에 의하든지 여부에 관계없이 일정액을 지급할 의무를 지는 약정을 말한다. (이하 생략)"

228) "**프랑스민법전 제2322조** 의향서는 채권자에 대하여 그의 채무의 이행에 있어서 어느 채무자에 대한 지원을 목적으로 한 작위 또는 부작위의 약정을 말한다."

229) H., L. et J. Mazeaud et F. Chabas, *op. cit.*, n°164 *supra* note 221.

전하지 않고도 설정될 수 있다.[230]

소유권유보약정은 프랑스민법전 제4권 담보권(Livre IV : Des sûretés), 제2편 물적 담보(Titre II : Des sûretés réelles), 제2부속절 동산에 대한 담보권(Des sûretés sur les meubles), 제4장 담보로 유보되거나 양도된 소유권(De la propriété retenue ou cédée à titre de garantie)에 규율됨으로써 2006년 오르도낭스에서 처음 담보권(sûreté)으로 편입된 물적 담보에 해당한다. 매도인이 소유권유보약정을 통해 계약을 체결한 경우에, 여전히 매도인이 소유권을 가지고 이 유보소유권이 물적 담보의 역할을 한다는 것이다(프랑스민법전 제2367조). 다만, 이것은 프랑스에서도 기존의 전통적인 담보가 아니라 소유권담보이므로 전통적인 질권과 저당권과는 그 효력을 달리한다.[231]

II. 의사주의와 소유권유보약정

1. 물권변동에 관한 원칙으로서의 의사주의

로마법에서 매매계약이 체결되면 매도인은 목적물을 매수인에게 이전하여 매수인이 방해받지 않고 당해 목적물을 향유하게 할 수 있는 상태를 유지하게 해줄 의무를 부담시킬 뿐이었다(形式主義, formalisme).[232] 따라서 로마법에서 매매계약으로 소유권이 이전되기 위해서는 인도

---

230) J.-B. Seube, *op.cit.*, n°13.
231) 가장 큰 특징으로는 매수인(채무자)의 채무불이행시 담보권의 실행으로 물건의 반환청구가 인정되는 것이다. 이는 일반적인 물적 담보가 환가담보인 것과 구별된다. 이에 관하여 자세한 것은 이 책 제3장 제4절 V. 2.에서 후술한다.
232) G. Marty et P. Raynaud, *op. cit.*, n°52 *supra* note 221.

(traditio)라는 별도의 요건이 필요했다. 로마법은 초기에 인도에 관하여 엄격한 입장을 취하였으나 후기에 이르러서는 간이인도, 점유개정 등으로도 족한 것으로 완화되어 해석되었다. 따라서 이미 임차인으로 점유를 개시하고 있는 매수인도 권원을 변경하여 매수인으로서 점유를 개시함으로써 목적물을 인도받은 것으로 볼 수 있었다. 이때 권원의 변경을 확인하는 서면은 인도를 의제하는 역할을 하였다.[233] 우리 법의 소유권이전원칙은 이러한 로마법의 원칙을 따른 것이다. 우리도 매매계약의 효력으로 매도인의 재산권의 이전의무와 매수인의 대금지급의무만을 규정하고 있기 때문이다(민법 제568조 제1항).[234]

민법전 제정 전의 프랑스에서는 고법(ancien droit)의 모습으로 위에서 살펴 본 로마법상의 소유권이전원칙이 관철되고 있었다. 그러나 1804년 민법전의 제정으로 원칙적으로 의사주의가 채택되게 되었다(민법전 제711조[235]와 개정전 민법전 제1138조).[236] 그로 인하여 매매계약이 체결되면 소유권이 즉시 이전된다(意思主義, consensualime, "solo consensu").[237] 이상의 일반규정 이외에도 개별규정을 통하여 증여(프랑스민법전 제938조), 매매(프랑스민법전 제1583조) 및 교환(프랑스민법전 제1707조)에서

---

233) *Ibid.*
234) 곽윤직 대표편집, 민법주해(XIV), 남효순 집필부분, 박영사, 1997, 163-164면.
235) "**프랑스민법전 제711조** 물건의 소유권은 상속, 생전증여 또는 유증 그리고 채권의 효력으로 취득되고 이전된다."
236) "**개정 전 프랑스민법전 제1138조** ① 물건의 인도의무는 계약당사자의 합의만으로 완성된다. ② 인도의무에 의하여 채권자는 물건이 인도되기로 한 때에 소유자가 되고 위험을 부담한다."
237) "**프랑스민법전 제1582조** 매매는 일인이 물건을 인도하기로 하고, 다른 사람이 그것을 변제하기로 하는 약정이다.", "**프랑스민법전 제1583조** 매매는 당사자 사이에서 완성되며, 물건과 가격에 관하여 약정되어있는 한 물건이 인도되지 않았거나 대금이 변제되지 않음과 관계없이 소유권은 매도인과의 관계에서 매수인에게 이전된다."

의사주의원칙이 관철되었다.[238] 프랑스가 형식주의를 폐지하고 의사주의를 취한 이유는 무엇일까? 그 이유로는 첫째, 당시 프랑스에서는 로마법상 물권변동이 고법으로 인정되고 있었으나, 이때의 인도도 반드시 현실인도이어야 할 필요가 없고 간이인도와 점유개정에 의한 인도절차 뿐 아니라 실무상 점유이전약정(clause de dessaisine-saisine)에 의한 인도만으로 가능하였다는 점, 둘째, 일부 지역의 관습법이 형식주의 및 이를 관철하기 위한 공시제도에 대하여 호의적이지 않았다는 점, 그리고 당사자의 의사에서 기본적인 법적인 효력을 찾는 당대의 그로티우스, 푸펜도르프와 같은 자연법 사상가의 영향이 있었다는 점 등을 들 수 있다.[239] 이러한 프랑스의 혁신적인 태도에 대하여 다수의 견해는, 이 규정이 인도에 의한 소유권변동을 폐기하면서 프랑스민법상 의사주의를 선언한 것이라고 설명하고 있다.[240] 따라서 프랑스민법전 제정으로 간이인도, 점유개정, 점유이전약정에 의한 인도와 같이 현실인도를 대체하는 합의에 의한 인도의 의제가 더 이상 필요 없게 되었다. 즉 프랑스에서의 의사주의의 채택은 물권변동의 요건으로서의 인도를 폐기한 데에 그 의의가 있다.[241] 판례도 매매계약에 따른 소유권이전에 관하여 매매계약의 효력으로 소유권이 이전된다고 판시함으로써 역시 물권변동에 관하여 인도

---

238) "**프랑스민법전 제938조** 정식으로 승낙된 증여는 당사자의 합의만으로 완성된다. 그리고 증여받은 물건의 소유권은 인도가 없더라도 수증인에게 이전된다.", "**프랑스민법전 제1703조** 교환은 매매와 마찬가지로 단순한 합의만으로 성립한다." H., L. et J. Mazeaud et F. Chabas, *op. cit.*, n°1617 *supra* note 221.

239) G. Marty et P. Raynaud, *op. cit.*, n°52 *supra* note 221.

240) 물권변동의 의사주의에 관한 프랑스민법 제정 전후의 학설대립에 관하여는 남효순, "프랑스민법의 물권변동법리-물건의 인도와 물권변동-", 사법연구 제3집, 청림출판, 1995, 27면 이하 참조; G. Marty et P. Raynaud, *op. cit.*, n°52, p.61 *supra* note 221; M. Planiol et G. Ripert, *Traité pratique de droit civil français, Les biens*, par M. Picard, 2ᵉ éd., tIII Paris, 1952, n°618; H., L. et J. Mazeaud et F. Chabas, *op. cit.*, n°1617 *supra* note 221.

241) 남효순, 전게논문(주 240), 35면.

가 필요하지 않다고 판시하고 있다.[242]

개정 전 프랑스민법전 제1138조는 2016년 민법전의 개정으로 현행 프
랑스민법전 제1196조가 되었다.[243] 이 규정도 여전히 의사주의 원칙을
유지하고 있는 것으로 평가된다.[244] 따라서 계약이 체결된 경우에 당사
자의 의사합치가 있으면 다른 별도의 요건이 필요 없이 계약의 효력이
발생한다. 다만, 예컨대 채권양도와 같이 요식계약인 경우에는 형식을
갖춘 때에, 요물계약인 경우에는 물건을 교부한 때에 소유권이 이전된
다.[245] 그러나 이러한 의사주의는 당사자의 합의만으로 소유권이 이전
된다는 점에서 제3자에 대한 관계에서 어려움을 초래한다. 이에 대비하

---

242) Cass. Com., 1968. 10. 29. Bull. civ. 1968, IV, n°295, p.264.

243) "**프랑스민법전 제1196조** ① 소유권 또는 기타 권리의 양도를 목적으로 하는
   계약에서, 권리의 이전은 계약의 체결 시에 이루어진다. ② 권리의 이전은 당
   사자의 의사, 물건의 성질 또는 법률의 규정에 의하여 유예될 수 있다. ③ 소
   유권의 이전은 물건의 위험을 수반한다. 그러나 인도의무의 채무자는 제
   1344-2조에 따라 그리고 제1351-1조에서 정한 규정의 경우를 제외하고 지체에
   빠진 날부터 다시 위험을 부담하게 된다." B. Mercadal, *Réforme de droit des
   contrats*, Francis lefebvre, 2016, n°628; O. Deshayes, Th. Genicon et Y.-M. Laithier,
   op. cit., p.421.

244) F. Chénedé, *Le nouveau droit des obligations et des contrats, consolidations
   -innovations-perspectives*, Dalloz, 2016, n°25.121; O. Deshayes, Th. Genicon et
   Y.-M. Laithier, *op. cit.*, p.421.

245) 2016년 프랑스민법전상의 채권법의 개정으로 채권양도가 더 이상 민법전 제
   1690조의 매매에 관한 규정에 따르지 않게 되었다. 개정법에 따르면 이제 채
   권양도에서는 제3자에 대하여 집행관에 의한 통지와 공정증서에 의한 승낙이
   라는 대항요건 선후가 아니라 양도증서의 성립일자의 선후에 따라 대항력의
   순위가 정해지게 된다. 그러한 의미에서 채권양도는 요식계약으로서의 의미
   를 가진다. "**개정 프랑스민법전 제1323조** ① 채권은 당사자 사이에서 증서의
   일자에 이전된다. ② 채권의 이전은 그 때부터 제3자에게 대항력이 있다. 다
   툼이 있는 경우 양도일자에 대한 증명책임은, 모든 수단을 통하여 이를 알릴
   수 있는 양수인에게 있다. ③ 그러나 장래채권은 당사자 사이에서나 제3자 사
   이에서나 모두 그 효력발생 일자에 이전된다."

여 부동산에 대해서는 순위의 우열을 정하기 위한 공시시스템이 구축되어 있으며, 동산에 대해서는 선의취득제도가 존재한다.246)247)

2. 의사주의의 예외로서의 소유권유보약정

프랑스의 의사주의 원칙에도 예외가 인정되고 있다. 그 주된 예외의 하나가 소유권유보부 매매이다.248) 의사주의의 예외가 어떻게 인정될 수 있는가? 그 이유는 제1583조상의 의사주의의 원칙은 공서에 관한 것

---

246) O. Deshayes, Th. Genicon et Y.-M. Laithier, *op. cit.*, p.422.

247) 2016년 프랑스민법전 가운데에서 채권법이 개정될 때, 입법자는 개정 프랑스 민법전 제1196조가 속한 부속절의 명칭을 "주는 채무(section Ⅱ, de l'obligation de donner)"에서 "이전적 효력(effet translatif)"으로 변경하였다. 이는 Terré 초안에서부터 나온 것이다. 이에 대하여 학자에 따라서는 프랑스민법전의 개정으로 이제 프랑스에서 소유권의 이전은 계약의 직접적인 효력에 의하여 이루어지는 것일 뿐, 의사의 합치가 있으면 이행이 간주되는 것으로 보는 주는 채무의 결과로 소유권이 이전되는 것이 아님을 입법자가 선언한 것이라고 한다(F. Chénedé, *op. cit.*, n°25.111).

248) 그에 대한 첫 번째 예외로 부동산 매매를 들 수 있다. 관청에 제출할 많은 양의 서류, 실무의 필요성, 공시형식, 그리고 다양한 행정상의 허가 그리고 선매권이나 매매의 예약과 같은 사정 때문에, 부동산에 관한 매매계약이 체결되었다고 하여 바로 소유권이 이전되지 않는다. 두 번째의 예외로는 동산의 종류물의 매매를 들 수 있다. 동산의 종류물이 매각되어도 동산이 집합으로 매매되는 경우를 제외하면, 물건이 특정되어야 소유권이 이전된다. 목적물이 특정되기만 하면, 밀, 의자 등과 같이 총칭하여 판매되는 상품이더라도 소유권이전의 대상이 될 수 있다. 종류물의 경우에는 특정이 되지 않아도 매매계약은 유효하나, 특정이 이루어지는 시점까지 소유권의 이전이 연기된다. 목적물의 특정은 적어도 인도 시까지 이루어져야 한다. 그리고 마지막 세 번째의 예외가 소유권유보약정에 의한 소유권이전이다(프랑스민법전 제2367조 이하). P. Malaurie, L. Aynès et P.-Y. Gautier, *les contrats spéciaux*, 5e éd., Defrénois-Lextenso, 2011, n°252; G. Marty et P. Raynaud, *op. cit.*, n°548 *supra* note 145; *Juris-classeur civil Art. 2367 à 2372*, n°1 *supra* note 54; Y. Picod, *Droit des sûretés*, Presse universitaires de France, 2011, n°394.

이 아니어서, 이에 대한 예외를 인정하여도 적법하기 때문이었다.[249] 2016년 프랑스민법전의 개정으로 의사주의 원칙에 따른 소유권의 이전은 당사자의 의사, 물건의 성질 또는 법률의 규정에 의해서 유예될 수 있다고 하고 있다(개정 프랑스민법전 제1196조 제2항). 소유권유보약정의 체결(프랑스민법전 제2367조 이하)은 이 규정에 의하여 당사자의 의사에 따라 소유권의 이전시기가 소유권이전의 합의 시와 달라지는 대표적인 예가 되었다.

Ⅲ. 프랑스민법상 소유권유보약정의 법적성질론

1. 서설

프랑스에서 민법전의 개정으로 소유권유보가 담보권으로 인정되기 전부터 이와 별개로 소유권유보"약정"이 기한(terme)인지 조건(condition)인지에 대한 법적성질론이 대립하고 있었다. 파기원은 부수적으로 대금의 완제에 의존하는 소유권유보약정에 대하여, 기한에 해당한다고 하기도 하고 소유권이전에 관한 조건에 해당한다고 하기도 하였다.[250] 이하에서는 이에 관한 종래의 판례와 학설을 살펴보고, 현재 소유권유보약정의 법적성질을 판단해 보도록 한다.

---

249) *Juris-classeur civil Art. 2367 à 2372*, n°1 *supra* note 54.
250) *Juris-classeur civil Art. 2367 à 2372*, n°37 *supra* note 54.

2. 소유권유보약정이 조건인지 기한인지 여부

가. 프랑스민법에서의 조건과 기한

1) 프랑스민법에서의 조건

우선 소유권유보약정이 조건인지, 그것이 조건이라면 정지조건인지 해제조건인지도 문제되었다. 우리법상 조건은 법률행위의 효력의 발생 또는 소멸을 장래의 불확실한 사실의 성부에 의존케 하는 법률행위의 부관을 말한다.[251] 그러나 프랑스에서의 조건은 법률행위에 대한 것이 아니다.[252] 즉 권리의 성립과 그 소멸이 그에 좌우되는 장래의 불확실한 사실을 의미하며, 그 실행이 권리의 성립을 유보하는 것을 정지조건이라 하고, 그 실행이 권리를 소멸시키는 것을 해제조건이라고 하였다.[253] 전통적으로 조건은 기한과 함께 채무의 양태로 소개되어왔다.[254] 프랑스 민법전의 개정 전에는 "제3권 소유권을 취득하는 여러 양태, 제3편 계약 또는 약정 채무 일반, 제4절 채무의 종류"에서 조건부·기한부 채무를 규율하고 있어서 규정상으로는 계약 또는 약정채무에 관한 조건과 기한을 정하고 있었다.[255] 2016년 개정으로 채권총칙에 관한 규정이 새로 만들어지면서 조건부채무가 계약상 채무에 관한 것뿐 아니라 일반적인 채무의 양태에 관한 것으로 개정되었다. 이로써 더 이상 비계약적 채무의 경우에 계약 또는 약정채무에 관한 규정을 유추적용할 필요가 없게 되었

---

251) 곽윤직·김재형, 민법총칙 [민법강의 Ⅰ], 박영사, 2012, 400면.

252) 프랑스에서의 조건에 관하여는 이주은, "개정 프랑스민법상 조건부채무(L'obligation conditionnel)", 아주법학 제12권 제3호, 2018, 177면 이하 참조.

253) G. Marty et P. Raynaud, *Droit civil*, t. Ⅰ, *Introduction générale à l'étude du droit*, 2ᵉ éd., Sirey, 1972, n°164.

254) H., L. Mazeaud, J. Mazeaud et F. Chabas, *Leçons de droit civil*, t. Ⅱ, vol.1ᵉʳ, *Obligations, théorie générales*, 9ᵉ éd., par F. Chabas, Montchrestien, 1998, n°1013.

255) *Ibid.*

다. 이러한 점을 제외하면 기본적으로 장래의 불확실한 사실이 발생할 때 채무의 성립 또는 소멸이 좌우되는 채무의 양태가 조건이라는 것은 개정 전과 큰 차이가 없다. 이렇게 개정 프랑스민법전은 채무가 장래의 불확실한 사실에 종속되어 있을 때 조건부 채무가 되며, 조건의 성취로 조건 없는 채무, 즉 단순채무(l'obligation pure et simple)가 되는 경우를 정지조건이라 하고, 조건의 성취로 채무가 소멸하는 경우를 해제조건이라고 한다(프랑스민법전 제1304조).[256] 개정 전 민법전에서는 정지조건에 소급효를 인정하고 있어, 기한과 조건이 그 효력 면에서도 차이를 보였으나, 개정 프랑스민법전에서는 원칙적으로 정지조건의 성취에 소급효를 인정하지 않는다.[257]

2) 프랑스민법에서의 기한

소유권유보약정이 기한인지도 문제되었다. 우리 민법상의 기한은 법

---

256) "개정 프랑스민법전 제1304조 ① 채무가 장래의 불확실한 사실에 의존하는 경우를 조건부 채무라고 한다. ② 채무의 성취로 채무가 조건 없는 채무가 되는 것을 정지조건부 채무라고 한다. ③ 채무의 성취로 채무가 소멸하는 경우 해제조건부 채무라고 한다."

257) 개정 전 프랑스민법전에서는 정지조건에 소급효를 인정하고 있어, 기한과 조건이 그 효력 면에서도 차이를 보였다(J. Ghestin, op. cit., p.3). 그러나 이러한 조건의 소급효에 대해서는 그 범위와 성질에 대해 논쟁이 있었다. 왜냐하면 이러한 소급효로 인하여 이미 성립한 사실상태를 완전히 뒤엎는 결과를 낳게 되어 위험하다는 것이었다(G. Marty et P. Raynaud, op. cit., nº164 supra note 253). 따라서 개정 민법전에서는 조건에 소급효를 인정하지 않아, 우리법과 마찬가지로 원칙적으로 조건부 권리는 조건성취 시부터 그 효력을 가지게 된다. 다만, 여전히 당사자는 조건부 권리에 소급효를 약정할 수 있다(O. Deshayes, Th. Genicon et Y.-M. Laithier, op. cit., p.42). "프랑스민법전 제1304-6조 ① [정지조건부] 채무는 정지조건의 성취 시부터, 조건 없는 채무가 된다. ② 그러나 당사자는 조건 성취의 효력을 계약일로 소급시키도록 정할 수 있다. 물건, 즉 채무의 목적물은 여전히 채무자의 위험 하에 존속하고, 그는 조건성취 시까지 물건에 대한 관리와 과실취득권을 가진다. ③ 정지조건이 불성취한 경우에, 채무는 전혀 존재하지 않았던 것으로 본다."

률행위의 당사자가 그 효력의 발생·소멸 또는 채무의 이행을 장래에 발생하게 하는 것이 확실한 사실에 의존케 하는 부관을 말한다.[258] 우리 법에서 기한은 이미 법률행위가 성립하고 그 효력의 발생·소멸이 기한에 의존하는 것을 말하나, 프랑스의 기한은 조건과 마찬가지로 법률행위의 효력에 관한 것이 아니다. 즉 기한은 권리의 청구가능성[259]과 소멸을 좌우하는 장래의 확실한 사실이라고 정의되었다.[260] 이때의 사실은 장래의 확실한 것이어야 하고, 기한의 효력은 장래의 확실한 사실발생 시까지 채무를 이행하지 않아도 되는 것이었다.[261] 이는 최근 2016년 개정 당시 개정되었으나, 그 내용은 개정 전과 크게 다르지 않았다.[262]

3) 구별 기준

프랑스에서 종래부터 조건과 기한을 구별하는데 가장 주요한 기준은 불확실성의 여부에 있었다. 조건은 장래의 불확실한 사실에 관한 것이고, 기한은 장래의 확실한 사실에 관한 것이기 때문이다. 파기원도 어떤 사실이 기한이 아니라고 판단할 때에는 그 사실이 실현될 날짜가 불확실할 뿐 아니라 그 실현 여부가 불확실하기 때문이라고 하고 있다.[263] 이때 그 불확실성이 객관적이어야 하는지 주관적이어야 하는지가 문제되었다. 파기원은 불확실성이 객관적이어야 하는 것을 원칙으로 하고 있으나, 주관적 불확실성 역시 고려의 대상으로 삼고 있었다. 기한을 판단함에 있어서 당사자들 사이에서 사실의 발생이 확실한 것으로 합의한

---

258) 곽윤직·김재형, 전게서(주 251), 407면.
259) 청구가능성은 프랑스어로 "exigibilité"를 번역한 것이다. 즉 즉시 청구가능함 또는 당좌성(當座性)을 나타낸다.
260) G. Marty et P. Raynaud, *op. cit.*, n°164 *supra* note 253.
261) O. Deshayes, Th. Genicon et Y.-M. Laithier, *op. cit.*, p.588.
262) 개정법에 따르면, 사실발생일은 불확정적일지라도 장래의 확실한 사실이 발생할 때까지 채무를 청구할 수 없는 경우를 기한부 채무라고 한다(개정 프랑스민법전 제1305조). C. Hannoun et Y. Guenzoui, 《Terme》, *Rép. civ.*, n°1.
263) Cass. 1re civ., 13 avr. 1999, n°97-11.156.

것도 기한에 해당한다고 하기 때문이다.[264]

나. 과거의 판례의 태도

애초에 소유권유보약정과 관련하여서는 그것이 정지조건인지 해제조건인지 여부가 중요한 것이었다. 그 약정이 정지조건인 것으로 보면 만기에 매매대금이 지급되지 않은 경우에 소유권이 이전되지 아니하고, 위험도 이전하지 않는 것이었다.[265] 그러나 해제조건이라고 보는 경우에는 변제기에 매수인이 대금을 지급되지 않아 매매계약이 해제될 때까지 소유권은 일단 유효하게 이전되었고, 매수인이 위험을 부담하는 것으로 보았다.[266] 이에 관하여 앞서 살펴본 1934년 파기원 판결 당시 학설은 소유권유보약정을 해제조건으로 보았다. 당해 판결의 평석에서 소유권유보약정은 해제조건이므로 매수인의 채무불이행으로 인하여 계약이 자동적으로 해제될 것이며, 이것은 매수인의 파산 시 동산매도인의 우선특권과 해제권을 부정하는 당시의 상법전 제550조의 취지에 직접적으로 반하게 되는 것이어서 도산절차에서 이러한 조건을 받아들이는 데에 어려움이 있었다고 보았기 때문이다.[267] 그러나 기계에 관하여 소유권유보부 매매와 이를 설치하기로 하는 도급계약이 체결되었고, 기계가 매수인의 작업장에서의 뜻밖의 화재로 인하여 멸실된 사안에서 파기원은 목

---

264) Cass. 3^e civ., 27 nov. 1969, n°68-13,175.
265) 프랑스법상 소유권이 이전되면, 위험도 함께 이전하는 것이 원칙이며, 이를 소유자 위험주의 원칙이라고 한다. 이에 관하여는 본장 제4절 IV. 1. (1) 참조.
266) H., L. et J. Mazeaud et F. Chabas, op. cit., n°922-2 supra note 132.
267) Vandamme, op. cit., p.153 supra note 49. 이 당시 학설은 소유권유보의 계약을 대금의 완제 전후로 나누어 대금의 완제 전에는 임대차 계약, 완제 후에는 매매계약으로 분리되는 것으로 보기도 했다. 그러나 당시 실무에서는 소유권유보약정을 정지조건으로 보아 매매계약에 정지조건이 있는 것으로 볼 수 있다는 점에서 양자로 분리하지 않았다. 이에 대하여 Vandamme은 매매계약의 대금의 완제는 계약의 성립요건이지 조건이 아니라고 하였다.

적물을 매수인이 보관하고 있다고 하더라도 위험은 매도인이 부담하는 것이어서 소유권유보약정은 정지조건을 성립시키는 것이지 해제조건을 성립시키는 것이 아니라고 판시하였다.268) 이후 파기원에서는 회사지분 전체의 취득에 관한 소유권유보부 매매가 행해진 사안에서 소유권유보 약정이 정지조건에 해당하는지 다시 한 번 문제되었다.269) 사안에서 매매대금을 담보를 위하여 두 장의 환어음이 발행되었고, 매수인이 그 중 하나의 환어음을 결제하였으나 대금을 완제하지는 못한 상태에서 계쟁 회사에 대한 도산절차가 개시되었다.270) 매수인은 도산절차에서 매도인 에게 결제한 환어음에 대한 회사지분(400,000FF)을 취득하였으나 나머지 부분(1,800,000FF)에 대하여는 지분 취득을 포기하도록 하기 위하여 매도 인에게 소를 제기하였고, 1심에서 이러한 매수인의 청구가 인용되었다. 그러나 원심에서 매도인은 회사지분의 전체가 양도되었음을 이유로, 매 도인은 매수인에게 지분의 일부에 대한 소유권취득을 포기시킬 수 없고, 매매대금의 일부에 대한 환어음상의 결제는 당사자 사이에 합의된 소유 권이전의 확정적 성격에 영향을 미치지 않는다고 주장하였다. 이에 매수 인은 부가적 청구271)를 신청하여, 소유권유보약정은 정지적 수의조건이 어서 매수인의 채무불이행으로 인하여 매매계약이 무효가 되었다고 주장 하였다. 원심은 매도인의 청구를 받아들여 매수인에게 매도인 측에 1,800,000FF을 변제할 것을 선고하였다. 이에 대하여 매수인은 그 의무부 담의 내용이 수의조건에 따라 약정된 것이라면 모든 채무가 무효가 되는

---

268) Cass. Com., 20 novembre 1979 ; Société Mécarex c. Société Néochrome Bayer; 2° Metz, aud. sol, 29 octobre 1980 ; mêmes parties, *JCP* 1981, éd. G, II, 19615, note J. Ghestin.

269) Cass. Com., 24 sept. 2002 : *JCP* G 2003, Ⅰ 134, n°5, obs J-J. Caussain, F. Deboissy et G. Wicker.

270) 회사지분 전체의 매각대금은 2,200,000FF이었고, 이에 대하여 매수인이 발행한 환어음은 액면가가 400,000FF와 180,000FF였다.

271) **"프랑스민사소송법전 제63조** 보조적 청구는 재합의 청구, 부가적 청구, 개입 적 청구를 말한다."

것이라고 상고하였다.272) 이에 대하여 파기원은 회사지분의 이전이 취득
가액 전체의 유효한 변제에 종속하고 있는 것은 매매의 정지적 수의조건
을 성립시키는 것이 아니어서 원심의 판단은 정당하다고 판시하였다.273)

이와 반대로 소유권유보약정을 기한으로 보는 파기원의 판결도 있었
다. 이는 부동산의 소유권유보가 인정되는지 여부에 관한 쟁점과 함께
문제된 사안으로 프랑스 건축주거법전(Code de construction et habitation)
제L.261-10조 제3항에서 정하는 건축 예정 부동산의 매매계약에 관한 것
이었다. 파기원은 이때 건축 예정 부동산의 소유권유보약정을 기한으로
보았다.274)

다. 학설의 대립

프랑스민법전 개정 전의 학설은 파기원 판결에 대한 찬반을 표명한

---

272) "개정 전 프랑스민법전 제1174조 의무를 부담하는 당사자의 수의조건에 따라
체결된 채무는 무효이다." 우리 민법과 마찬가지로 순수한 수의조건은 당사
자 일인의 의사에만 의존하는 조건을 말하며, 이는 무효이다. H., L. et J.
Mazeaud et F. Chabas, *op. cit.*, n°1041 *supra* note 254.
273) 이 판결에 있어서 문제되는 쟁점으로는 첫째, 회사의 지분이 소유권유보부
매매의 대상이 된다는 것, 둘째, 일시적으로 매수인이 목적물을 소지할 경우
의 위험부담의 문제, 셋째, 당해 판결의 결과 매도인과 매수인의 권리의 배분
을 어떻게 해결할 것인지의 문제, 즉 배당금이나 회사 의결권 등의 투표를 어
떻게 해결할 것인지에 관한 문제이다. 둘째와 셋째 쟁점에 관하여는 *JCP* G
2003, Ⅰ 134 n°5 참조.
274) Cass. Com., 9 janv. 1996, *D.* 1996. 184, note F. Derrida; Defrénois 1996. 385, note
F. Derrida; Droit et patrimoine mai 1996. 85, obs. M. H. Monsèrié ; *JCP* 1996. Ⅰ.
3935, n°19, obs. M. Cabrillac, et 3942, n°4, obs. Ph. Simler et Ph. Delebecque;
RTD civ. 1996. 436, obs. P. Crocq ; Quot. jur. 9 avr. 1996, p. 2; RJDA 7/96, n°972,
p. 702; M. Mignot, *op. cit.*, n°2853; 당해 판결의 다른 쟁점인 부동산의 소유권
유보의 대상이 되는지 여부는 후술한다.

것이었다. 제1설은 소유권유보약정이 체결되어 있다고 하더라도, 매수인의 대금변제는 장래의 확실한 사실이 아니어서 소유권유보약정은 기한의 확실성과 양립할 수 없다고 하였다. 장래 실현의 불확실성이라는 점에서 보면 소유권유보약정은 기한보다는 오히려 조건과 더 가깝다는 것이다.[275] 반면, 제2설은 매수인의 변제 및 소유권의 이전은 당사자의 약정에 의하여 시점이 변경되었더라도 당사자 사이에서는 확실한 것이었다는 점을 근거로 소유권유보약정이 기한이라고 하였다.[276]

이러한 견해대립은 프랑스민법전이 개정되어 소유권유보가 담보권이 된 이후에도 여전히 계속되었다. 따라서 소유권유보약정의 법적성질에 관하여 제1설은 매수인이 대금을 지급하리라는 것은 매도인 입장에서는 오로지 매수인의 의사에 따른 것은 수의적인 것이나 이러한 수의적인 성격도 기한에 포함될 수 있다는 점을 근거로 소유권유보약정이 기한이라고 한다.[277] 그러나 제2설은 매매계약에 있어서 대금의 지급은 조건에서 말하는 불확실한 사실이 아니어서 소유권유보약정은 조건이 아니고, 제2367조 제1항에 의하여 매매계약으로 인한 계약의 이전적 효력이 정지되어 있다는 점이 채무의 성립을 정지시키는 정지조건과 다르다는 점을 주의해야 하며, 그러한 점에서 소유권유보약정은 조건이나 기한과는 다른, 채무의 특수한 양태(sui generis modalité de l'obligation)의 하나로 정의할 수밖에 없다고 하기도 한다.[278]

---

275) Cass. Com., 9 janv. 1996: *RTD civ.* 1996, p.436, obs. P. Crocq; *D.* 1996, p.184, note F. Derrida; J. Ghetin, 《Réflexions d'un civilliste sur la clause de réserve de propriété》, *D.* 1981. Chron.1; H., L. et J. Mazeaud et F. Chabas, *op. cit.*, n°922-2 *supra* note 132.

276) Cass. com., 24 sept. 2002, n°98-22.280; JCP G 2003, I, 134, n° 4, obs. J. Caussain, F. Deboissy et G. Wicker.

277) *Juris-classeur civil Art. 1305 à 1305-5* par M. Mignot, LexisNexis, 2017, n°42 et 76.

278) *Juris-classeur civil Art. 2367 à 2372*, n°40 *supra* note 54.

3. 검토

소유권유보약정의 법적성질에 관한 프랑스의 논의는 조건 및 기한의 개념, 그리고 물권변동에 관한 의사주의 원칙을 택하고, 물권행위의 개념[279]을 인정하지 않는다는 점에서 우리와 논의의 평면을 달리한다. 위에서 살펴본 바와 같이 여전히 견해가 대립하고 있고 이 약정이 기한이라는 견해도 최근에도 주장되고 있으나, 현재 다수의 견해는 2006년 오르도낭스를 통하여 유보소유권이 담보권으로 승인되었으며, 당해 약정이 매매계약의 법적 효력인 소유권의 이전적 효력을 매매대금의 완제 시까지 정지(제2367조 제1항)시킬 뿐 계약의 효력을 좌우하는 것이 아니라는 점을 근거로, 소유권유보약정은 입법에 의한 정지적 효력을 가지는 것으로 해석하면 되고 이를 조건이나 기한으로 볼 것은 아니라고 한다.[280]

---

279) P. Crocq, 《Propriété-garantie. Réserve de propriété. Etre ou ne pas être un accessoire : le sort de la réserve de propriété en cas de défaut de déclaration de sa créance par le vendeur》, *RTD civ.* 1996, p.436; 독일에서 원인행위와 물권행위의 개념이 분리된 것은 로마법학자 사비니의 영향이었다. 사비니는 현실증여나 변제와 같이 매매와 같은 로마법상의 전형계약(채권계약)이 없이 인도만으로 소유권이 이전되는 법 상황을 설명하고자 소유권을 이전하려는 소유자 또는 증여자의 의사가 필요함을 창안하였다. 이는 채권의 성립을 내용으로 하는 것이 아니라 물권 변동을 내용으로 하기 때문에 물권계약이라고 불러야 한다고 한다(이에 관하여는 서을오, "사비니의 물권계약론에 관한 학설사적 고찰", 법학논집 11권2호, 2007, 133면). 이러한 사비니의 물권계약론은 이후 많은 비판의 대상이 되었음에도 불구하고 물권행위의 유·무인론, 독자성 인정·부정론의 대립을 낳았다. 그에 대한 찬반은 차치하더라도 이의 영향을 받은 우리 법에서는 물권행위 개념이 소유권에 기한 물권변동론의 기초가 되어왔다.

280) *Juris-classeur civil Art. 2367 à 2372*, n°40 *supra* note 54; P. Ancel, *Droit des sûretés*, 6ᵉ éd., LexisNexis, 2011, n°471; Ph. Simler et Ph. Delebecque, Droit civil, *Les sûretés, la publicité foncière*, 6ᵉ éd., Dalloz, 2012, n°730.

제4절 프랑스민법전 개정 후의 소유권유보

I. 담보권으로서의 유보소유권의 성립

1. 서설

이제 프랑스에서 담보권이 된 유보소유권의 성립에 관하여 살펴보겠다. 담보로서 유보된 소유권, 즉 유보소유권을 설정하는 계약은 한편으로는 채권법의 적용을 받는 계약이자, 다른 한편으로는 물권을 설정하게 하는 계약으로 담보법의 적용을 받는 계약이기도 하다.[281] 이를 설정하는 담보계약은 대부분 매매계약이지만, 다른 계약이라고 해서 반드시 담보계약으로서의 성립이 배제되는 것은 아니다.

2. 담보권의 설정

가. 담보계약으로서의 소유권유보부 계약

소유권유보약정은 프랑스에서도 통상 매매계약에 부가하여 이루어지며, 이때 소유권유보부 계약은 다음과 같은 효력을 가진다.[282] 첫째, 계약의 이전적 효력을 정지시키는 효력을 가진다. 프랑스에서 계약의 이전적 효력이란 매매, 교환, 증여와 같이, 계약이 소유권의 양도 또는 다른 권리의 양도(예컨대 용익권 또는 채권의 양도)를 목적으로 하는 경우에 그 이전이 계약의 체결 시에 이루어진다는 효력을 말한다(개정 프랑스민법전 제1196조).[283] 둘째, 이러한 담보계약의 성립으로 담보로서 유보된 유

---

281) D. Voinot, 《Réserve de propriété》, *Rep. com.* Dalloz, n°11.
282) D. Voinot, *op. cit.*, n°1.

보소유권은 채권자의 피담보채권의 만족에 영향을 받는다. 이때의 채권의 만족은 채권자가 통상 채무자 또는 제3자에 의해 변제될 때 이루어지며, 채권자에게 물건이 반환되는 경우에는 채권이 만족되지 않는다. 이때 소유권을 유보한 매도인은 채권자가 되고 매수인은 그의 채무자가 된다.

그런데 전술한 바와 같이 프랑스에서는 우리 법에서와 달리 물권행위와 그 원인행위로서의 채권행위를 구분하지 않는다.[284] 따라서 소유권유보부 계약이 동시에 담보설정계약이 된다. 즉 프랑스에서의 소유권유보부 계약은 우리 민법상의 물권행위와 채권행위가 함께 행해지는 것이다.

나. 담보계약으로 활용되는 계약

1) 매매계약

개정민법전에 의해 소유권유보제도가 담보제도로 도입되기 전에는 소유권유보에 관하여 상법전에 성문화되어 있을 뿐이었다. 이 때 상법전에서는 소유권유보부로 "매각된" 물건을 그것이 절차 개시 시에 현물로 존재하는 경우에만 소유권에 기한 반환청구를 할 수 있다고 하여 소유권유보부 매매만을 규정하는 것이었다(프랑스상법전 제L.624-16조 제2항). 이때 소유권의 이전을 목적으로 하는 다른 계약을 통하여 소유권유보약정을 체결할 수 없는지 문제될 수 있다. 이에 대하여 소유권유보에 관

---

283) H., L. Mazeaud, J. Mazeaud et F. Chabas, *op. cit.*, n°53 *supra* note 254; O. Deshayes, Th. Genicon et Y.-M. Laithier, *op. cit.*, p.421.

284) 프랑스에서 논의된 독일 판덱텐체계의 물권·채권 준별론에 대한 비판에 관하여는, 남효순, "물권관계의 새로운 이해 - 물권 및 물권적 청구권 개념에 대한 새로운 이해의 단초 2", 민사법학 제63권 제1호, 2013, 342면 이하 참조.

한 상법전 상의 규정은 도산절차에서 동산에 대한 반환청구권(revendication)
의 적용범위를 정하는 규정으로 소유권유보약정이 가능한 계약의 범위
를 정하는 조항이 아니나, 상법상 소유권유보약정은 임치와 위임과 함께
열거되고 있으며(프랑스상법전 제L.624-16조 이하), 그러한 거래의 유형
은 당사자의 필요에 의하여 얼마든지 고안이 가능하다는 점에서 소유권
의 이전을 목적으로 한 다른 계약에도 소유권유보약정이 체결될 수 있
다고 해석되고 있었다.[285]

2) 다른 계약으로 확장

매매계약 이외에 다른 계약유형으로 드는 대표적인 예는 도급계약이
다. 학설상 도급계약에 체결된 소유권유보약정도 유효하다고 해석되었
다.[286] 실무에서도 도급계약에 포함된 소유권유보약정이 유효한지 여부
가 자주 문제되었다.[287] 그러나 민법전 개정 전에 파기원이 소유권유보
약정이 도급계약과 함께 체결된다는 것을 명백히 확인한 것은 아니다.
1999년 3월 2일 선고된 파기원의 사안을 살펴보면 다음과 같다.[288] 수급
인 X는 Y社와 Y社 소유의 부동산에 대한 환기시설 및 배관설비의 설치
를 위한 도급계약을 체결하였다. 이 계약으로 건축물의 소유자 Y社는 부
동산에 첨부된 설비의 소유권을 취득하는 것을 포기하고, 수급인 X가 당
해 시설 및 설비의 설치에 대한 도급계약에서 발생한 채권의 완제 시까
지 당해 설비의 소유자인 것으로 정하였다. Y社에 대하여 회생절차가 개
시되자, 수급인 X는 "회생관리인은 미지급액을 변제하지 않고 당해 설비
를 처분할 수 없으며 설비의 처분이 도산기업의 영업 유지에 필수적인
것이라면 1985년 1월 25일 법률의 제33조 제3항에 따라 수명법관은 회생

---

285) D. Voinot, *op. cit.*, n°19.
286) C. Albiges et M. Dumont-Lefrand, *Droit des sûretés*, 3ᵉ éd., Dalloz, 2011, n°676.
287) *Juris-classeur civil Art. 2367 à 2372*, n°1 *supra* note 54.
288) Cass. Com., 2 mars 1999, n°95-18.643.

절차 개시 전에 발생한 채권의 변제를 허가함으로써 질물이나 정당하게 유보된 담보물을 처분할 수 있다"고 하면서 당해 설비에 관한 소유권을 주장하였다. 1심 판결이 X의 청구를 기각하자, X는 다시 당해 소유권유보약정은 도급계약에 부수한 것이 아니라 매매계약에 부수하여 체결된 약정이라고 주장하였다. 이에 대하여 항소심은 도급계약에 포함된 당해 약정은 소유권유보약정이 아니라 부동산에의 설비에 관한 설치계약에 대하여 수급인의 소유권을 정하는 것으로, 설비의 소유자가 물건의 부합에 관한 규정의 적용을 포기하는 약정이라고 하였다. 또한 항소심도 이 사안은 매매계약에 관한 것도 아니고 소유권유보약정에 관한 것도 아니며, 소유권에 기한 반환청구권에 관한 것도 아니어서 1985년 1월 25일 법률 제115조 및 제121조에 위반한 것이라고 하였다. 결국 당해 약정은 부합포기약정으로, 그것은 당사자 사이에서만 효력이 있으며 제3자에게 대항할 수 없다고 한 것이다. 이에 대하여 파기원은 도산절차에서는 채무자의 소유가 아닌 물건의 반환을 청구할 수 없다는 것을 이유로 설비의 반환을 청구할 수 없고, 부합포기약정은 당사자 사이에서만 효력이 있어 도산절차에서는 그에 대한 대항력을 주장할 수 없으므로 당해 목적물은 부합되었음을 이유로 하는 1심판결은 정당하다고 한 것이다. 이에 따라 실무상 자주 행해지던 당해 약정은 부합포기약정으로 간주되어 도산절차상 소유권유보약정과 같은 대항력을 갖추지 못한 것으로 보았던 것이다.

그러나 개정 프랑스민법전 제2367조 제1항에 따르면 물건의 소유권은, 대가관계에 있는 채권을 성립시키는 채무를 완제할 때까지 "계약"의 이전적 효력을 정지시키는 소유권유보약정의 효력에 따라 담보로 존재할 수 있다고 하고, 그 계약을 매매계약에 한하지 않음으로써 매매계약 이외의 다른 계약까지 소유권유보약정이 가능하게 된다. 이에 따라 약정으로 소유권이 유보된 물건의 반환청구는 계약의 법적성질이 무엇인지와 관계없이 행사될 수 있다고 하는 것이 민법전 개정 후의 판결이다.[289] 사안의 사실관계는 다음과 같다. A社와 B社는 A社가 제공한 원재료로 B社가 기성복을 만들도록 하는 계약을 체결하였다. A社에 대한 회생절차가 개시된 후, B社는 당해 계약에서 상품인 기성복에 대한 소유권유보약정이 있음을 주장하였다. B社는 상품에 대하여 소유권에 기한 반환을 청구하는 한편, 이것이 불가능한 경우에 대비하여 그 전매대금에 대한 반환을 청구하였고, 1심에서 그 전매대금에 대한 청구가 인용되었다. 이에 대하여 원심은 "A社는 견본과 지시에 따라 B社가 원단을 가공하도록 원재료를 B社에 인도하였다. 이러한 약정은 가공에 관한 약정이고, 원단은 도급인의 소유로 남고 가공자는 공급된 가공에 대한 채권을 배타적으로 가지는 것이다."라는 이유로 B社의 청구를 기각하였다. 그러나 파기원은 "소유권유보의 대상이 되는 물건의 소유권에 기한 반환청구의 소는 표시된 계약의 법적 성질이 무엇인지와 관계없이 청구될 수 있고, 소유권유보약정의 대항력이 논의되지 않았다"는 것을 이유로 그 항소심을 파기하였다. 이를 통하여 2006년 프랑스민법전의 개정 이후에는 입법자와 파기원은 명시적으로 매매계약 이외에 계약의 이전효가 있는 모든 계약을 상정하는 태도를 취하고 있음을 알 수 있다.

다. 소유권유보약정의 요건

1) 민법전상의 요건

프랑스민법전 제2368조에서는 소유권유보는 서면으로 합의되어야 한다고 하고 있다. 따라서 이때의 서면에 의한 합의가 유효요건인지가 문제되었다. 그러나 이에 대하여는 서면이 없다고 하여 무효가 되는 것이 아니라고 하는 것이 일반적이다.[290] 다만, 서면은 일반적인 물권변동과

---

289) Cass. Com., 11 déc. 2007, n°06-14.486.
290) D. Voinot, *op. cit.*, n°33 et 35; M. Cabrillac, Ch. Mouly, S. Cabrillac et Ph. Pétal,

달리 대금이 완제되어야 소유권이 이전된다는 그 이전시기에 대한 다른
약정에 관한 의사의 합치를 증명하는 역할을 한다.[291] 다만, 의사의 합
치가 행해지는 시기는 민법전에 규정되지 않았음에도 불구하고 목적물
의 인도 전(前)일 것을 요한다.[292] 이는 유럽변제지침의 해석과도 같다
(Directive 2011/7/UE 제9조).[293] 따라서 소유권유보약정은 서면으로써 물
건의 인도 전에 체결되어야 한다.

2) 상법전상의 요건

상법전상의 소유권유보에 관한 요건도 민법전상의 요건과 거의 유사
하다. 앞서 설명한 바와 같이 상법전이 소유권유보에 관한 규정을 민법
전보다 먼저 규정하였다. 따라서 기존의 소유권유보에 관한 해석은 상사
에 관한 것이었지만, 민법전의 개정 전의 해석은 대부분 현행법에도 유
효하다.[294]

Droit des sûretés, LexisNexis, 2009, n°833.

291) D. Voinot, *op. cit.*, n°35.

292) D. Voinot, *op. cit.*, n°34.

293) 현재 Drective 2000/35/CE이 있었으나, Directive 2011/7/UE du Parlement européen
et du Conseil du 16 février 2011로 개정되었다.
http://eur-lex.europa.eu/legal-content/FR/TXT/HTML/?uri=CELEX:32011L0007(2020.
12. 09. 최종 검색)
개정된 현행 Directive 2011/7/UE 제9조는 다음과 같다.
"지침 제9조 소유권유보
1. 회원국은 국제사법에 근거하여 적용가능한 국내법에 따라서 소유권유보약
정이 물건의 인도 전에 매수인과 매도인 사이에 명시적으로 합의되었을 때
완제 시까지 물건의 소유권을 매도인이 보유할 수 있다는 것을 규정한다.
2. 회원국은 채무자에 의하여 이미 변제된 분할지불액에 관한 규정을 채택하
거나 유지할 수 있다."

294) 기존의 상법 상의 소유권유보에 관한 해석을 개정 프랑스민법전에서 형식요
건과 효력요건에 관하여 어떠한 변경 없이 그대로 명문으로 규정하였다고 한
다(L. Aynès et P. Crocq, *op. cit.*, n°800 *supra* note 150).

상법전은 매수인이 도산절차에 들어간 경우 매도인이 가지는 반환청구권을 규정하면서 소유권유보약정의 요건을 규율하고 있다(프랑스상법전 제L.624-16조 제2항). 그에 따르면 이 약정은 당사자 사이에서 늦어도 인도 시까지 서면으로 체결되어야 한다. 그런데 민법전에 의하여 매도인의 유보소유권이 담보권이 되기 전부터 소유권유보약정은 매도인에 의하여 충분히 명시적인 방법으로 약정되고 이를 인식한 매수인에 의하여 승낙될 수 있을 정도로 가독성이 있는 것이어야 했다.[295] 판례는 예컨대 인도받은 상품 뒷면에 나타났던 약정의 경우에는 다른 약정들과 구분되지 않는 글씨로 언급되어 있어서 소유권유보약정이 아니라고 하였다.[296] 이때 그 서면이 외국어로 작성된 경우에는 소유권유보약정을 인식하였다고 할 수 없다고 하였다.[297]

또한 소유권유보약정이 인도받은 상품과 송장의 앞면에 두꺼운 글씨로 언급하지 않고 일반적인 다른 약정들 사이에 있거나,[298] 읽기 힘든 약정,[299] 매수인이나 관계인 중의 한 사람에 의한 서명이 없이 인도된 상품의 뒷면에 "소유권유보"라고 언급한 것만으로는 판례는 매수인의 승낙을 인정할 수 없다고 판시하였다.[300]

이러한 의사의 합치의 원칙은 실무의 필요에 따라 프랑스의 판례에 의하여 완화되기도 하였다.[301] 이를 살펴보면 다음과 같다. 첫째, 소유권

---

295) *Juris-classeur civil Art. 2367 à 2372*, n°27 *supra* note 54; D. Voinot, *op. cit.*, n°40 참조.
296) Cass. Com., 11 juill. 1995, no°93-11.393.
297) CA Douai, 4 mars 1999, Rev. proc. coll. 2001. 15, obs. B. Soinne.
298) CA Paris, 12 sept. 1997, *D.* 2000, somm. 65, obs. D. Mainguy, Dalloz Affaires 1997. 1260.
299) CA Versailles, 20 nov. 1997, RJDA 1998, no 196.
300) CA Pau, 29 juill. 1999 : Cah. jurispr. Aquitaine 2000. 95.
301) 이에 관하여는 *Juris-classeur civil Art. 2367 à 2372*, n°28 *supra* note 54.

유보에 대한 승낙이 서면에 적시되어야 하는 것은 아니었다. 즉 승낙에 매수인의 서명이 반드시 필요한 것은 아니었다.302) 둘째, 매도인은 매수인의 피용인에 관한 대리권의 수권행위의 성격과 범위를 입증하지 않아도 되고, 그 피용인은 소유권유보약정을 포함하는 운송장에 서명을 하는 방식으로 매수인의 이름으로 소유권유보를 추인할 수 있었다.303) 셋째, 당사자가 그 원인을 잘 알고 계약을 이행하면 결국 이러한 소유권유보에 관한 승낙이 있는 것으로 보고, 이에 대한 판단을 사실심의 판사의 권한으로 하였다.304) 마찬가지로 승낙은 매수인이 제출한 모든 서류(이메일, 편지 등) 또는 소유권유보약정을 포함하는 매도인의 서류에 매수인이 서명함으로써 표시될 수 있었다.305)

다만, 2006년 프랑스민법전이 개정되기 전부터 매수인이 명시적으로 소유권유보약정에 대하여 거절의 의사를 표현한 경우에 유효한 것이 아니었다.306) 즉 판례는 매수인의 약관에는 소유권유보약정에 대한 명시적인 거절의사가 표현되어 있는 반하여 매도인의 약관에는 소유권유보약정이 포함되어 있는 경우, 즉 교차약정(clauses croisées)이 있는 경우에는 일반약관의 모순을 이유로 매수인은 소유권유보약정에 대항할 수 있다고 하였다.307) 이는 매수인의 계약의 자유를 보장하기 위한 것이었다.308) 그런데 1996년 7월 1일 법률 제96-588호는 기존의 1985년 1월 25일 법률 제85-98호 제121조 제2항을 수정하여 그 후문을 덧붙임으로써 당사

---

302) Cass. Com., 19 fév. 1985 : Bull. civ. 1985, IV, n°68, p.59; D. 1986, inf. rap. p. 169, 8ᵉ espèce, obs. F. Derrida.
303) Cass. Com., 19 mars 1996, n°94-12.446.
304) Cass. Com., 12 déc. 1984 : Bull. civ. 1984, IV n°347.
305) D. Voinot, op. cit., n°39.
306) D. Voinot, op. cit., n°36.
307) Cass. Com., 13 juin 1989, n°88-11.951.
308) Juris-classeur civil Art. 2367 à 2372, n°29 supra note 54.

자의 의사의 합치가 더 이상 필수적인 것은 아니라고 하였다. 즉 "모든 반대되는 조항에도 불구하고 소유권유보는 당사자들이 그것을 제외시키 거나 이를 수정하는 서면으로 합의한 것이 아니라면 매수인과 다른 채권자에게 대항할 수 있다."라고 한 것이다. 이에 따라 매도인이 단독으로 소유권유보약정을 표시하더라도 이를 매수인에게 대항할 수 있게 되었다. 소유권유보약정이 있음을 일관되게 거절하는 매수인 보다 소규모의 공급업자인 매도인을 보호해야 한다는 이 법률의 입법취지는 존중할 만한 것이었으나, 그에 대한 비판도 제기되었다.[309] 비판의 근거는 다음과 같다. 첫째, 이 조문은 당시 여전히 효력이 있는 1985년 1월 25일 법률 제85-98호 제121조 제2항 전단에서 당사자 사이에서 합의될 것을 요하고 있었던 것과 모순되는 것이었다. 또한 매수인과 다른 채권자를 함께 취급하였는데 이를 함께 취급할 뚜렷한 근거가 있는 것은 아니었다.[310] 둘째, 매도인의 의사만으로 소유권유보약정이 체결되는 것은 독일법의 물권행위의 독자성 이론을 전제로 하면 타당할 수 있으나 프랑스에서 타당한 것이 아니었다. 프랑스에서는 당사자의 의사의 합치가 없으면 소유권이 이전되지 않고(프랑스민법전 제1583조), 1996년 7월 1일 법률 제96-588호가 민법전 제1583조를 개정한 것은 아니었기 때문에 소유권유보약정과 같이 소유권의 이전 시기를 달리하는 합의를 할 때에도 당사자의 의사의 합치가 있어야 하는 것이었다.[311] 셋째, 도산절차에 있어서도 매도인의 일방의 의사에 의하여 매도인에게 매수인과 다른 채권자들에 대한 대항력을 주게 되기 때문에 매도인에게 담보를 부여하는 것과 같은 결과를 낳는다는 문제가 제기되었다.[312] 이러한 문제를 가진 1996년 7월 1일 법률 제96-588호는 2006년 3월 23일 오르도낭스를 통해 상

---

309) *Juris-classeur civil Art. 2367 à 2372*, n°30-32 *supra* note 54.

310) *Juris-classeur civil Art. 2367 à 2372*, n°33 *supra* note 54.

311) *Juris-classeur civil Art. 2367 à 2372*, n°34 *supra* note 54.

312) *Juris-classeur civil Art. 2367 à 2372*, n°35 *supra* note 54.

법전 제L.624-16조가 제정되면서 폐지되었고, 그에 따라 소유권유보약정
에는 다시 당사자의 의사의 일치가 있을 것이 요구되었다.313)

그런데 계속적 공급계약에 있어서 상품의 매매가 행해질 경우, 개별
매매에서 반드시 소유권유보를 약정해야 하는 것은 아니었다. 이는 기본
계약(contrat-cadre)314)의 일환으로 행해지는 것이었다.315) 그리고 기본계
약에서는 소유권유보약정이 포함되어 있으면 충분하고, 기본계약 당시
소유권유보가 승낙되어야 하는 것은 아니다. 또한 이는 주로 상사관계에
해당하는 것이므로, 상법전에 따르면 소유권유보약정은 당사자 사이에
서 합의된 상사 활동의 전체를 지시하는 서면에 표시될 수 있다(제
L.624-16조 제2항).316) 그리고 약정의 내용은 소유권의 이전이 가액의 변
제 시까지 연기된다는 점을 지적하면 족하다.317)

라. 소유권유보약정에 있어서의 피담보채권

소유권유보부 매매는 담보계약이므로, 이는 그것에 부종된 채권과 다
른 채권을 담보할 수는 없다. 프랑스민법전은 목적물이 동산인 경우에
소유권은 그것이 변제를 담보하는 채권에 종된 것이라고 규정하고, 계약
의 이전적 효력은 대가관계에 있는 채권을 성립시키는 채무의 완제 시

---

313) *Juris-classeur civil Art. 2367 à 2372*, n°36 *supra* note 54; C. Albiges et M. Dumont
   -Lefrand, *op. cit.*, n°676.
314) 기본계약이란 계약관계의 전개와 일방계약의 체결을 예정하여 기본약정
   (convention), 기본합의(accord)와 같은 이름으로 체결되는 최초의 약정을 말
   한다(Association Henri Capitant, Vocabulaire juridique, sous la direction de G Cornu:
   PUF, 11ᵉ éd. 2015, V°Contrat).
315) P. Puig, *Contrats spéciaux*, Dalloz, 6ᵉ éd., 2015, n°349; C. Albiges et M. Dumont-Lefrand,
   op. cit., n°676.
316) D. Voinot, *op. cit.*, n°41.
317) D. Voinot, *op. cit.*, n°17.

까지 정지된다고 덧붙이고 있다(프랑스민법전 제2367조).[318] 따라서 프랑스에서는 매매대금 이외의 피담보채권을 대상으로 담보가 성립하는 소위 확장된 소유권유보를 원칙적으로 인정하지 아니한다.[319]

II. 소유권유보의 대상

1. 서설

연혁적으로 상품에 대하여 인정되던 소유권유보약정은 현재 상품 이외의 동산, 부동산, 무체재산권으로 그 대상이 확장된 것으로 통상 이해되고 있다.[320] 이는 동산 중 상품에 관한 소유권유보가 체결된 경우에 그에 대한 대항력을 규정한 입법에서 소유권유보의 규율이 시작되었기 때문이다. 법전상으로도 원칙적으로는 소유권유보약정의 목적물은 물건(bien, 민법전 제2367조 및 상법전 제L.624-16조 제2항) 또는 상품(marchandise, 상법전 제L.624-16조 제1항)[321]이라고 명시되었다. 그러나 물건 또는 상품은 구체적인 개념이 아니고, 프랑스의 물건(bien)에는 권리도 포함된다는 점에서 우리법과 다르므로, 그 대상이 우리법상의 유체물인지, 무체물인지 또는 동산인지 부동산인지 논의할 필요가 있다. 즉 프랑스의 물건(bien)은 동산과 부동산을 의미한다는 점(프랑스민법전 제516조)에서는 우리 민법상의 물건(민법 제99조)과 동일하나, 동산과 부동산의 내용이 우리와 다르기 때문에 부동산이 소유권유보의 대상이 된다고 할 때에 그 의

---

318) D. Voinot, *op. cit.*, n°18.
319) 확장된 소유권유보에 관하여는 이 책 제4장 제3절 II. 참조.
320) *Juris-classeur civil Art. 2367 à 2372*, n°15 *supra* note 54.
321) "상품(marchandise)"란 상사계약의 목적이 되는 유체동산을 의미한다. Association Henri Capitant, *op. cit.*, V°Marchandise.

미가 우리법과 다를 수 있기 때문이다.[322]

2. 무체재산이 포함되는지 여부

파기원 판례는 상법전 제L.624-16조의 개정 전 같은 내용의 법률인 1985년 1월 25일 법률 제85-98호 제121조 및 제122조에 의한 반환청구의 소에서 그 대상이 유체동산에 한하지 않음을 판시하였다.[323] 이에 따르면, 영업재산(fonds de commerce)[324]도 소유권유보부 매매의 대상이 되어, 소유권유보부 영업양도가 가능하다고 한다. 그 밖에 기존의 판례도 발명특허,[325] 주점의 영업허가,[326] 회사지분의 양도,[327] 소프트웨어와 프

---

322) 프랑스민법전은 부동산을 성질에 의한 부동산, 용도에 의한 부동산 및 객체에 의한 부동산으로 나누고(민법전 제517조), 토지와 건물을 성질에 의한 부동산으로 한다(민법전 제518조). 그리고 부동산을 제외한 물건을 동산으로 한다. 프랑스의 부동산은 우리 법에서는 동산으로 취급되는 여러 가지 물건, 예컨대 토지의 소유자가 정액토지임차인과 분익토지임차인에게 경작을 위해 인도한 동물(제552조 제1항), 주택 또는 다른 주거에 물을 끌어들이는 데에 사용되는 수도관(제523조), 토지의 소유자가 토지의 역무와 경영을 위해 토지에 설치한 물건, 동물 및 농기구 등(제524조 제1항 및 제2항)을 부동산으로 정의한다. 또한 부동산용익권, 지역권 또는 토지사용권, 부동산의 반환을 목적으로 하는 소권과 같은 권리(제526조)도 부동산으로 정의한다. 한편, "**프랑스민법전 제515-14조 동물은 감정을 지닌 생명체이다. 동물은 이를 보호하는 법률**을 제외하고는 물건의 법률관계에 따른다"라는 최근의 개정으로 동물의 재산으로서의 성질에 관한 일반규정이 신설되었다(Ph. Malaurie et L. Aynès, *Les biens*, 6ᵉ éd., Dalloz, 2015, n°126 이하 참조).

323) Cass. Com., 29 fév. 2000, n°97-14.575.

324) 영업재산(fonds de commerce)이란 명확히 정의되지 않는 개념이나 상법전 제L.141-1조 이하의 해석을 통해, 첫째로는 고객과 신용, 상호, 간판, 인터넷도메인, 임차권, 지적재산권 등의 무형적 요소와, 둘째로는 원재료 및 설비, 셋째로는 상품의 세 가지를 그 구성요소로 함을 알 수 있다(D. Legeais, *Droit commercial et des affaires*, 19ᵉ éd, Sirey, 2011, n°149). 프랑스의 영업재산에 관하여는, 원용수, "프랑스 상법상 영업재산의 양도·담보 및 이용대차제도의 어제와 오늘", 법학연구, 충남대학교 법학연구소, 2010, 133면 이하 참조.

로그램과 같은 무체재산[328])도 소유권유보약정을 통하여 매도인에게 소
유권에 기한 반환청구권이 인정된다.[329])

무체재산이 대상이 되는 경우에도, 상법전에 따라 반환청구권을 행사
함에 있어 채권의 신고 과정을 거쳐야 하므로, 이를 통해 금전으로 환가
되어 평가될 수 있다. 또한 매수인인 채무자가 상사어음 그 밖의 미결제
증권을 가지고 있는 경우, 매도인인 소유자가 교부한 상사어음 또는 그
밖의 미결제 증권은 그가 회수 또는 특정 변제에 충당을 목적으로 인도
한 것이라면 역시 반환될 수 있다고 하여(프랑스상법전 제L.624-15조), 그
증권 자체의 반환도 가능한 것으로 규정하고 있다.[330])

3. 부동산이 대상이 되는지 여부

가. 서설

프랑스민법전 제2367조부터 제2372조까지 및 상법전 제L.624-16조 이
하는 모두 동산의 소유권유보에 관하여 규정한 것이다. 부동산의 경우에
는 민법전 제2373조에서만 규율되고 있고, 그 내용도 단지 부동산의 소
유권은 역시 담보로서 유보될 수 있다고 할 뿐이다(프랑스민법전 제2373
조 제2항). 상법전에서는 도산절차에 있어서 부동산에 대한 소유권에 기
한 반환청구방법을 규정하지 않고 있으며, 동시에 부동산의 소유권유보
에 관한 어떠한 규정도 두고 있지 않다. 그 주된 이유는 부동산의 소유

325) Cass. Com., 22 oct., n°94-10365.
326) CA Chambérry 27 mai, 1997, n°94/02956.
327) Cass. Com., 11 juin, n°84-10913.
328) CA Versailles, 30, juin 1994, D.1994 IR 216.
329) D. Voinot, op. cit., n°23.
330) D. Voinot, op. cit., n°24.

권유보는 실제로 동산에 비하여 거의 활용되지 않기 때문이다.[331]

나. 학설의 대립

1) 부정설

학자들 가운데서도 부동산에 대한 소유권유보약정은 건축계약에서는 잘 이용되지 않고, 이용되더라도 동산의 경우에만 행해지며 이는 프랑스 민법전 제551조 이하의 첨부에 관한 규정에 반하여 동산이 부동산으로 부합되는 부합의 포기약정을 행함으로써 이루어진다고 하기도 한다.[332] 마찬가지로 부동산에 대한 소유권유보는 거의 행해지지 않으며, 부동산에 대해 소유권유보부 매매가 행해진다고 하는 경우에도 부동산의 소유권의 이전은 매매에 대한 공정증서상의 서명과 함께 행해져야 한다는 점에서 대금의 변제 자체에 소유권의 이전이 관련되어 있는 동산의 소유권유보와 다르다는 점을 주의해야 한다고 하기도 한다.[333] 즉 부동산의 소유권유보부 매매의 과정에서는 매매계약과 공정증서에의 서명이 매수인의 채권자가 된 소유자(매도인)의 면전에서 행해진다. 동산의 소유권유보부 매매에서는 담보 실행 당시에 가지고 있던 매도인의 소유자로서의 지위는 대금의 변제 시에 소멸하게 된다. 그러나 부동산의 소유권유보부 매매에서의 대금의 변제는 원칙적으로 공정증서에 서명할 당시 공증인을 대면하여 행해진다. 즉 부동산의 소유권이전은 대금의 변제뿐 아니라 적법한 서명과도 관계되어 있는 것이다.[334] 이렇게 보면 프랑

331) P. Crocq, 《La réserve de propriété》, *JCP* 2006 I, n°6; D. Voinot, *op. cit.*, n°26.

332) D. Voinot, *op. cit.*, n°27.

333) F. Pérochon, 《La réserve de propriété dans la vente de meubles corporels》, Bibliothèque de droit de l'entreprise, volume 21, Litec, 1988, n°14; P. Crocq, *op. cit.*, n°54 *supra* note 44.

334) P. Crocq, *op. cit.*, n°54 *supra* note 44; G. Marty et P. Raynaud, *op. cit.*, n°548 *supra* note 145.

스에서 부동산에 대한 소유권유보가 이루어지는 경우 대금의 완제는 공
정증서의 작성 및 서명과 동시에 행해지고 그 결과 소유권이 이전됨으
로써, 동산에 대한 소유권유보와 같이 대금의 완제가 소유권의 이전을
정지시키는 메커니즘에 의하지 않는다.[335] 마치 성립요건주의 하의 소
유권이전과 동일한 결과를 낳게 되는 것이다.

또한 부동산에 대한 소유권유보의 담보로서의 기능은 다른 제도를
통해서 해결될 수 있으므로, 부동산을 대상으로 하는 소유권유보는 그
활용이 필수적인 것은 아니라고 하는 견해도 있다.[336] 그 대표적인 예가
담보로서 양도된 소유권, 즉 담보신탁(la fiducie sûreté)이다(민법전 제
2488-1조부터 제2488-5조까지).[337] 담보신탁은 채무자(즉 부동산 건축계
약상의 수급인)가 도급인과의 약정으로 가액의 완제 시까지 부동산의
소유권을 수급인에게 이전함으로써 이루어진다.[338] 이와 별도로 민법전
제1799-1조에서 건설업자의 이익을 위한 특별 담보도 규정되어 있다.[339]
이 조문을 통한 담보권의 활용은 당사자가 소유권유보약정을 활용할 이
익을 축소시킨다.[340] 그밖에도 부동산의 매도인은 부동산에 대한 우선

---

335) L. Aynès et P. Crocq, *op. cit.*, n°800 *supra* note 150.

336) G. Marty et P. Raynaud, *op. cit.*, n°548 *supra* note 145.

337) S. Calme, *La réserve de propriété de droit français et de droit allemend dans le
    contexte européen, une contribution au droit international de l'insolvabilité*, p.45.
    프랑스의 신탁(fiducie)은 로마의 신탁과도 다르고 오히려 영미의 trust가 프랑
    스식으로 도입된 것이라고 소개되고 있으나, 로마법상의 신탁인 fiducia를 프
    랑스식으로 표현한 fiducie라는 법률용어를 사용하고 있다는 점에서 신탁이라
    고 번역하기로 한다.

338) D. Voinot, *op. cit.*, n°28.

339) "**프랑스민법전 제1799-1조**
    ① 제1799조의 제3호에서 말하는 노무 거래를 체결한 설비의 소유주는 국사
    원의 데크레에 의해 정해진 한도를 넘는 경우 수급인에게 변제해야 할 금액
    의 변제를 담보해야 한다. (이하 후략)"

340) 그러나 제1799-1조는 거래에서 발생한 채권의 완제 시까지 수급인이 설치한 설

특권을 부여받고 있으므로 굳이 별도의 담보가 필요하지 않다.[341] 또한 부동산의 금융리스의 방법으로 부동산의 신용을 취득한다.[342] 이는 부동산 투자 회사를 위하여 주로 산업 회사 또는 상사회사에 부여되는 상업적인 이용을 도모하는 법적으로 복잡한 기법이다.[343] 이처럼 부동산 우선특권, 담보신탁 및 금융리스는 부동산에 관한 소유권유보의 역할을 대체할 수 있으므로, 소유권유보가 인정되더라도 그 실효성이 적다는 것이다.

2) 긍정설

이렇게 부동산매매에 있어서 담보수단으로 부동산우선특권, 담보신탁 및 부동산 금융리스 등이 이용되고 있음에도 불구하고, 부동산의 소유권유보는 여전히 프랑스민법전상 인정되는 제도이며(프랑스민법전 제2373조 제2항), 그 이용은 금융기관에 이익이 된다고 하여 이를 긍정하는 견해가 있다.[344] 이에 대한 근거로 정부차원에서 부동산의 소유권유보약정에 관한 세무 법규와 토지세를 지원하며 소유권유보약정을 활용할 것을 촉진하고, 금융기관이 소유권유보약정에서 변제자대위를 이용하여 신용을 부여한다는 점을 들고 있다. 또한 일반적으로 부동산을 대상으로

비의 소유자로 남게 하는 역할은 할 수 없다(C. Saint-Alary-Houin, 《La sécurisation financière des relations entre maîtres de l'ouvrage et contructeurs dans les marchés privés》, *RD imm.* 2005. 363).

341) G. Marty et P. Raynaud, *op. cit.*, n°548 *supra* note 145;
　 "**프랑스민법전 제2374조** 다음 각 호의 자는 부동산에 대한 우선특권자이다.
　　 1. 매도된 부동산에 대해 대금의 변제를 받을 매도인은 우선특권이 있는 채권자이다. 대금이 전부 또는 일부 지급되어야 하는 여러 매매가 순차적으로 있는 경우, 제1매도인이 제2매도인에 우선하고, 제2매도인은 제3매도인에 우선하며, 이후의 매도인에 대해서도 마찬가지이다."

342) L. Aynès et P. Crocq, *op. cit.*, n°800 *supra* note 150.

343) G. Duranton, 《Crédit-bail immobilier》, *Rep. com.*, Dalloz, 2000, n°1.

344) Les P.-M. Le Corre, 《Les incidences de la réforme du droit des sûretés confrontés aux procédures collectives》, *JCP E* 2007. 1185.

하는 매도인의 매매대금을 담보하는 것은 부동산에 대한 매도인의 우선
특권을 통해서 이루어지는데(프랑스민법전 제2374조 제1호), 부동산에
대한 매도인의 우선특권은 공시되는 담보권의 하나이나,[345] 매매계약을
해제하려면 재판상 확인해야 하거나 매수인 측에 있는 부동산을 압류해
야 하기 때문에 이를 이용하는 것이 매도인에게 불편을 야기한다는 점
에서 부동산에 대한 소유권유보약정이 의미가 있다는 견해도 주장되고
있다.[346]

3) 판례

프랑스의 학설에서 부동산에 대한 소유권유보로 소개하고 있는 판결
이 있다.[347] 이는 프랑스 건축주거법전 제L.261-10조 제3항에서 정하는

---

345) "1955. 1. 4. 데크레 제55-22호 제28조
　　다음의 사항은 부동산의 현상에 관하여 공시의 책임이 있는 부서에 공시되어
　　야 한다.
　　1. 모든 서면, 정지조건부를 포함함, 그리고 생존자 사이에서 포함하고 확인
　　　할 수 있는 모든 재판상 결정문 a) 민법전에서 규정된 양태를 수반하여 보
　　　전되는 우선특권과 저당권과 달리, 환경법전 제L.132-3조에서 정의되는 물
　　　적 채무를 포함하는 부동산의 물적 권리의 이동 또는 성립."

346) W. Dross, *Clausier, Dictionnaire des clauses ordinaires et extraordinaires des contrats
de droit privé interne*, 3ᵉ éd., LexisNexis, 2016, p.766, 다만 이 중 해제에 관하여
는 개정 전 프랑스법에 따른 해석이다. 개정법에 따르면 이제 해제는 반드시
재판상 확인될 필요가 없기 때문이다.

347) Cass. Com., 9 janv. 1996, nº93-12.667, P. Crocq, 《Propriété-garantie. Réserve de
propriété. Etre ou ne pas être un accessoire : le sort de la réserve de propriété
en cas de défaut de déclaration de sa créance par le vendeur》, *RTD civ.* 1996. 436;
다만, 이 판결에서 실제 문제된 쟁점은 건축주거법전 제L.261-10조 제3항에 반
하여 소유권유보부 매매가 이루어진 경우에, 매매가액의 변제 전에 매수인이
회생 절차에 빠진 후 건축 예정 부동산의 매도인이 반환청구권의 대상으로서
대금채권을 신고하지 않은 경우에 당해 채권이 소멸하는지 여부였다. 항소심
에서와 달리 파기원은 채권의 신고가 없어도 소유권유보부로 담보된 채권이
소멸하지 않는다고 하여 항소심을 파기 무효화하였다.

건축 예정 부동산의 매매계약에 관한 것이다. 프랑스에서는 우리 민법에
서와 달리 토지 위에 매매를 목적으로 부동산을 건축하는 것에 관한 규
정을 두고 있다. 이를 건축 예정 부동산의 매매라고 한다(프랑스민법전
제1601-1조). 이는 계약을 통하여 정해진 기한 안에 부동산을 건설할 의
무를 부담하는 계약인데, 건축주거법전 제L.261-10조 제3항은 이 계약을
전제로 한다. 이 경우 건축물의 소유권은 공정증서에 의한 당해 건축물
의 준공확인을 통하여 매수인에게 당연히 인정된다고 한다(프랑스민법
전 제1601-2조). 판결에서 이러한 건축 예정 부동산의 매매계약에서 소유
권유보가 있었다고 하나, 이는 동산의 소유권유보부 매매와는 다름을 유
의해야 한다. 즉 소유권유보부 매매가 있고, 대금의 완제로 소유권이 자
동적으로 이전하는 것이 아니라 별도의 건축물준공확인이라는 요건이
필요한 것이다. 즉 이를 부동산에 관한 소유권유보부 매매로 소개하고
있음에도 불구하고, 이 사안은 엄밀히 말하면 소유권유보에 관한 것이
아니다.

4. 검토

프랑스에서 민법전 제2373조에 의하여 명시적으로 인정되는 부동산
의 소유권유보 자체를 부정하는 것은 쉽지 않을 것이다. 입법자에 의해
소유권유보의 대상이 될 가능성이 열려있는 것이다. 그러나 프랑스에서
도 현재 소유권유보약정 보다는 부동산에 대한 다른 담보수단이 더 활
발히 이용되고 있는 것으로 파악된다. 즉 부동산을 소유권유보의 대상으
로 하는 계약은 실무상 찾기 쉽지 않은 것이다.[348]

---

348) W. Dross, *op. cit.*, p.765.

III. 소유권유보의 공시

1. 담보권의 공시방법

원칙적으로 프랑스민법전은 각각의 담보권에 관하여 대항요건을 별도로 규율하고 있다. 이에 따라 부동산에 관하여 우선특권과 법정저당권, 재판상저당권, 약정저당권은 등기의 대상이 된다(프랑스민법전 제2426조).[349] 그리고 동산에 관하여는 질권에 관하여는 제2337조에서 규정한다. 원래 동산의 질권에 관하여는 우리법과 마찬가지로 점유로만 공시할 수 있었으나, 개정법은 점유 외의 공시도 가능하도록 하였다. 즉 개정 프랑스민법전 제2337조 제1항은 질권설정계약이 공시됨으로써 제3자에게 대항할 수 있다고 하고, 이후 제정된 2006년 12월 23일 데크레 제2006-1804호에 의한 특별등록방식에 따라 비점유질권을 공시할 수 있도록 하게 된 것이다.[350]

그런데 프랑스에서는 소유권유보의 공시에 대해서는 다른 물권과 달리 취급한다. 이는 소유권유보에서와 같이 소유권을 이용한 담보를 대부분의 국가에서 준(quasi) 담보제도로 이해하는 경향에서 찾을 수 있다. 즉 소유권유보제도는 준담보제도이고 이는 물적 담보에 일반적으로 적용될 수 있는 법리에 복종하지 않으며, 이때 대표적으로 적용되지 않는 것이 공시와 관련한 것이라는 것이다. 실제로 스위스민법(제715조)을 제외하면 공시방법을 두고 있는 입법례는 찾기 힘들다.[351] 대부분의 국가

---

349) **"개정 프랑스민법전 제2426조** ① 다음 각호의 권리는 물건소재지의 부동산등기소에 등기된다. 1. 제2378조에서 규정된 경우만을 제외한 부동산우선특권, 2. 법정저당권, 재판상저당권 또는 약정저당권 (이하 생략)"

350) L. Aynès et P. Crocq, *op. cit.*, n°509 *supra* note 150.

351) Mauro Bussani, Michel Grimaldi, 박수곤 역, "소유권을 매개로 한 담보제도", 저스티스, 2014, 220면.

가 이러한 공시나 특별한 형식 없이도 소유권유보약정을 행할 수 있다
는 점에서 이를 담보의 여왕이라고 부르기도 한다.352) 프랑스민법전의
개정작업 당시 소유권유보의 공시가 필요한지 여부가 논의되었다. 민법
전 개정초안에서는 일정한 범위의 소유권유보, 즉 데크레에서 정한 가액
을 초과하는 물건에 대하여는 유체동산질권의 공시방법에서 정하는 공
시방법에 따를 것을 규정하기도 하였다. 계약당사자들이 소유권담보를
선택하는 식으로 정해진 공시원칙을 잠탈하여 법적 안정성을 위협하는
것을 허용해서는 안 되고, 나아가 개정의 투명성과 일관성을 확보하기 위
하여 데크레에서 정한 금액보다 초과하는 가액을 가진 유체동산에 대한
소유권유보는 유체동산질권(gage)에서 정한 방식에 따라 공시한 한도 외
에서는 채무자의 특정승계인에게 그 효력이 미치지 않도록 한 것이다(초
안 제2382조). 그러나 실제 개정법에서는 이 초안이 채택되지 않았다.353)

2. 소유권유보의 공시방법의 부존재

소유권유보에 관하여는 기존의 담보물권과 달리 위에서 설명한 등기
나 등록제도를 인정하고 있지 않고, 단지 서면으로써 합의될 것이라는
서면주의만을 채택하였다. 즉 다른 담보권과는 달리 그에 관한 공시가
행해지지 않는다. 2006년 민법전의 개정에서 공시방법이 배제된 것은 공
시방법을 채택하는 경우 실정법에 매우 중요한 결과를 끼치게 되고,354)
그리고 특히 동산에 있어서 점유는 권원의 가치를 가진다고 하는 민법
전 제2276조 제1항(개정 전 프랑스민법전 제2279조 제1항)이 유명무실해
진다는 점이 그 이유라고 한다.355) 그러나 종래부터 상사분야에서는 일

352) E.-V. Kieninger(ed), *op. cit.*, p.659.
353) P. Ancel, *op. cit.*, n°477; 이준형, "프랑스민법전 담보법 개정(2006년)의 기본방
    침과 개요-그리말디보고서를 중심으로-", 민사법학, 제49권 제2호, 2010, 31면.
354) P. Crocq, *op. cit.*, n°13 *supra note* 331.

반 민사거래에 비하여 공시가 더 필요하다는 이유로 임의적으로 소유권
유보를 공시할 수 있는 방안을 마련하여 왔고, 이는 뒤에서 살펴볼 금융리
스계약에 대해 마련된 상법전 상의 임의공시방법을 이용하여 행해진다.[356]

개정 민법전에 따르면 소유권유보는 서면으로 합의되어야 한다(프랑
스민법전 제2368조). 이때 작성된 서면을 공시방법으로 볼 수 있는 것은
아닌지 문제되었다. 그러나 소유권유보약정이 서면으로 체결되어야 한
다고 하여 그 서면이 제3자에게 소유권유보에 관한 정보를 제공하는 것
은 아니기 때문에 이는 소유권유보에 대한 의무적 공시방법이 아니라고
하는 것이 일반적이다.[357]

3. 도산절차에서 대항요건으로서의 서면

가. 도산절차상의 대항력

프랑스에서 매수인에게 도산절차가 개시된 경우 매도인은 소유권유
보약정으로 인한 반환청구가 가능하고, 다른 채권자들에게 대항할 수 있
다는 점에서 소유권유보약정은 대항력이 있는 것이었다. 그리고 이러한
대항력은 소유권유보제도의 가장 큰 장점으로 여겨지는 것이었다. 사실
대항력이라는 것은 제3자를 보호하기 위한 것이다. 왜냐하면 소유권유
보약정은 공시되지 않으므로, 계약 당사자가 소유권의 이전시점을 달리
정하는 구두의 합의만으로 채권자에 대한 사해행위가 가능하기 때문이
다.[358] 이러한 대항력은 1980년 5월 12일 법률 제80-335호에 의해 인정된

---

355) D. Voinot, *op. cit.*, n°49.
356) 프랑스상법전 제L.624-10조. 이 책 본장 본절의 5. 임의적 공시 참조.
357) *Juris-classeur civil Art. 2367 à 2372*, n°59 *supra* note 54.
358) D. Voinot, *op. cit.*, n°44.

것이고, 현재는 상법전 제L.624-16조 제2항에서 인정되고 있다.

나. 대항요건으로서의 서면

소유권유보약정이 대항력을 가지기 위해서는 상거래에 관한 서면으로 당사자 사이에서 늦어도 인도 시까지 합의되어야 했다. 그러한 서면이 없는 경우 소유권유보약정은 도산절차에 대항할 수 없고, 따라서 매도인은 그 목적물의 반환청구권[359]을 행사할 수 없었다.[360] 초기 판례도 서면은 제3자의 권리에 가해질 사해적 행위를 방지하기 위하여 요구한다고 하면서, 첫째, 그 약정을 담고 있는 서면이 존재할 것, 둘째, 그 서면을 작성한 시점이 물건의 인도 시점보다 전이거나 동시일 것, 셋째, 이때의 서면은 소유권유보부로 매각되어 반환되는 상품과 관계된 것일 것이라는 1985년 11월 5일에 판시된 판결의 요건을 요구하였다.[361]

---

359) 통상적으로 "revendication"은 프랑스법에서의 소유권에 기한 반환청구권을 말하고, 이를 행사하여 물건을 반환받는 것을 일본에서는 "取り戻すこと"라고 번역한다(道垣內弘人, 전게서(주 3), 91頁). 오늘날 일본 도산법에서 우리의 환취권(還取權)에 해당하는 "取戻權"은 프랑스법의 revendication의 영향을 받은 번역어로 보인다(예컨대 道垣內弘人, 전게서(주 3), 63頁). 환취권은 도산절차에서 소유자가 소유권에 기한 반환청구를 하는 권리를 의미하는 법률용어이므로, 이 책에서는 revendication을 소유권에 기한 반환청구권 또는 줄여서 반환청구권으로 번역하여 사용한다.

360) 이는 프랑스와 거의 유사한 법체계를 가지는 벨기에에서도 마찬가지이다. 벨기에의 소유권유보약정도 도산절차에서 대항력이 있고, 최근 민법전에까지 편입되었다(2013년 7월 11일 민법전 개정에 관한 법률 제69조부터 제71조까지). 도산절차에서도 대항력을 갖추기 위하여 적어도 물건의 인도 시까지는 소유권유보에 관한 내용이 서면으로 작성되어 있어야 하고, 물건은 매수인의 점유 하에 현물로 존재해야 하며, 법원이 도산재단을 확정하기 전에 반환청구가 있어야 한다(벨기에 도산법 제109/21조). 벨기에의 소유권유보에 관한 내용은 I. Davies, *Retention of title clauses in sale of goods contracts in europe*, Routledge, 1999, p.8s 참조.

361) Cass. Com., 5 nov. 1985 : Bull. civ. 1985, IV, n°259.

4. 민법전상의 대항요건으로서의 서면

이처럼 소유권유보약정을 포함하고 있는 서면은 민법전 개정 전부터 당사자 사이에 합의가 있다는 것을 증명하기 위한 표지로 기능하면서, 동시에 도산절차에서 소유권유보약정이 제3자에게 대항할 수 있게 하기 위한 필수요건이었다.362) 이는 민법전의 해석에서도 동일하게 나타난다.363) 그러나 이는 담보권으로서의 소유권의 성립계약으로서의 소유권유보약정을 위한 유효요건으로 볼 수 없는 것이었다. 왜냐하면 현행 프랑스민법전 제2368조는 이를 유효요건으로 보는 다른 약정(질권에 관한 제2336조, 무체재산질권에 관한 제2356조)과 같이 이것이 있어야 계약이 성립한다든지, 이것이 없으면 무효라는 식으로 규정하지 않고 있기 때문이다.364)

5. 임의적 공시

상법전 제L.624-10조에서는 해당 물건에 관한 계약이 공시의 대상이 되는 경우, 물건의 소유자에게는 소유권의 증명이 면제되고 국사원(Conseil d'Etat)에서 정하는 요건에 따라 물건의 반환을 청구할 수 있다고 한다.365) 이는 금융리스의 공시에 관한 규정으로, 소유권유보의 경우에도 이 규정에 따른 임의적 공시가 인정된다고 해석된다.366) 다만, 이는 도산절차

---

362) D. Voinot, *op. cit.*, n°46.

363) P. Ancel, *op. cit.*, n°476; C. Albiges et M. Dumont-Lefrand, *op. cit.*, n°676; M. Bourassin, V. Brémond et M.-N. Jobard-Bachellier, *op. cit.*, n°1234.

364) *Juris-classeur civil Art. 2367 à 2372*, n°58 *supra* note 54.

365) Décret n°2005-1677 du 28 décembre 2005 pris en application de la loi n° 2005-845 du 26 juillet 2005 de sauvegarde des entreprises(2005. 12. 28. 데크레) 제117조; C. Albiges et M. Dumont-Lefrand, *op. cit.*, n°676.

366) *Juris-classeur civil Art. 2367 à 2372*, n°60 *supra* note 54.

상 기한의 정함이 없는 원상회복청구, 즉 급부반환(restitution)을 청구할
때에만 가능한 것이다. 따라서 3월내에 행사해야 하는 소유권에 기한 반
환청구권(revendication)을 행사하는 경우는 이에 해당되지 않는다.367) 즉
도산절차의 개시 판결에 앞서 소유권유보약정이 공시되어야 급부반환이
가능하다(프랑스상법전 제R.제624-15조). 이때의 공시는 통화금융법전 제
R.313-4조상의 등록부 또는 상법전 제R.621-8조 제3항상의 상사등록부에
행해진다.368) 이는 관리인369)이 지정되어 있는 경우에는 물건의 소유자
가 관리인에게 수령할 것을 통지하는 청구가 포함된 등기우편으로 행하
고, 관리인이 지정되어 있지 않는 경우에는 채무자에 대하여 행하여야
한다. 이 청구서의 사본은 재판상 수임인370)에게 송달된다(프랑스상법전
제R.624-14조 제1항).

---

367) 이러한 임의적 공시가 이루어지는 경우에는 급부반환청구권(restitution)이 소
      유권에 기한 반환청구권(revendication)을 대신한다(H., L. et J. Mazeau et F.
      Chabas, *op. cit.*, n°57-1 *supra* note 126; D. Voinot, *op. cit.*, n°50).
368) 소유권유보의 임의적 공시에 관한 공시방식은 동산의 금융리스(credit-bail
      mobilier) 계약을 공시하도록 하기 위한 것이다. 이는 1심법원의 등기과(greffe)
      에 등록함으로써 이루어진다. *Juris-classeur civil Art. 2367 à 2372*, n°60 *supra*
      note 54.
369) 프랑스상법전 제L.811-1조상의 "재판상 관리인(administrateur judiciaires)"은 타
      인의 재산을 관리하거나 그 재산관리를 보조 또는 감시하는 기능을 수행하기
      위한 재판상 결정을 행하는 자연인 또는 법인인 수임인을 말하며, 원칙적으
      로 보호절차와 회생절차에서 임명된다(F. Pérochon, Entreprises en difficulté, 10°
      éd., LGDJ, 2014, n°518).
370) 프랑스상법전 제L.812-1조의 "재판상 수임인(mandataire juridique)"이란 채권자
      를 대표하며 기업의 파산절차의 진행하는 재판상 결정을 행하는 자를 말한
      다. 프랑스에서는 도산절차상 보호절차와 회생절차가 먼저 개시되므로, 이때
      에는 재판상 수임인이 관리인과 함께 선임된다. 다만, 회생절차에서 회생가
      능성이 없는 것으로 판명된 경우에는 파산절차가 개시되는데, 이때 재판상
      수임인이 관재인(liquidateur)으로 선임되어 청산인으로서의 역할을 한다(F.
      Pérochon, *op. cit.*, n°523 et 525 *supra* note 369).

6. 숨은 담보권으로서의 성격

소유권유보에 의무적인 공시방법이 요구되지 않는다는 사실은 유보소유권을 숨은 담보권으로 만든다. 실무상 소유권유보약정이 있는 매매는 상인인 매도인이 대차대조표 상에 적극재산으로 공시하여야 한다(1980년 5월 12일 법률 제80-335호 제3조 제3항).371) 즉 매도인의 대차대조표에 소유권유보약정이 있는 매매는 공시되어야 한다(le Plan comptable général 일반회계계획372) 제521-1조 및 제521-2조). 그러나 소유권유보부 매매는 이때에도 일반적인 매매인 것처럼 기재될 뿐이다. 이렇게 유보소유권이 가지는 숨은 담보권으로서의 성격으로 인하여 매수인의 채권자가 도산절차를 개시할 때 소유권유보의 수익자까지도 그 담보권의 존재를 알지 못할 수도 있다.373) 즉 수익자조차도 이를 실행하지 못한 채 사실상 담보를 포기하게 되는 경우가 발생하는 것이다.

---

371) S. Calme, *op. cit.*, p.62; 일본의 山野目 교수는 이를 1980년 법률이 정한 공시방법의 일종으로 평가한다. 山野目章夫, フランス破産法制にをける所有權留保売買の処遇, 判例タイムズ, no 507, 1983, 204頁.

372) 일반회계계획서(le Plan comptable général)란 회계규범기관(L'Autorité des normes comptables, 약칭 ANC)에서 정관(règlements)의 형식으로 정하는 회계규칙(prescriptions)이다. 회계규범기관은 2009년 1월 22일 오르도낭스 제2009-79호에 의하여 설립되었다. 법적 의무 하의 사인과 법인은 이 기관에서 정하는 일반회계계획을 준수하여 회계장부를 작성해야 한다.

373) D. Voinot, *op. cit.*, n°51.

Ⅳ. 소유권유보의 효력 및 특징

1. 소유권유보의 효력

가. 매매대금채권의 이행 전의 효력

1) 매도인374)의 지위

소유권유보약정의 효력으로 매도인은 매매대금이 변제될 때까지 여전히 소유자로서 남아있다. 따라서 완전한 소유자로서 매도인은 물건의 멸실·훼손에 대한 위험을 부담한다. 이는 프랑스민법전상의 "res perit domino(손해는 소유자에게 귀속한다)"는 원칙의 적용에 따른 것이다(개정 프랑스민법전 제1196조 제3항).375) 프랑스의 위험부담원칙은 우리 민법상의 위험부담의 원칙으로서의 채무자 위험부담주의와 다르다(민법 제537조). 왜냐하면 우리 민법 제537조에 있어서의 위험부담은 쌍무계약에 있어서 채무의 이행이 채무자의 귀책 없이 불가능하게 된 경우에 상대방이 그 소멸한 채무와 대가관계에 있는 반대급부를 부담하는지에 관한 문제를 규율하고 있는데 반하여, 프랑스의 위험부담은 물건의 멸실에 대한 위험을 누가 지는지에 관한 것, 즉 급부위험에 대하여 다루고 있을 뿐이기 때문이다. 현행법상 프랑스에서는 원칙적으로 당사자의 의사에 의하여 소유권이 이전되면, 그 위험도 함께 이전된다(프랑스민법전 제

---

374) 엄밀히 말하면 이때의 매도인은 소유권유보부 계약을 체결하면서 소유권을 보유하고 있는 소유권유보의 권리자를 의미한다. 그러나 프랑스에서도 소유권유보부 계약이 원칙적으로 매매계약을 통하여 체결되었기 때문에 많은 문헌에서 매도인과 매수인으로 나누어 설명하고 있다. 필자도 논의와 이해의 편의상 이에 따르지만, 구체적으로 들어가서 소유권유보약정이 다른 계약에 의해 체결되는 경우에는 매도인과 매수인이 아니라 당해 계약의 당사자로 칭해야 할 것이다.

375) L. Aynès et P. Crocq, *op. cit.*, n°805 *supra* note 150.

1196조 제3항 전단). 다만, 물건의 인도의무의 지체가 있는 경우 채무자가 위험을 부담한다는 원칙(프랑스민법전 제1344-2조)에 따라 채무자가 이행지체에 빠진 날로부터 다시 위험을 부담하고, 물건을 인도하였더라도 물건이 멸실되었을 것이라는 것을 증명한 경우(제1351-1조)에만 그 위험에서 벗어날 수 있을 뿐이다(프랑스민법전 제1196조 제3항 후단).[376]

그러나 20세기 초 실무에서 소유권유보약정이 행해지기 시작한 이래로 우연한 사정으로 인하여 매도인이 물건의 멸실 위험을 부담하는 것을 회피하기 위하여 당사자들은 소유권유보약정에 매수인에게 인도 시에 즉시 위험을 이전하는 별도의 약관을 체결하는 것이 보통이었다.[377] 왜냐하면 이 원칙은 사회조직의 유지에 필수불가결한 공서에 관한 것이 아니기 때문이었다.[378] 따라서 일반적인 위험의 원칙과 별도의 약관을 체결하는 것도 가능하였고, 이 경우 위험은 매수인에게로 이전되는 것으로 해석되었다.[379]

---

376) O. Deshayes, Th. Genicon, Y.-M. Laithier, *op. cit.*, p.422s.

377) H., L. et J. Mazeaud et F. Chabas, *op. cit.*, n°926 *supra* note 254.

378) 프랑스민법전 제6조는 사인간의 합의로 公序(l'ordre public)와 良俗(bonne mœurs)에 관한 법을 위반할 수 없다고 규정하고 있다. 공서 또는 양속에 관하여 상세히 정의하기는 쉽지 않다. 다만, 공서는 사회 조직의 유지에 필수불가결한 것에 관한 것이라고 설명할 수 있고, 양속은 주로 공서와 함께 쓰이면서 사회적 삶을 유지하는데 필수적인 도덕의 최소한도를 표현하는 법적 개념으로 사용된다. 공서와 양속은 법적 또는 재판상의 이해를 전제로 한다. 따라서 사회적인 삶의 긍정적 기능에 필수적으로 요구되는 것과 관련하여 다양한 것들이 그 개념 안에 포함될 수 있다. 이 원칙은 당사자의 의사에 따라 제한될 수 있으나, 일정한 경우 반대의 합의는 무효가 되기도 한다. 즉 공서 양속에 반하는 계약의 목적이 있는 약정은 무효가 된다(개정 전 프랑스민법전 제1133조, 현행 프랑스민법전 제1162조). 그리고 이 무효는 가장 중대한 것이어서 절대적 무효가 된다. 이에 대한 판단은 법관에 의해 행해진다(G. Marty et P. Raynaud, *op. cit.*, n°99 *supra* note 253).

379) P. Ancel, *op. cit.*, n°480; *Juris-classeur civil Art. 2367 à 2372*, n°3 *supra* note 54.

2) 매수인의 지위

이행기 전까지는 매도인이 여전히 소유자로 남아있으므로, 매수인은 아직 소유자가 아니다. 이때 매수인이 물건의 점유자인지 아닌지에 대하여 견해가 대립한다. 제1설은 매도인이 물건의 소유자이므로 매수인은 소유자가 아니라는 견해이다. 이 경우 매수인은 단지 물건의 소지자에 불과하다. 따라서 원칙적으로 매수인은 목적물을 사용할 수 없다. 다만, 이는 신용매매의 정신에 반하는 것이므로, 당사자가 별도의 합의를 통하여 매수인이 목적물을 이용할 수 있도록 한다.[380] 반면에 제2설은 매수인은 소유자로서 점유하고 있다고 한다.[381] 그런데 여기에서 프랑스의 점유가 우리 민법상의 점유와 다르다는 점을 주의해야 한다. 즉 우리의 점유는 물건에 대한 사실적 지배를 점유라고 하고, 그밖에 특별한 의사를 요하지 않는데 반하여(민법 제192조 제1항, 객관설),[382] 프랑스에서의 점유는 소유자로서의 점유를 물건의 점유라고 하고, 그 밖의 점유는 단순한 소지에 불과하기 때문이다(주관설).[383] 따라서 제1설이 매수인이

---

380) P. Ancel, *op. cit.*, n°481; A. Lienhard, *Procédures collectives*, 7ᵉ éd., Encyclopédie Delmas pour la vie des affaires, 2016, p.389; G. Marty et P. Raynaud, *op. cit.*, n°550 *supra* note 145.

381) J. Huet, Traité de droit civil, Les principaux contrats spéciaux 2ᵉ éd., L.G.D.J, 1996, n°11213.

382) 곽윤직·김재형, 물권법 [민법강의II], 박영사, 2015, 186면. 우리 민법에서의 점유는 물건에 대한 사실상의 지배 만으로 성립(민법 제192조 제1항)하여 객관설을 따르고 있다. 이때 사실상의 지배라는 것은 사회관념상 물건이 어떤 사람의 지배 내에 있다고 할 수 있는 객관적 관계를 말한다. 이와 같은 사실상의 지배 유무는 여러 사정을 고려하여 사회관념에 따라 합목적으로 판단하여야 한다(대법원 1992. 11. 10. 선고 92다37710 판결, 대법원 1999. 6. 11. 선고 99다2553 판결).

383) 따라서 프랑스에서의 점유가 성립하기 위해서는 우리 법에서와 달리 "물건 또는 권리를 소지하거나 향유"(프랑스민법전 제2228조)해야 한다는 객관적 요건과 점유에 법적 효력을 정당화시키는 소유자 또는 기타 물권자(용익권자, 지상권자)로서의 의사를 가져야 한다는 주관적 요건을 충족하여야 한다(Ph.

물건을 단순히 소지하고 있다고 하는 것은 현재 프랑스법상 점유자가 아니라는 것을 강조하는 점에서 그러한 것이다. 그럼에도 불구하고 제2설이 매수인이 목적물을 점유하고 있다고 하는 이유는 무엇인가? 이는 매수인이 단순한 소지자가 아니라 대금의 지급만 있으면 완전한 소유자가 되므로 소유의 의사로 물건을 소지하고 있다는 점에서 프랑스법상의

Malaurie et L. Aynès, *op. cit.*, n°488-493); 프랑스의 점유에 대한 해석은 우리 법에서 설명하는 바와 마찬가지로 독일의 로마법학자들의 해석에 기초한 것이다. 즉 점유를 주관적 관점에서 설명하는 사비니(Savigny)의 견해와 객관적 관점에서 설명하는 예링(Rudolph von Jhering)의 견해가 그것이다. 사비니는 점유를 보호하는 목적에 관하여 사회질서를 유지하기 위한 것으로 설명하면서, 점유자가 점유를 보호받지 못하는 경우 폭력에 의하여 점유를 박탈당하는 문제가 생긴다고 설명한다. 이러한 결과를 막기 위하여 예컨대 점유자가 정말 소유자라면, 점유가 그 권리에 일치하는지 아닌지는 사후에 정식절차에 의하여 논의해도 좋으므로 그 점유는 보호될만하다는 것이다. 또한 사비니는 점유에 대한 주관적 이해를 주창하여 점유를 체소(*corpus*, 體素)와 심소(*animus*, 心素)로 구분하였다. 이때 체소는 물건에 대한 객관적 지배를 말하고, 심소는 소유의 의사(*animus reim sibi habendi*)를 말한다고 한다. 반면, 예링은 점유자는 동시에 물건의 소유자라는 일종의 공식으로 점유자의 보호를 정당화 한다. 따라서 원칙적으로 점유자를 소유자로 보는 것이다. 이러한 예링의 입장은 점유자에게 유리한 것이었다. 그런데 프랑스의 점유개념은 사비니의 견해인 점유에 대한 주관적 관점에 접근한 것으로 평가된다. 프랑스민법전이 시효취득에 관하여 규정하면서, 점유는 소유자만이 가능한 '물건 또는 권리를 소지하거나 향유하는 것(프랑스민법전 제2228조)'이라고 하여, 임차인, 소작인 또는 단순한 수탁자는 타인을 위한 점유를 하는 까닭에 프랑스법상의 점유자가 아니라고 한다. 즉 소유자나 그 밖의 용익권자, 지역권자만이 할 수 있는 물건 또는 권리에 대한 소지 및 배타적 사용·수익이 점유라고 하는 것이다. 따라서 이러한 주관적 요건이 없는 경우에는 타인을 위한 소지를 할 뿐이다. 이는 점유는 객관적 요건과 주관적 요건을 모두 요한다는 사비니가 주창한 점유에 관한 견해에 따른 것이다(G. Marty et P. Raynaud, *op. cit.*, n°14-15 *supra* note 221; M. Planiol et G. Ripert, *op. cit.*, n°143 et n°146; Ph. Malaurie et L. Aynès, *op. cit.*, n°501; J.-L. Bergel, M. Bruschi et S. Cimamonti, *Traité de droit civil, Les biens*, L.G.D.J. *lextenso éditions*, 2010, n°122-125 et n°131-137, n°140; H., L. et J. Mazeaud et F. Chabas, *op. cit.*, n°1409-1410 et n°1418-1432 *supra* note 221).

점유에 해당한다고 보는 것으로 이해된다. 그러나 소유권유보에 관한 민
법전의 조문을 살펴보면 제2369조에서 채무자가 '소지하는(détenus)' 동
일한 성질·동일한 특성의 물건에 대하여 유체물의 소유권유보가 행해질
수 있다고 하는 것이나, 상법전 제L.624-16조 제2항에서 유체물에 대한
소유권유보로 인한 목적물에 대한 반환청구권은 동질·동량의 물건이 채
무자 또는 그의 계산으로 소지하는 모든 자의 수중에 있는 경우에 마찬
가지로 행사될 수 있다고 함으로써, 법문상 '소지'라는 용어를 사용한다.
'소지(détention)'는 로마법에서 유래한 것으로 물건의 사실상 지배라는 점
에서는 점유와 일치하나, 제3자의 개입을 배척하고 소유의 의사로써 목
적물을 보유하려는 주관적 의사가 없다는 점에서 점유와 법적성질을 달
리한다.[384] 즉 프랑스 법에서의 소지라는 개념은 점유의 주관적 요건, 즉
소유의 의사가 없어 점유에 해당하지는 않지만 물건을 가지고 있는 경우
에 사용된다. 따라서 위에서 말한 프랑스민법전과 상법전 상의 조문에서
는, 소유권유보의 경우에는 적어도 채무자인 매수인이 이를 프랑스법상
점유하는 것은 아니라고 하는 것이 입법자의 의도라고 이해된다.[385]

한편, 프랑스법상 소유권유보부 매매의 매수인은 소유자가 아니기 때
문에, 매수인이 매도인에게 변제하기 위하여 목적물을 전매한 경우에도,

---

384) 현승종·조규창, 전게서(주 6), 501면; 프랑스법상 '소지'는 사용이나 점거
(exploitation ou occupation)라는 개념으로서 현대적 의미의 재산으로서의 의미
를 가지며, 외관과 자주 결합되어 사용된다. 점유의 요건 중 주관적 요소가
결여된 것을 말하며, 이러한 소유의 의사 없이 타인을 위하여 점유하는 자
를 일시적 소지자(détendeur précaire)라고 한다(프랑스민법전 제2266조, 개정 전
제2236조). 소지는 점유와 달리 취득시효를 진행시키지 않는다. G. Marty et P.
Raynaud, *op. cit.*, n°13 *supra* note 221; Ph. Malaurie et L. Aynès, *op. cit.*, n°501;
H., L. et J. Mazeaud et F. Chabas, *op. cit.*, n°1410-1411 *supra* note 221; J.-L. Bergel,
M. Bruschi et S. Cimamonti, *op. cit.*, n°140.
385) 그러나 우리법상 점유는 앞서 말한 바와 같이 소유의 의사를 요하지 않고 물
건에 대한 사실상 지배라는 객관적 요건만을 요구하므로, 프랑스의 소유권유
보부 매매의 매수인은 우리법상의 점유를 하고 있는 것으로 이해할 수 있다.

채무자인 매수인의 매수인, 즉 전득자의 채무불이행 시에 자신이 소유권
에 기한 반환청구권을 행사하는 것이 허용되지 않는다.[386]

나. 이행기의 효력

1) 우선변제효의 부재(不在)

담보로서 유보된 소유권은 2006년 3월 23일 오르도낭스에 의해 승인된
프랑스법 상의 담보권(sûreté)이다. 이것이 다른 담보권과 어떠한 차이가
있는가? 이는 소유권유보제도가 소유권을 담보로 파악하는 소유권담보제도
라는 점에서 이 때의 유보소유권은 우선변제권(droit de préférence)이 있는
담보권과는 다르다는 점을 주목하여야 한다.[387] 원칙적으로 물적 담보는
채권에 부종하여 채권자에게 부여된 재산에 대한 권리에 존속한다. 이
권리는 담보로 제공되는 물건의 가액에 대하여 우선적 권리, 즉 우선변제효가
있다.[388] 프랑스의 학설들은 주된 물권인 소유권에 대비하여 물적 담보를
우선적 권리가 부여된 담보라고 하고, 여기에 일반우선특권(privilèges
généraux), 질권(gage), 권리질권(nantissement), 동산우선특권(privilèges mobiliers)
과 같은 동산담보, 그리고 저당권(hypothèque conventionnelle), 법정 또는 재판상
부동산 담보(sûretés immobilières légales et judiciaires)와 같은 부동산담보가
있다고 한다. 그러나 유보소유권은 이와 같이 우선변제효가 있는 일반적인
물적 담보에 해당하지 않는다.[389] 2006년에 단행된 민법전의 개정 전에는

---

386) P. Ancel, *op. cit.*, n°481.

387) P. Ancel, *op. cit.*, n°467.

388) 이러한 우선변제효는 채무자의 재산을 담보(garantie)로 허용할 수 있는 추급
권과 결합하여 담보권(sûreté)에 진정한 물적 담보로서의 특권을 부여하는 역
할을 한다(G. Marty et P. Raynaud, *op. cit.*, n°8 *supra* note 145).

389) L. Aynès et P. Crocq, *op. cit.*, p.5-6 et p.255 *supra* note 150; M. Bourassin, V.
Brémond et M.-N. Jobard-Bachellier, *op. cit.*, p.Ⅵ도 우선변제에 의한 담보와 그
렇지 않은 담보를 구분하며, 유보소유권은 우선변제에 의하지 않는 권리라고
한다.

소유권유보제도는 단순한 채권의 담보(garantie)일 뿐, 그로 인한 유보소유권
이 담보권(sûreté)으로 해석되는 것은 아니었다. 전통적인 해석상 담보권에는
우선변제효가 있는 것이 원칙이기 때문이었다.[390]

그러나 2006년 민법전의 개정으로 입법자가 담보로서의 소유권을 담
보권의 하나로 승인함으로써, 현행법상 물적 담보에는 우선변제효가 없
는 단순한 배타적 효력만을 가지는 물적 담보가 탄생하게 되었다. 여전
히 유보소유권은 일반적인 담보권이 가지는 우선변제효와 거리가 있다.
이는 프랑스에서 담보권으로서의 유보소유권이 질권과 저당권과 같은
일반적인 환가담보가 아님을 의미한다.

2) 배타적 효력

유보소유권은 물적 담보로서 배타적 효력을 가지는 권리(droit d'exclusion)
이다.[391] 원래 채권자들로부터 목적물을 분리시키는 것은 소유자로서의 권
리로, 유보소유권이 담보권으로 이용되는 경우 이 효력을 가지고 물건을
반환청구할 수 있는 것이었다.[392] 이는 우리 민법 상의 소유권에 기한 반환청
구권에 해당하는 것이다.

그러나 이 배타성에 기한 반환청구권이 현행 민법전상 소유권에 기
한 반환청구권인지 문제된다. 상법전에서는 반환청구권(revendication)을
행사할 수 있다고 하나(프랑스상법전 제L.624-16조 제2항), 민법전에서는
단지 원상회복에 기한 반환, 즉 급부반환(restitution)을 청구할 수 있다고

---

390) 프랑스에서 전통적으로 물적 권리를 나누는 방법에 관하여는 전술한 이 책
제3장 제3절 I. 3. 다 참조.

391) P. Crocq, op. cit., n°303 supra note 44.

392) J. Mestre, E. Putman et M. Billiau, Traité de droit civil, Droit commun sûretés
réelles théorie générale, LGDJ, 1996, n°31-35.

하였기 때문이다(프랑스민법전 제2371조 제1항). 2016년 채권법에 관한 프랑스민법전이 개정되기 전까지 급부반환청구권(restitution)은 부당이득에 대한 일반규정이 존재하지 않았던 프랑스에서 계약의 무효 또는 해제된 경우에 반환청구를 행사하는 수단이었다. 프랑스에서 점유 없이 물건을 소지만 하고 있는 소지자의 경우, 예를 들어 임차인, 임치인, 용익권자 등은 물건의 소유자에게 급부반환할 의무가 있는 것으로 보기도 한다. 프랑스에서는 종래부터 소유권유보부 매매의 반환청구를 함에 있어서 원칙적으로 해제를 전제로 하지 않고,393) 따라서 매매계약의 해제가 별도로 선언될 때까지 매도인은 매매계약상 의무를 부담하는 구성을 취하고 있음에도 불구하고,394) 프랑스민법전 제2371조가 목적물의 처분권을 회복하기 위하여 매도인은 급부반환할 수 있다고 규정하였다. 그 이유는 무엇일까? 이에 관하여 직접적으로 언급한 문헌을 찾을 수는 없었으나, 다음과 같이 추측할 수 있을 것이다. 프랑스에서 도산절차상 수명법관이 소유권에 기한 반환청구권(revendication)을 승인하는 것은 일종에 이행 중인 계약의 유지를 포기하는 것과 같은 효력을 낳게 되고, 이는 결과적으로 매매계약을 해제하는 것과 같은 것이어서,395) 원칙적으로 소유권유보는 매수인의 채무불이행시 목적물의 소유권에 기한 반환청구권을 행사할 수 있다는 점에서 소유권의 배타성에 근거한 성격을 가지면서도, 동시에 그것이 결과적으로 매매계약의 해제에 기한 급부반환의 성격도 함께 가지게 된다는 것이다. 따라서 이 반환청구권에는 청산적 효력이 인정된다. 원칙적으로 소유권에 기한 반환청구권은 청산이 필요가 없는 완전한 반환이어야 하나, 담보권으로서의 소유권유보의 실행으로서의 반환청구권에 청산효를 인정하기 위해서는 급부반환이라고 해야

---

393) Cass. Com., 1 oct., 1985, n°84-12015, Cass. Com., 5 mars, n°93-12828, Cass. Com., 23 janv., 2001, n°97-21660.

394) *Juris-classeur civil Art. 2367 à 2372*, n°149 *supra* note 54.

395) *Juris-classeur civil Art. 2367 à 2372*, n°147 *supra* note 54.

하는 것이다.396)

3) 청산적 효력

위에서 논한 바와 같이, 소유권담보로서의 유보소유권은 목적물을 반환받은 후 이를 청산하여야 한다는 점에서 청산절차를 밟아야 한다는 특징이 있다. 즉 이행기에 채무의 완제가 없는 경우, 채권자는 물건에 관한 처분권을 회복하기 위하여 물건의 반환을 청구할 수 있고(프랑스민법전 제2371조 제1항), 반환받은 물건의 매매대금은 변제로 담보된 채권의 잔액에 관하여 충당되고(프랑스민법전 제2371조 제2항), 회복된 물건의 가치가 여전히 청구가 가능한 채무액을 초과하는 경우에, 채권자는 채무자에게 그 차액과 동일한 가액에 대한 책임이 있다(프랑스민법전 제2371조 제3항).397) 이는 소유권이 담보로 실행될 때, 그 물건이 담보로

---

396) 소유권에 기한 반환청구권은 소유권에 기한 소유물의 반환을 목적으로 하는 것이고, 원상회복에 기한 반환청구권은 프랑스법상의 부당이득에 기한 급부반환에 기한 것이다. 우리법에서는 계약이 무효가 되거나 취소 시 당해 계약에 기해 행해진 급부는 민법 제213조에 기한 소유물반환청구권과 민법 제741조에 기한 급부반환청구권에 기해 반환되는 것이고, 이는 경합하여 인정되며, 그 조정에 관하여는 민법 제201조에서 제203조에 기한다는 것이 통설이다(이에 관하여는 김형석, "점유자와 회복자의 법률관계와 부당이득의 경합", 서울대학교 법학 제49권 제1호, 2008, 249면 이하 참조). 프랑스에서는 기존에 소유권에 기한 반환청구권(revendication)과 원상회복에 기한 반환청구권으로서의 급부반환청구권(restitution)에 관한 일반규정이 존재하지 않고, 개별규정에 흩어져 인정되고 있었다. 이 중 급부반환에 관하여는 2016년 오르도낭스에 의한 프랑스민법전(채권법)의 개정으로 일반규정이 신설되었다(개정 프랑스민법전 제1352조부터 제1352-9조까지, 이에 관하여는 이은희, "개정 프랑스민법전상 급부반환", 법학연구, 제28권 제1호, 2017, 35면 이하 참조, 남효순, "개정 프랑스민법전(채권법)상의 비채변제와 협의의 부당이득", 저스티스 제164호, 2018, 5면 이하 참조).

397) 그런데 프랑스민법전 제2371조 제1항에서 "매도인이 처분권을 회복하기 위하여"라고 표현하고 있으나, 민법전 개정 전부터 그 해석상 매매목적물의 처분권한이 매수인에게 있는 것은 아니었다. 즉 소유권유보약정이 존재하는 것

제공된 가치에 대해서만 실행되기 때문이다. 이와 같은 내용은 담보물의 가치가 피담보채권의 가액을 초과하는 경우에는 담보의 실행 시 담보권자인 채권자에게 목적물이 과잉담보되는 결과가 되어 부당하므로, 별도로 민법상 청산절차를 규정하여 유질계약이 실행된 것과 같은 부당한 결과를 막기 위한 것이다.

2. 소유권유보의 특징

가. 부종성

담보로서 유보된 소유권, 즉 유보소유권은 피담보채권에 종된 권리이다. 이를 프랑스에서는 소유권유보가 부종성을 가진다고 표현한다. 프랑스에서 종된 권리(accessoire)라는 것은 그 권리에 피담보채권에 대한 부종성이 있음을 의미한다. 이는 종래부터 어느 하나가 다른 하나와 완전히 합체되지는 않으나 그 이용에 영향을 받으며 덧붙여지는 두 요소 사이의 관계를 의미한다고 설명되어왔다.[398] 이에 대해서 학설은 소유권유보가 매도인의 매매대금채권에 덧붙여지는 것은 아니더라도, 그로 인하여 매매계약의 양태를 추가한다는 것을 고려한다면 이는 종된 권리가 될 수 있다고 하였다.[399] 파기원도 소유권유보약정을 매도인의 상황을 개선하기 위해 매매계약에 부가되는 보충적인 요소로 간주했고, 소유권유보약정을 "매매대금채권에 부가되면서 변제를 담보하기 위한 배타적인 활용을 목적으로 하는 …… 이익이자 종된 권리의 하나(un des avantages

---

자체가 원칙적으로 매수인에게 물건의 처분권한을 부여하는 것을 금지하는 것이라는 것이다(J. Huet, *op. cit.*, n°11213).

398) *Juris-classeur civil Art. 2367 à 2372*, n°44 *supra note* 54.

399) J. Ghestin, *op. cit.*, p. 1; A. Ghozi, 《Nature juridique et transmissibilité de la clause de réserve de propriété》: *D. 1986. chron.* p.317; D. Legeais, *op. cit.*, n°747 *supra note* 207.

et accessoires)"로 보았다.[400] 이러한 판례의 판시는 민법전에서 그와 같이
유보된 소유권은 변제를 담보하는 채권의 종된 권리라고 규정되면서 확
인되었다(프랑스민법전 제2367조 제2항). 그 결과 유보소유권은 매도인
의 채권과 함께 수반되는 이전가능성을 가지게 됨으로써 담보권으로서
의 유통성을 확보하게 되었다.[401]

이와 같이 민법전 개정 전부터 소유권유보에는 부종성이 인정되었다.
그러나 이러한 소유권유보의 부종성은 소위 불완전한 것으로 여겨진
다.[402] 소유권유보가 완전한 부종성을 띠는 것이라면 피담보채권이 매
매대금채권에 한하지 않을 것이나, 2006년 오르도낭스를 통한 민법전 제
2367조 제1항은 매매대금채권의 변제만을 담보하는 것으로 하여 피담보
채권을 제한하고 있기 때문이다. 이는 특히 프랑스와 독일 사이의 소유
권유보에 관한 중요한 차이를 나타내는 것이다.[403]

나. 이전가능성(또는 수반성)

소유권유보의 이전가능성은 피담보채권의 양도 시에 이에 수반하여
유보소유권이 담보권(sûreté)으로서 함께 이전하는지의 문제이다. 유보소
유권이 담보권인지 여부에 대한 문제의 본질은 전득자에 대하여 매도인
의 대금채권이 양도되는 경우 소유권도 함께 이전되는지 여부에 따른
것이다.[404] 기존의 많은 판결들이 이를 부종성에 근거한 것으로 인정하
였고, 개정 프랑스민법전 제2367조 제2항이 이를 승인하였다.[405] 이는 소

---

400) Cass. Com., 15 mars 1988: *RTD civ.* 1988, 791.
401) *Juris-classeur civil Art. 2367 à 2372*, n°48 *supra* note 54; C. Albiges et M. Dumont
    -Lefrand, *op. cit.*, n°673.
402) *Juris-classeur civil Art. 2367 à 2372*, n°46 *supra* note 54.
403) 이에 관하여는 이 책 제4장 제3절 II. 참조.
404) D. Voinot, *op. cit.*, n°100.

유권유보의 실현에 관한 이 책 제3장 제4절 V에서 상술한다.

다. 불가분성

유보소유권은 담보로서의 소유권으로 불가분성을 가진다. 이는 특히 담보실행의 효력으로서의 소유권에 기한 반환청구권의 불가분성으로 나타난다. 반환청구의 불가분성은 반환청구권이 소유권에 기한 것이기 때문에 성질상 당연한 것으로, 채권자가 대금의 일부라도 매도인이 채권자로 남아있는 한 상품 전체를 실행할 수 있는 것을 의미한다. 판례도 대위권자에 의하여 매매대금의 일부만이 변제된 경우에도 소유권유보부로 매각된 두 대의 계쟁 자동차의 반환을 명령한 항소심이 정당하다고 판시하였다.[406] 이는 어떤 특정한 물건에 관한 반환의무는 부분적으로 이행될 수 없기 때문에 당연한 것이었다고 한다.[407]

라. 물상대위성

프랑스에서도 물적 담보에 물상대위가 인정되는데, 이는 소유권유보에도 동일하다. 파기원은 프랑스민법전 개정 전부터 도산절차에서 전매대금에 대하여 소유권유보약정으로 인한 대항력을 인정하였다.[408] 이를 통하여 처분권한을 부여받은 매수인의 권리가 실무상 보호된다는 점에서 이러한 판례는 정당한 것으로 해석되었다.[409] 위와 같이 실무상 전매대금과 보험금에 대한 대위가 인정되어 왔다는 점을 들어 견해에 따라서는 2006년의 민법전 개정 전부터 소유권유보약정으로 유보된 소유권

---

405) M. Cabrillac, Ch. Mouly, S. Cabrillac et Ph. Pétal, *op. cit.*, n°836.

406) Cass. Com., 15 mars 1988, n°85-18.623.

407) L. Aynès et P. Crocq, *op. cit.*, n°804 *supra* note 150.

408) Cass. Com., 15 mars 1988, n°85-18.623 et n°86-13.687.

409) M. Bandrac, 《Nature juridique de la propriété réservée》, *RTD Civ.* 1990, p.121 참조.

은 이미 담보권(sûreté)이었다고 하기도 한다.[410] 이 태도는 상법전 제
L.624-18조를 거쳐 개정민법전에서도 인정되었다. 즉 프랑스민법전 제
2372조는 전득자에 대한 채무자의 채권 또는 물건을 대신하는 보험금 위
에 존속한다고 규정한 것이다. 이는 소유권유보의 경우에도 물상대위성
이 인정된다는 것을 의미하는 것이다. 이에 관하여 파기원은 전득자가
자신의 매도인인 원매수인과의 관계에 내재하는 동시이행의 항변이나
해제와 같은 항변으로 원매도인에게 대항할 수 없다고 판시하였다.[411]
이 판결에 대하여는 물적 담보로서의 효력과 채무에 내재된 항변 개념
을 무시한 것으로, 매수인은 그의 계약상의 관계에서 원매도인과의 관계
에 내재하는 항변을 매도인에게 대항할 수 있어야 한다는 비판도 제기
된다.[412]

---

410) J. Mestre, E. Putman et M. Billiau, *op. cit.*, n°26.

411) 사안은 전매에 기한 동시이행항변권을 가지고 있는 전득자가 원매수인이 도
산절차에 빠진 경우 매매대금에 대한 매도인의 소유권에 기한 반환청구권의
행사에 대항할 수 있는지에 관한 것이었다. 파기원은 이 경우 전득자는 원매
도인에게 그의 매도인(원매수인)에 대한 대항할 수 있는 사유(동시이행항변
권)를 이유로 매도인의 소유권유보에 기한 반환청구권의 행사에 대항할 수
없다고 하였다(Cass. Com., 5 juin 2007, n°05-21.349). 파기원은 그 후에 전득자
가 전매계약에 대한 해제권을 가지고 있는 사안에서도 그 태도를 유지하여
매도인의 소유권에 기한 반환청구권의 행사에 대항할 수 없다고 판시하였다
(Cass. Com., 18 janv. 2011, *D.* 2011, AJ.368; P. Danos, 《Exceptions inhéntes à la
dette et subrogation réelle sur la créance de prix de revente》, *JCP E* 2011, 1366;
P. Crocq, 《Réserve de propriété: subrogation et inopposabilité d'une exception
d'inexécution par le sous-acquéreur》, *RTD civ.* 2011. 378).

412) P. Danos, *op. cit.*, p.1366s 참조.

V. 소유권유보의 실현

1. 서설

그렇다면 소유권유보는 어떻게 실현되는가? 프랑스에서 소유권유보를 실현하는 대표적인 방법에는 두 가지가 있다. 하나는 소유권에 기한 반환청구권을 이용한 담보권의 실행방법이고, 둘째는 소유권유보약정을 제3자에게 이전하여 이를 유통하는 실현방법이다.[413]

2. 담보권 행사로서의 소유권에 기한 반환청구권

가. 물건의 반환

소유권에 기한 반환청구의 소(action en revendication)는 자신의 물건임을 알고 이를 반환받고자 하는 소유자에게 허용된다. 따라서 이 물건이 제3자에게 전매된 경우 소유자는 이를 직접 반환받지 못하고, 전매대금만을 반환받을 수 있다.[414] 2006년에 행해진 프랑스민법전의 개정 이래로 소유권유보부 매매의 매도인이 목적물을 소유권에 기하여 반환받는 것은 매수인이 도산절차가 개시되는지 여부와 관계없이 가능해졌다(프랑스민법전 제2371조 제1항).

1) 민사집행절차

가) 집행법 일반

채무자인 매수인이 변제기에 대금을 변제하지 못한 경우 민사집행절

---

413) D. Voinot, *op. cit.*, n°52.
414) D. Voinot, *op. cit.*, n°53; L. Aynès et P. Crocq, *op. cit.*, n°802 *supra* note 150.

차가 개시될 수 있다.[415] 집행법상의 절차를 통하여 담보목적물을 확보하고 그에 따라 담보가 실현되기 때에 집행법은 담보법을 완성시키는 역할을 한다.[416] 그러나 이러한 민사집행절차에 들어가더라도 매수인에 대해 도산절차가 진행될 위험이 없어지는 것은 아니다.[417] 따라서 양 절차가 경합하는 경우도 종종 일어나는데 이때에는 민사집행절차가 아니라 도산절차가 진행된다. 파기원은 수명법관이 상법전 제L.621-115조상의 도산절차를 개시한 경우에는 원고가 별도의 민사집행절차를 청구할수 없다고 판시하였다.[418]

나) 반환목적압류(saisie-revendication)

채권자인 매도인은 유체동산의 집행을 위하여 반환목적압류(saisie-revendication)와 파악목적압류(saisie-appréhension)라는 절차를 두 가지 절차 중 하나를 선택할 수 있다. 반환목적압류는 유체동산의 인도 또는 반환을 청구하려는 모든 자가 그 회복을 기다리면서 물건을 사용할 수 없게 하는 절차를 말한다(민사집행법전 제L.222-2조 및 제R.222-17조부터 제R.222-25조까지).[419] 이 절차를 통하여 매수인에게 인도된 물건을 매수인이 사용하지 못하게 함으로써 소유자의 반환청구의 실효성이 보장될 수 있다.[420] 반환목적압류의 실행은 매도인이 소유권에 기한 반환청구권을

---

415) 프랑스의 강제집행에 관한 규율은 민사집행법전(Code des procédures civiles d'exécution)이 제정되기 전에는 민사소송법전의 제1편 제5장에 규정되어 있었다가 2011년 12월 19일 오르도낭스 제2011-1895호 및 2012년 5월 30일 데크레 제2012-783호에 의하여 2012년 6월 1일에서야 별도의 단행법전으로 완성되었다(Ch. Lefort, 《Saisie-revendication》, Rép. pr. civ., n°3).

416) R. Perrot et Ph. Thery, Procédures civiles d'exécution, 3ᵉ éd., Dalloz, 2013, n°4.

417) D. Voinot, op. cit., n°57.

418) Cass. Com., 24 mars 2004, n°01-11.307, D. Voinot, op. cit., n°61.

419) Cl. Brenner, Procédures civiles d'exécution, 8ᵉ éd., Dalloz, 2015, n°129; R. Perrot et Ph. Thery, op. cit., n°1220.

420) Ch. Lefort, op. cit., n°64.

행사하기 위해 필수적이다.⁴²¹⁾ 이를 통해 목적물을 확보한 매도인은 목적물에 대하여 소유권에 기한 반환청구권을 행사한다.

다) 파악목적압류(saisie-appréhension)

파악(把握)목적압류⁴²²⁾는 매각목적압류(saisie-vente)와 함께 목적물의 인도 또는 급부반환청구권을 집행을 위하여 채무자의 물건을 압류하는 강제집행방법의 하나이다(민사집행법전 제L.222-1조 및 제R.222-1조부터 제R.222-16조까지). 목적물의 인도 또는 급부반환채권을 가지는 채권자는 파악목적압류를 통하여 목적물을 확보할 수 있다.⁴²³⁾ 이 압류는 담보권을 집행권원으로 하지 않는다. 다만, 그 집행권원으로 목적물의 인도채권 또는 급부반환청구권이 있어야 한다. 원칙적으로 이 제도는 소유권유보부 목적물의 반환을 위하여 고안된 것은 아니다.⁴²⁴⁾ 그러나 소유자는 강제집행의 방법으로 소유권유보부 목적물에 대하여 급부반환을 청구할 수 있고, 이 급부반환을 위한 사전절차로써 소유자는 목적물을 인도받은 매수인이 당해 물건을 사용할 수 없도록 파악목적압류를 청구하는 것이다.⁴²⁵⁾ 앞에서 설명한 반환목적압류를 신청한 소유자가 이를 파악목적압류의 방법으로 변경하여 강제집행을 진행할 수도 있다.⁴²⁶⁾

그런데 이 집행절차는 회생절차 또는 파산절차(구제절차는 제외됨)가 개시되고 그 의심기간 중에 행사된 경우에 의미가 있다. 반환목적의 압

---

421) D. Voinot, *op. cit.*, n°58.

422) 파악목적압류는 채무자에 대한 절차(민사집행법전 제R.222-2조부터 제R.222-6조까지)와 제3자에 대한 절차(민사집행법전 제R.222-7조부터 제R.222-10조까지)로 구분된다(민사집행법전 제R.222-1조). R. Bour, 《Saisie-appréhension》, *Rép. pr. civ.*, n°22.

423) Cl. Brenner, *op. cit.*, n°268.

424) R. Bour, *op. cit.*, n°6.

425) Décr. no 92-755 du 31 juill. 1992, art. 140 à 154.

426) D. Voinot, *op. cit.*, n°59.

류는 의심기간에 행해진 것을 이유로 상법전 제L.632-1조 제7호에 따라 무효가 되는 반면, 파악목적압류는 의심기간에 행사된 경우라도 여전히 유효한 것으로 남게 된다.[427] 따라서 소유권유보를 원인으로 매도인은 파악목적압류 절차를 진행할 수 있고, 이후에 매수인의 도산절차가 개시된다고 하더라도 프랑스 상법상 의심기간 동안에 무효화되는 행위에 해당하지 않아 매도인에게 있어서는 파악목적압류가 반환목적압류보다 더 유리하다.

2) 도산법상의 절차

가) 현행 도산절차 개관

이해를 돕고자 우선 현행 프랑스의 도산절차를 간략히 개관한다. 현행 프랑스의 도산절차(procédures collectives)는 상법전에서 규율된다(프랑스상법전 제6권 Des difficultés des entreprises, 제L.610-1조부터 제L.680-7조까지).[428] 현행 프랑스의 도산절차는 구제절차, 회생절차, 파산절차로 나뉜다.

구제절차(sauveguarde)는 우리 법에는 없는 도산절차로 회생과 파산에 들어가기 전단계의 절차이다. 구제절차(제2편)는 상행위와 수공업활동을 하는 모든 자, 농경활동을 하는 자 및 법령상의 지위 또는 보호받는 권원상의 지위에 구속되는 전문직(profession libérale)을 포함하여 독립적 직업활동을 하는 다른 모든 자연인 및 사법상의 모든 법인에게 적용될 수 있다(프랑스상법전 제L.620-2조 제1항). 구제절차는 채무자가 지급정지[429]에 이르기 전에 전술한 자들이 신청할 수 있는 제도이기 때문에 채

---

427) D. Voinot, *op. cit.*, n°62.

428) Loi n°2005-845 du 26 juillet 2005 - art. 1 (V) JORF 27 juillet 2005 en vigueur le 1er janvier 2006 sous réserve art. 190; D. Legeais, *op. cit.*, n°976s *supra* note 324.

무자에게 극복할 수 없는 어려움이 정당화되기만 하면 절차가 개시된다. 이 절차는 경제활동의 지속, 고용의 유지 및 채무조정을 통하여 기업의 구조조정을 촉진함을 목적으로 한다(프랑스상법전 제L.620-1조 제1항). 프랑스에서는 구제절차에 의해 채무자의 지급정지 전이라도 도산절차가 개시된다는 점에서, 프랑스의 도산절차는 우리법의 도산절차에 비하여 그 적용범위가 넓다. 구제절차가 개시되면 관찰기간이 개시된다. 관찰기간 동안 법원은 1인 또는 수인의 관리인을 선임하여 채무자를 종합적으로 또는 부분적으로 감독하거나 모든 경영행위 또는 그 중 특정한 행위에 대하여 채무자를 보좌하도록 한다(프랑스상법전 제L.622-1조 Ⅱ). 관찰기간 중 이행 중인 계약은 당연히 해지된다(프랑스상법전 제L.622-13조 Ⅲ). 다만, 소유권유보부 계약은 당연 해지되는 이행 중인 계약이 아니다.[430] 채무자는 관찰기간 동안 자신의 자산에 대하여 처분행위와 관리행위를 계속 수행한다(프랑스상법전 제L.622-3조). 이때 관리인은 채무자의 협력을 얻거나 감정인의 조력을 얻어 회사의 대차대조표를 작성하고(프랑스상법전 제L.623-1조 이하), 법원은 일정한 기간 동안 재판상 수임인에게 채무자를 관찰할 것을 요청한 후, 변제를 인용, 거절 및 연기할 채권의 목록을 작성하도록 함으로써 채무자의 책임재산을 확정한다(프랑스상법전 제L.624-1조 이하). 이때 구제절차의 개시가 결정되고 3월내에 동산에 대하여 동산의 소유자에 의한 소유권에 기한 반환청구를 제기할 수 있다(프랑스상법전 제L.624-9조). 한편, 채무자는 관리인이 작성한 대차대조표를 참고하여 구제계획을 제안하고, 제안된 계획안을 통하여 회생가능성이 전망된다(프랑스상법전 제L.626-2조). 채무자, 관리인, 재판상 수임인, 조사관[431] 및 채권자대표 또는 채권자대표가 부재한 경

---

429) 지급정지는 처분가능한 적극재산으로 청구가능한 소극재산을 변제하기 불가능한 상태를 말한다(프랑스상법전 제L.631-1조 제1항 참조).
430) F. Pérochon, *op. cit.*, n°703, note 374 *supra* note 369.
431) 조사관(contrôleur)은 수명법관에 의해 선임되는 자로 채권자의 채권총액과 담

우 그 대행의 의견을 듣거나 그들을 정식으로 소환한 후, 법원은 구제계
획의 정지 또는 이행을 결정한다(프랑스상법전 제L.626-9조). 최근 2014년
3월 12일 오르도낭스로 신속구제절차(SAX, accélérées de la sauvegarde)가
신설되었다(프랑스상법전 제L.628-1조 및 제D.628-3조).[432] 이 제도는 법
이 명시하고 있지는 않지만, 법인의 신속한 사전구제를 목적으로 한 것
이다.[433] 이 제도는 2010년 10월 22일 법률 제2010-1249호[434]에 의해 미국
의 사전구조조정계획안(prepackage plans) 절차를 본 따 만든 금융지주회
사에 대한 신속구제절차(SFA, sauvegarde financière accélérée)를 금융지주
회사 이외의 채무자의 구제로 일반화시킨 것이다.[435] 이러한 신속구제
절차는 SFA와 같이 화해에 의한 조정절차[436]을 통하여 의무를 부담키로
한 채무자의 청구에 의하여 개시되는 것이어서(프랑스상법전 제L.628-1
조), 그 절차를 밟은 채권자에 한하여 효력이 있다(프랑스상법전 제
L.628-6조).[437]

보권자의 담보권을 조사하는 역할을 한다. 통상 수명법관이 채권자 중에서 5
인을 조사관으로 선임한다(F. Pérochon, *op. cit.*, n°501 *supra* note 369).

432) Ordonnance n°2014-1088 du 26 septembre 2014 - art. 3.

433) F. Pérochon, *op. cit.*, n°331 *supra* note 369.

434) Loi n°2010-1249 du 22 octobre 2010 de régulation bancaire et financière.

435) F. Pérochon, *op. cit.*, n°34 *supra* note 369.

436) SFA절차에 관하여는 채무자는 화해에 의한 정리절차에 참여한 각 채권자의
채권의 목록을 작성하여야 한다(제L.622-24조)라고 함으로써 화해에 의한 조
정절차를 전제한다. 화해에 의한 조정절차(conciliation)란 도산절차가 개시되
기 전 예비단계로서 법원의 감독 하에서 채무자와 주요 채권자의 채무를 조
정하는 절차를 말하며, 채무자의 도산절차로의 편입을 방지하고 채무자의 재
정상황을 정상화하기 위한 것이다(프랑스상법전 제L.611-1조 이하).

437) 이 제도는 우리 도산법에서 한시적으로 인정되고 있는「기업구조조정촉진법」
상의 금융채권자의 다수결에 의한 워크아웃제도에 해당한다. 이에 관하여는
한민, "기업구조조정촉진법의 재입법과 개선과제", BFL 제91호, 2018, 93면 이
하 참조.

반면, 회생절차 및 파산절차는 우리 도산법상의 회생절차와 거의 유사하다.[438] 법문상 회생이 파산에 우선한다는 점에서 프랑스의 도산법상 파산보다 회사의 재건, 즉 회생을 우선으로 하는 특징을 가진다. 회생절차(redressement judiciaire, 제3편)는 지급정지가 있을 때로부터 45일 이내에 별도의 화해에 의한 조정절차가 개시되지 않은 경우에 채무자가 청구하여야 개시된다(프랑스상법전 제L.631-1조 제1항, 제L.631-2조 및 제L.631-4조). 회생절차에서 법원은 지급정지의 상행위 등을 하는 자연인 및 회사가 영업활동을 계속하고, 고용을 유지한 상태에서 채무조정을 함으로써 회생가능성 여부를 판단한다(프랑스상법전 제L.631-1조 제1항 및 제2항). 법원은 회생계획안을 채택할 수 있으나(프랑스상법전 제L.631-19-1조), 그 채택이 강제적인 것은 아니다. 회생계획의 이행 중 채무자의 지급정지가 확인되었을 때 법원은 법무부장관의 의견을 얻어 회생계획을 정지 및 해제하고, 파산절차를 개시한다(프랑스상법전 제L.631-20-1조).

파산절차(liquidation judiciaire)는 회생가능성이 없는 채무자에 대하여 마련된 청산절차이다. 이 절차는 지급정지에 빠진 도산절차 개시를 청구할 수 있는 모든 채무자의 청구로 회생이 명백히 불가능한 경우에 개시된다(프랑스상법전 제640-1조 이하). 파산절차로 상인으로서의 기업은 해산되고 그의 재산은 환가절차를 거쳐 채권자에게 변제된다.

그런데 이러한 프랑스의 도산절차는 원칙적으로 상인인 자연인 및 회사만을 대상으로 하는 것이었다. 이는 우리 채무자 회생 및 파산에 관한 법률에서 그 주체를 상인으로 한정하지 않는 것과 다르다(채무자 회생 및 파산에 관한 법률 제1조). 다만, 개인파산의 필요성의 증대로 인하여 현재 프랑스에서도 이를 규율하는 단행법인 개인파산에 관한 법률이

제정되어 사인에 대한 도산절차도 동법에 따라 인정된다.[439] 또한 일종
의 개인파산절차인 회복절차(RPro, rétablissement professionnel)가 신속구
제절차와 함께 2014년에 상법전에 도입되었다.[440] 이는 채무자의 재기를
목적으로 유럽위원회가 적극 권장한 제도로 자연인인 채무자가 적극재
산의 청산 없이 소극재산을 해소하는 절차이다.[441] 회복절차는 지급정
지 및 회생불능인 상인인 자연인으로서의 채무자의 청구로 도산절차상
의 다른 절차가 개시되지 않았을 때에 개시될 수 있다(프랑스상법전 제
L.645-1조 제1항). 이때 회복절차의 대상이 되는 채무자의 재산은 개인재
산을 제외한 영업활동을 위한 재산만을 의미한다(프랑스상법전 제L.645-1
조 제1항 및 제L.526-6조). 회복절차로 채무자는 영업활동을 위한 재산의
채무를 조정하고 재기를 도모할 수 있게 되었다.

이와 같은 도산절차 중 동산소유자의 소유권에 기한 반환청구는 특
히 구제절차에서 그 의미가 있다. 프랑스는 우리법과 달리 구제절차가
다른 절차들에 대한 선행절차이며, 이 절차에 있어서 채무자의 책임재산
이 확정되기 때문이다. 채무자의 책임재산의 확정시 동산의 소유자는 소
유권에 기한 반환청구로서 이를 환취할 수 있고, 이때 소유권유보부 매
매의 매도인도 매매목적물에 대한 소유권에 기한 반환청구를 할 수 있
는 것이다(프랑스상법전 제L.624-16조). 그러나 신속구제절차(SAX)가 개
시될 때에는 동산에 대한 목적물의 반환청구절차가 명시적으로 배제되
므로(프랑스상법전 제L.628-1조 제1항), 동산매도인의 소유권에 기한 반
환청구 및 급부반환이 가능하지 않다.[442] 그런데 이에 대해서는 이 절차

439) Loi n°89-1010 du 31 décembre 1989 relative à la prévention et au règlement des
　　difficultés liées au surendettement des particuliers et des familles.
440) F. Pérochon, op. cit., n°38 supra note 369.
441) Ibid.
442) F. Pérochon, op. cit., n°1095 supra note 369.

는 화해에 의한 조정절차를 밟은 채권자에게만 효력이 있는 것이므로, 매도인이 그 조정절차를 밟지 않은 경우에는 여전히 소유권에 기한 반환청구를 할 수 있다는 반론이 있다.[443] 금융지주회사에 관한 특별구제절차인 SFA절차에서도 동산매도인의 소유권에 기한 반환청구 및 급부반환이 마찬가지로 배제된 채 구제절차가 이루어진다.[444]

나) 절차상의 요건

(1) 일반

프랑스법상의 도산절차인 구제절차, 회생절차, 파산절차가 개시되는 경우에 채무자 소지의 동산 소유자는 물건의 반환을 위하여 원칙적으로 소유권에 기한 반환청구의 소를 제기할 수 있다(상법전 제L.624-16조). 이것은 민사집행법전상의 반환목적의 압류와 구별되며, 대금채무의 불이행을 요건으로 하는 해제의 소와도 구별되고, 물건의 실질적 반환을 목적으로 하는 급부반환청구의 소와도 구별된다.[445] 소유권에 기한 반환청구의 소가 개시되기 위해서는 채무자인 매수인이 목적물을 소지하고, 다른 한편으로는 유보소유권을 가진 매도인이 매수인으로부터 대금을 지급받지 못한 경우일 것을 요한다.[446]

(2) 3월의 청구기간

소유권에 기한 반환청구는 도산절차 개시에 관한 결정이 공시된 때로부터 3월내에 행사될 수 있을 뿐이다(프랑스상법전 제L.624-9조). 기한의 제한이 있는 이유는 채무자 또는 도산절차상의 기관이 목적물을 환

---

443) Le Corre, *D.* 2014. 733, n°22.

444) F. Pérochon, *op. cit.*, n°1076 *supra* note 369.

445) D. Voinot, *op. cit.*, n°63.

446) D. Voinot, *op. cit.*, n°64.

가하는 것은 환가액을 채무를 변제하는데 사용하지 않는 한 필연적으로
소유자에게 손해를 주기 때문이었다.[447] 만약 기한을 지키지 않은 경우
에는 이를 지키지 않은 자에 대하여 불법행위에 기한 손해배상의 소가
개시될 수 있었다.[448] 이에 파기원은 관리인(adminstrateur),[449] 채권자대
표(représentant des créanciers),[450] 그리고 관재인(liquidateur)에 대하여[451]
손해배상청구를 인정한 바 있다. 그러나 관재인에게 기한을 지키지 못한
데에 과책이 있더라도 이로 인하여 전득자가 전매가액을 변제할 의무가
면책되지 않기 때문에, 전득자에게는 여전히 전매대금을 변제할 책임이
있다.[452] 다만, 절차 개시 전에 소유권에 기한 반환청구권을 행사하기로
한 경우에는 이 기간이 적용되지 않는다.[453] 그리고 3월의 청구기간을
준수하지 않은 경우에는 권리상실(forclusion) 상태가 되어, 유보소유권자
는 도산절차에서 소유권으로 대항할 수 없다.[454] 그 효력은 다음[455]에
언급하겠지만 실체적 효력이 아니라 절차법상의 효력일 뿐이다.

(3) 채권의 신고

별도의 반대규정이 없으면, 소유자는 소유권유보를 이용하기 위하여
채무자의 도산절차에서 반드시 그의 채권을 신고할 필요가 없다. 당해
절차가 2005년 7월 26일 제2005-845호 법률을 통하여 상법전에 편입되기
전부터, 파기원은 채권을 신고하는 것이 소유권유보부로 매각된 상품의
반환청구권의 요건이 아니라고 판단하였다. 그러나 이는 소유권유보의

---

447) Cass. Com., 26 nov. 2002, n°01-03.980.
448) D. Voinot, op. cit., n°65.
449) Cass. Com., 11 juill. 1995, n°93-10.385.
450) Cass. Com., 5 déc. 1995, n°93-21.339.
451) Cass. Com., 17 mars 1998, n°95-15.676.
452) Cass. Com., 11 mars 1997, n°94-20.069.
453) D. Voinot, op. cit., n°66.
454) D. Voinot, op. cit., n°68.
455) 이 책 제3장 제4절 V. 2. 가. 2) 나) (3) 참조.

부종성에 반한다는 문제가 있었다.[456) 전술한 바와 같이 유보소유권이 매매대금채권이라는 피담보채권에 종된 권리가 되고, 그러한 의미에서 소유권유보는 부종성을 지닌다.[457) 즉 유보소유권은 피담보채권인 매매대금채권이 소멸하면 함께 소멸해야 한다.[458) 그런데 채권의 신고가 소유권유보의 요건이 아니라면, 채권을 신고기한 내에 신고하지 않아 채권이 소멸하여 소유권유보가 소멸해야 함에도 불구하고 여전히 채무의 완제 시까지 매도인에게 물건의 소유권이 남아있는 결과가 되어 소유권유보의 부종성의 승인한 것과 반대되는 결과를 야기하였다.[459) 이러한 문제는 2005년 7월 26일 법률에 의한 상법전의 개정 시 채권에 대한 신고가 없어도 그 채권은 소멸하지 않고, 배당절차에 참가할 수 없을 뿐이라고 하여(프랑스상법전 제L.622-26조), 권리상실 상태가 되어도 부종성에 반하지 않도록 입법적으로 해결되었다.[460) 그 결과 실체법상으로 유보소유권은 계약의 이전적 효력을 저지하는 것으로 존속하더라도, 절차법상으로는 채권자가 도산절차상의 배당절차에서 배당을 받을 수 없는 것으로 해석되고 있다.[461)

(4) 합의단계와 재판상단계

매수인의 도산절차가 개시되면 기업이 구제절차에 들어간다. 이때 채무자의 책임재산을 특정하는 절차가 개시된다.[462) 이 경우 매도인은

---

456) D. Voinot, *op. cit.*, n°69.
457) 이 책 제3장 제4절 IV. 2. 가. 참조.
458) **"프랑스민법전 제2367조** ② 그와 같이 유보된 소유권은 그 변제를 담보하는 채권의 종된 권리이다." 이는 소유권유보의 부종성을 명시한 규정이다. *Juris-classeur civil Art. 2367 à 2372*, n°45 *supra* note 54.
459) *Juris-classeur civil Art. 2367 à 2372*, n°50 *supra* note 54.
460) D. Voinot, *op. cit.*, n°69.
461) *Juris-classeur civil Art. 2367 à 2372*, n°50 *supra* note 54.
462) TITRE II: De la sauvegarde, Chapitre IV: De la détermination du patrimoine du débiteur.

기한 내에 관리인에게, 관리인의 지정이 없으면 채무자에게 수령을 구하는 등기우편을 송달하는 방식으로 소유권에 기한 반환의 승인을 구한다(프랑스상법전 제R.624-13조 제1항).463) 상법전 제R.624-13조 제1항은 관리인의 지정이 없으면 채무자에게 이 권한을 부여하지만, 사실 관리인은 사전에 이에 관하여 합의해야 한다(프랑스상법전 제L.624-17조).464) 이러한 절차를 합의단계(phase amiable)라고 하며, 이는 재판상 단계(phase judiciaire)에 나아가기 위한 선결단계이다.465) 관리인의 승인이 없거나(프랑스상법전 제R.624-13조 제1항), 이의신청이 있는 경우(프랑스상법전 제R.624-13조 제2항)에는 청구인은 수명법관에게 소유권에 기한 반환청구의 신청서를 관리인에게 답변을 위해 부여된 기한이 만료된 시점부터 1월 내에 제출해야 한다.466) 이를 재판상 단계라고 한다.

다) 실체법상의 요건

(1) 물건이 현물로(en nature) 존재할 것

소유권에 기한 반환청구권은 물건이 채무자의 책임재산으로 현물로써 존재하는 경우에만 인정될 수 있다(프랑스상법전 제L.624-16조 제2항). 즉 채무자의 책임재산 하에 물건이 현재 존재해야 하며 채무자의 이름으로 제3자가 소지한 경우에도 같다.467) 이는 그 권원이 임치에 의한 것이든, 소유자의 계산으로 매각된 물건이든, 소유권유보 하에 매각된 상품이든지 관계없이 모두 적용된다.468) 현물로 존재한다는 것은 도산절차 개시가 결정된 날에 판단되는 것으로, 반환청구의 소가 실행된

---

463) D. Voinot, op. cit., n°72-73 참조.

464) D. Voinot, op. cit., n°73.

465) D. Voinot, op. cit., n°72 et 74.

466) Ph. Pétel, op. cit., n°341.

467) Cass. Com., 3 déc. 1996, Bull. civ. Ⅳ, n°301.

468) D. Voinot, op. cit., n°78.

날에 평가되는 것이 아니다.[469] 이는 도산 절차 개시 이후이지만, 소유권에 기한 반환청구의 소의 실행 이전에 가공이 행해진 경우에도 이를 인정하여 매도인을 보호하기 위한 것이다.[470] 반환청구된 재산의 동일성에 관한 증명책임은 반환청구자에게 있다는 것이 판례이다.[471] 물건이 이후에 제3자에게 교부, 가공 또는 부합 등으로 인하여 멸실되는 경우, 물건은 사실상 반환되지 못한다. 그러나 반환청구자는 물건의 가격 또는 그에 상응하는 채권을 가지게 될 것이고, 그 채권은 도산절차에서 우선적으로 보호받게 된다.[472]

(2) 부합되거나 가공되지 않을 것

반환되는 물건은 다른 물건에 부합되거나, 다른 물건에 가공되거나, 동일한 종류의 다른 물건에 혼화되어서는 안 된다.[473] 동산과 동산이 부합되는 경우에는 동산의 부합에 관한 프랑스민법전 제565조부터 제577조까지의 규정에 따른다. 서로 다른 두 소유자의 동산이 부합하는 경우에는 전적으로 자연적 형평의 원칙의 적용을 받아야 하고(프랑스민법전 제565조 제1항), 서로 다른 소유자에게 속한 두 개의 물건이 부합되었지만 한 물건이 다른 물건 없이 존재할 수 있을 정도로 두 물건이 분리될 수 있는 경우에는, 합성물은 주된 부분을 구성하는 물건의 소유자의 소유에 속하고, 그 합성물의 소유자는 지급일에 산정된 부합된 물건의 가액을 타인에게 변제할 책임이 있다(프랑스민법전 제566조).[474] 그러나 파기원은 도산절차에 있어서 많은 경우에 프랑스민법전상의 동산부합의

---

469) Cass. Com., 14 fév. 1984, D. 1985. IR.1, obs. Derrida.

470) *Juris-classeur civil Art. 2367 à 2372*, n°69 *supra* note 54.

471) Cass. Com., 11 juill. 2006, n°05-13.103.

472) Ph. Pétel, *op. cit.*, n°344.

473) Ph. Pétel, *op. cit.*, n°343.

474) F. Terré et Ph. Simler, *Droit civil, Les biens*, 8ᵉ éd., Dalloz, 2010, n°247; *Juris-classeur civil Art. 2367 à 2372*, n°76 *supra* note 54.

원칙을 존중하지 않고 자체적으로 판단하였다.[475] 이에 관한 대표적인 파기원의 판결은 소유권유보부 매매가 이루어진 선박의 모터가 선박에 부합되었는지에 관한 것이다. 이 판결에서 파기원은 선박의 모터가 선박 전체의 기능에 필수적인 물건이어서 이를 반환청구하는 것이 선박 전체의 가치를 하락시키더라도, 선박과 모터의 물리적인 분리가 가능하다는 점에서 소유권에 기한 반환청구권을 인정하였다.[476] 프랑스에서 동산부합에 관한 규정은 임의규정이므로, 당사자의 다른 합의가 있는 경우에는 그에 따른다.[477] 이때 소유권유보의 존재는 동산부합의 규율을 배제하려는 매도인과 매수인의 의사의 증거로서 정당화된다.[478]

부동산에 동산이 합체되어 부합된 경우의 문제도 있다. 상법전 제 L.624-16조 제3항은 동산의 분리가 손해 없이 이루어질 수 있는 경우에 다른 동산에 합체된 동산에 관한 것과 동일한 요건으로 현물의 반환청구가 실행될 수 있다고 한다. 즉 부동산에 산업적·상업적 기능을 충족시키기 위하여 고정되어 있지만 분리가 가능한 재산들은 반환될 수 있다.[479] 파기원의 한 판결은 건축물의 재료가 되는 물건이 부동산에 부합되어 본질적으로 부동산이 되는 경우에 물건의 매도인은 프랑스민법전 제551조부터 제564조까지에 따라 자신의 소유권을 상실하며 결과적으로 부동산 소유자에게 유리하게 된다고 판시하였다.[480] 그러나 48미터에 달

---

475) *Juris-classeur civil Art. 2367 à 2372*, n°77 *supra* note 54.

476) 당해 사안은 새 모터가 선박저당권의 대상이 될 수 있는지 문제와 결부된 것이었다. 판례는 모터는 부합되지 않으므로 선박저당권의 대상이 될 수 없다고 하였다. Cass. Com., 15 mars 1994, n°91-14.375, A. Martin-Serf, 《Clause de réserve de propriété. Hypothèque maritime sur le navire, Revendication du moteur du navire vendu avec réserve de propriété》, *RTD com.* 1994. 790.

477) G. Marty et P. Raynaud, *op. cit.*, n°411 *supra* note 221.

478) M. Cabrillac et Ph. Pétel, 《Redressement et liquidation judiciaires des entreprises》, *JCP G* 1994, I , 3799, n°12.

479) Com, 17 mars 1998, Bull. civ. IV, n°108, D. Voinot, *op. cit.*, n°79.

하는 윤전기가 벽돌구조의 요소로 그 설치를 위해 특별히 건축된 공장
에 완전히 고정된 경우에, 이 윤전기는 공장과 분리가 가능하므로, 소유
권에 기한 반환청구권을 인정하였다.[481] 이후에 많은 사례들에서 이에
따라 반환청구권을 인정되었다.[482]

    소유권유보의 목적물인 물건이 본질적으로 가공된 경우에는 그 반환
청구권이 인정되지 않는다.[483] 우리법상 가공물의 소유권은 원칙적으로
원재료의 소유자에게 속하고(민법 제259조 제1항 본문), 예외적으로 가
공으로 인한 가액의 증가가 원재료의 가액보다 많은 액수인 경우에 가
공자의 소유로 된다(민법 제259조 제1항 단서). 프랑스에서도 우리법과
마찬가지로 원칙적으로 원재료의 소유자가 가공물의 소유자가 되나(프
랑스민법전 제570조),[484] 가공이 원재료의 가액보다 현저히 초과할 정도
로 중대한 경우에는 가공이 주된 부분으로 간주되어 가공자는 상환일에
평가된 원재료의 가액을 그 재료의 소유자에게 상환하고 그 가공된 물
건을 보유할 권리를 가진다(프랑스민법전 제571조).[485] 그러나 기존의

---

480) CA Paris, 30 avr. 1993: D. 1993, somm, p.291 obs F. Pérochon, 이를 성질에 의하
    여 부동산이 되는 사안으로 평가하기도 한다. *Juris-classeur civil Art. 2367 à
    2372*, n°85 *supra* note 54.

481) Cass. Com., 12 fév. 1991 n°89-19.314.

482) *Juris-classeur civil Art. 2367 à 2372*, n°87 *supra* note 54, 부동산에 부합된 온실의
    반환청구가 인용된 사안으로 Cass. Com., 5 oct. 1993, n°91-18.362, 연속으로 접
    합된 기계의 반환청구가 인용된 사안으로는 Cass. Com., 17 mars 1998,
    n°95-11.209이 있다.

483) D. Voinot, *op. cit.*, n°80.

484) **프랑스민법전 제570조** 수공업자 또는 기타의 자가 자기 소유가 아닌 재료를
    사용해서 새로운 종류의 물건을 가공한 때에는, 그 재료가 원래의 형태로 회
    복될 수 있는지 여부와 관계없이, 그 재료의 소유자는 상환일에 평가된 보수
    를 상환하고 가공된 물건을 반환청구할 권리를 가진다."

485) 이러한 우리 민법과 프랑스민법전의 태도는, 가공자가 가공물의 소유권을 취
    득하고, 이로 인한 손해는 부당이득 반환에 관한 규정에 따라 금전보상을 청

가공법리와는 별도로 상법전에서 도산절차상의 소유권유보부 매매의 매도인의 반환청구권행사 요건을 규정하면서, 도산절차 개시 시에 목적물이 현물로 존재할 것을 요한다(프랑스상법전 제624-16조 제2항). 파기원은 소가 도축되어 육류로 만드는 것을 가공으로 보았다. 즉 제 발로 걸어 들어와 인도된 소가 도살로 해체되고 잘리더라도 이는 현물로 존재하는 것으로 간주할 수 있어 이를 위한 반환청구권의 행사가 가능하다는 사실심 판결을 기각한 원심을 유지하였다.[486] 가공의 최종단계에 이르면, 물건은 현물로 존재하지 않으므로 그에 대한 반환청구가 불가능하다는 것이다.[487] 반면에 물건이 가공된 경우에도 본질적인 변경 없이 현물로 존재하는 경우에는 소유권에 기한 반환청구권이 가능하다고 한 판결도 있었다.[488] 가공된 물건에 대하여 본질적인 변경이 없다는 이유로

구할 수 있는 독일민법(독일민법 제950조, 제951조 제1항 및 제812조 이하)의 태도와 대비된다. 한편, 독일에서도 제950조는 판례에 따라 원재료의 가치와 가액의 가치의 비율이 100:60의 비율인 경우까지만 적용되어, 원재료의 가치가 그 이상인 경우에는 동조를 배제하는 법리가 확립되었다. BGH 12 Jan.1972, JZ 1972, 165(166); BGH 22 May 1955, NJW 1995, 2633. 그러나 당사자 간에 별도의 약관 또는 특약으로 소유권유보부 매매의 목적물이 가공되어도 여전히 매도인의 소유가 됨을 정하는 경우, 매도인은 이로써 상품에 대한 소유권담보를 취득하게 되고, 이는 당사자 사이 뿐 아니라 다른 모든 자에게 효력이 있다고 해석된다. 이는 독일민법 제950조가 임의규정이라고 해석될 수도 있으며, 이 규정이 강행규정이라 하더라도 실무에서 광범위하게 이용되고 있다는 것을 이유로 이러한 결론이 도출될 수 있다고 해석된다(E.-V. Kieninger(ed), *op. cit.*, p.367).

486) Cass. Com., 22 mars 1994, n°92-11.223, F. Pérochon, 《Revendication du prix de marchandises dont l'existence en nature est déterminée au jour de la délivrance au sous-acquéreur. Marchandise montée sur une chaîne d'assemblage n'ayant perdu ni son identité, ni son autonomie》, *D.* 1996. 219.

487) E.-V. Kieninger(ed), *op. cit.*, p.372.

488) Cass. Com., 17 mai 1988: Bull. civ. 1988, IV, n°166에서는 소유권유보부 매매의 목적물인 목제가 멸균되고 절단되는 방법으로 건조되었다. 이후 상품이 이러한 멸균작업과 절단작업 전의 제품과 동일성을 유지하고 있다는 점에서 가공이 상품에 본질적인 변형을 초래하지 않으므로, 이 상품은 반환청구권의

반환청구가 인용된 경우에 반환청구자는, 반대로 매수인에게 초래된 가치상승에 대하여 배상해야 했다.[489]

(3) 종류물의 반환청구권

소유권은 물권으로, 소유권자는 물건에 대한 직접적이고 즉각적인 힘을 가진다. 따라서 그 대상은 특정되거나 특정될 수 있다는 것을 전제로 한다. 즉 일물일권주의의 의미에서의 '하나의 물건(一物)'이 되는 것을 원칙으로 한다. 따라서 소유권에 기한 반환청구가 가능하기 위하여 원칙적으로 반환될 물건이 특정되어야 하는 것이며, 이에 대한 증명책임은 매도인에게 있다.[490] 따라서 물건이 일물로 인정되지 않고 동일성이 인정되지 않아, 결과적으로 다른 물건에 혼화되는 경우에는 매도인은 소유권에 기한 반환청구권을 행사할 수 없다.[491]

그러나 동일한 제조업자에 의해 생산된 종류물의 경우에는 상황이 다르다. 동일한 제조업자가 생산한 대체물의 경우에 혼화를 이유로 매도인의 반환청구권을 부정하게 되면, 제조업자인 매도인이 불리해지는 결과를 낳기 때문이다. 따라서 1994년 6월 10일 법률 제94-475호의 개정으로 종류물에 관하여도 반환청구권이 인정되기 시작했다.[492] 이 조항은 현재 상법전 제L.624-16조 제3항 2문이 되었다. "종류물에 관하여 동일한

대상이 된다고 하였다. 거의 유사한 사안으로 Cass. Com., 26 fév. 1991, n°89-17.607가 있다. 이 사안에서도 상품으로서의 목제가 건조되고 절단되는 것은, 목제의 가공이더라도 그 본질을 변경시키는 것이 아니어서, 목제는 여전히 현물로써 존재하고 있어, 이를 매도인이 반환청구할 수 있다고 하였다.

489) 앞의 Cass. Com., 17 mai 1988 : Bull. civ. 1988, Ⅳ, n°166 사건에서도 이를 판시하였다.

490) *Juris-classeur civil Art. 2367 à 2372*, n°90 *supra* note 54.

491) Cass. Com., 3 juin 1986 : Bull. civ. 1986, Ⅳ, n°114; D. 1988, somm. p.10, obs. F. Derrida; *Juris-classeur civil Art. 2367 à 2372*, n°91 *supra* note 54.

492) *Juris-classeur civil Art. 2367 à 2372*, n°93 *supra* note 54.

성질·동일한 특성의 물건이 채무자나 채무자의 계산 하에 그것을 소지
하는 자의 소지 하에 있는 경우에는 마찬가지로 반환청구권의 실행이
가능하다." 이러한 입법의 영향으로 2006년 오르도낭스에 의하여 민법전
제2369조가 신설되었다. "종류물에 대한 소유권의 유보는, 잔존 채권액
의 범위에서 채무자가 소지하거나 그의 계산으로 소지하는 동종·동질의
물건에 대하여 행사될 수 있다."고 규정하는 것이다. 종류물인지 여부에
관한 판단은 사실심 판사의 권한이다.[493] 파기원에서 인정한 종류물의
대표적인 예는 의약품이다.[494] 이때 종류물로서의 성질은 물건이 대체
가능하고 하나의 물건을 다른 물건으로 교체할 수 있는 것을 의미한
다.[495] 따라서 제조물이 일련번호를 가지고 있을 때 그 번호가 이미 인
도한 물건의 번호와 일치하지 않다고 하더라도 반환될 수 있다.[496]

(4) 다른 채권자와의 경합문제

소유권유보의 대상이 되는 물건이 채무자의 다른 채권자의 이익을
위한 담보의 목적이 되는지 문제가 되는 경우가 있다. 앞서 언급한, 선
박에 모터가 부합되었는지가 문제된 사안에서 대주인 금융기관은 모터
의 매도인이 제기한 소유권에 기한 반환청구에 대하여 이의를 제기하였
다. 소유권유보부로 매매된 새 모터가 선박에 부합되어 기존의 선박저당

---

493) Cass. Com., 15 fév. 2000, Bull. civ. Ⅳ, n°30.
494) CA Paris, 3 avr. 1998, Me Du Buit, ès qualités et autres c/ Sté OCP Répartition
    SAS; CA Paris, 12 mai 1998, Sté Cie nationale Air France c/ Girard ès qualités; CA
    Paris, 26 juin 1998, Pharmacie Riffault et autres c/ SA OCP Répartition.
495) A. Martin-Serf, 《Clause de réserve de propriété. Choses fongibles. Revendication de
    biens semblables (oui). Confusion des sommes revendiquées avec d'autres valeurs
    du patrimoine du débiteur》, RTD com. 2000. 180.
496) CA Paris, 3 avr. 1998, Me Du Buit, ès qualités et autres c/ Sté OCP Répartition
    SAS; CA Paris, 12 mai 1998, Sté Cie nationale Air France c/ Girard ès qualités; CA
    Paris, 26 juin 1998, Pharmacie Riffault et autres c/ SA OCP Répartition; D. Voinot,
    op. cit., n°82.

권의 담보의 범위에 속하는지 여부가 쟁점이 되었다.[497] 이 사안에서 파기원은 "선박에 관한 선박저당권의 설정되면 모든 종물, 기계, 선구(船具)가 저당권의 효력범위 안에 포함됨에도 불구하고, 모터가 선박에 관하여 현물로 존재하고 식별가능하고 분리가능한 채로 남아있는 한 그것은 변제받지 못한 매도인에게 반환된다."라고 하여 소유권유보의 목적이 되어 반환될 수 있는 모터는, 선박저당권과 경합하지 않는다고 판시하였다.[498]

소유권유보의 대상이 되는 목적물이 채무자의 다른 채권자의 질권과 경합할 수 있는지도 문제된다. 타인의 물건에 대한 질권은 무효라고 하는 것이 프랑스민법전의 태도이기 때문에(프랑스민법전 제2335조), 소유권유보의 권리자와 허위의 질권자 사이에는 경합이 있을 수는 없다고 보는 견해도 있다.[499] 이 견해에 따르면 프랑스에서도 소유권유보가 담보권으로서의 역할을 할지라도 소유권은 여전히 매도인인 채권자에게 남아있는 것으로 보기 때문에 매수인은 이에 대한 질권을 설정할 수 없다는 것이다. 프랑스상법전도 재고(stock)에 대한 질권에 관하여 소유권유보의 목적물이 된 물건을 재고에 관한 질권의 범위에서 배제시킨다(프랑스상법전 제L.527-3조).[500] 그러나 이에 대하여 다수의 견해는 이에 반대한다. 질권자가 질권 설정 당시에는 질물이 질권설정자의 소유가 아니라는 사실에 대하여 선의였으나 이후에 타인 소유임을 알게 된 경우의 타인은 보호될 필요가 있다는 것이다. 따라서 질권자는 프랑스민법전 제2276조를 근거로 질권의 선의취득을 주장하거나, 목적물을 반환하되 손해배상을 받을 수 있을 때까지는 이를 거부할 수 있는 방법 중 한 가

---

497) 당해 사안은 선박에 부합된 새 모터가 선박저당권의 대상이 될 수 있는지 문제에 관한 것이었다. 파기원은 당해 동산들이 부합되지 않아 모터는 선박저당권의 대상이 될 수 없다고 판시하였다(Cass. Com., 15 mars 1994, n°91-14.375).
498) D. Voinot, *op. cit.*, n°83.
499) *Ibid.*
500) *Ibid.*

지를 선택할 수 있다.[501]

나. 대금의 반환

1) 서설

전매대금에 관한 반환청구권은 유보소유권의 담보권으로서의 성질에 기인한 것이다. 즉 민법전의 개정으로 인하여 소유권유보에 물상대위가 인정되어 매도인의 소유권이 전득자에 관한 채무자의 채권 위에 또는 물건에 대하여 대위된 보험금 위에 존속되기 때문이다(프랑스민법전 제2372조). 이처럼 전매대금에 대한 반환청구권의 행사는 더 이상 도산절차에 한하지 않고, 민법전 개정 후에는 도산절차가 개시되지 않은 경우에 있어서도 긍정되었다.[502]

2) 대금반환의 요건

가) 전매대금에 관한 선의의 유효한 변제가 없을 것

채권이 변제되지 않았을 것이라는 요건이 충족되어야 한다.[503] 선의의 유효한 변제가 있다면 채권의 준점유자에게 행한 변제가 유효하다는 프랑스민법전 제1342-3조[504]에 따라, 이 경우의 매수인은 채무에서 해방되어 매매대금채권이 소멸하고, 그에 대한 대위가 더 이상 일어날 수 없기 때문이다.[505] 이 요건이 충족되지 못하면 전득자에 대한 전매대금에 대한 반환청구권이 부정된다.

---

501) L. Aynès et P. Crocq, *op. cit.*, n°504 *supra* note 150; 여하윤, "프랑스 민법상의 유체동산 질권(gage)에 관하여", 민사법학, 2012, 122면 이하 참조.

502) Cass. Com., 3 janv. 1995, n°93-11.093; *Juris-classeur civil*, n°103 *supra* note 54.

503) *Juris-classeur civil Art. 2367 à 2372*, n°106 *supra* note 54.

504) 개정 전 프랑스민법전 제1240조.

505) *Juris-classeur civil Art. 2367 à 2372*, n°107 *supra* note 54.

나) 물건 자체의 반환청구의 요건에 따를 것

대위된 채권의 반환청구는 물건 그 자체의 반환청구의 요건에 따라야 한다. 그것은 소유권유보부로 매각된 물건이 처음 그 상태대로 어떠한 가공 또는 합체 없이 전득자에게 이전했기 때문이다.[506] 따라서 도산절차 개시 결정 후 3월내에 청구해야 한다는 요건도 마찬가지로 따라야 한다. 청구기간이 경과하였다면, 권리가 상실했다는 것을 이유로 대금에 대한 반환청구에 대항할 수 있다. 다만, 매도인이 채권을 신고하지 않았더라도 전득자가 회생 또는 파산 절차에 있다면 전득자에 대하여 대금의 반환청구의 소를 실행하는 것을 방해하지 않는다.[507] 이 소송은 물건의 반환청구에서와 같이 두 단계로 실행된다. 합의단계와 재판상 단계가 그것이다.[508] 상법전 제L.624-18조와 2005년 12월 27일 데크레 제85-1호는 그것이 대금에 관한 반환청구권일 경우에도 역시 적용될 수 있다.[509]

다) 매수인(채무자)의 책임재산에 현물로 존재하지 않을 것

목적물이 매수인의 책임재산에 현물로 여전히 존재한다는 것이 증명되면, 현물이 아닌 전매대금에 대한 채권에 관하여는 반환청구가 불가능하다.[510]

라) 매수인(채무자) 또는 전득자에 대한 청구일 것

---

506) 상품의 대금이 반환청구될 경우 상품은 도산절차 개시 결정일이 아니라 전득자에게 인도된 날에 최초의 상태대로 존재해야 한다(Cass. Com., 3 janv. 1995, n°93-11.093, D. Voinot, *op. cit.*, n°93).

507) D. Voinot, *op. cit.*, n°94.

508) D. Voinot, *op. cit.*, n°93.

509) Cass. Com., 2 oct. 2001, n°98-22.304, A. Martin-Serf, 《Procédure, Procédure préliminaire obligatoire devant le mandataire de justice, Action en revendication intentée directement devant le juge-commissaire, Irrecevabilité》, *RTD com*, 2002. 159.

510) *Juris-classeur civil Art. 2367 à 2372*, n°106 *supra* note 54.

전매대금에 대한 소유권에 기한 반환청구권은 매도인이 매수인(채무자) 또는 전득자를 상대로 할 수 있다.[511]

마) 제3자가 물건의 선의의 점유자가 아닐 것

물건이 소유권에 기한 반환청구의 소가 실행되기 전에 전매된 경우, 소유자는 제3취득자에게 있는 물건의 반환청구를 시도할 수 있다. 그러나 반환청구의 소는 인정되지 않을 수 있다. 점유자인 제3자가 프랑스민법전 제2276조(개정 전 제2279조) 제1항을 근거로 반환청구자에게 그의 선의를 주장할 수 있기 때문이다.[512] 즉 제3자가 선의로 목적물을 점유하는 경우에는 선의취득에 기하여 물건에 관한 반환청구권이 부정되는 것이다. 다만, 이때의 매수인이 횡령죄(개정 전 프랑스형법전 제408조)[513]를 범했는지 문제되었으나, 판례가 이를 부정함으로써 매도인이 보호되지 못하는 측면이 있었다.[514]

파기원 판례에 따르면, 선의취득을 주장하는 제3자는 단순히 물건을 소지하고 있는 것만으로는 부족하고, 이를 점유해야 한다.[515] 그러나 개정 전 프랑스민법전 제2268조에 의하여 제3취득자의 선의는 추정된다.[516] 따라서 프랑스 민법상 소유권유보부 매매의 목적물이 전매된 경우 선의취득이 인정될 가능성이 높다.[517] 다만, 이는 엄밀히 말하면 대

---

511) D. Voinot, *op. cit.*, n°93.

512) *Juris-classeur civil Art. 2367 à 2372*, n°98 *supra* note 54.

513) **"현행 형법전 제314-1조** ① 횡령죄(abus de confiance)는 반환, 관리, 특정한 용도로 사용할 책임 하에 타인으로부터 교부된 현금, 유가증권 기타 재물을 타인을 해하면서 유용하는 행위를 말한다. ② 횡령죄를 범한 자는 3년의 금고와 375,000유로의 벌금에 처해진다."

514) Annick de Martel-Tribes, *op. cit.*, n°14. 이는 우리의 판례와 반대의 결과이다(대법원 2007. 6. 1. 선고 2006도8400 판결).

515) *Juris-classeur civil Art. 2367 à 2372*, n°101 *supra* note 54.

516) *Juris-classeur civil Art. 2367 à 2372*, n°102 *supra* note 54.

517) 독일에서도 선의취득에 의해 소유권유보를 대항할 수 없는 경우가 있는데,

금반환을 위한 적극요건이 아니라 소극요건일 뿐이다.

3) 대금반환의 효과

점유자의 악의가 증명되지 않더라도 채권자가 물건에 관한 권리를 완전히 박탈당하는 것은 아니다. 매도인에게는 전득자가 부담하는 대금에 관하여 반환청구권이 여전히 인정되기 때문이다.[518] 매도인에게는 법으로 물상대위의 향유를 통하여 그에게 채무자에게 속한 채권에 대하여 물건의 소유권에 기한 반환청구권을 이전되는 것이 허용된다(프랑스 상법전 제L.624-18조 및 프랑스민법전 제2372조).[519] 이 경우 최초의 매도인은 대금 채권에 대하여 반환청구할 수 없고, 오로지 전득자에 대하여 변제에 관한 인적 소권이 가능할 뿐이다.[520] 대부분의 경우가 소유권유보의 대상이 되는 목적물에 대하여 채무자가 신용을 얻어 전득자에게 물건을 전매한 경우가 여기에 해당할 것이다.[521] 파기원도 도급계약에서 물건이 제3자에게 이전된 경우 대금의 반환을 인정하였다.[522]

원칙적으로 소유권유보의 물상대위는 제3취득자의 지위에 어떠한 영향을 주지 않는다. 따라서 전매일에 제3취득자가 매도인에게 대항할 수 있었던 채무에 내재된 모든 항변으로, 전득자는 매도인에게 대항할 수

이를 위해서는 전득자의 점유가 선의이어야 하며, 동시에 매도인이 전매를 승낙한 경우이어야 한다. 그러나 독일에서 전득자의 선의는 프랑스에서의 선의보다 더 엄격하다. 프랑스에서와 달리 독일에서는 전득자에게 물건의 취득 권원에 대한 선의를 요하기 때문이다(Annick de Martel-Tribes, *op. cit.*, n°15).

518) D. Voinot, *op. cit.*, n°90.
519) D. Voinot, *op. cit.*, n°93.
520) Cass. Com., 5 juin 2007, n°05-21.349, 이 사안은 전득자가 전매인인 매수인에 대하여 기능에 문제가 있는 기계설비의 교환을 약속하였는데 이에 대한 채무 불이행을 근거로 대항하는 것을 긍정한 사안이다(D. Voinot, *op. cit.*, n°91).
521) D. Voinot, *op. cit.*, n°90.
522) Cass. Com., 5 nov. 2003, n°00-21.357.

있다. 다만, 프랑스상법전 제L.624-18조에 따라 상계는 제외된다.[523]

파기원에 따르면 대위는 전매 시부터 이루어지는 것이지 도산절차 개시 일에 이루어지는 것이 아니다. 따라서 매수인이자 재매도인은 결코 전득자의 채권자가 되지 않으며, 전득자의 도산절차에 있어서 채권신고의 의무를 부담하지 않는다. 반대로 매수인은 기한 내에 자신의 채권을 신고하지 아니한 유보소유권자의 권리에 대하여 대항할 수 있다.[524]

도산절차 개시일 전에 전득자가 대금을 변제한 경우에 반환청구권자는 반환청구권을 행사할 수 없다. 그러나 도산절차 중 구제절차 개시 이후에 변제가 이루어진 경우에는 그 반환청구권자는 변제된 금액에 대하여 배타적인 권리를 갖는다. 이는 반환받은 금액이 반환청구자에게 그 채권의 한도로 교부되기 때문이다(상법전 R.제624-18조 제2문). 그런데 도산절차 중 회생 또는 파산 절차의 개시에는 이 조문이 준용되지 않아 법적 안정성의 면에서 비판의 여지가 있다. 즉 회생 및 파산절차에서 채무자인 전득자에게는 관리인 또는 관재인에게 변제하지 않을 것이 권고될 수 있기 때문이다.[525]

전매대금채권에 관하여 채권양도가 이루어진 경우가 문제된다. 매도인이 전득자에 대하여 전매대금에 대한 반환청구를 하는 날에 그 대금채권이 양수인에게 양도되어 있고 양수인은 아직 변제받지 못한 경우에는 여전히 반환청구는 가능하다. 실제로 반환청구권은 상품에 대하여 대위되어 존재하는 대금에 관하여 이루어지고, 그 결과 채권의 양수인은 이 주장에 대항할 수 없다.[526] 그러나 반환청구 당시 상품의 전매대금이 전

---

523) Cass. Com., 15 fév. 2000, n°97-15.335.

524) *Juris-classeur civil Art. 2367 à 2372*, n°105 *supra* note 54.

525) D. Voinot, *op. cit.*, n°96.

득자에 의해 양수인에게 변제된 경우, 반환청구가 인정되지 아니한다.[527]

전매대금의 반환청구가 가능하다는 메커니즘은 채무자의 보험자에 대하여도 마찬가지이다. 이는 물건이 멸실되었을 경우 보험자가 채무자에게 손해배상의 의무를 지는, 즉 보험금을 부담하는 상황을 전제하는 것이다. 이 경우에 소유권은 보험금 위에 존속한다(프랑스민법전 제2372조 및 프랑스상법전 제L.624-18조). 따라서 매도인은 그 채권에 비례하여 보험금을 받게 된다. 이 규정은 소유권유보의 담보로서의 실효성을 보여주는 조문이다. 왜냐하면 이 조항이 담보권자를 전매채권이나 보험금에 대하여 권리를 주장하는 다른 제3자보다 우위에 있도록 허용해 주기 때문이다.[528]

3. 소유권유보의 이전(移轉)

가. 서설

소유권유보를 합의할 때 매매대금의 채권자인 매도인은 매수인의 채무불이행시에 소유권에 기한 반환청구의 소를 제기할 수 있지만, 여전히 제3자(일반적으로는 은행)에게 채권을 양도함으로써 소유권유보부 채권을 즉시 현금화하는 것을 선호할 수도 있다.[529] 이렇게 피담보채권을 양도함으로써 소유권유보 자체를 제3자에게 이전하는 것은 소유권을 담보권으로 인정하는 것이고, 이는 프랑스에서 파기원 판례가 유보소유권을 채권에 부종한 종된 권리로 인정한 이후에 가능하게 된 것이다.[530] 이는 개정 민법전은 제2367조 제2항에서 그와 같이 유보된 소유권은 변

---

526) D. Voinot, *op. cit.*, n°98.
527) D. Voinot, *op. cit.*, n°99.
528) D. Voinot, *op. cit.*, n°92.
529) D. Voinot, *op. cit.*, n°100.
530) Cass. Com., 15 mars 1988, n°85-18.623.

제를 담보하는 채권의 종된 권리(l'accessoires)라고 명시됨으로써 확인되
었다.531) 소유권유보의 종된 성질, 즉 부종성은 유보소유권이 담보권이
기 때문에 가지는 본질적인 성격이다.532) 이로 인하여 소유권유보는 원
칙적으로 자유롭게 유통될 수 있고 피담보채권에 수반하게 된다.533)

　유보소유권은 담보권으로서의 이전가능성, 즉 수반성이라는 성질로
인하여 담보로서 실효성을 갖게 된다. 소유권유보가 이전되면 이전받은
자는 이를 대위하여 물권자로서 권리를 행사한다는 점에서, 대위를 기초
로 한다. 또한 소유권유보약정은 프랑스에서 설비 및 상품이 거래에 대
한 금융기법으로 자리매김하여왔고, 이는 주로 재료 또는 자동차의 매도
인에 의해 이용되는 경우가 많았다. 즉 재료 또는 설비에 관한 질권이나
자동차에 대한 질권의 설정을 대체하는 담보로서 설정되는 방식으로 이
용되어왔다.534)

나. 유보소유권의 이전방법

531) *Juris-classeur civil Art. 2367 à 2372*, n°45 *supra* note 54.
532) 프랑스민법전의 개정 전에는 소유권유보의 종된 성질으로 인하여 이것이 채
　권에 수반되어 양도될 수 있다고 하면서도, 이는 담보로서의 성격에 기한 것
　이 아니어서, 매매대금이 회생절차에서 채권신고의 결여로 소멸하였다고 하
　더라도 채권자의 소유권을 상실하는 것은 아니라고 하였다(Cass. Com., 9 janv.
　1996, Defénois, 1996, art.36276; H., L. et J. Mazeau et F. Chabas, *op. cit.*, n°57-1
　supra note 126 참조).
533) D. Voinot, *op. cit.*, n°100; 다만, 프랑스민법전 개정 전에는 원칙적으로 소유권
　이 채권에 부종하여 이에 수반한다고 해석하는 것이 불가능하다는 것을 이유
　로 신탁과 마찬가지로 몇몇 학자들에 의해 비판의 대상이 되고 있었다. 그러
　나 매도인에게 소유권에 기한 반환청구권이 부여되고, 소유권유보의 이전으
　로 인해 이 소유권에 기한 반환청구권이 함께 양도될 수 있다는 이유로 인해
　이러한 이전가능성이 인정되게 되었다. 이는 소유권을 재인식시키는 것으로
　귀결된다(G. Marty et P. Raynaud, *op. cit.*, n°553 *supra* note 145).
534) D. Voinot, *op. cit.*, n°101.

소유권유보를 유통할 수 있는 이전방법으로는 첫째, 민법전상의 지명
채권양도에 기한 것, 둘째, 다이이(Dailly) 양도에 기한 것, 그리고 셋째,
환어음의 배서를 통한 것이 있고, 마지막으로 변제자대위에 기한 것이
있다. 유보소유권의 이전은 실무상 금융기관의 담보수단으로 행해지고
있다.[535]

1) 민법전상의 지명채권양도

소유권유보를 유통하기 위하여 일반법상, 즉 민법전상의 지명채권양
도를 이용할 수 있다. 지명채권양도는 개정 프랑스민법전 제1321조 이
하[536]에서 규정된다.[537] 프랑스에서 채권양도계약이란 양도채권자가 유
상 또는 무상으로 자신의 채권의 전부 또는 일부를 채무자에 대하여 양
수인이라 불리는 제3자에게 이전하는 계약을 말한다.[538] 양도인과 양수

---

535) P. Ancel, *op. cit.*, n°479; 담보권의 이전은 원칙적으로 채권양도와 대위에 의해
　　실현된다. J. Mestre, E. Putman et M. Billiau, *op. cit.*, n°368.
536) 프랑스민법전상의 채권양도의 법적성질은 오늘날 계약(contrat)이라고 평가된
　　다. 그 이유는 프랑스의 개정 민법전 제1101조가 계약은 둘 또는 수인 사이에
　　채권의 발생, 변경, 이전 또는 소멸하기로 하는 의사의 합치라고 함으로써,
　　채권의 발생 뿐 아니라 채권의 변경, 이전, 소멸도 계약의 하나로 정의하고
　　있기 때문이다(O. Deshayes, Th. Genicon et Y.-M. Laithier, *op. cit.*, p.43s). 반면,
　　우리는 채권의 발생을 목적으로 하는 계약만을 채권계약으로 보고, 그 변경,
　　이전, 소멸을 목적으로 하는 계약은 준물권계약으로 본다. 그러한 점에서 우
　　리의 채권양도는 준물권계약이지만, 프랑스의 채권양도는 계약이다.
537) 이에 관하여는 김은아, "개정 프랑스민법전에서의 채권양도", 아주법학 제12
　　권 제3호, 2018, 105면 이하 참조.
538) 개정 전 민법전에서는 채권양도가 매매에 관한 규정에 편입되어 있어서 마치
　　채권의 소유권을 이전하는 것처럼 여겨졌고, 채권이 유통되기 쉬운 다른 물
　　건과 마찬가지로 물건으로 취급되었다. 그러나 최근의 개정법에서는 채권이
　　물건이 아니라 관계라는 점이 고려되어 개정법상의 채권양도는 개정 전 민법
　　전상의 채권양도와는 달리 채권관계(obligation)의 이전을 목적으로 하는 의사
　　의 합치, 즉 계약이라고 평가된다. G. Chantepie et M. Latina, *La réforme du*

인의 매매대금채권의 양도계약이 체결되면, 소유권유보의 종된 성질로
인하여 매매대금채권과 함께 소유권유보도 양수인에게 양도된다.[539] 개
정 전에 채권양도는 매매계약에서 규율되었으나, 최근 채권법에 관한 민
법전의 개정으로 우리법상 채권총론에 해당하는 채권의 일반적 체계 편
(titre), 채권에 관한 법률행위의 장(chapitre)으로 이동하여 규율되게 되었
다. 채권양도는 2016년 채권법 개정 전에는 이에 대한 대항요건(집행관
에 의한 통지와 채무자의 공정증서에 의한 승낙)을 갖추어야 제3자에게
대항할 수 있었으나, 양수인에게 과중한 부담이 되는 것을 이유로 이러
한 대항요건 규정을 폐지되고, 성립증서의 일자에 따라 제3자에게도 채
권양도가 대항력을 가지는 것으로 개정되었다(개정 프랑스민법전 제
1323조 제2항).[540] 다만, 채권양도증서가 공정증서가 아닌 사서증서로 작
성된 경우에는 등록 또는 등기일자, 서명자의 사망일자 또는 공정증서에
서 확인된 내용의 성립일자에만 확정일자가 부여된다는 점에서(개정 프
랑스민법전 제1377조), 양도인은 제3자에 대하여 그 증서의 일자를 여전
히 증명할 필요가 있다. 반면, 채무자에 대하여는 별도의 합의가 없는
한 채무자에게 통지되었거나 그가 이를 승낙한 경우에만 대항력이 있다
(개정 프랑스민법전 제1324조 제1항). 이때 채무자에 대한 대항요건도 기
존의 집행관에 의한 통지(signification)와 공정증서에 의한 승낙에 비하여
그 요건이 완화된 것이다. 즉 개정법에 의한 통지(notification)는 단순서
신, 전자적 방식의 메시지 등으로 가능하기 때문이다.[541] 또한 채무자의

---

      droit des obligations, commentaire théorique et pratique dans l'ordre du Code civil,
      Dalloz, 2016, n°852-853.

539) D. Voinot, *op. cit.*, n°102; **"프랑스민법전 제1321조** ③ 채권양도는 그 채권의
      종된 권리에도 효력이 미친다." 이는 민법전 개정 전에도 제1692조에 의해 인
      정되던 것이었다(G. Marty et P. Raynaud, *op. cit.*, n°553 *supra* note 133).

540) C. François, 《Présentation des articles 1321 à 1326 de la nouvelle section 1 "La cession
      de créance"》, La réforme du droit des contrats présentée par l'IEJ de Paris 1,
      (https://iej.univ-paris1.fr/openaccess/reforme-contrats/titre4/chap2/sect1-cession-creance/)

541) O. Deshayes, Th. Genicon et Y.-M. Laithier, *op. cit.*, p.647

승낙(prise d'acte)이라는 새로운 요건도 양도, 즉 채권자의 변경에 대한 승인을 의미한다는 점에서 공정증서를 요하는 승낙(acceptation)보다는 완화된 요건이다.[542] 이는 새로운 상황에 따르겠다는 채무자의 의사를 포함한다는 점에서 채권양도에 대한 단순한 인식만을 의미하지 않는다.[543]

2) 다이이 양도(la cession de créance par Dailly)

다이이 양도는 프랑스법상 담보목적의 채권양도를 말한다. 이는 채권에 대한 담보신탁으로서 기업에 대한 은행의 신용을 권장하기 위하여 제정된 1981년 1월 2일 법률에 의한 양도로, 그 입법자(Dailly)의 이름을 본 따서 통상 다이이 양도라 불리는 것이다.[544] 다이이 법률은 폐지되고, 그 내용은 현재 통화금융법전으로 편입되었다(통화금융법전 제L.313-23조에서부터 제L.313-35조까지). 이에 따르면 다이이 양도는 첫째, 양도인과 채무자의 상사 또는 민사상의 직업 활동으로 인하여 발생한 채권을 대상으로 하고, 둘째, 양도인의 신용획득을 목적으로 하며, 셋째 프랑스

---

542) 개정 전 프랑스민법전 제1690조 상의 "acceptation"가 종래부터 승낙이라고 번역되어 왔으나 그 의미는 우리 민법 제450조의 대항요건인 관념의 통지로서의 승낙과 다른 것이었고, 오히려 개정 프랑스민법전 제1324조 제1항의 "prise d'acte"가 양도행위에 대한 채무자의 승인으로서 우리 민법 제450조상의 승낙에 더 가깝다. 따라서 부득이하지만, "acceptation"는 종래의 용례에 따라 승낙으로, "prise d'acte"는 우리 민법상의 대항요건으로서의 승낙과 부합한다는 점에서 역시 승낙으로 번역하되, 괄호에 원어를 넣음으로써 구분함을 일러둔다. 이는 집행관에 의한 통지인 "signification"과 단순한 통지인 "notification"의 번역의 경우도 마찬가지이다(김은아, 전게논문, 120면 주 75 참조).

543) O. Deshayes, Th. Genicon et Y.-M. Laithier, *op. cit.*, p.648.

544) Loi n°81-1 du 2 janvier 1981 fecilitant le crédit aux entreprises. 이 법은 금융기관과 고객 간 간소한 형식으로 직업채권의 양도 및 질권을 설정하는 것을 목적으로 하며, 금융기관에 이미 양도된 채권을 할인할 목적으로 또는 대출금 상환을 위한 담보의 목적으로, 채권이 양도되거나 그에 대한 질권을 설정하는 것을 내용으로 한다. J.-P. Dumas et M. Cohen-Branche, 《Cession et nantissement de créances professionnelles》, *Rép. Com.*, Dalloz, n°1.

에서 인가를 받은 금융기관인 양수인에게 양도증서를 포함하는 명세서 (bordereau)를 교부함으로써 이루어진다(통화금융법전 제L.313-23조 이 하).545) 또한 채권의 양도가 담보목적으로 대금의 정함이 없이 이루어지 는 경우에, 그 채권의 양도는 양도되는 채권의 소유권을 양수인에게 이 전시킨다(통화금융법전 제L.313-24조 제1항). 채권은 그 종된 권리와 함 께 담보목적으로 이전되고, 채권의 발생일인지 이행기인지 청구가능일 인지 불문하고 금융기관에 의해 명세서에 날인된 날부터 그 양도를 제3 자, 즉 다른 양수인 또는 양도인의 채권자에게 대항할 수 있다(통화금융 법전 제L.313-27조). 다만, 양도인과 양수인 그리고 채무자의 자격이 갖추 어져야 하고, 그 대상이 되는 채권도 직업활동에 기한 것에 한정됨으로 써 담보목적의 채권양도가 인정되는 범위가 우리 법에 비하여 협소하다 는데 그 특징이 있다.546) 따라서 소유권유보부 매매로 인한 매매대금에 대한 채권은 그것이 직업채권인 경우에만 양수인에게 다이이 양도에 따 라 이전될 수 있다. 따라서 프랑스 채권법 개정 전에 일반 채권양도에 필요하던 양도인의 통지 및 채무자의 승낙이 요구되지 않고, 다만 다이 이 명세서에 이를 기재하는 방식으로 제3자에 대한 대항요건을 갖출 수 있다.547) 이는 은행과 같은 금융기관이 담보를 제공하는 것을 용이하게 하기 위한 것이었다.

---

545) F. Terré, Ph. Simler et Y. Lequette, Droit civil, Les obligations, 10ᵉ éd., Dalloz, 2009, n°1302.

546) Ibid.; 남효순, "프랑스민법상 무체동산질권", 서울대학교 법학 제55권 제3호, 2014, 173면; 정태윤, "프랑스 신탁법", 비교사법 제19권 3호(통권58호), 590면 참조; 알랭 구리오, 남효순 역, "무체재산에 대한 담보물권(새로운 재산)", 저 스티스 통권 제141호, 2014, 250면 이하 참조.

547) H., L. et J. Mazeau et F. Chabas, op. cit., n°91-2 supra note 126.

3) 환어음(lettre de change)548)의 배서

환어음이란 어음을 발행한 자가 증권에 기재한 특정인(수취인) 또는 그가 지시하는 자에게 일정한 날에 일정한 금액을 지급해 줄 것을 제3 자, 즉 지급인에게 위탁하는 뜻을 기재한 증권을 말한다(프랑스상법전 제L.511-1조 이하). 요컨대 환어음은 지급위탁증권이라고 할 수 있다. 파 기원에 의하면 매수인에 의해 승낙된 어음의 배서를 통하여 피담보채권 에 부종하여 소유권유보가 이전된다고 한다.549) 그에 따르면 소유권유 보는 매매대금채권에 대한 종된 권리로서 성립하고, 어음의 배서를 통하 여 종된 권리에 부착된 원인채권의 소유권이 어음의 소지자에게 이전되 게 된다.

4) 변제자대위에 의한 이전

변제자대위550)에 의하여 소유권유보약정은 자발적으로 이전될 수 있 다.551) 변제자대위 제도는 종래부터 채권양도에 관한 개정 전 민법전상 의 엄격한 대항요건을 회피하기 위한 수단으로 이용되었다. 우선 매도인 은 제3자인 은행과 채무자와의 대차계약을 통하여 대차된 대금으로 변 제를 받는다. 이후 은행은 변제자대위 약정에 따라 매도인을 대위한 다.552) 파기원은 매도인이 미리 은행과 그 대위에 대하여 약정하는 것을

---

548) 프랑스법에서 "lettre de change"는 발행인이 수익자를 위하여, 채무자 중 일인 인 지급인에게 특정일에 특정액을 수취인 또는 소지자인 제3자에게 변제할 것을 지시하는 서면을 의미하므로, 환어음을 뜻한다(D. Legeais, *op. cit.*, p. 375 *supra* note 324).

549) Cass. Com., 11 juill. 1988, no 87-10.834, Bull. civ. IV, n°241.

550) 변제자대위는 2016년 프랑스민법전 개정 시에 함께 개정되었다. 이로써 대위 는 변제 시에 명시적으로 이루어져야 하며 대위에 관한 영수증의 형식을 취 하여 이루어져야 한다(개정 프랑스민법전 제1346-1조 제2항 및 제3항).

551) D. Voinot, *op. cit.*, n°102.

552) *Ibid.*

허용하였다. 이로 인하여 대주이자 대위변제자인 은행은 매매대금 변제를 통해 유보소유권의 이익을 향유하는 투자자가 되었다.[553]

대위권자인 은행은 유보소유권자인 최초의 채권자, 즉 매도인과 같이 소유권에 기한 반환청구권을 행사할 수 있다. 이는 매수인에 대한 도산절차가 개시된 경우에도 마찬가지이다.[554] 판례에 따르면, 금융기관과 같은 제3자가 매도인을 대위하는 경우 소유권은 대위권자에게 이전된다.[555] 즉 유보소유권은 매매대금채권에 부종하기 때문에, 그 소권은 매매대금채권의 권리자에게 있다는 것이다.[556] 소유권에 기한 반환청구를 하는 대위권자는 매도인에게 그가 이미 지급한 대금의 일부를 반환할 필요도 없다.[557]

VI. 소유권유보의 소멸

1. 피담보채권의 소멸

프랑스에서 담보로서 유보된 소유권, 즉 유보소유권이 담보권이 되었으므로, 이는 담보권의 부종성의 영향을 받는다. 이때의 부종성은 소멸상의 부종성도 포함한다. 따라서 피담보채권으로서의 매매대금이 변제되면 부종성에 기하여 소유권유보는 소멸한다. 다만, 목적물의 가공·부합되었을 때 예외적으로 가공약정이 있는 경우, 또는 전매약정으로 인하여 목적물이 전매되고 이에 대한 물상대위가 행해진 경우에는 소유권유

---

553) Cass. 1re civ. 28 mai 2002, no°99-17.733.

554) D. Voinot, *op. cit.*, n°103.

555) Cass. Com., 2 fév. 1993, n°91-11.569.

556) D. Voinot, *op. cit.*, n°103.

557) Cass. Com., 9 mai 1995, n°92-21.644.

보는 소멸되지 않고 가공물이나 전매대금에 존속한다(프랑스민법전 제2372조).

2. 도산절차에서 채권신고가 결여된 경우

도산절차에서 채권신고가 결여되었을 때 소유권유보가 소멸되는 것이 아닌가라는 문제가 제기되었다. 그러나 파기원은 매수인에게 도산절차가 개시되었을 때 소유권유보부 채권이 신고되어야 하는데, 이 신고가 결여되었다고 하더라도 매도인의 채권의 소멸은 소유권유보에 어떠한 영향도 없다고 판시하였다.[558] 학설에 의해 이러한 결과는 부종성의 예외가 되며, 매도인이 소멸한 채권의 완제 시까지 재산의 소유권을 가지고 있다는 것을 의미한다는 점에서 부당한 것으로 평가되기도 하였다. 그러나 이에 대하여는 소유권유보의 부종성이 일반적인 물적 담보에 비하여 완화된 것이기 때문이라고 해석되기도 한다.[559]

---

558) Cass. Com., 4 janv. 2000, n°96-18,638, D. Voinot, *op. cit.*, n°68. 이로 인하여 소유권유보에 관한 채권신고가 결여되었더라도 여전히 유보소유권에 기해 매도인은 소유권에 기한 반환청구권을 행사할 수 있다는 결과가 된다(이 책 제3장 제4절 Ⅴ. 2. 가. 2) (3) 참조).

559) *Juris-classeur civil Art. 2367 à 2372*, n°50 *supra* note 54.

제5절 소결

　앞서 살펴본 프랑스의 소유권유보를 정리하면 다음과 같다. 프랑스
민법전의 개정 전부터 해석상 인정되던 소유권유보약정은 매매대금채권
을 담보하기 위한 매매계약 당사자의 특약에 불과하였다. 그러나 상인간
의 거래에서 특히 매수인이 파산하였을 때 매도인의 대금채권의 반환을
보장하고자 소유권유보약정의 대항력의 인정 여부가 논의되었다. 프랑
스의 1980년 법률은 매수인의 파산 시 소유권유보약정의 대항력을 인정
하여, 매수인이 파산한 경우에도 목적물을 반환청구할 수 있도록 하였
다. 이에 대해서는 매도인에게 공시 없이 최우선특권을 부여함으로써 일
반채권자를 해하여 채권자 평등의 원칙에 반한다는 비판이 있었다. 그러
나 매매대금을 아직 변제받지 못한 매도인은 매수인이 파산에 빠지는
순간 그에 관한 해제소권과 민법전 상의 우선권 및 반환청구의 소를
행사할 수 없게 되어 부당하다는 점과 제조업자인 매도인에게 소유권유
보약정의 대항력으로 인하여 연쇄도산의 위험을 방지한다는 점을 근거
로 도산절차상 소유권유보약정의 대항력이 유지되었다. 그 입장은 프랑
스민법전의 개정 시에 담보로서 유보된 소유권, 즉 유보소유권이 담보권
의 하나로 승인되는 것으로 확인되었다.

　개정 프랑스민법전 상의 소유권유보부 계약은 담보권을 설정하는 담
보계약이다. 프랑스에서는 물권행위와 채권행위의 구별이 없으므로, 소
유권유보 목적물에 대한 계약이 바로 담보계약으로서의 성질을 지닌다.
따라서 이는 유보소유권이 된다. 프랑스의 소유권유보의 대상은 유체동
산(집합동산 포함), 무체동산, 부동산이 모두 가능하나, 부동산의 경우에
는 실제로 담보거래가 활발하지 않다. 프랑스의 유보소유권도 우리와 마
찬가지로 공시되지 않는다. 이러한 점은 일반적인 프랑스의 물적 담보의

특성과는 거리가 있다. 프랑스의 소유권유보는 물적 담보 중 소유권담보로서의 특성과 효력이 있다. 따라서 목적물에 대한 우선변제적 효력은 없으나, 이를 추급할 수는 있고 대신 이에 대한 청산절차를 밟아야 한다. 또한 물적 담보로서 물상대위성이 인정된다. 프랑스의 소유권유보는 대금채권의 변제로 소멸하고, 특약이 없는 한 가공·부합으로 소멸하며, 제3자의 선의취득으로 소멸하게 된다. 그러나 담보권의 물상대위성으로 말미암아 유보소유권은 목적물의 멸실 또는 목적물의 전매 등으로 소멸하지 않는다.

제4장
우리나라의 소유권유보

제1절 소유권유보약정의 이용 및 다른 제도와의 비교

Ⅰ. 소유권유보약정의 이용

1. 매매계약 등에 관한 특약으로 이용

우리나라의 소유권유보는 매매계약과 함께 소유권유보에 관한 특약을 하는 소유권유보부 매매의 형식으로 이루어지고 있다. 매도인이 대금을 일시에 지급하기 어려운 경우에 소유권유보의 특약, 즉 소유권유보약정을 체결함으로써 매수인은 변제기를 연장하여 자금을 융통받게 되고, 매도인은 대금완제 시까지 여전히 소유권을 가짐으로써 매수인의 채무불이행에 대비하여 매매대금에 대한 담보를 받게 되는 이점을 가진다.

법원의 판결에서 처음 발견되는 소유권유보는 부동산에 관한 것이었다. 부동산물권변동에 관하여 의사주의 원칙이 적용되던 구민법하의 한 판례에서, 부동산에 대한 매매계약의 성립과 동시에 소유권유보를 특약하지 않는 한 소유권이 매수인에게 귀속하므로 매수인은 그 소유권에 기하여 전 소유자명의로 임대차계약을 체결하였다고 하더라도 이는 자기의 권리행사의 형식에 불과한 것이므로 사기죄가 되지 아니한다고 판시하면서 부동산의 소유권유보에 관하여 설시하였다.560) 이를 통하여 의사주의 원칙이 적용되던 구민법 하에서는 부동산에 관한 소유권유보가 행해졌음을 알 수 있다.

그러나 1960년 1월 1일 현행 민법의 시행으로 부동산의 물권변동에

---

560) 광주고등법원 1961. 7. 19. 선고 4293형공592 제1형사부판결.

관하여 형식주의가 채택된 이후로는, 앞선 재판례를 제외하면 모두 동산
의 소유권유보에 관하여 문제되었다. 중기의 소유권유보부 매매가 있었
던 경우 형사사건으로 문제된 적도 있다. 을이 갑회사로부터 중기를 갑
회사에 소유권을 유보하고 할부로 매수한 다음 병회사에 이를 지입하고
중기등록원부에 병회사를 소유자로 등록한 후 을의 갑에 대한 할부매매
대금 채무를 담보하기 위하여 갑명의로 근저당권 설정등록을 하였다. 위
중기는 을이 점유하고 있었는데 갑의 회사원인 피고인들이 합동하여 승
낙 없이 이를 가져간 경우, 목적물인 중기가 절도죄를 성립시키는 타인
의 물건인지 타인의 점유 및 권리의 목적이 된 자기재산이어서 권리행
사방해죄를 성립시키는지 문제된 것이다. 대법원은 이 경우 중기의 소유
자를 매도인으로 보아 매수인의 행위를 특수절도죄에 해당한다고 판시
하였다.[561]

최근의 판례를 살펴보면 실무에서 의약품의 매매계약에서 소유권유
보특약[562]이 행해지고 있고, 제조업자와 건설업자의 승강기설치계약,[563]
이동통신사와 대리점 간의 휴대폰 단말기 공급계약[564] 등과 같은 제작

---

561) 대법원 1989. 11. 14. 선고 89도773 판결.
562) 한국의약품유통협회가 제정하여 공정거래위원회와 협의를 추진하고 있는 의
    약품표준거래계약서에는 소유권유보특약이 포함되어 있다. 2016년 11월 23일
    약업신문 기사 "유통협회, 표준거래계약서 공정위 재협의 추진" 참조(http://
    www.yakup.com/news/index.html?nid=201290&mode=view).
563) 대법원 2010. 11. 25. 선고 2010다56685 판결. 이 판결의 원심판결(서울남부지
    방법원 2010. 6. 17. 선고 2009나9398 판결)에 따르면, 당해 승강기설치계약에
    는 계약 제품의 소유권은 피고 회사의 대금 완불과 동시에 원고 회사로부터
    피고 회사에 이전되기로 하는 소유권유보특약이 포함되어 있었다.
564) 대법원 2010. 7. 29. 선고 2009다105253 판결[미간행].
    「이 사건 대리점 계약 제21조 제1항은 '일반적으로 피고가 원고에게 공급하는
    물품의 공급가격은 피고가 정하여 고지한 출고 가격을 기준으로 하여 원고와
    피고의 협의에 의해 결정한다'고, 제22조 제3항은 '피고가 공급한 물품의 소유
    권은 원고가 그 대금을 완납한 시점에 원고에게 이전되는 것을 한다'고, 제23

물공급계약에서도 소유권유보특약이 자주 행해지는 것을 알 수 있다. 이러한 소유권유보특약은 당해 거래의 약관에 규정되어 있는 경우가 많다. 이렇게 약관의 형식이 있는 경우에 소유권유보는 별도로 약관의 규제에 관한 법률의 통제를 받게 된다.

그 특약은 명시적, 묵시적으로 행해질 수 있고, 정지조건부로도 해제조건부로도 가능하다.[565] 또한 그 약정은 매매계약이 이미 체결된 후에도 별도로 체결할 수 있다. 즉 매수인이 조건 없이 완전한 소유권을 취득한 후에 소유권유보에 관한 합의를 통하여 그 소유권을 매도인에게 이전하는 형태가 되는 것이다. 이때 매수인은 점유를 계속하게 되므로, 민법 제189조에 기한 점유개정의 합의에 따라 매도인에게 소유권을 양도하게 되어, 마치 매수인에게로 점유이전이 있기 전에 소유권유보에 관한 합의가 이루어진 것과 같은 결과가 된다.[566]

조 제1항은 '원고는 물품의 인수와 동시에 물품대금을 전액 현금으로 변제하여야 한다. 단, 원고의 원활한 위탁대리점 영업행위를 지원하기 위하여 물품대금의 지급을 일정한 날까지로 유예하여 줄 수 있으며 이 경우 원고는 여신기일 내에 물품대금을 전액 현금으로 결제하여야 한다'…(중략)… 이에 따르면 원고가 피고로부터 이 사건 단말기를 인수할 당시 정해진 대금으로 이를 매수하되 그 소유권은 대금완납시점까지 피고에게 유보하기로 하고, 대금지급시기는 유예될 수 있으나 계약이 종료된 경우에는 그 기한의 이익을 상실하여 즉시 지급할 의무가 있음을 알 수 있는데, 이러한 단말기의 공급에 관한 법률관계는 단말기의 공급과 이에 대한 대금의 지급을 기본으로 하는 소유권유보부매매의 실질을 갖는다할 것이고, …(이하 후략)」

565) 이승우, "한국 민법과 독일 민법상 소유권유보의 법리 비교", 비교사법 제10권 제4호, 2003, 205-234면.

566) 임건면, "소유권유보의 의의와 형태", 경남법학 제9집, 1994, 114면.

2. 할부거래의 일환으로 이용

소유권유보가 매매의 방식으로 행해질 때 매매대금에 관하여 변제기를 나누어 할부로 매매하는 경우가 있다. 이러한 경우에는 할부거래에 관한 법률의 적용을 받게 된다. 할부거래에 관한 법률이 제정된 1991년부터 할부거래 시 매수인에게 주지시켜야할 중요한 사항에 소유권유보 약정이 포함되어 있고, 이는 서면에 의하여야 하고(1991년 12월 31일 제정, 1992년 7월 1일 시행된 할부거래에 관한 법률 제4조 제7호), 목적물의 소유권이 매도인에게 유보되어 있는 경우에 매도인은 그 계약을 해제하지 아니하고는 그 반환을 청구할 수 없다(동법 제8조 제3항)고 하고 있었는데, 할부거래에 관한 법률 중 소유권유보에 관한 내용은 오늘날과 차이가 없다.[567] 과거 할부매매의 개념요소에 소유권유보를 포함시켜, 할부매매와 소유권유보부 매매가 언제나 동시에 성립하는 것처럼 보고 있는 견해도 있었다.[568] 그러나 소유권유보부 매매가 할부매매인 경우도 있지만, 모든 할부매매가 소유권유보부 매매인 것은 아니다. 즉 할부금의 완제 전에 매매목적물의 소유권을 매수인에게 이전해주는 매매는 소유권유보부 매매가 아니다. 예컨대 자동차 매매는 그 매매대금을 분할로 지급한다는 점에서 할부매매이지만, 자동차소유권이전등록이 할부금의 완제 전에 매수인에게로 이루어지므로 소유권유보부 매매는 아니다.[569] 일상생활에서 많이 이용되는 휴대전화, 냉장고, 세탁기 등의 할부계약도 마찬가지로 소유권유보부 매매는 아니다.

---

567) 1991년 할부거래에 관한 법률의 제정에 관한 의안과 심사보고서는 의안정보시스템 홈페이지에서 검색할 수 있다(최종검색 2020. 12. 09).
http://likms.assembly.go.kr/bill/billDetail.do?billId=012052
568) 엄영진, 할부매매의 법률관계, 대왕사, 1985, 177면; 이에 따르면, 할부매매의 개념요소에 소유권유보를 포함시켜 소유권유보부특약이 있는 경우에는 할부매매, 즉 소유권유보부 매매라고 하였다.
569) 김상용, 비교동산담보법, 법원사, 2011, 246면.

3. 동산담보제도의 일환으로 이용

소유권유보부 매매는 비전형담보의 일종으로 비점유질을 대체하는 수단으로 이용된다고 평가되기도 한다. 원칙적으로 우리 민법상 동산의 신용확보를 위해서는 질권을 설정하여야 하고, 동산에 저당권을 설정하는 형태의 비점유질인 동산저당은 민법상 인정되지 않기 때문에, 동산을 매개로 하여 신용행위를 할 때 동산의 거래와 신용행위를 결합하는 형태의 소유권유보의 특약이 행해지고, 이는 비점유질을 대체하는 수단으로 작용할 수 있다는 것이다.[570] 이러한 경제적 수단으로 이용되는 소유권유보부 매매로 유보된 소유권, 즉 유보소유권의 법적성질을 담보권으로 설명할 수 있을지 여부에 대해서는 우리나라에서 견해가 대립된다. 이에 관하여는 본장 제2절에서 상세히 살펴보기로 한다.

II. 다른 제도와의 관계

동산거래에 있어서 신용의 담보를 위하여 소유권유보약정 이외에도 운용되는 여러 제도가 있다. 여기에서는 소유권유보와 유사한 역할을 하는 제도들을 살펴보고, 이러한 제도에도 불구하고 소유권유보약정이 행해지는 이유에 대해 고찰해 보도록 한다.

---

570) 김재국, "동산의 소유권유보", 민사법연구, 제11권 제1호, 2003, 163면.

1. 금융리스

가. 정의

리스는 물건을 빌려주는 사업을 말하며, 리스에는 금융리스와 운용리스가 있다. 운용리스는 리스업자가 새로 취득 또는 대여 받은 물건을 리스 이용자에게 대여하는 것으로 민법의 임대차 규정(민법 제618조부터 제654조까지)이 적용된다.[571] 우리가 쉽게 살펴보는 자동차 리스가 그것이다. 소유권유보와 대비되는 리스는 금융리스를 말하고, 이는 상법상 기계·시설 기타 재산의 물융(物融)에 관한 행위를 의미한다(상법 제46조 제19호, 상법 제168조의2부터 제168조의5까지).[572] 따라서 이하에서는 운용리스를 제외하고 금융리스와 소유권유보만을 비교하여 논하기로 한다.

리스의 실질적인 중요성은 운용리스보다는 금융리스에 있다. 리스는 각국에서 소유권유보와 유사하게 특별한 담보의 역할을 하고 있기 때문이다.[573] 즉 리스를 통하여 설비투자나 장비 등의 매수에 필요한 현금이

---

571) 김화진, 상법강의, 제2판, 박영사, 2015, 149면; 石田文次郎, 擔保的作用より見たる所有權留保契約, 法學新報 41卷 6号, 1931, 839頁.

572) 영미법에서 리스는 동산 또는 부동산 등 물건의 소유자가 타인에게 일정한 기간 동안 그 물건을 사용·수익하게 하고 그 대가로 차임을 지급받기로 하는 약정을 의미하는 것으로 일상적인 임대차를 가리키는데 지나지 않았다. 그런데 19세기 후반 미국에서 기계설비 등을 임대형식으로 이용하는 제도가 나타났고, 제2차 세계대전을 계기로 기계설비에 대한 투자확대의 요청에 따라 여러 리스가 급속히 발전하였다. 손주찬 대표편집, 주석상법, 제3판총칙·상행위(2), 김진환 집필부분, 한국사법행정학회, 2003, 390면 참조.

573) 앞서 살펴본 바와 같이 프랑스에서는 금융리스가 소유권유보와 함께 대표적인 소유권을 이용한 담보의 하나로 인정되고 있으며, 그밖에 국가에서도 리스는 소유권을 이용한 담보로 인정되고 있다(E.-V. Kieninger(ed), *op. cit.*, p.595 이하 참조).

없는 사업자에게 여신을 확보하는 역할을 한다.[574] 리스거래에서는 리스회사, 리스이용자, 공급자의 3당사자가 관여하게 되는데, 이들 중 리스회사와 리스이용자 간에는 리스계약이, 리스회사와 공급자 간에는 물건의 매매계약(또는 제작물공급계약)이 체결되나, 리스이용자와 공급자 사이에서는 물건의 선정, 구입조건의 결정을 위한 교섭은 있지만 법률적으로 아무런 계약관계가 존재하지 않는다는 특징을 가진다.[575] 그 중에서도 소유권유보와 비교의 대상이 되는 금융리스는 리스기간 만료 시 리스물건의 잔존가치가 없는 것으로 보고 리스제공자가 리스물건의 취득원가 등 투하자본 전액을 회수할 수 있도록 리스료총액이 산정되는 소위 전부상각리스(full pay out lease)를 말한다.[576]

이러한 금융리스계약의 법적성질에 관하여는 견해가 대립된다. 리스계약이 특수임대차계약이라는 설, 비전형계약이라는 설, 특수소비대차라는 설, 제3당사자계약이라는 설이 그것이다.[577] 판례는 이 중에서 일관되게 리스계약을 비전형계약으로 보고 있다.[578]

---

574) 김화진, 전게서, 149면.
575) 손주찬 대표편집(김진환 집필부분), 전게서, 391면.
576) 금융리스에는 전부상각리스 이외에도 부분상각리스(partial pay out lease)가 있다. 부분상각리스는 리스기간 중 리스료 지급에 의하여 리스물건 취득원가 등 투하자본의 일부만을 회수할 수 있는 조건의 금융리스를 말하는 것으로 이 경우에는 회생절차에서 금융리스와 운용리스 중 어느 것에 해당할 것인지 명확하지 않게 된다(한민, "자산금융과 최근 도산법 쟁점", BFL 제90호, 2018, 76면). 금융리스 가운데에 대부분이 전부상각리스이지만, 자동차·컴퓨터·건설기계 등은 잔존액을 견적한 부분상각리스로 행해지고 있다. 이 경우 부분상각리스는 리스 물건에 대한 하자담보책임과 물건의 노후에 대한 위험을 리스회사가 부담하게 된다. 운용리스는 통상 부분상각리스로 이루어진다(소건영, 리스거래법론, 법문사, 1997, 45면 참조).
577) 손주찬 대표편집(김진환 집필부분), 전게서, 411-418면 참조.
578) 대법원 1987. 11. 24. 선고 86다카2799,2800 판결.
　「리스(시설대여)계약은 리스(시설대여)회사가 리스이용자가 선정한 특정물건

상법에서는 리스계약에 관한 규정 이외에는 그밖에 리스의 사법관계에 적용될 다른 규정을 두고 있지 않으며, 별도로 여신전문금융업법 제2조 제10호를 통해서 행정상 통제가 가해진다. 따라서 리스거래에 관한 사법적 법률해석은 당사자 사이의 의사해석 또는 약관의 내용통제의 측면만이 문제된다.[579]

나. 공통점

소유권유보와 금융리스는 모두 경제적으로 신용공여의 기능을 하며, 계약체결시 해제약관, 실권약관, 기한이익상실약관, 위약금약정 등 엄격한 거래조건을 약관으로 규정하고 있다.[580] 그리고 금융리스에서 시설설비 및 물건을 대금의 완납 전에도 리스이용자가 점유하고 사용할 수 있고(상법 제168조의4 제1항), 위험부담을 리스이용자가 진다는 점에서 유보매수인의 지위와 유사하다.[581] 또한 리스이용자가 도산절차에 들어

을 새로이 취득하여 그 물건에 대한 직접적인 유지관리책임을 지지 아니하면서 리스이용자에게 일정기간 사용케 하고 그 기간에 걸쳐 일정대가를 정기적으로 분할지급 받음으로써 그 투자금을 회수하는 것을 내용으로 하는 것으로서 형식에 있어서는 임대차계약과 유사하나 그 실질은 물적금융이고 임대차계약과는 여러 가지 다른 특질이 있기 때문에 리스(시설대여)계약은 민법의 임대차에 관한 규정이 바로 적용되지 아니한다.」

579) 손주찬 대표편집(김진환 집필부분), 전게서, 391-392면.
580) 소건영, 전게서, 176면 참조.
581) 원칙적으로 쌍무계약에서는 채무자위험부담주의(민법 제537조)가 원칙이어서, 리스회사가 위험을 부담하는 것이 원칙이다. 그러나 리스약관에서는 통상 채무자위험주의의 중대한 예외를 인정하여 리스이용자는 천재지변 기타 이유 여하를 막론하고 사실상 물건을 인수한 때로부터 리스회사에 물건을 반환할 때까지 발생한 물건의 멸실 또는 훼손에 대한 모든 책임과 위험을 부담한다고 정한다(황한식, "리스계약의 법적 성질", 리스와 신용거래에 관한 제문제[상], 법원행정처, 재판자료 제63집, 1994, 95면; 홍성만, "리스계약과 위험부담", 리스와 신용거래에 관한 제문제[상], 법원행정처, 재판자료 제63집, 1994, 292면.

간 경우에 소유권유보의 경우와 마찬가지로 리스계약을 미이행쌍무계약
으로 보아, 채무자 회생 및 파산에 관한 법률 제119조 또는 제335조의 적
용이 가능한지에 관하여 견해가 대립한다. 학자들은 양자를 동일하게 취
급하여, 채무자 회생 및 파산에 관한 법률 제119조 또는 제355조 상의 미
이행쌍무계약이라고 보는 견해도 있고, 이를 부정하는 견해도 있었
다.[582] 현재 서울중앙지방법원 파산부의 실무는 리스회사는 법정 또는
약정해지권을 행사하지 못하고, 리스물건을 반환받을 수 없으며, 도산절
차개시 전에 발생한 리스료채권은 도산절차에 의하지 아니하고는 변제
받을 수 없고, 리스료채권은 회생담보권 또는 별제권으로 취급된다고 한
다.[583] 그러나 금융리스는 미이행쌍무계약에 해당하는 것으로 보아야
한다. 리스물건의 사용·수익권의 부여는 리스이용자에게 리스물건을 인
도하는 것 이외에 리스기간 동안 리스이용자의 리스물건의 사용·수익을
승인하고, 리스이용자의 사용·수익권을 방해하는 행위를 하지 않는 것
을 의미한다. 따라서 리스이용자는 리스기간 중 리스료채권을 부담하며
이를 사용·수익하면, 리스회사는 리스기간 중 리스물건과 관련된 세금
과 손해보험계약의 갱신 및 보험료의 지급의무를 계속적으로 부담하게
된다.[584] 이러한 양자 간의 채무는 리스계약에 있어서 주된 채무로 인정
된다. 따라서 리스기간 기간 동안 리스회사는 리스이용자에게 쌍무계약
을 미이행한 것이 되어, 리스물건은 환취권의 대상이 되는 것이다.[585]

---

582) 소건영, 전게서, 402-406면 참조.

583) 서울지방법원, 회사정리실무, 2001, 179-180면 참조; 서울지방법원, 파산사건실
무, 2001, 89면 참조. 이러한 실무에 대하여 리스회사와 관리인 또는 관재인이
별다른 이의를 제기하지 않고 있다고 한다. 그러나 실질이 금융이면 형식도
금융이라는 것을 근거로 하는 이러한 도산실무에 대해서는 입법적인 어떠한
근거도 없는 것으로 타당하지 않다(이연갑, "리스계약과 도산절차", 민사판례
연구(28), 박영사, 2006, 977면 참조).

584) 소건영, 전게서, 402면 이하 참조.

585) 이연갑, 전게논문, 955면; 김영주, 도산절차상 미이행 쌍무계약에 관한 연구,
서울대학교 대학원 박사학위논문, 2013, 196면.

다. 차이점

소유권유보와 금융리스는 소유권의 귀속 주체, 계약체결의 목적이 금융인지 여부, 부채비율·유동비율 등의 재무구조에의 영향이 미치는지 여부가 다르다. 즉 소유권유보부 매매는 매매계약이 체결되더라도 매도인이 여전히 소유권을 가지고 대금완제 시 소유권이 매수인에게 인정됨에 반하여, 금융리스의 경우에는 리스물건의 소유권이 리스회사에 있고, 이를 리스이용자가 임차하는 형식을 취한다. 또한 소유권유보부 매매에서는 매매가 주된 목적이므로 금융은 매매를 위한 수단에 불과하지만, 금융리스의 경우에는 리스이용자의 금융이 주된 목적이 된다. 그리고 소유권유보부 매매로 인하여 발생한 대금채무로 인하여 매수인이 회사인 경우 부채비율, 유동비율 등 재무구조에 부정적인 영향을 받게 된다. 그러나 금융리스의 경우에는 이용자가 회사이더라도 재무구조에 어떠한 부정적인 영향도 미치지 않는다. 물품의 매매대금이 대차대조표에 부채로 표기되지 않기 때문이다. 따라서 실무상 자금력이 적은 회사에서 많이 이용되고 있으며, 그밖에 고가의 장비를 영업상 이용하기 위한 개인사업자도 이를 많이 이용한다.[586)]

라. 검토

리스는 구매력이 없는 매도인에게 금융을 제공하여 경제주체로서 활발한 경제활동을 가능하게 하지만, 기본적으로 상행위에 관한 것이어서 일반 민사상 소유권유보부 매매와는 차이가 있다. 즉 민사상 소유권유보부 매매와 법률 주체를 달리한다. 또한 소유권유보부 매매는 매매계약을 이용하고, 리스는 임대차를 이용한다는 점에서 차이가 있다. 그러나 양

---

586) 황한식, 전게논문, 66-67면.

자 모두 목적물의 소유권을 이용하여 자금을 조달하는 금융수단으로서의 역할을 한다는 공통점을 가진다.[587]

2. 양도담보

가. 정의

양도담보란 채권을 담보할 목적으로 채무자 또는 제3자로부터 물건 기타의 재산권을 채권자에게 이전하고, 채무가 이행되면 목적물을 그 설정자에게 반환하지만 채무불이행이 있는 경우에는 목적물로부터 채권의 우선적인 만족을 얻는 담보를 말한다.[588] 양도담보는 권리이전형 담보로 칭해지기도 하며, 부동산, 동산, 채권 등 각종 권리를 목적으로 할 수 있다.[589]

나. 공통점

동산양도담보의 경우에 중소기업인이 그의 기업시설인 동산을 스스로 점유하고 이용하면서 이를 담보에 제공하고 자금을 얻는 수단으로 많이 활용된다는 점에서[590] 매매대금에 대한 담보로 기능하는 소유권유보와 유사하다. 담보적 기능을 중시하는 견해 중에는 소유권유보를 양도담보와 같은 변칙적인 담보제도로 소개하기도 한다.[591]

---

587) 이러한 의미에서 프랑스에서는 금융리스(crédit-bail)는 소유권유보와 더불어 대표적인 소유권을 이용한 담보(garantie)로 정의된다(J. Mestre, E. Putman et M. Billiau, *op. cit.*, n°19).

588) 양창수·김형석, 민법Ⅲ 권리의 보전과 담보, 제3판, 박영사, 2018, 499면.

589) 전형담보는 물권이 갖는 교환가치만을 지배하는 담보물권인데 반하여 변칙담보는 교환가치를 넘어 그 물권의 사용가치를 포함한 소유권을 이전해 주는 방법에 의한 담보제도이다(김상용, 전게서(주 569), 188면).

590) 곽윤직·김재형, 전게서(주 382), 567면.

591) 이에 관한 자세한 사항은 이 책 제4장 제2절 참조.

다. 차이점

소유권유보부 매매는 얼핏 일단 매수인에게 소유권이 이전되었다가 매수인이 이를 매매대금채무의 담보로 매도인에게 다시 양도담보한 것처럼 보이기도 한다.[592] 그러나 양자는 다음과 같은 차이가 있다. 첫째, 양도 담보설정자는 자신의 물건을 담보를 위해 제공하고 당사자의 약정으로 목적물을 사용·수익하기 때문에 양도담보에서는 물건의 담보제공행위가 존재한다. 그러나 소유권유보는 물건의 매매대금채권의 담보의 목적으로 단지 소유권이 유보된다는 점에서 물건의 담보제공행위가 필요하지 않다.[593] 둘째, 소유권유보는 상품을 외상으로 판매함으로써 신용을 제공하는 물품신용(Warenkredit)이나, 양도담보는 금전신용(Geldkredit)에 해당한다. 따라서 양도담보는 피담보채권이 목적물과 관련 있을 것을 요하지 않지만, 소유권유보의 피담보채권은 원칙적으로 당해 물건의 대금채권에 한정된다.[594] 셋째, 양도담보 계약 체결 전에는 채무자가 소유권을 가지다가 계약으로 소유권이 채권자에게 넘어가는 반면, 소유권유보 계약 체결 시에는 계약 체결 전후로 모두 소유권이 매도인(채권자)에게 있다는 점에 차이가 있다. 넷째, 양도담보에서는 그 설정계약 상 소유권의 이전에 관한 합의가 있는데, 소유권유보에서는 소유권의 유보에 관한 합의가 있다.[595] 다섯째, 소유권유보의 경우에는 목적물의 대금과 매매대금이 원칙적으로는 동일하고 실행 시 평가대금도 거의 차이가 없는 반면, 양도담보의 경우에는 통상 목적물의 대금과 피담보채무액의 차이가 크다.[596]

---

592) 양창수, 민법입문, 제7판, 박영사, 2018, 396면.
593) 石口修, 전게서, 352頁.
594) 이은영, 물권법, 박영사, 1998, 726면; 김재국, 전게논문, 164면.
595) 이은영, 전게서(주 594), 726면.
596) 米倉明, 擔保法の研究, 新靑出版, 1997, 17頁.

라. 검토

이처럼 양도담보는 일반 담보물권과 같이 일반채권에 대한 순수한 신용담보제도이지만, 원칙적인 소유권유보는 당해 계약상 채권의 담보를 위하여 소유권을 유보하는 방식의 계약상 메커니즘일 뿐이다.[597] 그러나 소유권유보의 대상채권이 특정 매매대금에 대한 담보 뿐 아니라, 계속적 매매계약상의 채권이나 목적물의 전매채권인 경우에는 소유권유보를 양도담보에 가깝게 볼 수 있다. 이렇게 양도담보에 준하게 되는 소유권유보의 유형에 관해서는 해당 부분에서 상술하기로 한다.[598]

3. 동산·채권담보

가. 정의

원래 동산과 채권의 담보로는 민법이 정하는 질권(제329조, 제345조)과 거래계에서 발달해 온 양도담보가 존재하고 있다. 그런데 민법이 정하는 동산담보인 질권이 엄격한 점유질의 원칙에 의해 실제 거래계에서 활용하지 못하고 있었으며, 이에 대처하기 위해 발전한 점유개정을 통한 양도담보의 경우에도 여러 문제가 제기되고 있었다. 즉 법률관계가 명확하지 않으며, 점유개정을 통한 담보설정으로 그것이 공시되지 않는다는 문제와, 쉽게 목적물이 반출되어 선의취득의 방법으로 양도담보가 침해될 가능성이 높다는 문제, 그리고 소유권을 담보로 제공하기 때문에 하나의 담보물에 대하여 여러 사람에게 제공할 수 없다는 문제가 발생하는 것이다.[599] 이러한 문제점을 해결하기 위해 제정된 법률이 동산·채권

---

597) 石口修, 전게서, 352頁.
598) 이에 관하여는 후술하는 이 책 제4장 제3절 II 참조.
599) 김형석, "동산·채권 등의 담보에 관한 법률에 따른 동산담보권과 채권담보권",

등의 담보에 관한 법률이다.[600] 이 법에 따라 담보로 제공할 부동산이 부족한 중소기업이 실물재산에 대해 담보를 확보할 수 있게 되었다. 이를 통하여 기계·가구 등의 유형자산, 재고자산, 농·수·축산물, 매출채권을 담보로 제공하고 금융기관을 통해 대출받을 길이 열리게 되었다.[601]

나. 소유권유보와의 공통점과 차이점
- 동산·채권 등의 담보에 관한 법률에 따른 담보약정에 소유권유보가 포함되는지 여부

동산·채권 등의 담보에 관한 법률에 따른 담보약정은 양도담보 등 명목을 묻지 아니하고 동법에 따라 동산·채권·지적재산권을 담보로 제공하기로 하는 약정을 말한다(동산·채권 등의 담보에 관한 법률 제2조 제1호). 따라서 학설상 소유권유보약정이 이러한 담보약정이 될 수 있는지 문제되기도 한다. 소유권유보약정은 통상 물건의 매매대금채권에 관한 담보를 위해 행해지는데, 법문이 명시적으로 이를 배제하고 있지 않기 때문에 그것이 동산·채권 등의 담보에 관한 법률에 따른 담보약정이 될 수 있는지 문제되는 것이다.

유보소유권을 동법에 의한 담보권으로 해석하는 경우, 동산·채권 등의 담보에 관한 법률에 따른 담보권과 동일한 역할을 할 수 있고, 이것이 동법의 입법자의 의도로 여겨지기도 한다.[602] 우리법상 신설된 동산·채권담보권 이외의 기존의 소유권을 이용한 비전형담보, 즉 양도담보나

서울대학교 법학 제52권 제3호, 2011, 192-194면 참조.

600) 이에 대한 선행연구로는 김현진, 「동산·채권 등의 담보에 관한 법률」연구 : 主要 內容과 現代化의 課題, 서울대학교 박사학위논문, 2011; 정소민, 채권담보제도에 관한 연구 - 동산·채권 등의 담보에 관한 법률을 중심으로-서울대학교 박사학위논문, 2012가 있다.

601) 이시윤, 신민사집행법, 박영사, 2014, 518면.

602) 김현진, 전게서, 437면 주 9 참조.

소유권유보와 병존하는 것으로 입법된 것으로 볼 수 있지만,[603] 소유권
유보가 원칙적으로는 통상 행해지는 매매계약에 결부하여 매매계약에
있어서의 동시이행항변권에 기한 매매대금채권의 담보적 기능을 하는
제도라는 점에서, 이러한 원칙적인 유보소유권까지 동법에 있어서의 담
보권으로 편입하는 것이 부적절할 수는 있다. 그러나 실정법에 의한 담
보권이 입법되어 있는 이상 당사자들이 담보등기를 하고자 하면 이를
막을 이유가 없을 것이다.[604] 이 경우에는 동법에 따라 등기된다고 하더
라도 기존의 소유권유보와 병존하는가?[605] 담보권의 등기로 기존의 소
유권유보가 병존한다고 보면 5년의 담보권존속기간 동안 양 권리가 경
합하여 인정되게 될 것이다. 그러나 양 권리를 경합하여 병존한다고 보
는 경우에는 당사자의 권리관계가 복잡해지고, 채권자가 이 권리를 담보
권화 하여 동산담보권으로 변경한 이상 당사자의 의사는 담보등기를 통
하여 담보권으로 변경함으로써 기존의 소유권유보에 관한 권리를 포기
하는 것으로 해석하여야 할 것이다. 다만, 동산담보권을 등기하기 위한
등기부는 양도담보나 소유권유보와 같은 비전형담보를 등기하기에는 적
합하지 않은 면이 있다. 동산담보권이 등기되기 위해서는 등기부에 담보
권자, 담보권설정자, 담보목적물 등이 기재되어야 한다(동법 제47조 제2

---

603) 김재형, 전게논문(주 64), 655면 이하 참조.
604) 김재형, 전게논문(주 64), 671면.
605) 기존의 담보가 동법에 의한 담보약정 및 등기로 소멸하는지, 병존하는지 여
부는 양도담보에서도 문제되었다. 실무에서는 A가 甲에 대한 동일한 채권을
담보하기 위해 甲소유의 동일한 동산에 대해 먼저 동산담보권설정계약을 체
결하고 담보등기를 마쳐 동산담보권을 취득하고, 그 이후 1주일이 지나 양도
담보권설정계약을 체결하고 점유개정에 의한 인도를 받아 양도담보권을 취
득한 경우에도, 권리취득의 선후가 뒤바뀌었을 뿐 달리 볼 이유는 없으므로
양 권리는 겸유·병존한다고 보기도 하였다(법원행정처 사법지원실, 동산·채
권담보 집행절차 해설, 법원행정처, 2013, 124-125면. 이에 대해서는 하순일,
"동산담보등기를 이용한 담보권설정 및 그 효력에 관한 제문제-집합동산을
담보로 제공하는 경우를 중심으로", 사법논집 제59집, 2014, 529면 주6 참조).

항). 그러나 양도담보나 소유권유보의 경우에는 소유권담보로서 담보목적물의 소유자가 담보물을 제공해야 하기 때문에 담보권자와 담보권설정자가 동일하게 될 수밖에 없는 것이다. 따라서 실제 비전형담보를 동산담보권으로 등기할 수 있음이 법상 인정된다(동법 제2조 제1호)라고 하더라도 사실상 동산담보권으로 이용되지 못하는 양상이 계속되고 있다.

4. 소결

이상 살펴본 바와 같이, 소유권유보는 리스, 양도담보, 동산·채권담보권과 동일한 제도가 아니다. 위에서 살펴본 모든 제도가 신용의 취득방식으로 이용되고 있지만, 각 제도는 당사자의 계약체결의 자유의 원칙상, 그리고 경제적으로 유리한 방향으로 당사자의 선택에 의해 체결된다. 통상 소유권유보는 동산매매에 있어서 많이 이용되고, 리스는 고가의 장비를 회사가 구입하는 경우에 많이 이용된다. 또한 동산·채권 등의 담보에 관한 법률상의 동산·채권담보약정은 담보목적물이 유형자산, 재고자산, 농수축산물, 매출채권에 대해 행해진다.606)

이들 담보수단 중 기존의 소유권유보약정은 리스와 같은 세제 혜택을 받을 수 없지만, 공시수단 없이도 당사자의 약정에 의하여 간편하게 신용을 제공받을 수 있다는 점에서 유리하다. 특히 동산·채권 등의 담보에 관한 법률상의 담보약정에 비하여, 담보를 위한 별도의 등기비용이 들지 않고, 동산·채권 등의 담보에 관한 법률상의 5년의 담보권 존속기간607)에 제한되지 않는다는 점에서 유리하다.

---

606) 이성재, "동산담보대출제도 도입경과 및 향후 추진방향", 저스티스, 2013, 50면.
607) **"동산·채권 등의 담보에 관한 법률 제49조**(담보권의 존속기간 및 연장등기) ① 이 법에 따른 담보권의 존속기간은 5년을 초과할 수 없다. 다만, 5년을 초과하지 않는 기간으로 이를 갱신할 수 있다."

제2절 종래 우리법상의 논의

Ⅰ. 종래 우리법상 논의의 특징

1. 법적성질 중심의 견해 대립

우리 법에서도 소유권유보약정의 존재와 그 유효성에 대해서는 학설과 판례가 모두 인정하고 있지만, 그 법적성질에 관하여는 종래부터 견해가 대립한다. 종래 학설의 대립에 대해서는 그 분류가 용이한 것은 아니나, 소유권유보의 법적성질을 기초로 하여 크게는 소유권유보를 정지조건부 소유권이전설로 설명하는 견해와 담보권으로 보는 견해로 대비될 수 있다.[608] 이에 대하여 대법원 판례는 소유권유보에 대하여 매매계약상 물권적 합의에 정지조건이 달려있는 매매로 보고 있어 소위 정지조건부 소유권이전설의 입장에 따른다고 해석되고 있었으나,[609] 최근 도산절차에 있어서 소유권유보를 실질적 담보에 준하여 해석하는 입장을 취함으로써 이러한 논의가 더욱 실질적인 의미를 갖게 되었다.[610]

이렇게 견해가 대립하는 이유는 소유권유보가 소유권을 담보로 이용

---

608) 송덕수, 신민법강의, 박영사, 2011, 1420면; 이에 대하여 소유권유보의 법적성질을 검토하여 크게 소유권유보를 소유권적으로 구성하는 견해와 담보권적으로 구성하고, 담보권적으로 구성하는 견해에도 물권적 기대권으로 이를 설명하는 견해와 양도담보와 같은 변칙적인 비전형담보 또는 담보물권이라고 하는 견해가 있다고 한다(문용선, "소유권유보부매매목적물의 제3취득자의 지위", 재판자료 제63집, 리스와 신용거래에 관한 제문제(상), 1994, 446-449면 참조).

609) 대법원 1999. 1. 26. 선고 97다48906 판결.

610) 대법원 2014. 4. 10. 선고 2013다61190 판결.

하는 제도라는 점에서 기인한다. 우리 민법상 소유권은 목적물에 대한 사용·수익·처분의 완전한 권리이다(민법 제211조). 소유권은 원칙적으로 담보목적으로 이용될 것을 전제로 하는 것이 아니다. 우리 민법상 물건의 소유권의 사용·수익권을 분리하여 별도의 용익물권으로, 그리고 처분권은 담보물권으로 분리하여 이용하는 민법상의 전형물권 외의 물권을 예정하고 있지 않기 때문이다. 그러나 실무상 양도담보와 함께 소유권이 담보로 이용되고 있는 것이 있는바, 이것이 소유권유보부 매매에 있어서의 소유권유보이다.[611)

2. 유보소유권이 담보물권인지 여부

현재 우리 법에서 소유권이 담보로 이용되는 양상이 프랑스와 같이 담보물권의 형식으로 인정될 수 있는지가 문제된다. 즉 소유권유보가 단순한 매매계약상의 정지조건부 소유권이전으로 대금채권의 담보로서 작용할 뿐인지, 아니면 그로 인하여 매도인이 취득한 유보소유권이 담보물권으로서 자리매김할 수 있는지에 관한 것이다. 기존의 우리 학설들은 이 문제를 기초로 하여 소유권유보의 해석을 전개해 나갔다. 학설이 소유권유보를 어떻게 보는지에 따라 일정한 경우에 해석론이 달라지기도 한다. 이 장에서는 소유권유보에 관하여 법적성질에 따라 달리하는 견해를 소개하고, 그 견해에 따라 법적성질, 대상, 유형, 효력 등에서 어떻게 달라지는지를 살펴보도록 하겠다. 그와 함께 대법원 판례도 어떠한 태도를 취하는지 함께 살펴본다. 그리고 각 해석론의 문제점을 밝히고, 사견을 전개해 나가기로 한다.

---

611) 이러한 소유권이 유보되는 담보 즉 권리유보부담보 또는 소극적 권리이전형 담보라고 할 수 있다(양창수, 전게서, 396면).

Ⅱ. 학설

1. 정지조건부 소유권이전설

가. 채권설

1) 소유권유보의 의의

이 견해에 따르면, 소유권유보는 대금의 완제를 정지조건으로 하는 소유권양도이다. 여기서 정지조건이 붙는 계약은 소유권양도의 물권적 합의이며, 채권계약인 매매 자체는 무조건 성립하고 효력을 발생한다. 이때 매도인은 대금이 완제될 때까지는 적어도 대외적으로는 완전한 소유자이다.[612] 이 견해는 주로 물권적 기대권론이 도입되기 전에 주장되던 것으로 소위 소유권적 구성이라고도 분류되기도 한다.[613]

2) 매도인과 매수인의 지위

이때 매도인은 대금이 완제될 때까지는 적어도 대외적으로는 완전한 소유자가 된다. 반대로 매수인은 대외적으로는 채권만을 가지고 있다. 그러나 그렇다고 하더라도 매수인이 크게 불리하지는 않다. 왜냐하면, 매수인은 채권양도의 방법에 따라 그의 채권을 처분할 수 있으며,[614] 매도인이 그에게 소유권이 유보되어 있음을 기화로 그 목적물을 제3자에게 처분한 경우에는 매수인은 점유권 및 유치권에 의해 보호될 수 있기 때문이다.[615] 또한 소유권유보부 매매는 매수인에게 대금을 완납하면

---

612) 이태재, 채권각론신강, 진명문화사, 1978, 197-198면; 김주수, 채권각론(上), 삼영사, 1989, 213-214면.
613) 이태재, 전게서, 198면; 송덕수, "민법학과 나의 삶", 고시계, 2008. 6, 147면; 강태성, "소유권유보부 매매의 법적 구성과 효력", 법학논고 제9집, 1993, 53면.
614) 다만, 이때 채권양도의 대항요건은 갖추어야 한다(민법 제450조).
615) 강태성, 전게논문, 53면.

자동적으로 소유권을 이전받는 매매의 일종이므로 매수인은 대금지급의
무를 이행할 의무를 질뿐이고, 별도의 특별한 보호가 필요하지 않다. 다
만, 소비자인 매수인의 보호가 필요한 경우에는 매수인에 대한 할부거래
에 관한 법률에 따른 규정에 따라 계약체결 전에 정보가 제공되어야 하
고(할부거래에 관한 법률 제5조), 서면으로 계약이 체결되어야 하며(동
법 제6조), 일정기간 내에는 철회(동법 제7조)할 수 있는 등의 규율을 통
하여 매수인을 보호하면 되고, 소유권유보약정이 약관에 있는 경우에는
불공정약관에 관한 약관의 내용통제 등 약관규제에 관한 법률을 통하여
매수인을 보호하면 될 뿐이다.[616]

나. 물권적 기대권설

1) 소유권유보의 의의

정지조건부 소유권이전의 법리를 독일의 물권적 기대권을 차용하여
설명하고자 하는 견해가 있다.[617] 그에 따르면 매도인에게 유보된 소유
권의 내용과 효력은 소유권유보의 담보적 목적에 국한하여 이해해야 할
것이며, 매수인의 지위도 목적물에 대한 소유권취득을 위하여 그가 이미
지급한 급부에 상응하고, 또 그의 주도에 의하여 완전한 소유권을 취득
할 수 있다는 기대를 법적으로 충분히 보장해주는 법적 구성이 이루어
져야 한다는 담보적 구성을 하는 입장이다. 이렇게 담보적 구성을 하면
서 정지조건부 소유권이전설을 주장하는 견해의 대표적인 것이 물권적

---

616) 약관규제에 관한 법이 제정 되기 전의 견해 중에는 이러한 약관의 해석과 효
    력에 관하여 진중한 배려를 요한다고 하기도 하였다(이태재, 전게서, 197면);
    김주수, 전게서, 213-214면.
617) 곽윤직, 채권각론 [민법강의 Ⅵ], 제6판, 박영사, 2005, 163-164면; 이영준, 물권
    법, 박영사, 2009, 1014면; 김증한, "물권적 기대권론", 서울대학교 법학 제17권
    제2호, 1976, 16면 이하; 최종길, "소유권유보부매매의 법률효과에 관한 연구-
    그 매수인의 법적지위를 중심으로", 서울대학교 법학 제9권 제2호, 1967, 80면.

기대권설이다.(618) 다만, 이러한 견해는 뒤에서도 설명하지만 판례와는
다르다.(619) 왜냐하면 판례는 명시적으로 물권적 기대권을 인정한 바가
없기 때문이다. 오히려 대금의 상당한 지급이 이루어진 경우에도 여전히
목적물의 소유권은 매도인에게 있으며, 매수인이 행한 처분을 무권한자의
처분행위로 보아 이를 전제로 매수인에게 형법상 횡령죄를 인정한다.(620)

2) 매도인과 매수인의 지위

소유권유보는 대금의 완제를 정지조건으로 하는 소유권양도이다. 여
기서 정지조건부인 것은 소유권양도의 물권적 합의이며, 채권계약인 매
매 자체는 무조건 성립하고 효력을 발생한다. 그러므로 매수인이 목적
동산을 인도받고 있더라도 소유권을 취득하지는 않으며, 그는 다만 소유
권이전에 관한 정지조건부 물권행위를 하고 있을 뿐이다. 따라서 매수인
의 소유권취득은 오직 대금의 완제라는 조건의 성취 여부에 의하여 좌
우되는 것이고, 대금의 완제가 있을 때에 당사자가 다시 물권적 합의를
할 필요는 없다. 여기서 매수인은 매도인의 의사와는 관계없이 조건이 성취
되기만 하면 법률상 당연히 소유권을 취득하게 하는 "기대(Anwartschaft)"를

---

618) 학설에 따라서는 물권적 기대권론과 정지조건부 소유권이전설을 동일한 견
해로 소개하기도 한다. 대표적으로는 양형우, "물권적 기대권론의 유용성", 민
사법학 제37호, 2007, 304면 참조. 그러나 채권설이나 양도담보와 유사한 변칙
담보설 같은 경우도 소유권유보가 정지조건부 소유권이전이라고 하는 것에
는 차이가 없다. 또한 양도담보와 유사한 변칙담보설의 경우에도 물권적 기
대권을 전제로 하고 있는 경우도 있다. 따라서 물권적 기대권론만을 정지조
건부 소유권이전설로 부르는 것은 타당하지 않다.

619) 대법원 1999. 9. 7. 선고 99다30534 판결, 대법원 2007. 6. 1. 선고 2006도8400
판결.

620) 유보매수인이 행한 처분은 무권리자가 한 것이라는 이유로 배척한 것은 정당
하다고 한 사례(대법원 2010. 2. 11. 선고 2009다93671 판결)와 임의처분한 유
보매수인에 대하여 횡령죄를 인정한 사례(대법원 2007. 6. 1. 선고 2006도8400
판결).

하나의 재산권으로서 보호한다.[621] 이는 독일에서 주창된 것으로 독일
의 통설·판례에 의해 확립된 것이다.[622] 물권적 기대권설에 따라 매수인
의 지위는 물권적 기대권을 가진 자가 된다.

　우리 민법은 특히 조건부 권리를 보호하는 규정(민법 제148조 참조)과
조건부 권리의 처분이나 상속·보존 또는 담보로 할 수 있다는 규정(민법
제149조)을 두고 있다. 따라서 민법의 해석으로서도 동산의 소유권유보부
매매에 있어서의 매수인의 지위를 "소유기대권(Eigentumsanwartschaft)"이
라는 물권적 기대권(dingliche Anwartschaft)으로서 인정하고 보호하는 것이
타당하다고 한다. 그러면서 학설은 이러한 기대권자인 매수인은 그의 기
대권을 현재의 재산권으로서 처분할 수 있고, 담보에 제공할 수 있으며
(민법 제149조 참조), 이에 대한 위법한 침해는 불법행위가 되어 손해배
상청구권을 발생케 한다(민법 제148조 참조)라고 설명한다.[623] 다만, 이는
대금의 완제 시 완전한 소유권으로 전환되므로, 매수인에 의해 기대권이
양도되어 제3자에게 이전된 경우에도 대금의 완제 시에 그 제3자가 소유
권을 직접 취득한다.[624]

---

621) Raiser의 정의에 따르면, 기대권은 완전한 권리의 취득을 위한 요건 중 일부는
　　이미 실현되어 있으나 아직 다른 또는 적어도 하나의 요건은 아직 실현되어
　　있지 않은 자의 권리취득의 전망이다. von Tuhr는 권리의 전단계 또는 생성
　　중인 권리라고 정의하기도 한다. 독일에서는 Raiser나 Enneccerus-Nipperdey와
　　같이 통상 기대(Anwartschaft) 또는 기대권(Anwartschaftrecht)을 구별하지 않고
　　있다(김증한, "물권적 기대권론", 민사법학 제1호, 1978, 6면).
622) BGHZ 28, 16; 원래 물권적 기대권은 독일의 법원과 법률가들에 의해 고안된
　　법적 개념으로, 아직 완제로 소유권을 취득하지는 못했지만 일부 변제로 인해
　　유보매수인의 증가하는 법적 이익을 가리키는 것이다. 이는 엄밀히 말하면 "물
　　권적 기대"이지 "권리"는 아니다(Baur/Stürner, Sachenrecht, Beck, 18.Auflange, 2009,
　　§ 59, n.32ff).
623) 곽윤직, 전게서, 163-164면; 최종길, 전게논문, 64면.
624) BGHZ 20, 88. 매도인이 소유권유보부 매매로 매수인에게 트럭을 매각하였다.
　　매수인은 몇 차례의 대금지급 이후에 그의 채권자(G)에게 점유개정(독일민법

이에 따르면 매도인은 소유자가 되고 매수인은 기대권자가 된다. 매수인이 매매할부금을 지급하면 할수록 매도인의 담보가 훨씬 더 가치가 있다. 그러한 담보의 경제적 가치는 매수인에 의한 계속적 할부지급으로 약정매매가를 초과한다. 그 한도 내에서 매도인의 법적 지위가 과도하게 보장된다. 이러한 결점은 매수인으로부터 변제받는 할부금이 많으면 많을수록 매도인의 소유권이 점점 약화되고, 매수인의 기대권은 그에 상응하는 정도로 강화되는 물권적 기대권(dingliches Anwartschaftsrecht)을 인정함으로써 방지될 수 있다고 한다.[625]

2. 양도담보와 유사한 변칙담보설 또는 담보권설

가. 소유권유보의 의의

매도인이 보유하는 소유권은 그 경제적 목적이 매매대금 채권의 담보에 있으므로, 그 형식보다는 실질을 중시하여 매도인의 유보소유권을 소유권으로서가 아니라 담보권으로 이해하는 견해를 양도담보와 유사한 변칙담보설 또는 담보권설이라고 한다.[626] 이 견해에 따르면 소유권유

제930조)의 방식으로 당해 트럭을 담보목적으로 양도하였다. 이때 매수인은 G에게 자신이 소유자가 아님을 명시하였으나, 매도인은 기대권의 이전을 통지받지 못하였다. 매수인의 또 다른 채권자(D)는 매수인으로 부터 당해 트럭을 압류하였고, 채권자(G)는 압류채권자(D)에게 제3자이의의 소를 제기하였다. 과거의 판례(RGZ 140, 223, 226)에 따르면 유보매수인이 대금을 완제하게 되면 채권자(G)가 소유권을 통과취득하는 것이므로 D의 압류가 효력이 있으나, 매수인에게 처분권을 부여한 매도인은 기대권의 이전에 관하여 알지 못하였더라도 G에게 소유권을 직접이전하기로 합의한 것으로 보아야 한다. 따라서 G의 제3자이의의 소가 인정된다. 당해 판례사안은 Baur/Stürner, op. cit., § 59, n.34 참조.

625) 이승우, 전게논문(주 565), 211면.

626) 이러한 견해를 양도담보권설이라고 하기도 한다(이승우, "우리법과 독일법의

보부 매매는 대금지급을 담보하는 일종의 담보제도로 질권(부동산의 경우에는 저당권), 또는 양도담보와 유사성을 가진다. 그러나 질권은 채무자가 자신의 소유물에 담보물권을 설정하는 것임에 대하여 소유권유보는 채권자가 자신의 물건에 대한 소유권을 보유하며, 질권이 설정된 경우 목적물을 환가하여 교환가치로부터 우선변제를 받을 수 있지만 소유권유보부 매매가 이루어진 경우에는 채권자가 계약을 해제하여 목적물을 회수함으로써 담보목적을 달성하게 된다는 점에서 질권과 다르다.[627] 법형식적인 소유권은 매도인에게 귀속되지만 그 실질은 잔존대금을 피담보채권으로 하는 담보권이라는 점을 감안하여 소유권의 내용과 효력은 가능한 한 이러한 담보목적에 제한하여 해석하는 것이 타당하다고 하는 견해나,[628] 채무자가 담보목적물을 취득할 수 있도록 여신을 제공한 자가 그 담보목적물에 대해 갖는 권리를 담보권으로 보아 특별히 보호하는 입법례에 따라 이를 취득담보권(acquisition financing)이라 하고 여기에 소유권유보와 리스가 포함된다고 하는 견해,[629] 물권적 기대권이라는 것이 우리 민법체계상 인정될 수 없다면 소유권유보에서의 매수인의 지위는 물권적 기대권의 사상적 근원을 가장 잘 포섭할 수 있는 피담보채무자 즉 소유권자로서 담보권을 설정한 자로 이해하여 이를 관습법상의 담보물권이라고 보아야 한다는 견해[630]도 양도담보와 유사한 변칙담

소유권유보의 실체법적 형성과 강제집행 비교 연구", 민사법연구 제8집, 2000, 166면); 고상용, 물권법, 법문사, 2001, 808면; 손건웅, "소유권유보약관부 월부매매에 대한 소고", 변호사 (VI), 1975, 68면; 김상용, "소유권유보부매매에 관한 한·독비교", 연세대학교 법학연구소, 2009, 17면; 이상태, 물권법, 법원사, 2011, 562면; 윤철홍, 물권법, 법원사, 2013, 575면.

627) 김학동, "소유권유보부매매의 법률관계", 민사법학 제27호, 2005, 470면.
628) 이에 더하여 권오승, 민법특강, 홍문사, 1994, 561면; 김형배, 민법학강의, 신조사, 2015, 807면; 이은영, 전게서(주 594), 726면.
629) 김현진, 전게서, 443면 참조.
630) 이에 따르면, 정지조건부 소유권이전설의 입장도 소유권유보의 실질은 대금채권의 확보를 위한 하나의 수단으로 보고 있고, 이때의 매수인의 지위를 물

보설 또는 담보권설에 포함된다고 할 것이다.

이 견해는 할부매매에서 매수인은 매도인에 대한 관계에 있어서 대금확보라고 하는 담보목적에 의한 제약을 받을 뿐 그 실상은 물건의 실질적 소유자로서 자기 소유물이라는 의식 하에 목적물을 사용·수익하는 데 있는 것이어서, 그 실제적 귀결은 매도인의 채권이 매수인의 소유물건의 소유권을 담보로 하고 있는 것과 다를 바 없고 그 실상은 동산의 양도담보의 경우와도 별로 다를 바 없다고 주장한다.[631] 또한 우리 판례도 통상의 양도담보는 특약이 없는 한 담보목적인 권리가 대내적으로는 채무자에게 있고 대외적으로는 채권자에게 귀속하는 형태를 취하고 있는데,[632] 할부매매에서의 소유권유보가 매도인의 채권담보에 그 목적이 있는 이상 매도인에게 유보되어야 할 소유권도 그러한 담보목적달성에 필요한 한도 내에서 남아있으면 족하다고 할 것이므로 할부매매의 경우도 양도담보의 경우와 같이 대내적 관계에서는 실질적으로 소유권이 매수인에게 이전되어 있고 대금채권의 지급담보를 위하여 대외적 관계에 있어서는 대금완제 시까지 소유권이 매도인에게 유보되어 있는 것이라고 해석할 수 있는 것이라고 한다.[633] 이와 같은 법리구성을 하게 되면, 가등기 담보 등에 관한 법률을 소유권유보에 유추적용할 수 있으므로 변칙담보권을 통일적으로 설명할 수 있는 장점이 있다.[634]

권적 기대권으로 이해하고자 하는 입장이 많으나, 이는 독일판례에 기한 것으로 소유권을 상위소유권과 하위소유권으로 이해하는 독일보통법 이래의 분할소유권관념에 뿌리를 둔 것이므로 이러한 해석은 타당하지 않다고 한다(김재국, 전게논문, 172면); 사견으로는 이에 대해 소유권담보는 원칙적으로 근거되는 물권이 소유권이라는 점 그리고 이를 이용한다는 점에서, 물권법정주의의 문제가 발생할 여지가 없고(양도담보의 논의와 동일, 이 책 주 896 참조), 따라서 관습법상 인정된 담보 여부를 판단할 필요가 없다.

631) 손건웅, 전게논문, 68면.
632) 대법원 1968. 6. 28. 선고 68다737,738 판결.
633) 손건웅, 전게논문, 69면.

나. 매도인과 매수인의 지위

이 견해에서는 소유권유보에 있어서도 양도담보의 경우와 마찬가지로 소유권이 매도인과 매수인에게 분속되어 있다고 생각하는 것이 특징이다. 이 경우의 매도인의 담보권은 잔존대금을 피담보채권으로 하는 담보권이 유보된 소유권이며, 매수인에게는 정지조건부소유권이라는 소유권에서 매도인의 담보권을 제외한 제한물권적 지위가 귀속되는 것으로 보면 된다고 한다. 즉 일단 소유권은 매수인에게 이전되고 매수인이 이를 다시 매도인을 위하여 양도담보권을 설정한 것과 동일한 법률관계로 보자는 것이다.[635] 이러한 이론구성은 잔존대금액이 감소함에 따라 변동하는 당사자의 경제적 지위에 따른 법률관계를 형성할 수 있다는 장점이 있다.[636]

다만 양도담보에 있어서는 피담보채권과 양도담보권은 각각 별개의 계약관계로부터 발생하고 양자를 연결하고 있는 것이 부종성의 원칙이지만, 소유권유보에서는 피담보채권인 대금채권과 유보소유권이 매매라고 하는 하나의 계약관계에 있어서의 채권관계와 물권관계이며 이 점이 양도담보와의 차이라고 한다. 예컨대 소유권유보에 있어서의 담보의 실행은 대금채무의 불이행에 의한 매매계약의 해제에 의한다는 것이다. 그럼에도 불구하고 이는 형식적 차이일 뿐이고 실질관계에 있어서는 거의 차이가 없다고 한다. 따라서 소유권유보에 관하여도 양도담보에 관한 판례나 학설을 참고하여 해석해야 한다는 것이다.[637]

---

634) 김상용, 전게논문, 17면.
635) 이근식, "할부매매에 관한 문제점", 법조 제27권 제1호, 1978, 63면.
636) 이근식, 전게논문, 63면.
637) 이근식, 전게논문, 63-64면.

Ⅲ. 판례의 태도

1. 판례의 태도

대법원은 소유권유보의 법적성질에 관하여 원칙적으로 정지조건부 소유권이전이라고 해석한다.[638] 이를 명시적으로 선언한 판결을 소개한다(대법원 1996. 6. 28. 선고 96다14807 판결).

[사실관계 및 원심판단] 동산의 매매계약을 체결하면서, 매도인이 대금을 모두 지급받기 전에 목적물을 매수인에게 인도하지만, 대금이 모두 지급될 때까지는 목적물의 소유권은 매도인에게 유보되며, 대금이 모두 지급된 때에 그 소유권이 매수인에게 이전된다는 내용의 소위 소유권유보의 특약을 하였는데, 제3자인 피고가 매수인을 소유자로 믿고 그로부터 사건의 기계를 점유개정으로 매수인으로부터 전득한 사안이다. 피고는 매수인을 소유자로 알고 그로부터 이 사건 기계를 매수하였으므로 이를 선의취득하였다고 주장하였다. 원심은 피고의 선의취득 주장에 대하여, 선의취득이 인정되기 위하여는 그 대상이 되는 동산을 선의·무과실로 인도받아야 하되, 그 인도방법은 점유개정 이외의 방법으로 인도받아야 하는데, 거시 증거에 의하여 인정되는 판시와 같은 사실에 비추어 보면, 피고(전득자)는 이 사건 기계를 매수인으로부터 실제로 인도받은 것이 아니라 점유개정의 방법에 의하여 인도받은 것에 불과하고, 달리 위 기계를 점유개정 이외의 방법으로 인도받았다고 인정할 증거가 없다는 점에서 선의취득을 할 수 없게 된다고 판시하였다.[639]

---

638) 대법원 1996. 6. 28. 선고 96다14807 판결, 남효순·김재형 공편(김재형 집필부분), 통합도산법, 법문사, 2006, 16면.

639) 서울고등법원 1996. 2. 8. 선고 95나22278 판결.「위 A(피고)는 소외 회사(매수인)에 대하여 채권을 갖고 있던 중 소외 회사가 1992. 10. 3. 이 사건 기계를

[판시] 대법원도 목적물의 소유권을 이전한다는 당사자 사이의 물권적 합의는 매매계약을 체결하고 목적물을 인도한 때 이미 성립하지만 대금이 모두 지급되는 것을 정지조건으로 하므로, 목적물이 매수인에게 인도되었다고 하더라도 특별한 사정이 없는 한 매도인은 대금이 모두 지급될 때까지 매수인뿐만 아니라 제3자에 대하여도 유보된 목적물의 소유권을 주장할 수 있고, 다만 대금이 모두 지급되었을 때에는 그 정지조건이 완성되어 별도의 의사표시 없이 목적물의 소유권이 매수인에게 이전된다고 하여 여전히 매도인에게 소유권이 있고, 매도인은 제3자이의의 소를 행사할 수 있다고 한다.

2. 평가

이러한 대법원의 태도에 대하여 이를 물권적 기대권설이라고 평가하는 견해가 있다.[640] 그러나 대법원은 명시적으로 물권적 기대권 개념을 차용하지 않아 이것이 물권적 기대권설과 동일한 법리구성을 하고 있다고 볼 수 있는지에 대해서는 여전히 의문이 있다. 그런데 일정한 경우에 정지조건부 소유권이전설 중 채권설을 취하고 있는 것으로 보이는 경우가 있다. 즉 동산소유권유보의 매수인이 목적물을 무단처분한 경우 횡령죄 성립을 인정하고 있는 것이다.[641] 이는 대금의 완제 시까지 목적물의

원고로부터 매수한 후 그달 9일 이를 인도받자 자신의 채권을 변제받기 위한 방법으로 그로부터 사흘만에 이 사건 기계를 포함한 위 45종의 기계들을 소외 회사로부터 다시 매수하는 계약을 체결하고 그 대금은 자신의 소외 회사에 대한 위 채권과 상계한 사실, 위 A는 위 기계들을 매수한 뒤에도 이를 실제로 인도받지 않고 소외 회사와 사이에 그에 대한 임대차계약을 체결하여 소외 회사로 하여금 이를 계속 점유, 사용하게 한 사실이 각 인정된다. 따라서 위 피고는 이 사건 기계를 실제로 인도받은 것이 아니라 점유개정의 방법에 의하여 인도받은 것에 불과하다 할 것이고, 달리 이를 점유개정 이외의 방법으로 인도받았다고 인정할 증거가 없다.」
640) 양형우, 전게논문(주 618), 305면.

소유권이 완전히 매도인에게 유보되어 있음을 전제로 한 것이다. 또한 대법원은 매수인이 매매목적물에 대해 무단처분한 경우에 제3자에게 선의취득을 인정한다.[642] 이 역시 목적물의 소유권이 매도인에게 유보되어 있음이 전제된 것이다. 결국, 정지조건부 소유권이전설 중 채권설에 근거한 판시를 한 것이다.

그런데 최근 대법원 판결 중에는 매수인이 회생절차에 들어간 경우 소유권유보로 매도인에게 유보된 소유권은 실질적으로 담보권과 같은 성질을 가지므로, 회생절차에서는 매도인의 권리를 별제권으로 취급해야 한다는 판시를 한 것도 있다.[643] 이는 소유권유보의 담보권적 성질을 인정한 것으로 이해된다. 즉 담보물권설 등의 견해에 따라 설명하기 더욱 용이하다. 이처럼 대법원 판례는 어느 학설을 취한 것으로 볼 수 있도록 일관되어 있지 않다.[644]

---

641) 대법원 2007. 6. 1. 선고 2006도8400 판결.
 「동산의 매매계약을 체결하면서, 매도인이 대금을 모두 지급받기 전에 목적물을 매수인에게 인도하기는 하지만 대금이 모두 지급될 때까지는 목적물의 소유권은 매도인에게 유보되며 대금이 모두 지급된 때에 그 소유권이 매수인에게 이전된다는 내용의 이른바 소유권유보의 특약을 한 경우, 목적물의 소유권을 이전한다는 당사자 사이의 물권적 합의는 매매계약을 체결하고 목적물을 인도한 때 이미 성립하지만 대금이 모두 지급되는 것을 정지조건으로 하므로, 목적물이 매수인에게 인도되었다고 하더라도 특별한 사정이 없는 한 매도인은 대금이 모두 지급될 때까지 매수인뿐만 아니라 제3자에 대하여도 유보된 목적물의 소유권을 주장할 수 있으며, 이와 같은 법리는 소유권유보의 특약을 한 매매계약이 매수인의 목적물 판매를 예정하고 있다 하더라도 다를 바 없다(대법원 1999. 9. 7. 선고 99다30534 판결 참조).」
642) 대법원 1996. 6. 28. 선고 96다14807 판결.
643) 대법원 2014. 4. 10. 선고 2013다61190 판결. 이 판결의 내용과 해석에 관한 자세한 사항은 제4장 제5절 II. 참조.
644) 이에 대하여 소유권유보부 매매에 있어 실체법적 이론구성과 도산절차상의 취급을 달리하고 있다고 평가하기도 한다(김현진, 전게서, 439면).

Ⅳ. 학설상의 차이점

1. 소유권유보의 효력에 관한 구분방법

가. 정지조건부 소유권이전설

소유권유보의 효력에 관한 문제는 앞서 설명한 법적성질론에 따라 대표적으로 해석이 달라지는 부분이다. 정지조건부 소유권이전설 중 채권설과 물권적 기대권설은 이에 관하여 실질적인 차이가 없다. 즉 이는 대금지급의 방법이나 소유권이전의 시기에 있어서만 보통의 매매와 다를 뿐, 기타의 점에서는 매매로서의 성질을 가지고, 그밖에 할부거래에 관한 법률의 적용을 받는 경우에는 그에 따른다고 한다.[645] 또한 그 법률관계를 채권적 효력과 물권적 효력의 문제로 구분하여 이때 소유권유보의 채권적 효력에 관한 문제로는 매도인이 언제 자신의 의무이행을 다하였는지의 문제와 매매대금이 변제되지 않는 경우의 계약을 해제해야 하는지 여부를 들고, 소유권유보의 물권적 효력의 문제로는 매매목적물이 제3자에게 양도된 경우에 제3자의 선의취득이 가능한지의 문제를 든다.[646]

나. 양도담보와 유사한 변칙담보설 또는 담보권설

소유권유보부 매매로 유보된 유보소유권을 담보권으로 보는 견해는 매매대금을 피담보채권으로 하며, 그 효력을 담보설정자와 담보권자 사이의 대내적 효력과 담보권자와 제3자 사이의 대외적 효력으로 구분한다.[647] 대내적 효력에 관하여는 매도인과 매수인 사이의 원인 계약상의

---

645) 강태성, 전게논문, 53면.
646) 양형우, 민법의 세계, 진원사, 2010, 718면 이하; 이승우, 전게논문(주 626), 172면 이하; 최종길, 전게논문, 67면 이하.

이행문제와 목적물이 멸실되었을 때의 위험부담의 문제 등이 발생하고, 대외적 효력에 관하여는 매수인의 처분행위가 있는 경우 제3자가 어떻게 보호될 수 있는지의 문제와 매수인의 채권자가 매매목적물에 강제집행을 하는 경우의 문제 그리고 매수인과 매도인의 도산에서의 법적 지위의 문제가 논의된다. 그밖에 유보소유권을 담보권이나 담보물권으로 보는 견해도 모두 대내외적 효력으로 구분한다.[648]

다. 양설의 실질적 차이

정지조건부 소유권이전설과 양도담보와 유사한 변칙담보설 또는 담보권설은 단순히 학설상 효력의 구분 뿐 아니라 해제와 선의취득에 관하여 실질적으로 차이를 보인다. 첫째, 정지조건부 소유권이전설의 해제는 매매계약의 해제와 그에 따른 원상회복에 관한 문제를 의미하지만, 담보권설에 따른 해제는 매매계약의 해제를 통하여 담보가 실행된다는 의미를 가진다.[649] 둘째, 매도인으로부터 양도를 위한 권한을 부여받지 못한 경우 전득자의 선의취득과 관련하여, 정지조건부 소유권이전설에 따르면 매수인은 목적물에 관하여 어떠한 처분권한도 없기 때문에 제3자의 선의취득이 인정되나, 담보권설 등에 따르면, 매수인은 매매목적물의 소유자로서 매도인의 물권적 담보권의 부담을 가진 목적물을 제3자에게 양도할 권한을 가진 자라는 점에서 선의취득의 문제가 발생할 여지가 없는 것이다. 다만, 매도인의 물권적 부담이 없는 목적물의 경우에는 역시 민법 제249조 상의 선의취득의 문제가 발생한다.[650]

647) 김상용, 물권법, 법문사, 1999, 858면; 이근식, 전게논문, 64면 이하.
648) 김형배, 전게서, 808면 이하.
649) 이승우, 전게논문(주 626), 174-175면 참조.
650) 이승우, 전게논문(주 626), 179-181면 참조.

2. 개별적인 해석상의 차이

가. 매도인과 매수인의 지위

채권설에 따르면, 매도인은 대금의 완제 전까지 소유자, 매수인은 단순한 조건부 권리자, 즉 채권자에 불과하다.[651] 다만, 매수인은 매매계약에 기하여 목적물의 사용·수익권을 갖는다.[652] 물권적 기대권설에 의하면, 매도인은 유보소유자이고, 매수인은 소유권 유사의 물권적 기대권자이다.[653] 담보권설 중 소유권유보를 양도담보와 유사한 변칙담보라고 보는 견해에 의하면, 매도인은 가치권을 가진 소유자이고, 매수인은 가치권이 제한되어, 사용·수익 권능만 가지는 소유자이다.[654] 다만, 이를 담보물권으로 보게 되면, 매도인은 담보물권자이고 매수인은 처분권이 제한된 실질상의 소유자이다.[655]

나. 목적물의 보관상 주의의무

채권설에 따르면 매수인은 소유자로서가 아니라 매매계약상 용익권자로서 점유하는 것이므로 선관주의의무를 진다.[656] 물권적 기대권설에 따르면 매수인은 용익권능을 내용으로 하는 그의 물권적 기대권에 기하여 목적물을 사용·수익할 수 있다고 하는데, 물권적 기대권을 인정하는 견해에서는 이를 소유권과 질적으로 동일한 것으로 보므로 자기 소유의

---

651) 강태성, 전게논문, 53면.
652) 강태성, 전게논문, 55면.
653) 양형우, "소유권유보에 관한 법적 고찰-법적 효력을 중심으로", 비교사법, 2000, 244면.
654) 이영준, 전게서, 1015면.
655) 이은영, 전게서(주 594), 726면.
656) 강태성, 전게논문, 56면.

물건에 대한 주의의무를 진다고 해석한다.[657]

 담보권설 중 양도담보와 유사한 비전형담보라는 견해에 의하면, 원칙적으로 매수인은 실질적으로 소유자이므로, 자유롭게 목적물을 사용·수익할 권리가 있다.[658] 그러나 실제로는 자유로운 사용·수익를 제한하는 특약이 있는 경우가 많으며, 그러한 특약이 있는 경우에는 매수인은 이 제한 하에서만 목적물을 사용·수익할 수 있다고 한다. 즉 매수인의 처분권을 제한하거나 사용수익권을 제한하는 특약이 가능하다.[659] 매수인이 목적물을 보관함에 있어서 하여야 할 주의의 정도에 관하여는 다른 특약이 없으면 자기 재산에 대한 것과 동일한 주의의무를 진다고 해석해야 하는데, 이는 매수인이 실질적으로 목적물의 소유자이기 때문이라고 한다.[660] 그런데 이 경우에도 매수인은 자기의 재산을 타인에 대한 채무의 담보에 제공할 자와 동일한 지위에 있고 또 매수인의 채무불이행으로 말미암아 계약이 해제되어 목적물반환의무가 생긴 경우에 주관적인 주의를 하였다는 것을 가지고 면책될 수 없다는 이유로 매수인에게 선관주의의무가 있다는 견해도 있다.[661] 또한 선관주의를 명분으로 특약하는 것이 보통이라고 하기도 한다.[662] 이를 살펴보면 학자에 따라 결론이 다른 것을 알 수 있다.

다. 집행단계에 있어서 매도인의 권리

 매수인의 채권자가 매수인이 보유하고 있는 목적물을 압류하는 경우

---

657) 幾代通, 割賦賣買·所有權留保賣買, 契約法大系Ⅱ, 有斐閣, 1970, 302頁.
658) 이은영, 전계서(주 594), 726면.
659) 이근식, 전계논문, 65면.
660) 이근식, 전계논문, 66면.
661) 幾代通, 전계논문, 302-303頁.
662) 이근식, 전계논문, 66면.

가 있다. 이에 대하여 매도인은 제3자 이의의 소를 제기할 수 있는지 여부에 대하여 견해가 대립하였다. 이때 정지조건부 소유권이전설은 원칙적으로 매도인에게 소유권이 있으므로 이 경우 매도인에게 제3자 이의의 소가 가능하다고 한다.[663] 반면, 양도담보에 준하는 변칙담보설 등의 경우에는 매도인은 우선변제청구권자로서 배당요구를 할 수 있다고 한다(민사집행법 제88조 제1항).[664]

라. 도산절차에 있어서 매도인의 권리

정지조건부 소유권이전설에 따르면, 매도인이 진정한 소유자이므로 매수인의 도산절차의 개시로 인하여 매도인이 환취권을 취득한다.[665] 그러나 양도담보와 유사한 변칙담보로 보는 견해 등에서는 매수인의 파산의 경우에는 담보물권으로서 별제권을 인정한다.[666] 매수인에 대한 회생절차의 개시 시에는 회생담보권을 인정한다. 이에 관한 학설의 대립과 그 당부에 관하여는 제4장 제5절에서 상술한다.

---

663) 김주수, 전게서, 214면; 이태재, 전게서, 198면; 최종길, 전게논문, 85면.

664) 이근식, 전게논문, 69면, 과거에는 매도인이 우선변제청구의 소를 제기할 수 있다고 하였으나, 개정된 민사집행법에 따르면 우선변제청구권자로서 배당요구를 할 수 있을 뿐이다. "**민사집행법 제88조(배당요구)** ① 집행력 있는 정본을 가진 채권자, 경매개시결정이 등기된 뒤에 가압류를 한 채권자, 민법·상법, 그 밖의 법률에 의하여 우선변제청구권이 있는 채권자는 배당요구를 할 수 있다. ② 배당요구에 따라 매수인이 인수하여야 할 부담이 바뀌는 경우 배당요구를 한 채권자는 배당요구배당요구에 따라 매수인이 인수하여야 할 부담이 바뀌는 경우 배당요구를 한 채권자는 배당요구의 종기가 지난 뒤에 이를 철회하지 못한다."

665) 김주수, 전게서, 214면; 양형우, "회생절차에서의 소유권유보와 매도인의 지위", 인권과 정의 제447호, 2015, 148면; 양창수·김형석, 전게서, 564면.

666) 이은영, 전게서(주 594), 727면.

V. 각 학설의 문제점

1. 정지조건부 소유권이전설에 대한 비판

가. 채권설에 대한 비판

채권설은 매수인의 지위를 단순히 채권적인 것으로 파악하는 것이다. 이에 대하여는 실제로 매도인의 소유권은 할부금의 지급과 더불어 점차적으로 감소되어 가고 있는 대금채권의 담보를 위한 것임에 반하여 매수인은 할부금의 지급과 더불어 경제적으로는 점차적으로 목적물의 소유권자에 접근해가고 있는 점을 직시하지 못했다는 점에서 문제가 있다는 비판이 있다.[667] 왜냐하면 이 설을 일관하면 매도인은 거의 모든 대금을 지급받더라도 완제 전에는 여전히 소유자로서의 권리를 가지며, 따라서 매도인이 목적물을 타인에게 이중으로 양도하더라도 매수인으로서는 어떠한 대응도 할 수 없게 되기 때문이다.

나. 물권적 기대권론에 대한 비판

1) 물권법정주의에 반한다는 문제

물권적 기대권을 기본으로 하는 해석론에는 다음과 같은 의문이 있다. 원래 기대권은 독일법상의 용어로 독일연방대법원에 의하여 인정된 것이다.[668] 그런데 그러한 권리의 존재를 우리법상 인정할 수 있는지 여

---

667) 문용선, 전게논문, 447면.
668) 독일에서도 이 개념이 단순한 채권인지 물권인지 여부에 관하여 오랫동안 논의를 거듭해 왔으나, 어느 학설도 명쾌한 답을 내리지 못하였다. 다만, 매수인이 가지는 기대권의 지위를 물권적 효력의 기대권으로 설명될 수 있을 뿐이다(이에 관하여는 강종구, 소유권유보의 연구: 독일의 이론동향을 중심으로, 서울대학교 석사학위논문, 1987, 45면 참조).

부가 문제된다. 왜냐하면 기대권은 오랜 시간에 걸친 학설의 창조물이지
만 본래부터 인정되던 물권이 아니라는 점에서 물권법정주의에 반할 수
있기 때문이다. 즉, 물권적 기대권을 인정하는 것은 재산법에 관한 민법
의 구조 및 원칙과 조화되기 어려운 면이 있다.[669]

이에 대하여는, 기대권이 완전권과 비슷한 권리(ein dem Vollrecht
ähnliches Recht)라거나 소유권의 단순한 전단계 또는 소유권과 비교할 때
이종물(aliud)이 아니라 본질을 같이 하는 부족물(Minus)로 간주되므
로,[670] 그 성질이 소유권과 대비하여 양적인 부족함에 지나지 않는 작은
소유권이라는 점에서 물권법정주의 하의 소유권과 동일한 것이므로,[671]
그에 따라 물권법정주의에 위반하지 않다는 재반론도 가능하다. 그러나
양자를 모두 소유권이라고 하는 경우 매수인의 대금지급이라는 조건이
성취될 때까지 부분적으로는 매도인도 소유자이고, 매수인은 기대권자
인 조건부 소유권자로서 지위를 취득하게 되어 소유권이 분리되게 된
다.[672] 이러한 상황은 납득하기 쉽지 않다.[673] 왜냐하면 이를 일관하게

---

669) 물권적 기대권은 재산법에 관한 민법의 구조 및 원칙과 조화될 수 없다. 이는
    Auflassung은 수령하였지만 등기하지 못한 자의 법적 지위 뿐 아니라, 유보소유자의
    법적 지위의 경우에도 마찬가지이다(Mülbert, Das existente Anwartschaftsrecht und
    seine Alternativen, AcP 2002 Bd. 202, S.912; 강태성, 전게논문, 50면).

670) 양형우, 전게논문(주 665), 149면.

671) 독일판례는 소유권의 내용을 기능적으로 처분권능(상위소유권)과 사용·수익
    권능에 의한 이용권능(하위소유권)으로 파악하고, 이때 소유권유보부 매매의
    매수인이 가지는 이용권능은 "소유권의 분속으로서의 소(小)소유권"이라고
    한다. 이영준, "소유권유보", 고시계 제399호, 1990, 99면; 그러나 이렇게 이중
    의 소유권을 통한 구상은 우리의 경우에 법상태를 밝히는 것이 아니라 더 혼
    란스럽게 하므로 타당하지 않고, 오히려 양도인과 취득자가 하나의 소유권을
    가지고 있는 소유권의 분할이 이루어지고 있으며, 다만, 양도인의 법적 지위
    는 먼저 취득자에게 이전된 권능 때문에 약화되어 있다고 하는 견해도 있다
    (김증한, 전게논문(주 617), 27면).

672) 독일은 이에 대하여 다양한 견해가 있다. 일부에서는 기대권이 물권법정주

되는 경우 부동산의 매매에서 대금을 완납하고 등기만 이루어지지 않은
수 시간에서 수일의 시간 동안 소유권이 매수인에게만 있어야 한다고
할 것인데,[674] 우리 법에서나 이 경우에 물권적 기대권을 인정하는 독일
의 경우에도 모두 소유권이 여전히 매도인에게 있다고 하기 때문이
다.[675] 그리고 설사 소유권과 동질의 작은 소유권에 지나지 않는다고 하
더라도 이러한 작은 소유권이 과연 우리 민법과 조화될 수 있는지도 의
문이다. 매수인의 대금지급이 완제에 가까워질수록 그 기대권은 소유권
에 가까워진다고 하나, 이러한 매수인의 이익을 '작은 소유권을 가진다'
고 말할 수 있는지 의문인 것이다.[676] 왜냐하면 이는 공시되지도 않고,

에도 불구하고 제한물권이라고 하기도 하고, 일부에서는 이를 정지조건부 소
유권으로 보며, 일부에서는 이때의 법률관계를 공유로 간주한다(Hübner, *op.
cit.*, S.730 참조). 즉, 유보매도인의 소유권과 유보매수인의, 이른바 기대권이
분리되어 소유권이 분리된다는 견해가 지배적인 것이다.

673) 물권적 기대권설을 취하는 경우에도 소유권을 상위소유권과 하위소유권으로
이해하는 독일 보통법 이래의 분할 소유권개념에 그 뿌리를 두고 있다는 점
에서 그러한 소유권의 분할을 인정하지 않는 우리 법체계와는 맞지 않는다고
자인한다. 즉 이러한 분할소유권 개념은 우리 민법이 원칙적으로 채택하고
있는 소유권의 모습은 아닌 것이다. 다만, 이 견해는 이러한 처분권능과 이용
권능의 분속구조가 판례의 신탁이론에 의하여 이미 오래전부터 우리 민법계
에 정착한 것에 기인한 것이라고 한다(이영준, 전게서, 1015-1016면). 그러나
이에 대해서는 우리 민법상 판례의 신탁이론이 동산의 양도담보의 경우에는
인정될 수 있다고 하더라도, 소유권유보의 경우에는 이를 신탁적 소유권유보
로 볼 수는 없어 타당하지 않다고 생각한다. 소유권유보의 발전과정을 살펴
본 결과 소유권유보는 비신탁적 소유권담보로 로마법의 신탁적 담보와는 차
이가 있는 제도이기 때문이다(이 책 제2장 제2절 Ⅳ참조). 또한 원칙적인 소
유권유보는 양도담보와 여전히 구별될 수 있고, 구별되어야하기 때문이다(이
책 제4장 제1절 Ⅱ. 2. 참조).

674) 부동산의 매수인은 대금을 완납하였으므로 그러하다.

675) 이에 대해서는 물권변동의 형식주의 때문이지, 물권적 기대권에 기한 것이
아니라는 재반론도 가능하다.

676) 강태성, 전게논문, 50면. 이에 따르면 대금의 잔액의 대소를 불문하고 기대권
이 보호되는 정도는 동일하다고 보아야 하고, 잔액이 적다고 해서 법적으로

증권화되거나 표시되지도 않기 때문이다. 이러한 이익의 인정은 오히려 거래의 안전에 반할 수 있다.[677)

반면, 물권적 기대권은 매수인이 가지는 물권화된 지위를 말하는 것으로 족하다는 견해도 있다. 그 근거로 드는 것은 다음과 같다. 첫째, 매수인은 매매계약의 이행으로 목적물을 인도받았으므로 매매를 기초로 이를 점유하고 사용·수익할 권리가 있으며(민법 제536조, 제587조 및 제213조 단서), 목적물을 점유하고 있으므로 그에 기하여 대세적으로 점유보호청구권을 행사하여 사용·수익을 방어할 수 있다(민법 제204조 이하). 둘째, 이러한 조건부 소유권을 인도를 통하여 양도할 수 있으며(민법 제149조), 타인은 이를 침해해서는 안 되므로(민법 제148조) 이를 침해하는 경우 불법행위가 성립할 수 있다(민법 제750조). 셋째, 유보매도인은 소유권을 가지고 있다고 해서 이를 달리 처분할 수도 없는데, 이를 위해서는 반환청구권을 양도하는 방법밖에 없으나(민법 제190조) 매매가 유효한 이상 그는 아무런 반환청구권을 가지지 않는다. 즉 매도인은 해제를 전제로 장래의 반환청구권을 양도할 수 있으나, 그 경우 양도의 효력은 실제로 그 청구권이 발생한 시점에 해당하므로 매수인이 대금채무를 불이행하지 않은 이상 매도인의 배신적 처분은 불가능하다는 것이다.[678) 이 견해는 유보매수인이 결과적으로 법적으로 보호되는 지위를

많은 보호를 받는 것은 아니라 할 것이며, 또한 대금 완제 시 소유권과 물권적 기대권이 혼동으로 기대권이 소멸하는 것이지, 기대권이 소유권으로 변화하는 것도 아니라고 한다.

677) 강태성, 전게논문, 52면; 소유권유보를 담보권적 성격을 부여하는 경우에 가장 큰 문제는 공시의 원칙에 위반된다고 하는데 있고, 이것이 해결되어야 할 과제라는 견해로는, 강종구, 전게논문, 59면 참조.

678) 이러한 매수인의 물권화된 지위에 관한 설명으로는 김형석, "우리 담보제도 발전의 회고", 우리 법 70년 변화와 전망, 청헌 김증한 교수 추모논문집, 법문사, 2018, 432면 각주 85 참조. 이에 따르면, "이러한 확고한 지위를 물권적 기대권이라고 부르는 것에 굳이 반대할 이유는 없으나, 그렇다고 하여 우리에

가지고 있다는 점에서는 타당하나, 앞의 두 근거에 대하여는 생각해볼 점이 있다. 첫째에 대하여는, 소유권유보부 매매에 기초한 매수인의 사용·수익 권능은 점유보호청구권을 통하여 매수인이 보호된다는 점은 타당하나, 결과적으로 충분히 보호되는 것은 아니라는 점을 주의할 필요가 있다. 즉 제204조가 점유자가 점유의 침탈을 당한 때에는 그 물건의 반환 및 손해의 배상을 청구할 수 있다고 규정하고 있으나, 매수인이 점유를 침탈당한 상태에서 매매의 당사자의 귀책사유 없이 목적물의 교환가치가 하락하거나 물건이 멸실한 경우에 그 사용·수익 상당의 일실이익의 손해에 대해서만 손해배상을 청구할 수 있고, 물건의 반환은 더 이상 청구할 수도 없다는 점[679]에서 결과적으로 확고한 물권적 방어 수단이 되지 못한다. 또한 이러한 유보매수인의 지위는 단순히 소유권유보부 매매에 따른 효력에 불과하며 이는 채권설에 의해서도 동일하게 인정되는 것이다.[680] 둘째에 대하여는, 후술하겠지만 우리의 거래 실례에서 이러한 조건부 소유권을 물권적 기대권으로 양도하는 모습을 찾아볼 수 없으며, 물권적 기대권이라는 개념이 성립하는 순간 매수인이 가지는 물권화된 지위라는 그 본질적인 모습에 대한 해석보다는 보호되어야 하는 권리의 하나로 여겨지는 오해를 불러일으키기 쉽다는 점에서 타당하지 않다. 즉 물권적 기대권의 인정은 이것이 매수인의 물권화된 지위의 다름 아니라고 할지라도 결국에는 매수인의 지위를 보호받아야 하는 권리 내지 물권의 하나로 관념상 오해되는 결과를 낳게 되는 것이다. 물권적

게 어떤 추가적인 인식이 주어지는 것은 아니다. 반대로 물권적 기대권이라는 용어의 개념불명확을 이유로 이를 회피한다고 해서, 우리가 소유권유보의 법률관계를 해석하는 것에 어떠한 난점이 발생하는 것도 아니라고 한다. 즉 이는 헤크의 용어를 빌리면 규범획득(Normgewinnung)의 과제가 아니라 정식화(Formulierung)의 문제에 지나지 않는다는 것이다(Heck, Begriffsbildung und Interessenjurisprudenz, 1932, S.126ff 참조)"라고 한다.

679) 곽윤직 대표편집, 민법주해(Ⅵ), 최병조 집필부분, 박영사, 1992, 444면.
680) 강태성, 전게논문, 61면.

기대권의 인정은 여전히 우리법상 물권법정주의(민법 제185조)에 대한
위반의 문제를 남기고 있다.

　그런데 한편으로는 물권법정주의라는 원칙이 과연 물권적 기대권을
부정할 정도로 일관되어야 하는 법원칙인지에 대해 의문이 있을 수 있
다. 실제로 프랑스에서는 물권법정주의가 현재 포기되었다고 말하기도
한다.[681] 용익권에 관한 사안이기는 하나, 파기원은 기존의 물권과 별개
의 새로운 물권을 창설할 수 있다고 한 것이다.[682] 그러나 우리 민법에
서는 제185조에서 물권법정주의를 규정하고 있어서 프랑스와 같이 명문
규정이 없는 국가의 상황과는 다르다. 우리나라에서는 여전히 물권의 내
용과 종류가 법으로 강제되어야 하는 것이기 때문이다.[683] 또한 물권법
정주의라는 것이 물권의 종류와 내용을 민법 시행 당시의 상태대로 고
정시키려고 하는 것이 아니라, 물권에 관하여는 사적자치를 제한하여 당

---

681) L. Aynès et P. Crocq, Les biens, 6ᵉ éd. L.G.D.J. 2015, n°354, p.109.

682) Cass. Civ. 3ᵉ, 31 oct. 2012, n°11-16304; Bull. civ. III, no 159; D. 2012. 2596, obs.
A. Tadros; D. 2013. 53, note L. d'Avout et B. Mallet-Bricout; JCP G 2012. 1400,
note F.-X. Testu; RTD. civ. 2013.141, obs. W. Dross; Defrénois 2013. 12, obs. L.
Tranchant; JCP G 2013. 429, no 12, obs. H. Périnet-Marquet; JCP N 2013. 1118,
mêmes obs.(소위 Maison de la Poésie 사건); 이 사안에서 파기원은 재단의 이
익을 위하여 용익권과 별개의 물적 권리인 "향유할 권리(un droit réel de
jouissance)"를 창설하고 그 존속기간에 대하여 약정할 수 있음을 판시하였다.
이 판결로서 용익권 행사기간의 제한(30년, 프랑스민법전 제619조)을 받지 않
는 새로운 물권이 창설되게 되었다. 이에 대하여는 찬성하는 견해가 주를 이
루었고, 이후의 파기원 판결에서도 소유자는 공서에 관한 규율을 제외하고
물건의 특별한 향유의 이익을 부여하는 물권에 관하여 약정할 수 있다고 하
여 새로운 물권을 창설할 수 있음을 재확인하였다(Cass. Civ. 3ᵉ, 28 janv. 2015,
n°14-10.013, JCP G 2015. 252, note T. Revet; 250 et 251, rapport M.-Th. Feydeau
et avis B. Sturlèse; D. et patr. 2015, note A. Tadros). 이에 대한 설명으로는 L.
Aynès et P. Crocq, op. cit., n°359, p.111 supra note 681.

683) 우리의 통설은 제185조는 강행규정이어서 이를 위반하는 경우 그 효력은 무
효가 된다는 것이다.

사자의 합의에 의하여 제3자에 의한 대항력을 가진 권리를 함부로 창조
하는 것을 막는데 있을 뿐이고, 그것이 법의 발전을 방지하여 사회적·경
제적 사정에 의하여 입법자가 예정하지 않았던 새로운 물권이 관습법에
의하여 형성되어 가는 것을 막으려고 하는 것이 아니라는 반론도 가능
하다.[684] 그러나 우리의 대법원은 물권적 기대권 개념을 상정하고 있지
않다는 점에서 물권적 기대권이 도입 된지 수십 년이 지난 현재의 우리
법상 관습법이 되었다고 할 수 없다.[685] 관습법이 성립하기 위하여는 관
행이 존재하여야 하고, 그 관행에 법적 확신이 있어야 하지만,[686] 독일의
해석론과 같이 이를 인정하고 그 이용을 장려할지 여부는 별론으로 하
더라도, 현재 우리 법상 법규범으로 의식될 정도로 물권적 기대권이 당
사자 사이에서 널리 이용되고 있는 것은 아니라는 점에서 물권적 기대
권이라는 관습법이 형성되었다고 볼 수 없는 것이다.

2) 매수인의 법적 지위의 압류·양도가능성의 문제

　정지조건부 소유권이전설 그 중에서도 물권적 기대권설은 매수인의
법적 지위를 설명하면서, 매수인은 대금을 완제할 때까지는 아직 소유권
자가 아니지만, 단순한 조건부 권리자가 아니라[687] 물권적인 기대권을
가진다고 하고, 이 기대권은 매수인이 계속 분할금을 지급하여 대금의
잔액이 감소되면 될수록 점점 소유권에 접근해 간다고 한다.[688] 이때 유
보매수인의 기대권은 소유권과 같이 제188조 이하에 의하여 제3자에게
양도될 수 있고, 이 범위 내에서 처분권이 없는 매수인의 처분으로 이미
발생한 기대권의 취득도 가능하게 된다.[689] 즉 독일에서는 일찍부터 판

---

684) 김증한, 전게논문(주 617), 50면.
685) 이 책 제4장 제2절 IV. 판례의 태도 참조.
686) 대법원 2005. 7. 21. 선고 2002다1178 전원합의체 판결.
687) 최종길, 전게논문, 75면.
688) 최종길, 전게논문, 78면.
689) 양형우, 전게논문(주 653), 245면.

례가 유보매수인의 법적 지위인 동산의 물권적 기대권은 조건성취에 의하여 취득되는 소유권과 같은 방법에 의해 타인에게 처분할 수 있다고 한다. 따라서 독일에서는 유보매수인의 법적 지위인 동산의 물권적 기대권을 양도가능한 권리로 인정하였고,[690] 동산의 물권적 기대권의 양도에 있어서, 매매대금이 유보매도인에게 모두 지급되면 그 제3자, 즉 기대권의 양수인이 소유권을 취득하게 된다.[691] 그러나 이와 같이 우리 실무에 있어서 물권적 기대권을 상정하는 거래가 가능하다고 하더라도 할지라도, 거의 활용되고 있지 않다.

또한 물권적 기대권설에 따르면, 이러한 기대권은 압류도 가능하다고 한다. 이때 매수인의 채권자의 기대권의 압류의 방법으로는 동산압류의 방법에 의한다는 견해[692]와 동산압류와 권리압류의 이중압류가 가능하다는 견해[693]가 대립된다. 그런데 유체동산을 대상으로 하는 강제집행 상의 압류는 다음을 대상으로 한다. 첫째, 민법상의 동산, 둘째, 등기할 수 없는 토지의 정착물로서 독립하여 거래의 객체가 될 수 있는 것, 셋째, 토지로부터 분리하기 전의 천연과실로서 1월 이내에 수확할 수 있는 것, 넷째, 유가증권으로서 배서가 금지되지 아니한 것(민사집행법 제189조 제1항)이다. 우선, 기대권이 유가증권으로 화체되어 있는 경우에 네 번째 대상에 해당할 수 있는지 문제될 수 있다. 동조에 해당하는 유가증권에는 주권, 국공채, 회사채, 화물상환증, 창고증권, 선하증권, 양도성예금증서, 그 밖의 민법 제508조 상의 지시채권 등이 포함된다.[694] 그러나

---

690) RGZ 101, 185(187).
691) 양형우, 전게논문(주 653), 246면.
692) 이영준, 전게서, 1025면. 이에 따르면 그 밖의 유체물의 권리(민사집행법 제223조)로 동산에 대한 압류가 가능하다고 한다; 동지 김학동, 전게논문, 508면.
693) 재산권으로서의 기대권은 채권의 압류로, 소유권유보목적물은 목적물에 대한 압류로 행할 수 있다. 이승우, 전게논문(주 626), 196면; 양형우, 전게논문(주 653), 252면.

매수인이 소유자가 될 것이라는 기대가 화체된 유가증권은 우리법에서 찾아보기 어렵다. 그런데 동산압류는 채권자의 집행채권을 실현하기 위하여 집행관 주관 하에 목적물인 유체동산을 압류하고, 이를 현금화한 다음 이에 의하여 얻는 금전을 채권자에 배당하는 방법으로 행해진다.[695] 그렇다면 이론상으로는 물권적 기대권을 채권자의 집행채권으로 보아 동산압류가 행해질 수 있는 것이다. 그러나 이는 오히려 물권적 기대권이 물권이 아니라 채권으로 거래되는 것임을 나타내는 것이고, 물권적 기대권 자체가 전득자에게 쉽게 거래되는 독일과 달리 동산압류의 방법으로 전득자의 채권자가 물권적 기대권 자체를 압류하는 것은 우리 실무에서 찾아보기 힘들다. 그렇다면 채권 및 그 밖의 재산권의 집행방법에 의하여 기대권을 압류할 수 있는가? 채권에 대한 집행은 금전채권에 대한 집행과 유체물의 권리이전·인도청구권에 대한 집행으로 나누어지며(민사집행법 제223조), 그 밖의 재산권에 대한 집행은 부동산·유체동산·채권 이외의 재산권에 대한 강제집행을 뜻하는데, 원칙적으로 위 채권에 대한 집행규정을 준용한다(민사집행법 제251조).[696] 그 밖의 재산권에 해당하는 예는 재산권에 속하고 사법상의 원칙에 따라 양도할 수 있는 것이면 된다고 한다.[697] 그 예로는 선박, 항공기, 자동차, 건설기계의 지분, 유체동산의 공유지분 등이 있다. 매수인의 소유권유보상의 기대권이 압류할 수 있는 그 밖의 재산권에 해당하는가? 이를 압류하여 현금화할 수 있는 것이면 가능하고, 이는 사회경제의 변천에 따라 새로운 권리로 인정되는 것도 나타날 가능성이 있음은 부정할 수 없다.[698] 그러나 과연 현재 이것이 현금화될 수 있는 재산권인지에 대해서는 의문이 있다. 기대권도 매수인이 매매대금을 완제하여 소유자가 될 의사를

---

694) 이시윤, 전게서, 388면.
695) 이시윤, 전게서, 396면.
696) 이시윤, 전게서, 403면.
697) 이시윤, 전게서, 458면.
698) 전병서, 민사집행법, 문우사, 2016, 410면.

실현하기 위해서는 매매대금의 완제라는 조건이 성취되어야 한다. 매매
대금의 완제라는 조건을 성취하기 위해서는 매수인의 자력이 있어야 하
고, 거래 계속에 대한 사실상의 의사가 있어야 한다는 사실상의 제반사
정이 뒷받침되어야 한다. 물권적 기대권설에 의하면 기지불금액이 많으
면 많을수록 기대의 가치가 크다고 하기 때문에, 이러한 사실상의 기대
는 매수인이 이미 지급한 매매대금이 얼마인지에 따라서 달라진다는 결
과가 된다.[699] 그런데 계약의 취소권이나 해제, 해지권 등의 형성권은
형성권자의 법적 의사에 따른 것으로 그 자체로 독립한 재산적 가치가
없기 때문에 압류, 집행이 가능한 재산권에 포함되지 않는다.[700] 결국
기대권의 소유권으로의 전환에 대한 기대는 매수인의 자력 및 기대권자
의 거래계속에 대한 사실상의 의사까지 실현되어야 만족되어야 하는 조
건부 권리이고, 또한 이러한 점에서 형성권과 같은 측면이 있다. 이를
현금화하는 절차나 방법이 마련되어 있지 않아 손쉽게 현금화하는 것이
어려우며, 이를 전제로 한 수요로 말미암아 이에 대한 시가가 형성되지
않는 한, 우리법상 이를 압류가능한 재산권으로 파악해서 이를 압류, 집
행하는 것은 어려운 일이다.[701]

---

699) 강태성, 전게논문, 50면.
700) 이시윤, 전게서, 460면; 전병서, 전게서(주 698), 410면.
701) 이는 최근 일본에서 소유권유보특약에 관한 제한규정이 논의되고 있다는 것
과 관계가 있다. 일본변호사연합회에서는 통일소비자신용법요강안 제5조에
서 소유권유보특약의 제한에 관한 규정을 제한하는데, 이 경우 판매신용거래
에서 구입상품에 소유권유보특약이 첨부되어 있는 경우 소비자가 여신총액
의 1/2 이상을 지급한 때에는 해당 구입상품의 소유권을 구입자에게 이전한
것으로 보고, 이에 반하는 특약으로 소비자에게 불리한 것을 무효로 한다고
하고 있다(김성천, "소비자정책동향, 소유권유보의 법리와 비교법 고찰", 한국
소비자원, 2013, 13면). 그러나 이는 일본에서도 입법론에 불과하며, 이에 대
한 현실적인 입법은 행해지지 않고 있다.

3) 공시의 문제

또한 현행민법에서는 물권적 기대권을 공시할 수 있는 방법이 마련되어 있지 않다. 즉 점유를 그 공시방법으로 보면 엄밀히 말해서 제188조와 어울리지 않으며, 명인방법에 따르는 것도 공시방법으로서 미흡하다.[702]

4) 검토

사실 독일에서 물권적 기대권은 토지소유권의 양도에 관한 합의는 있었으나 아직 등기를 경료하지 않은 매수인의 법적 지위를 해석하기 위해 등장한 개념이었다. 독일의 부동산 물권변동에서는 "부동산소유권 이전의 합의(Auflassung)"[703]가 이루어졌지만 등기되지 않은 미등기 매수인을 보호할 필요가 있었던 것이다. 그러나 등기 전에 Auflassung이 표시된 공증이 행해진 후 등기의 실질적 심사를 위해 최장 60일 동안 등기가 이루어지지 않고 Auflassung을 수령한 미등기 매수인이 존재하는 독일법과는 달리, 우리 법에서는 이러한 Auflassung제도가 존재하지 않고, 등기 신청 후 통상 수일 이내에 등기가 이루어진다는 점에서 물권적 기대권을 인정하려는 실익이 적다고 할 것이다.[704] 그 동안 현행 민법이 구민

---

702) 특히 부동산의 점유와 함께 계약서에 검인을 받은 것을 물권적 기대권의 공시방법으로 보자는 견해가 있으나(윤철홍, "물권적 기대권과 공시방법", 비교사법, 제11권 제1호, 2004, 185-186면), 등기의 원인서면으로 요구되는 검인계약서 상의 검인은 공시방법과 무관할 뿐 아니라 타인에게 공람되는 것도 아니라는 점에서 이를 물권적 기대권의 공시방법으로 보는 것에는 무리가 있다(김용담 대표편집, 주석민법[물권(1)], 홍성재 집필부분, 한국사법행정학회, 2011, 108면).

703) Auflassung은 부동산소유권이전의 물권적 합의를 말한다. 부동산물권변동이 있으려면, 부동산물권변동의 채권적 원인계약, Auflassung, 등기허가, 등기신청권의 부여가 한 사람의 공증인 앞에서 동시에 하나의 서면으로 작성되는 공증행위가 이루어져야 한다(정옥태, "등기원인증서의 공증과 독일의 Auflassung 실례", 고시연구 17(6), 1990, 77면 참조).

704) 김용담 대표편집(홍성재 집필부분), 주석민법(주 698), 107면 이하도 동지.

법상 의사주의에서 형식주의로 변경함으로써 부동산 등기를 미처 경료하지 못한 미등기 소유자의 보호가 필요하다는 점 때문에 부동산에 관한 물권적 기대권이 필요하다는 주장705)에 대해서는, 그러한 미등기 소유자의 보호를 위하여 한시법으로 소유권이전등기에 관한 각종 특별조치법 등706)이 제정되었고, 민법 개정 이후에 60여 년이 지난 현재 그러한 미등기 소유자의 보호의 문제는 어느 정도 정리되었다고 볼 수 있다는 점에서 부동산에 대하여도 그 인정이 반드시 필요한 것은 아니라 할 것이다.

그렇다면 대법원은 어떤 태도를 취하고 있는가? 대법원도 소유권유보부 매매의 법적성질을 정지조건부 소유권이전으로 보고는 있으나, 물권적 기대권 개념을 인정하여 이를 해석하는 것은 아니고, 물권적 기대권도 인정하지 않고 있다. 또한 물권적 기대권자로서의 매수인의 지위를 양도하는 사안의 법률관계에 관하여 판시한 바 없으며, 목적물이 완제가 되기 전에는 소유자가 매수인이 아니라 매도인이라는 점을 명시하고 있다.707) 이러한 점에서 대법원은 일반적인 소유권유보부 매매의 법적성질에 관하여 물권적 기대권설을 취하고 있지 않고, 오히려 채권설의 입장에 따라 해석하고 있다고 볼 수 있다.

---

705) 김증한, 전게논문(주 621), 4면 이하 참조.
706) 대표적인 예로 1969년 5월 21일 제정되고 6월 21일 시행된 법률 제2111호 임야소유권이전등기등에관한특별조치법이 있다. 이 법은 2008년 12월 19일 법률 제9143호로 폐지되었다.
707) 대법원 1999. 9. 7. 선고 99다30534 판결.

2. 양도담보와 유사한 변칙담보설 또는 담보권설에 대한 비판

가. 물권법정주의에 반한다는 비판

양도담보와 유사한 변칙담보로 보는 견해는 소유권유보의 담보적 성질을 강조하여 이를 양도담보와 유사한 비전형담보로 보거나 이때의 유보소유권을 담보물권으로 해석하고자 한다는 점에서 특징이 있다. 이에 따라 이를 소유권을 이용한 비전형담보라고 하든, 담보물권이라고 하든, 취득담보권이라고 하든, 이는 우리법상 물권법정주의에 위배된다는 비판이 가능하다. 특히 그 중에서도 유보매도인의 유보소유권을 담보물권으로 보는 견해에 대해서는, 판례에서 양도담보에서 견고하게 관습법으로 인정하고 있는 "소유권의 처분권능과 이용권능으로서의 분속"을 가지고 소유권유보부 매매에서도 매도인, 매수인, 제3자의 이해관계를 합리적으로 규율하면 충분하고 여기서 더 나아가 매도인의 유보소유권을 담보물권화하려는 시도는 무엇보다도 물권법정주의에 위배되는 결과가 되어 타당하지 않다는 비판도 가능하다.[708]

나. 물권적 기대권에 대한 비판

물권적 기대권설을 취하면서 양도담보와 유사한 변칙담보라고 하는 견해에 대해서는 앞서 본 물권적 기대권에 대한 비판이 여기에서도 가능하다.[709]

---

708) 이영준, 전게논문, 100면.
709) 위에서 설명한 이 책 제4장 제3절 Ⅰ. 2. 참조.

다. 양도담보와 동일한 취급에 대한 비판

소유권유보를 양도담보와 유사한 담보와 같이 취급하자는 견해에도 다음과 같은 비판이 있다. 첫째, 소유권유보는 양도담보와 유사한 변칙적 담보의 기능을 가지고 있으나, 양도담보의 경우는 채무자인 소유권자가 담보목적으로 목적물에 대한 소유권을 채권자(양도담보권자)에게 이전하지만 이와 반대로 소유권유보에 있어서는 채권자인 소유권자가 채무자에게 목적물을 인도하여 채무자인 매수인이 점유·사용하는 것이기 때문에 양자는 다르다는 점을 무시하고 있다.710) 둘째, 동산 매도인이 소유권유보약정에 의하여 소유권을 유보한 경우, 매도인은 쌍무계약에서 예정된 동시이행의 항변의 담보적 기능을 활용하여 자신의 채권적 지위를 담보한다. 매도인은 매매계약상의 급부의무 중에서 인도의무만을 이행하고 소유권이전의무는 상대방의 반대급부의무인 매매대금 지급의무와 연동하게 함으로써 인도와 관련하여 부분적으로는 동시이행을 포기하지만 계약전체의 이행에 있어서는 동시이행을 관철시킨다. 따라서 매도인은 계약법의 메커니즘에 의하여 담보된다. 이는 기본적으로 계약의 해제와 결부된 소유물반환을 매도인의 구제수단으로 하므로, 그 결과 소유물반환청구와 매매대금채권의 이행청구를 동시에 행사할 수 없기 때문이다(할부거래에 관한 법률 제8조 제3항 참조). 그러므로 소유권유보는 그 구조와 기능에 있어 결과적으로 비점유질권을 창출하는 양도담보와 구별된다.711) 셋째, 매수인의 채권자가 소유권유보의 목적물에 강제집행을 하는 경우에 기대권을 인정하는 견해에 의하면 매도인은 목적물의 소유자로서 매수인의 채권자를 상대로 제3자 이의의 소(민사집

---

710) 양형우, 전게논문(주 653), 238-240면.
711) 김형석, "강제집행·파산절차에서 양도담보권자의 지위", 저스티스 통권111호, 2009, 69면 각주 1) Huber, Der Eigentumsvorbehalt im Synallagma, ZIP 1987, 750ff. 참조.

행법 제48조)[712]를 제기하여 자기의 소유권을 보전할 수 있게 되는데,[713] 양도담보와 유사한 변칙담보설 등에 따르면 매도인은 담보권자로서 목적물의 매매대금에 대하여 우선권자로서 배당을 요구할 수 있다고 한다 (민사집행법 제88조 및 제217조). 그러나 목적물을 환가한 금액이 매도인의 피담보채권보다 적을 때에는 담보권자인 매도인은 충분히 보호를 받지 못하게 되므로 소유권유보는 담보방법으로서 기능을 제대로 발휘할 수 없는 문제가 생긴다.[714] 넷째, 소유권유보를 변칙담보라고 정의하는 경우에는 우리 민법 제185조가 선언한 물권법정주의에 위반하지 않는지의 문제가 발생한다. 그에 따르면 매도인이 양도담보권자와 같이 담보권유보부 소유권자가 되고 매수인은 담보권의 부담을 지닌 소유자가 된다.[715] 이렇게 되면 부동산의 경우에는 등기가 있어야 소유권이 이전된다는 형식주의(민법 제186조)와 충돌하여 담보목적으로서 부동산은 필연적으로 제외될 수밖에 없게 된다.[716] 우리의 경제현실에서 큰 재산적 가

---

712) "**민사집행법 제48조(제3자이의의 소)** ① 제3자가 강제집행의 목적물에 대하여 소유권이 있다고 주장하거나 목적물의 양도나 인도를 막을 수 있는 권리가 있다고 주장하는 때에는 채권자를 상대로 그 강제집행에 대한 이의의 소를 제기할 수 있다. 다만, 채무자가 그 이의를 다투는 때에는 채무자를 공동피고로 할 수 있다. ② 제1항의 소는 집행법원이 관할한다. 다만, 소송물이 단독판사의 관할에 속하지 아니할 때에는 집행법원이 있는 곳을 관할하는 지방법원의 합의부가 이를 관할한다. ③ 강제집행의 정지와 이미 실시한 집행처분의 취소에 대하여는 제46조 및 제47조의 규정을 준용한다. 다만, 집행처분을 취소할 때에는 담보를 제공하게 하지 아니할 수 있다."

713) 대법원도 물권적 기대권을 인정하지는 않으나, 민사집행법 제48조 제1항이 적용될 수 있다고 한다(대법원 1996. 6. 28. 선고 96다14807 판결).

714) 이에 대해서는 매수인에 대한 강제집행 시, 매도인에게는 이 목적물의 환취가 가장 중요한 구제수단임에는 분명하나, 동산의 가치는 매수인이 가공하지 않는 한 매수인의 사용·수익으로 이것이 점점 작아지는 것이 보통이고, 매도인이 제3자이의의 소로서 이를 환취할 수 있다고 하더라도, 양도담보와 같이 별제권으로 취급되어 환가절차를 밟는 것과 경제적 차이가 크게 달라지지 않는다는 비판이 가능하다.

715) 이근식, 전게논문, 63면.

치를 지니는 부동산을 당연히 제외시키는 것이 바람직한가? 다섯째, 양
도담보와 유사한 변칙담보설과 같이 소유권유보를 담보로 인정한다는
것은 담보권자에게 담보권에 비해서 큰 경제적 가치를 부여한다는 문제
를 야기할 수 있다.[717] 이러한 과잉담보의 문제를 어떻게 해결할 것인지
는 종래부터 어려운 문제였다.[718]

3. 소결

이와 같이 기존의 소유권유보에 관한 해석론은 어느 한 입장도 소유
권유보의 본질과 구조를 명쾌하게 설명하고 있지 못한 것을 알 수 있다.
그렇다면 소유권유보는 어떠한 제도이며, 그에 따라 어떠한 해석론을 펼
치는 것이 바람직한 것인지 다음 절에서 살펴보도록 하겠다.

---

716) 김상용, 전게서(주 647), 857면.
717) 양창수, "독일의 동산담보개혁논의-비점유동산담보제도를 중심으로-", 서울대
　　학교 법학 제44권 제2호, 2009, 150면.
718) 이에 관하여 사견은 소유권유보가 담보로 인정될 수 있는 경우의 특수한 소
　　유권유보를 인정하고 있는데(제4장 제3절 II. 2. 참조), 이 경우 과잉담보의
　　문제는 양도담보에서와 같은 환가방법을 취하여 해결할 수 있다는 점(이 책
　　제4장 제4절 IV. 3. 나. 2) 참조)에서 그에 관한 합리적인 조정이 가능하다고
　　할 것이다.

제3절 우리 소유권유보의 법적성질 및 구조

Ⅰ. 소유권유보의 법적성질

1. 소유권유보부 매매는 정지조건부 소유권이전이다.

위에서 살펴본 바와 같이 기존의 학설과 판례는 소유권유보부 매매를 해석함에 있어서 모두 물권행위에 대금의 완제라는 정지조건이 부가된 정지조건부 소유권이전이라고 하는 것에는 차이가 없었다. 다만, 이때의 매수인의 법적 지위를 단순히 채권자로서의 권리만을 갖는지, 소유권자에 준하는 물권적 기대권자로 보는지에 따라 학설이 대립하였고, 더나아가 그 법률관계가 양도담보에 준하는 변칙담보제도에 해당한다거나 또는 매도인에게 유보된 유보소유권이 담보권이라고 하는 견해가 최근에 주를 이루고 있다. 물론 이에 대하여 매수인이 매도인에게 관습법상의 담보물권을 설정하였다고 하는 견해도 있으나, 우리의 관습법상 소유권유보가 승인된 것은 아니라는 점에서 특히 타당하지 않다.[719]

2. 원칙적으로 소유권유보는 소유권을 담보적으로 이용한 것이다.

소유권유보부 매매가 정지조건부 소유권이전이라는 점은 분명하다. 그러나 정지조건부 소유권이전설 중에서 매수인에 대해 물권적 기대권이라는 지위를 가지고 설명하는 견해는 물권적 기대권이라는 개념이 관념상 인정할 수 있더라도 여러 문제를 나타낸다는 점, 그리고 현재 우리 실무에서 인정되고 있지 않다는 점에서 당해 법개념이 인정되고 널리

---

719) 이 책 제4장 제2절 Ⅱ. 2. 가 및 제4장 제4절 Ⅳ. 3. 가 참조.

이용되는 독일과 법적 환경이 다름을 주의해야 한다.[720] 채권설은 대금
의 지급으로 매수인이 가지는 경제적 이익이 점차 증가한다는 점을 간
과했다는 문제가 있지만, 현재의 소유권유보를 가장 적절하게 나타내는
것으로 판단된다. 이는 소유권을 담보적으로 이용하였다는 점에서 프랑
스민법전 개정 전의 상황과 유사한 점이 있다. 다만, 이 경우에도 우리
의 소유권의 담보 목적의 이용과는 완전히 동일한 것은 아니었다. 왜냐
하면, 프랑스에서는 그것이 비전형담보이던 때에도 전매대금 등에 대해
서도 소유권유보가 미친다는 점에서 물상대위가 인정되어, 우리 민법상
의 담보물권성이 존재하였기 때문이다.[721] 이에 반하여 우리의 소유권
유보는 매수인의 매매대금에 대한 물품신용으로서 소유권을 담보적으로
이용하는 것이나,[722] 담보물권이 가지는 물상대위성과 같은 특징을 가지
는 것은 아니다.

3. 우리의 소유권유보는 매도인의 담보물권을 설정하는 것이 아니며, 광의의 비전형담보에 해당하는 것이 원칙이다.

우리의 소유권유보는 제3장에서 살펴본 바 있는 프랑스에서 담보적
기능을 하는 소유권(propriété-garantie)와 유사하지만, 프랑스법과 같이
담보권으로서의 소유권(propriété-sûreté)은 아니다.[723] 왜냐하면 우리 법
은 근대 대륙법계의 담보물권만을 담보물권으로 정의하고, 기능적으로
담보적 성격을 가지는 담보제도, 즉 비전형담보[724]를 담보물권으로 일반

---

720) 이 책 제4장 제2절 V. 1. 나 참조.
721) 이 책 제3장 제4절 IV. 참조.
722) 김형석, 전게논문(주 711), 69면 각주 1) Huber, Der Eigentumsvorbehalt im
   Synallagma, ZIP 1987, 750ff. 참조.
723) 이 책 제3장 제3절 I. 참조.
724) 학설은 비전형담보를 크게 첫째, 물건을 담보의 목적으로 제공하는 유형과
   둘째, 권리를 담보의 목적으로 하는 유형으로 나누고, 첫째 유형을 광의의 비
   전형담보로 보아 소유권의 이전을 담보의 수단으로 사용하는 것과, 소유권유

적으로 인정하지 않고 있기 때문이다. 즉 우리법상 담보물권은 강학상의 개념이나, 원칙적으로 물적 담보 중 소유권과 대비되는 제한물권으로서 민법상 인정된 물적 담보만을 의미하는 것이다. 이는 로마법상의 신탁적 담보(fiducia) 방식을 배제하고 공시 및 공신의 원칙에 기반을 둔 게르만 법계의 근대적 물적 담보제도가 우리 민법상의 담보물권으로 들어온 것이기 때문이다.725) 따라서 로마법상의 신탁적 권리이전을 바탕으로 하는 동산양도담보는 담보물권에 해당하지 않는 것이 원칙이다.726)

4. 소유권유보의 담보적 성격은 유형에 따라 차이가 있다.

그런데 소유권유보의 유형에 따라 담보적 성격이 다르다는 점에서 이를 달리 취급할 필요가 없는지의 문제가 있다. 이는 종래부터 독일에서의 유형론으로 설명되어 왔다.727) 이에 따르면 원칙적인 소유권유보, 즉 사인간의 양자 간 소유권유보는 물품신용의 수단으로 이용된다. 즉 매매대금의 최소한의 담보로 소유권을 이용하는 것이다. 독일에서는 이

보로 구분하고, 둘째 유형으로는 담보적 상계, 대리수령, 납입지정을 든다(곽윤직 대표편집, 민법주해(Ⅶ), 서정우 집필부분, 박영사, 1992, 266면). 그리고 소유권의 이전을 담보의 수단으로 사용하는 것은 자금을 매매에 의하여 얻는 것과 소비대차에 의하여 얻는 것으로 나누어 전자로는 환매, 재매매예약이라는 매도담보(넓은 의미의 양도담보)의 방식을 그 예로 들고, 후자로는 좁은 의미의 양도담보를 그 예로 들고 있다(곽윤직·김재형, 전게서(주 382), 539면; 송덕수, 물권법, 제2판, 박영사, 2014, 557면).

725) 김증한, 물권법, 박영사, 1983, 396면.

726) *Ibid.*

727) 소유권유보를 유형화하여 담보적 기능만을 가지는 소유권유보를 단순소유권유보라 하고, 그 밖의 담보권적 성질을 가지는 소유권유보의 유형을 구분하는 것은 원래 독일의 해석론이다. 독일의 유형론은 유럽의 소유권유보에 영향을 미쳤다. 대표적으로 오스트리아에서도 해석상 단순소유권유보와 연장된 소유권유보 등의 담보권으로서의 소유권유보로 유형화된 해석이 이루어지고 있다(I. Davies, *op. cit.*, p.2).

를 단순소유권유보로 칭한다.[728] 반면, 전매를 전제로 하는 소유권유보
는 일반적인 신용담보로 이용될 가능성이 높기 때문에 대외적 효력 상
양도담보와 함께 취급될 필요가 더욱 강해진다. 이는 특히 도산절차에
있어서 그러하다. 이 경우에는 환가담보제도로서의 담보권적 성질을 가
진 소유권유보가 된다. 단순소유권유보는 그 법률행위의 해석을 매매계
약상의 법률관계로 해결한다. 이는 특히 매수인에게 채무불이행이 있는
경우, 나아가 그가 도산절차에 빠진 경우에 의미가 있다. 매수인의 채무
불이행시 매매계약상의 법률관계에 기한 채무의 이행 내지 채무불이행
의 법리로 해결하여 매도인이 그 소유권에 기하여 환취할 수 있으면 그
만이다. 이러한 담보적 기능은 쌍무계약상 동시이행항변권의 담보적 기
능으로 이해될 수도 있다(민법 제536조).[729] 이때에는 앞에서의 정지조
건부 소유권이전설 중 채권설의 해석이 가장 타당하다. 그러나 일정한
경우에는 담보적 기능이 강화되어, 금전신용의 수단으로로 이용될 수 있
는 양도담보와 유사한 성격의 소유권유보도 행해진다.[730] 이러한 소유
권유보는 담보권적 성질을 갖는 것으로 이는 양도담보와 유사한 변칙담
보, 즉 비전형담보로 이해된다. 다만, 양도담보는 소유권의 신탁적 이전
의 법기술을 이용하나, 소유권유보는 소유권의 담보로서의 유보를 의미
하므로, 이러한 차이점을 변별하여 양도담보와 유사한 권리관계를 유추
해야 한다.[731]

---

728) 이 책 제4장 제3절 Ⅱ. 2. 가 및 제4절 Ⅳ. 2. 참조.
729) 독일에서는 소유권유보의 경우에 목적물을 인도하였더라도 소유권의 이전은
    이행하지 않은 미이행쌍무계약이라고 하여, 채무불이행시 동시이행항변권의
    담보적 기능을 통해 이를 환취하는 것으로 이해하기도 한다. 우리의 단순소
    유권유보가 이에 해당한다고 할 것이다(이 책 제4장 제5절 참조).
730) 이 책 제4장 제3절 Ⅱ. 2. 나 이하 참조.
731) 이 책 제4장 제4절 Ⅳ. 3. 참조.

5. 소유권유보의 유형구분이 도산절차에서의 취급을 다르게 한다.

소유권유보의 유형의 분류는 소유권유보를 도산절차에 있어서 어떻
게 취급할 것인지의 문제에 해결점을 시사한다. 즉 매매계약의 해제와
그 원상회복을 통하여 담보적 기능을 추구하는 단순소유권유보의 경우
에는 애초에 매매 목적물을 환취하지 아니하면 그 담보적 기능 자체의
의미가 없다는 점에서 매수인의 도산절차에서 매도인이 목적물을 환취
할 수 있게 해야 한다. 반면 소유권유보에 관한 법률관계에서 파생된 법
률관계의 일정한 경우에는 양도담보와 유사하게 처리해야 한다. 따라서
소위 연장된 소유권유보와 같은 경우와 같이 신용담보의 수단으로 이용
되는 소유권유보의 경우에는 매수인의 채무불이행이 있을 때 집행단계
에서 제3자 이의의 소가 가능하다는 점은 별론으로 하고, 매수인의 도산
절차 중 파산절차가 개시된 경우에는 이를 담보권으로 보아 매도인이
별제권을 행사해야 하는 것이다. 그리고 양도담보에 준하는 소유권유보
의 경우에는 도산절차 중 회생절차에 들어간 때에 그 반환청구권이 담
보된 매매대금채권을 회생담보권으로 보아 이를 처리해야 한다고 할 것
이다.[732] 이는 후술하겠지만, 소유권유보부 매매가 미이행쌍무계약인지
의 여부와 관계가 있다.[733]

---

[732] Serick, *Eigentumsvorbehalt und Sicherungsübertragung*, Band Ⅰ, 1963, S.224ff(김형
석, 전게논문(주 678), 433면에서 재인용).

[733] 자세한 것은 이 책 제4장 제5절 참조.

II. 소유권유보의 구조 및 유형

1. 유형분류의 실익

위에서 살펴본 바와 같이 소유권유보부 매매는 정지조건부 소유권이 전이다. 또한 앞서 말한 바와 같이 우리법상 소유권유보는 원칙적으로 소유권의 담보적 이용이라는 점에서 광의의 비전형담보에 해당할 뿐, 담보물권이 아니다. 그런데 소유권유보부 매매가 체결된 경우 양도담보와 같은 담보제도로 인정할 수 있는 법률관계가 있다. 우리나라에서는 이에 대하여 활발한 논의가 행해지지 않았으나, 독일에서는 종래부터 소유권유보의 유형론으로 설명하고 있었고,734) 우리 학계에도 종종 소개되고 있었다.735) 이에 따르면 원칙적인 소유권유보 즉 사인간의 양자 간 소유권유보는 매매대금의 최소한의 담보로 소유권을 이용한다. 독일에서는 이를 단순소유권유보로 칭하고, 매매계약상의 법률관계로 해석한다. 그런데 전매를 전제로 하는 소유권유보는 일반적인 신용담보로 이용될 가능성이 높기 때문에 대외적 효력 상 양도담보와 함께 취급될 필요가 더

---

734) 독일의 유형론은 단순소유권유보의 경우는 매매대금의 완제 전에 소유권의 이전을 정지시킬 뿐, 이 목적물이 매수인의 점유 하에서 혼화 또는 가공되어 매수인이 이를 원시취득하는 것을 막지 못한다는 점을 고려하여 독일의 실무에서 인정되는 논의로, 담보적 기능만을 가지는 소유권유보를 단순소유권유보라 하고, 그 밖의 양도담보와 유사한 성질을 가지는 담보제도로서의 소유권유보의 유형을 구분한다. 독일의 유형론은 유럽의 소유권유보에 영향을 미쳤다. 대표적으로 오스트리아에서도 해석상 단순소유권유보와 연장된 소유권유보 등의 담보권으로서의 소유권유보 유형화된 해석이 이루어지고 있다(I. Davies, *op. cit.*, p.2).

735) 이러한 유형의 종류와 내용에 관하여는 양형우, "독일의 연장된 소유권유보론의 우리 민법학에의 수용한계에 관한 고찰", 민사법학 제20호, 2001, 192면 이하; 김상용, 전게서(주 569), 256면 이하; 임건면, 전게논문, 21면 이하; 김학동, 전게논문, 513면 이하 참조.

욱 강해진다. 이 경우에는 양도담보에 준하는 담보권을 설정한 것과 같은 효력을 가지게 된다.[736] 독일의 유형론은 단순소유권유보의 경우는 매매대금의 완제 전에 소유권의 이전을 정지시킬 뿐, 이 목적물이 매수인의 점유 하에서 혼화 또는 가공되어 매수인이 이를 원시취득하는 것을 막지 못한다는 점을 고려하여 실무에서 인정된 것이었다. 그 유형 가운데에 특수한 소유권유보의 유형들은 제조업자의 신용 획득을 위해 인정되는 것이다.[737] 이 유형을 인정하는 것은 양당사자 간의 물품금융의 수단으로서의 단순한 소유권유보와 금전신용 수단으로서 양도담보에 준하는 소유권유보를 구별하여 취급할 수 있도록 해준다.[738]

독일의 유형론과 같이 우리도 유형화하여 판단할 수 있는가? 그리고 그 실익은 무엇인가? 우선 담보로서의 소유권유보의 유형은 계약의 자유의 원칙상 인정될 수 있다.[739] 이는 실질적으로 담보로서의 역할을 하는 소유권유보의 실례를 더욱 잘 파악하게 해준다. 이러한 유형에 관한 담론은 소유권유보를 더욱 유용한 담보거래로 활용할 수 있다는 점에서

---

736) 소유권유보의 유형에 관한 독일의 해석론은 최근 프랑스에도 영향을 받고 있다(이 책 제4장 제3절 Ⅱ. 참조). 이는 국제거래상 소유권유보약정의 이용이 증가함에 따라, 이를 통일화할 필요성이 증가하기 때문이다. 이는 국제사법 내지 국제도산법과도 관계되어 있다.

737) W. Faber and B. Lurger, *National Reports on the Transfer of Movables in Europe, Vol. 3, Germany, Greece, Lithuania, Hungary, Germany, Greece, Lithuania, Hungary, Munich,* Sellier European Law Publishers, 2011, p.163.

738) 독일에서의 단순소유권유보는 중간재를 가공하여 가공물을 유통하는 상인의 신용을 위한 담보수단으로서 부적당하다는 점에서 활발히 이루어지지 않고, 당사자는 통상 그 과정에서 전매·가공약정을 체결하여 소유권유보관계의 확장을 시도한다(米倉明, 所有權留保の硏究, 新靑出版, 1997, 68頁); 이때 전매·가공의 경우에도 소유권유보를 인정하는 것이 특수한 소유권유보의 유형들이고 그 중 대표적인 연장된 소유권유보의 경우 적법성이 인정되는 것이 독일의 통설과 판례이다(米倉明, 전게서(주 738), 77頁).

739) S. Calme, *op. cit.*, p.109 이하 참조.

우리법에서도 의미가 있다. 또한 국제사법상으로도 중요한 의미가 있다. 어느 국가에서는 인정되는 소유권유보의 유형이 다른 국가에서는 인정되지 않는 경우(예컨대, 독일에서는 확장된 소유권유보가 유효하지만, 프랑스에서는 유효하지 않다) 물건이 담보로 인정되지 않는 국가에 있는 경우에는 소재지법주의740)에 따라 소유권유보가 담보제도로 인정되지 않기 때문이다. 소재지법주의는 거래안전의 보호에는 적합하다는 장점이 있으나 동산의 경우에는 물건의 이동에 따라 준거법이 변경되어야 한다는 문제를 초래한다.741) 또한 이렇게 소재지법주의를 관철하게 되면, 어느 법제(A국) 하에서 유효한 소유권유보가 다른 국가(B국)에서 무효인 경우에 그 물건에 대한 집행을 회피하기 위하여 계쟁 물건을 그 국가(B국)로 도입시키는 부작용을 초래한다.742) 이는 유럽, 더 나아가서는 전 세계적으로 물건의 자유로운 거래를 저해하는 결과를 낳는다는 점에서 바람직하지 않다. 이와 같이 국제사법상 소재지법주의를 일관하는 한 인접국가와의 국내법차원의 소유권유보의 비교는 국제도산법과 국제사법의 적용을 통한 유럽차원의 자유로운 시장경제질서의 확립을 위해 필요한 것이다.743) 이 논의는 우리나라에서도 마찬가지이다. 소유권유보의 유형을 분류하여 개념화할 수 있다면 다른 국가에서의 인정 여부를 비교하여 그 유효성 여부를 판단할 수 있다는 점에서 국제사법적 의미에서 유용하게 되는 것이다.

---

740) 우리의 국제사법 제19조는 제1항에서 물권의 준거법으로 동산 및 부동산에 관한 물권 또는 등기하여야 하는 권리는 그 목적물의 소재지법에 의한다고 하고, 제2항에서는 제1항에 규정된 권리의 득실변경은 그 원인된 행위 또는 사실의 완성 당시 그 목적물의 소재지법에 의한다고 규정하여 소재지법주의를 채택하고 있다.

741) 석광현, 국제사법해설, 박영사, 2013, 236면.

742) S. Calme, *op. cit.*, p.123.

743) S. Calme, *op. cit.*, p.125.

앞서 소개한 바와 같이 소유권유보의 유형은 대륙법계에 소개된 독일의 해석론을 따른 것이다. 후술하겠지만 단순소유권유보 이외의 다른 유형들은 소유권유보의 확장형이되, 실질적으로 더 이상 진정한 소유권유보로 보기 힘들다. 오히려 양도담보와 같은 금전신용 수단에 더 가깝다. 그러한 의미에서 필자는 단순소유권유보 이외의 소유권유보를 양도담보에 준하는 소유권유보라고 하겠다.

2. 유형의 소개 및 우리법상 채택 여부

가. 단순소유권유보(einfacher Eigentumsvorbehalt)

단순소유권유보는 매도인의 매수인에 대한 매매대금채권의 변제확보를 위하여 매도인에게서 매수인에게로 매매계약의 목적물이 소유권이전을 매수인이 매매대금을 완제할 것을 정지조건으로 한 소유권유보를 말한다. 따라서 매수인이 매도인에게 매매대금을 완제하기 전까지는 매도인이 소유자이며, 매수인이 매매대금을 완제하면 다른 소유권이전에 필요한 조치를 할 필요 없이 매매목적물의 소유권이 매수인에게로 이전되는 매매가 소유권유보부 매매이다. 이러한 단순소유권유보는 특정한 물건에 대한 사인간의 소비과정에서의 할부매매를 말한다고 할 것이다.[744] 이는 소유권유보의 기본 형식이 되고,[745] 그 이외의 유형은 모두 소유권유보의 확장형으로 볼 수 있다.

정지조건부 소유권이전설은 소유권유보약정이 매매계약에서 그 대금채권의 변제에 대한 담보로서 기능하는 것으로, 매수인의 채무불이행시 유보된 소유권에 기하여 목적물을 환취함으로써 매수인에게 대금채권의

---

744) 米倉明, 전게서(주 738), 38頁.
745) 이 책 제2장의 소유권유보의 발전과정 참조.

이행을 강제함으로써 그의 채무불이행에 매도인이 대비하게 하고자 하는 담보로서 작용하는 것을 잘 설명할 수 있다는 점에서 일응 타당하다.[746] 이는 소유권유보가 역사적으로 매매대금채권을 담보하는 데에서 출발한 점이나, 소유권유보약정을 통하여 대금 지급 전에 목적물을 인도해야 하는 매도인을 보호하기 위한 매매계약상의 동시이행항변권의 담보적 기능으로 설명이 가능하다는 점에서 그러하다.[747] 이것은 로마법상 매매실효약관(lex commissoria)과 마찬가지로, 소유권의 담보적 기능에 의한 것이다.[748] 그러나 정지조건부 소유권으로 소유권유보를 해석함에 있어 이해하기 어려운 점은 매매대금이 일부 변제받는 과정에서의 매수인이 단순한 조건부 권리자가 되지 않도록 하는 이론 구성, 즉 물권적 기대권이라는 이론구성에 있다. 이 견해는 매매대금이 변제됨에 따라 매수인의 지위가 향상되어야 한다는 경제적인 측면에서는 타당할지 모르나, 기대권을 별도의 물권 내지 소유권으로 보는 경우 물권법정주의(민법 제185조)에 위배될 여지가 있다.[749] 따라서 물권적 기대권을 전제로 한 정지조건부 소유권이전설의 해석은 우리법에서 타당하지 않다.[750] 따라서 대금이 완제되기 전에는 매도인이 소유권 전부를 가진다. 그리고

---

746) 소유권유보는 대금청구권의 확보의 기능과 목적물반환청구권 보장의 수단이라는 기능을 모두 포함하는 담보수단으로 이해해야 한다. 임건면, 전게논문, 114면; 소유권유보는 매매계약이 해제된 경우에 발생하는 반환청구권을 담보한다는 견해(양형우, "파산절차상의 담보권", 민사법학 제29호, 2005, 113면)도 같은 취지이다.

747) 임건면, 전게논문, 113-114면.

748) 이 책 제2장 제2절 참조.

749) S. Calme, *op. cit.*, p.39; 이에 대해서는 물권적 기대권을 소유권과 질적으로 동일한 것으로 보거나, 작은 소유권으로 본다면, 이는 소유권의 하나에 해당하므로, 물권법정주의에 위배되지 않는다는 재반론도 가능하다. 그러나 완전한 소유권(큰 소유권)과 작은 소유권의 구분을 우리 법에서 상정하는 것은 쉽지 않다.

750) 대법원도 물권적 기대권과 같이 변제에 따라 점차 증가하는 매수인의 지위를 인정하지 않는다(대법원 1996. 6. 28. 선고 96다14807 판결).

매수인의 채무불이행이 있는 경우 매도인은 매매계약을 해제하고 매수인이 점유하고 있는 목적물을 소유권에 기한 반환청구권을 행사하여(민법 제213조) 반환받을 수 있다.

이러한 소유권유보의 기본적인 형태는 독일에서는 단순소유권유보로 일컬어진다(독일민법 제449조). 이는 전매에 대한 처분권을 부여하지 않은 소유권유보로, 물건의 혼화·가공을 전제하지 않는다.[751] 독일에서도 신(新)도산법 제정 당시 단순소유권유보에 대하여, 양도담보와 같이 취급해야 하는지에 관하여 논의의 대립이 있었다.[752] 도산법 개정을 위한 1차 위원회 법률안은 단순소유권유보를 양도담보와 같이 취급하여 매도인에게 상품의 매매나 다른 원인으로 변제된 대금에 대하여 우선권을 인정하는 것을 내용으로 규정하기도 하였다.[753] 이 법률안에 대하여 매도인에 대한 이러한 우선적 보호가 위헌적인 것이 아닌지 여부도 논의되었다.[754] 그러나 도산절차에 들어간 매수인에게 소유권이 귀속되지 않고 여전히 매도인에게 소유권이 남아있다는 것은, 소유권이 담보약정의 방법으로 이전되었다고 하는 것과 구별할 수 있을 뿐만 아니라 구별되어야 한다는 입장에 따라 이를 양도담보와 달리 취급하는 것으로 개정되었다.[755]

---

751) E.-V. Kieninger(ed), *op. cit.*, p.248.

752) 이하의 설명은 E.-V. Kieninger(ed), *op. cit.*, p.247-248 참조.

753) Bundesministerium der Justiz, Erster Bericht der Kommission für Insolvenzrecht proposition, West, 1985, n. 1.1.4.(1) (b) 및 해당 주석(S.93ff) 참조, 다만, 이는 실제로 법안에 반영되지 않았다

754) Serick, *Eigentumsvorbehalt und Sicherungsübertragung*, Band VI, 1986, S.855ff. 제릭(Serick)은 매도인에 대한 이러한 우선적 보호는 위헌적이 아닌지에 대하여 고려해 보아야 한다고 하였다. 즉 독일기본법 제14조 상의 재산권 보장에 대한 위반이 될 수 있고, 또한 부동산과 달리 공시도 되지 않는 담보를 인정하는 것이 일반채권자평등원칙의 위반이 될 수 있다는 것이다.

755) E.-V. Kieninger(ed), *op. cit.*, p.248.

　　프랑스에서도 최근 독일의 특수한 소유권유보의 유형을 소개하면서
프랑스법상 인정될 것인지 논의하는 견해가 있었다.[756] 그런데 프랑스
의 입법자들은 담보권으로서의 소유권(propriété-sûreté)을 법정함으로써
담보권으로 승격된 소유권유보를 입법화하는 태도를 취하였다. 이것이
프랑스에서 단순한 소유권유보는 존재하지 않고, 오직 담보권으로서의
소유권유보만이 존재하는 것을 의미하는가? 그렇지는 않다. 프랑스에서
도 역시 단순소유권유보는 존재하고, 그 민법전 제2367조에서도 이를 전
제하고 있다.[757] 프랑스에서의 소유권유보약정은 상품에 대한 상거래에
있어서 도산절차에 빠진 매수인에 대항하여 매도인을 보호하기 위하여
입법화되기 시작된 것이기 때문에 담보권으로서의 소유권의 형식으로
입법화된 것이지만, 여전히 담보(garantie)적 기능을 전제하고 있으므로,
그러한 담보법의 개정으로 입법자가 독일의 단순한 소유권유보를 부정
하고, 그 밖의 담보권으로서의 소유권유보만을 인정한 것은 아니다.[758]

---

756) S. Calme, *op. cit.*, p.65 이하 참조.

757) I. Davies, *op. cit.*, p.27. 반면, 독일민법 제449조는 단순소유권유보만을 규정하
　　고, 그 밖의 소유권담보로서의 성격을 지닌 소유권유보는 별도로 규정하지
　　않는 것으로 보는 것이 일반적이다.

758) 앞서 살펴본 바와 같이 프랑스에서 소유권유보는 도산절차에 있어서 상인인
　　매도인의 대항력을 인정하기 위해 입법화되기 시작하였으므로 상사관계를
　　기본으로 하는 것이었고, 최초 입법 당시(1980년)의 반환청구권(revendication)
　　은 소유권에 기초한 것이기는 하나, 이 조항이 도산절차상 소멸하게 되는 프
　　랑스민법상의 동산매도인의 우선특권 및 그 반환청구권(개정 프랑스민법전
　　제2332조 제4호)로 인해 인정되고, 이 조항은 계약의 해제를 전제로 하지 않
　　는다는 점에서 우리법과 같이 쌍무계약관계의 청산을 바탕으로 하는 것은 아
　　니었다. 또한 2006년 민법전의 개정으로 일반법으로서 소유권유보를 규정할
　　때에도, 목적물의 반환(restitution)이라고 함으로써 담보권의 실행을 위한 담보
　　물의 반환으로 인정하는 입법을 하고 있다(프랑스민법전 제2371조 제1항). 이
　　와 같이 청산절차를 동반한 이유는 소유권유보로 설정되는 담보권은 부당이
　　득을 야기하지 않기 때문이라고 한다(P. Puig, *op. cit.*, nº351).

그런데 우리 법에서는 여전히 사인간의 단순소유권유보가 많이 행해지고, 독일에서의 특수한 소유권유보 유형은 동산의 양도담보에 비하여 높은 비중을 차지하는 것은 아니다. 이는 뒤에서 다시 설명하겠지만, 독일과 달리 대항요건주의를 취하는 채권양도제도(민법 제450조 이하)와 물권적 기대권 개념 자체를 활용하지 않는 우리 실무의 태도 등의 영향으로 이해된다.759)

나. 양도담보에 준하는 소유권유보 (소위 "연장된 소유권유보" 등의 유형)

1) 개관

오늘날 전매 대상의 제조물, 중간재인 상품을 대상으로 하는 소유권유보는 단순히 매매대금채권의 변제를 담보하는 것을 넘어선다. 이 경우에는 소유권유보를 담보제도로 해석하는 것이 타당하다. 다만, 물권적 기대권을 부정하는 전제에서 중간재 상품의 소유권유보 거래의 현실을 반영할 때 매수인에게 전매를 허용하는 처분수권이 있는 경우나 거래의 특성상 처분수권의 부여가 없어도 이를 담보의 설정으로 볼 수 있는 소유권유보의 경우에는 양도담보에 준하는 비전형담보로서의 소유권유보로 인정될 수 있다.760) 이때 당사자는 단순한 양자 간 소유권유보에는 없는 담보계약의 의사를 가진다고 할 것이다. 담보계약의 설정의사는 독일에서도 보통 가공약관이나 전매대금에 대한 소유권유보의 연장에 대

---

759) 이 책 제4장 제2절 참조.

760) 원래의 담보목적물은 채무자에 의하여 가공 또는 부합되거나 제3자에게 양도됨으로써 그 가치가 상승된다. 만일 그러한 채무자의 활동이 금전여신자가 제공한 자금에 의하여 뒷받침된 것이라면, 그 가치상승분은 금전여신자가 이를 파악하려할 것이고, 만일 그 기여가 채무자 자신에게 돌아가는 것이라면 일반채권자가 이를 파악할 수 있어야 할 것이다(양창수, 전게논문(주 717), 170면 참조).

한 약관으로 행해진다.[761] 그런데 이러한 소유권유보를 인정하는 것이
물권법정주의에 위배되는 것은 아닌지 문제된다.[762] 왜냐하면 우리 법
은 양도담보에 준하는 소유권유보를 명문으로 규정하고 있지 않고 해석
상 인정할 수 있기 때문이다. 그러나 이는 양도담보에 준하는 소유권유
보에서 매도인이 가지는 유보소유권이 담보물권이라고 하는 전제에서
문제될 뿐이다. 그러한 소유권유보를 인정하는 것이 이를 반드시 담보물
권으로 보는 것을 의미하는 것은 아니기 때문이다.[763] 담보물권의 인정
은 물권법정주의와 관련된 것이기 때문에 매도인이 소유권유보부 매매
에 기해 소유권을 유보하였음에도 불구하고 입법자가 이때의 매도인의
유보소유권을 담보물권이어야 한다고 규정하여야 담보물권이 될 뿐이
다.[764] 또한 우리의 대법원 판례는 원칙적인 소유권유보, 즉 단순소유권
유보에 있어서 매도인의 권리를 담보권으로 확인하지 않고 있다.[765] 물
론 매수인의 도산절차에 있어서의 소유권유보에서 매도인에게 유보된
유보소유권을 담보권으로서의 성질을 가진다고 판시하고 있으나,[766] 이
는 그 타당성은 별론으로 하더라도, 도산절차라는 특수한 상황에서 다른
담보물권과 동일한 취급하자는 취지이지, 이를 담보물권으로 보고자 하
는 것은 아니다. 결국 연장된 소유권유보 등의 특수한 경우에는 매수인

761) R. Serick, *Les sûretés réelles mobilières en droit allemand, vue d'ensemble et principes généraux*, LGDJ, 1990, p.40ss.
762) 제철웅, 담보법, 율곡출판사, 2017, 453면. 이에 따르면 담보물권의 인정은 물권법정주의와 관련된 것이기 때문에 매도인이 소유권유보부 매매에 기해 소유권을 유보하였음에도 불구하고 입법자가 그 소유권을 담보물권이어야 한다고 규정하여야 담보물권이 될 것이라고 한다.
763) 이에 관하여는 전술한 이 책 제4장 제3절 Ⅰ. 3. 참조.
764) 제철웅, 전게서, 453면. 민법 제185조가 존재하는 한 그러하다.
765) 이를 이유로 소유권유보부 매매가 담보물권으로서의 성질을 갖는 것은 아니라고 한다는 견해로는, 김범준, "동산 소유권유보부 매매의 매도인이 매수인에 대한 회생절차에서 매매목적물에 대하여 환취권을 행사할 수 있는지 여부", 재판과 판례, 제24집, 대구판례연구회, 2015, 246면.
766) 대법원 2014. 4. 10. 선고 2013다61190 판결.

이 목적물을 양도받은 후 매도인에게 양도담보를 설정한 것으로 보는 양도담보와 유사한 변칙담보라는 견해가 타당하다. 즉 매매 및 그에 기한 소유권양도와 양도담보가 결합된 것으로 볼 수 있는 것이다.[767] 그리고 이러한 유형의 소유권유보는 엄밀히 말하면 더 이상 진정한 의미에서의 소유권유보가 아니다.

2) 연장된 소유권유보(verlängerter Eigentumsvorbehalt)

가) 가공약정이 있는 소유권유보

원칙적으로 목적물이 가공을 통하여 소멸하고 새로운 물건이 생긴 경우에는 목적물이 소멸하므로 단순한 소유권유보는 소멸하게 된다. 그런데 독일에서는 가공약정이라는 특별약관을 인정하여 이러한 경우에도 여전히 매도인에게 어떠한 권리를 인정하려는 약정이 가능하다는 것이 통설과 판례였다.[768]

프랑스에서는 원칙적으로 계약상의 목적물 자체에 대한 소유권유보를 원칙으로 하고, 이 목적물이 부합되는 경우에는 부동산 부합의 문제인 경우에는 민법전 제552조부터 제555조까지에 따라, 그리고 동산 부합의 문제인 경우에는 민법전 제565조부터 제577조까지에 따라 해결하였다.[769] 그에 따르면 가공의 경우에는 가공물은 재료의 소유자가 이를 소유하고(프랑스민법전 제570조),[770] 수공비가 재료의 대금을 월등히 초과

---

767) 양창수, 전게서, 396면.

768) 황적인, "Eigentumsvorbehalt und Sicherungsübereignung - Bd. 1: Der einfache Eigentumsvorbehalt, 1963 Bd. 2: Die einfache Sicherungsübereignung-1. Teil, 1965 von Rolf Serick -", 서울대학교 법학 제10권 제1호, 1968, 132면.

769) S. Calme, op. cit., p.76.

770) "**프랑스민법전 제570조** 수공업자 또는 기타의 자가 자기 소유가 아닌 재료를 사용하여 새로운 종류의 물건을 만든 때에는 원래의 형태로 회복될 수 있는

하는 경우에만 가공자가 이를 소유한다(프랑스민법전 제571조).[771] 또한
일부는 자기에게 속한 재료, 다른 일부는 자기에게 속하지 않은 재료를
사용하여 새로운 물건을 만들고 이 두개의 재료를 분리하려면 그 원형
이 완전히 훼멸되지는 않더라도 심히 불이익한 경우에는 가공물은 두
소유자의 공유로 한다(프랑스민법전 제572조 전단). 그런데 민법전 제4
권 담보에서는 별도로 민법전 제2370조를 두어 소유권유보부 매매의 목
적물인 동산에 있어서 그 분리가 손해 없이 이루어질 정도로 쉬운 경우
에는 소유권유보가 목적물에 존속하게 하였다.[772] 이는 원칙적으로 소
유권유보부 계약의 목적물은 부합을 통하여 그 소유권이 상실되는 경우
에 소유권유보가 소멸되지만, 그 분리가 손해 없이 이루어질 정도로 손
쉬운 예외적인 경우에 부합의 경우에도 소유권유보의 효력이 인정되게
한 것이다. 당사자 간에 가공약정이 체결된 경우에도 예외적으로 소유권
유보가 연장될 수 있었다. 파기원 판결을 통해서 프랑스에서도 원재료에
가공을 하여 완제품을 만드는 계약을 할 때 그 재료의 소유권은 주문한
도급인에게 남기되, 공급된 가공에 대한 채권을 가공자가 배타적으로 가
지게 하는 가공약정이 체결되었음을 알 수 있다.[773] 개정 프랑스민법전
제2372조는 전득자에 대한 전매채권이나 물건에 대위되는 보험금에도

지 여부에 관계없이 재료의 소유자는 상환일을 기준으로 평가한 수공비를 상
환하고 완성된 가공물을 청구할 권리를 가진다."
771) "**프랑스민법전 제571조** 그러나 수공비가 사용된 재료의 가액을 월등히 초과
하는 때에는 수공기술을 주된 부분으로 보며, 이 경우에 가공자는 상환일을
기준으로 산정된 재료의 가액을 재료소유자에게 상환하고 가공물을 보유할
권리를 가진다."
772) 프랑스민법전 제2370조에서 다른 물건에 소유권유보의 목적이 되는 동산
(meuble)이 합체된 경우에는 그 물건이 손해 없이 분리될 수 있는 경우에는
그 합체가 채권자의 권리에 장애가 되지 않는다. 이 조문에 대하여는 동산의
부합의 경우만을 규정하여 부동산의 부합의 경우에 무관심했다는 비판이 있
다(*Juris-classeur civil Art. 2367 à 2372*, n°82 *supra* note 54).
773) Cass. Com., 11 déc. 2007, n°06-14.486.

유보된 소유권이 존속한다고 함으로써,[774] 독일과 같이 가공약정을 체결하여 가공물에도 소유권유보를 미치게 하는 것을 배제하지 않는다.[775] 그리고 이는 "계약의 자유"라는 대원칙에 비추어보더라도 수긍할 수 있다.[776]

우리 법상 계약의 자유의 원칙상 이러한 가공약정이 체결될 수 있음은 물론이다.[777] 또한 담보권자가 원래의 담보목적물의 변형물을 여전히 담보로 잡으려는 것은 경제적으로 정당한 일이다.[778] 부합이나 가공의 결과 매도인의 소유권이 상실되고 매수인이 소유권을 취득하게 되는 경우(민법 제257조 및 제259조), 당사자들은 소유권유보에 이른바 가공약정을 부가하여 매수인의 부합·가공을 허용하면서도 그로인한 새로운 물건의 소유권이 매도인에게 귀속된다고 정할 수 있다. 우리 민법의 해석으로는 이러한 가공약정의 성질은 가공약정에 따른 점유매개관계에 기해 유보매수인이 그 매도인에게 가공물의 소유권을 담보를 위해 양도한 것, 즉 사전점유개정으로 해석해야 할 것이다.[779]

그러나 이는 담보적 권리 간의 충돌을 야기하는 원인이 되므로 그에 관한 법정책적인 한계를 어디에서 설정해야 할 것인지를 신중하게 판단

---

774) **"프랑스민법전 제2372조 소유권은 전득자에 대한 채무자의 채권 위에 또는 물건을 대신하는 보험금 위에 존속한다."**

775) Cass. Com., 7 avr. 2009 n°08-12.915; S. Calme, *op. cit.*, p.85.

776) S. Calme, *op. cit.*, p.76.

777) 소유권유보를 유형화하여 특수한 소유권유보에 담보적 성격을 지우는 독일에서도 1976년 동산담보의 개혁을 논의한 독일법률가대회에서 연장된 소유권유보를 금지하자는 견해도 주장되었으나, 이 문제는 당사자들의 자유에 맡기는 것이 낫다는 결론이 내려졌다(U. Drobnig, Verhandlungen des 51, Deutscher Juristentages Stuttgart 1976, Bd. Ⅰ(Gutachten), Teil, F, S 64-66, 이는 양창수, 전게논문(주 717), 167면에서 재인용).

778) U. Drobnig, Verhandlungen des 51, Deutscher Juristentages Stuttgart 1976, Bd. Ⅰ(Gutachten), Teil, F, S 68-77, 이는 양창수, 전게논문(주 717), 169면에서 재인용.

779) 김형석, 전게논문(주 678), 434면 참조.

하여 결정하여야 할 것이다.[780] 실제로 특별한 약관을 통하여 매매 목적
물이 가공된 경우에도 여전히 매도인에게 어떤 권리를 인정하려는 가공
약관은 우리나라에서는 잘 이용되지 않는다. 가공약정은 장래의 채권을
양도하기로 한 특약과 함께 합의되었을 때 그 의미가 있다.[781] 그런데
우리의 상거래에서는 공급업자인 매도인의 교섭능력이 낮은 경우가 많
아 이러한 소유권유보약정을 체결하는 것이 용이하지 않고, 채권양도의
통지에 드는 비용부담 등을 이유로 그러한 특약이 잘 활용하고 있지 않
기 때문이다.[782] 대법원 판례에서 볼 수 있는바와 같이 우리의 거래 계
에서는 당사자들이 가공약정을 따로 체결하지 않는 경우가 많다. 그리고
그로 인하여 동산이 부합되어버리는 바람에 생긴 경제적 손실을 부당이
득의 문제로 해결한다.[783] 이러한 경향은 프랑스에서도 마찬가지이다.
독일과 달리 프랑스에서는 실무상 가공된 물건에 대한 소유권유보약정
이 많이 행해지는 것은 아니다.

나) 전매약정이 있는 소유권유보

매수인이 목적물의 최종소비자로서가 아니라 중간상인으로서 소유권
유보부 매매를 체결하는 경우에 매수인이 대금이 완제되지는 않았어도
매도인의 동의를 얻어 다른 상인이나 최종소비자에게 물건을 처분할 수
있다. 그러나 단순소유권유보의 경우에는 매수인이 목적물을 제3매수인
에게 처분하기 전까지만 매도인의 매수인에 대한 권리를 담보하기 때문
에 매각 후에는 다른 방법으로 보호되어야 할 필요가 있고, 이때 매수인
과의 계약체결 시 장래 매수인이 제3매수인에 대하여 갖게 될 매매대금

---

780) U. Drobnig, Verhandlungen des 51, Deutscher Juristentages Stuttgart 1976, Bd. I
    (Gutachten), Teil, F, S 68-77, 이는 양창수, 전게논문(주 717), 168면에서 재인용.
781) 양형우, 전게논문(주 735), 205면.
782) 이에 관하여는 다음의 후술할 (b) 전매약정이 있는 소유권유보를 참조.
783) 대법원 2009. 9. 24. 선고 2009다15602 판결.

에 대한 채권을 양도하도록 합의하는 형태의 소유권유보약정도 가능하다.[784] 프랑스법에서는 매매대금채권의 사전양도를 통한 연장된 소유권유보의 경우도 프랑스민법전 제2372조에 의하여 가능하게 되었다.

우리 법상 채권의 내용, 채권액 그리고 채무자를 채권발생 당시에 확정될 수 있는 경우에 장래채권의 양도가 가능함은 주지의 사실이다.[785] 따라서 장래 취득할 매매대금채권에 대한 사전 양도, 즉 전매약정이 있는 소유권유보가 원칙적으로는 가능하다고 할 것이다.[786] 그러나 우리나라에서는 장래 취득할 매매대금채권에 대한 사전 양도가 자주 이용되지 않는다. 그 근거로 다음과 같은 이유를 들 수 있다. 첫째, 우리의 채권양도에서 민법 제450조는 채무자에게 대항하기 위하여 지명채권의 양도를 양도인이 채무자에게 통지하거나 채무자가 이를 승낙해야 한다고 하고, 제3자에게 대항하기 위하여 통지 또는 승낙을 확정일자 있는 증서로써 하여야 하나, 채권양도의 대항요건의 구비하는 데에는 비용의 부담이 있어 이러한 유형의 소유권유보가 많이 이용되지 않는다. 둘째, 소유권유보약정이 가장 이익이 되는 매도인은 통상 중소제조업자가 많은데, 이들은 계약체결 시 교섭능력이 낮은 경우가 대부분이어서 자신에게 유리한 전매약정이 있는 소유권유보를 적극적으로 계약에 편입시키지 못한다. 셋째, 민법 제450조 제2항에 따르면 확정일자 있는 증서에 의한 통지 또는 승낙이라는 대항요건을 갖추어야 제3자에 대항할 수 있고, 이때의 통지의무는 양도인에게 있다. 그런데 매수인이 매도인에게 장래채권을 미리 양도한 후 제2매수인에게 목적물을 신용으로 매도하였지만 제2매수인에 대해 가지고 있는 매매대금채권을 양도하였다는 사실을 통지

---

784) 임건면, 전게논문, 122면.
785) 대법원 1991. 6. 25. 선고 88다카6358 판결.
786) 김학동, 전게논문, 515면; 이는 매도인의 채권담보와 매수인의 영업활동 양자를 가능하게 하는 역할을 한다. 양형우, 전게논문(주 735), 193면.

하지 않고 있는 사이에 매수인의 채권자가 가압류 또는 압류한 경우, 또는 매수인이 채권을 이중양도한 후에 제2양수인을 위하여 채무자에게 통지 내지 확정일자 있는 증서로 통지한 경우에는 제1양수인인 매도인은 채권을 취득할 수 없어 매도인이 전매약정에 기한 소유권유보를 체결할 유인을 잃게 된다.[787] 이러한 점에서 채권양도에 대한 대항요건주의를 취하는 프랑스에서도 가공약정에 기한 소유권유보는 별론으로 하더라도 전매약정에 의한 소유권유보의 개념은 거의 논의되지 않고, 실무상으로도 잘 이용되지 않는다.[788]

다) 검토

우리 법에서도 연장된 소유권유보는 장래채권을 양도의 목적물로 하고 그 양도의 목적이 담보를 위한 것이므로, 이를 인정하는 것이 문제되지 않는다. 특히 미리 특약으로 매수인이 매도인으로부터 소유권유보부매매에 기하여 취득한 물건을 전매함으로써 생기는 대금채권으로 담보되는 목적물을 특정하는 것이 통상이기 때문에 이러한 연장된 소유권유보의 특약은 유효하다.[789] 연장된 소유권유보는 장래채권의 양도담보의 특수한 형태라고 일컬어지기도 하는데,[790] 이는 특히 연장된 소유권유보가 금전신용 수단으로서의 양도담보와 유사하게 취급된다는 점에서 이해될 수 있다.[791] 다만, 앞서 살펴본 바와 같이 우리나라와 프랑스에서

---

787) 세 번째 이유에 대하여는 양형우, 전게논문(주 735), 221-222면 참조.
788) S. Calme, *op. cit.* p.75.
789) 김학동, 전게논문, 515면.
790) 곽윤직 대표편집, 민법주해(Ⅹ), 이상훈 집필부분, 541면.
791) 독일의 도산법상 단순소유권유보는 매도인이 환취권을 가지지만(독일 신도산법 제107조 및 제103조), 연장된 소유권유보나 확장된 소유권유보는 환취권을 인정하지 않고 매도인에게 별제권을 인정한다. 이는 적어도 연장된 소유권유보나 확장된 소유권유보에 대해서는 양도담보와 같이 도산절차에서 담보권으로 취급된다는 것을 의미한다(남효순·김재형 공편(김재형 집필부분), 전게서, 17면).

는 실제 전매약정의 이용이 저조하다. 이는 채권양도에서 대항요건주의
를 취하는 것을 이유로 한다.[792]

3) 확장된 소유권유보(erweiterter Eigentumsvorbehalt)

우리 법상 확장된 소유권유보가 가능한가? 이에 대하여는 매도인에
게는 이 약정이 유리하지만, 매수인의 이익을 부당하게 침해할 우려가
있기 때문에, 그 유효성의 인정에 신중을 기할 필요가 있다는 견해도 있
다.[793] 원래 소유권유보를 매매대금의 확보를 위한 담보수단이라고 한
다면, 특약이 없는 한 이는 인정되지 않을 것이다. 그러나 당사자의 약
정으로 행해지는 경우, 예컨대 계약서에서 이를 명시하는 경우에는 인정
되지 않을 이유가 없을 것이다.

이때 담보권이 원래의 목적물의 가액에 한하여 미치도록 제한하여야
하는지 여부가 독일에서 논의된 바 있다. 독일민법은 매수인에 대한 채
권 뿐 아니라 제3자의 매수인에 대한 채권까지 완제할 것을 정지조건으
로 하는 소유권유보부 매매를 금지하고 있다(소위 콘체른 소유권유보의
금지, 독일민법 제449조 제3항).[794] 이에 따라 독일에서도 확장된 소유권

---

792) 일본에서는 채무자에 대하여 여러 제약을 가하는 방식으로 연장된 소유권유
　　보가 행해진다. 예를 들어, 연장된 소유권유보의 경우임에도 불구하고 계약
　　상 표제를 "양도담보"로 하거나, "채무자에게 물건에 관한 완전한 지배 권능
　　을 부여하지 않는다"라고 약정하거나, 전매대금채권의 양도에 대해서도 채권
　　의 추심권능을 채권자인 매수인에게 부여하는 양상을 보이고 있는 것이다(米
　　倉明, 전게서(주 738), 260-261頁).

793) 권오승, 전게서, 564면; 임건면, 전게논문, 121면.

794) **독일민법 제449조** ③ 소유권의 이전을, 매수인이 제3자의 채권, 특히 매도인
　　과 결합된 사업자가 가지는 채권을 이행하는 것에 걸리게 하는 소유권유보의
　　약정은 무효이다." 이에 대한 금지는 약관의 내용통제에 관한 독일민법 제307
　　조의 위반을 근거로 한다. 따라서 콘체른 소유권유보의 금지는 소비자와 사
　　업자(기업)간의 약정에 한하고, 사업자와 사업자간의 콘체른 소유권유보는 가

유보는 이를 인정하더라도, 매우 좁은 범위에서만 인정된다.[795]

한편 앞서 설명한 바와 같이 프랑스에서는 소유권유보를 규정하면서 쌍무계약에서의 대가관계에 있는 채무에 대하여 소유권유보의 대상으로 하고 있으므로, 명문의 규정으로 확장된 소유권유보를 부정한다고 할 것이다(프랑스민법전 제2367조). 확장된 소유권유보는 매매대금 채권과는 다른 채권의 만족에 소유권이 유보되는 것인데, 프랑스에서는 소유권유보는 원칙적으로 매매계약상 소유권 이전의 대가인 채무의 완제에 대한 담보이기 때문이다(프랑스민법전 제2367조 제1항).[796]

독일민법과 같은 명시적 금지 규정이 없는 우리 민법에서는 계약자유의 원칙에 따라 확장된 소유권유보가 허용될 것이다. 다만, 계약의 자유의 원칙에 따른 것이라고 할지라도 이것이 공서양속에 위반되는 경우에는 민법 제103조에 반하여 무효로 보아야 한다. 일본에서는 예컨대 "본건 매매와 관계한 일절의 채권이라는 포괄적인 특약"을 공서양속에 반하는 것이 된다고 하여 이를 해석상 제한하고 있다.[797]

경우에 따라서는 연장된 소유권유보와 확장된 소유권유보가 결합하는 사례도 상정할 수 있다. 즉 해당목적물에 대한 소유권의 이전을 다른 목적물에 연루시켜 매수인이 매도인에게 지급해야할 모든 대금이 완전히 변제될 때까지 매도인에게 소유권이 유보된다는 특약을 생각할 수 있다. 피담보채권의 확대에 근거한 소유권유보의 연장도 일종의 확장된

능하다고 한다(E.-V. Kieninger(ed), *op. cit.*, p.418).

795) Westermann, Münchener Kommentar zum BGB, Band 3, 7.Auflage, 2016, § 449, Rn.75.

796) *Juris-classeur civil Art. 2367 à 2372*, n°46 *supra* note 54.

797) 能見善久, 加藤新太郎, 論点体系 判例民法 3 擔保物權 第2版, 第一法規, 2013, 326頁.

소유권유보로 계약자유의 원칙의 남용이 되어 무효로 보아야 한다는 견해가 있다.[798] 그러나 확장된 소유권유보가 반드시 제103조 위반의 무효인 것은 아니므로 그것이 연장된 소유권유보와 결합한 여부와 관계없이 해당 계약이 제103조 위반의 요건에 해당하는지 여부를 판단하여 무효여부를 결정하여야 한다.

4) 계속적 소유권유보(weitergeleiteter Eigentumsvorbehalt)

계속적 소유권유보는 매수인이 제3자에게 자신이 점유하고 있는 물건을 소유권유보부 매매에 의한 것임을 밝히고 제3자와 다시 소유권유보부 매매를 체결하고 그 물건을 제3자가 점유하는 경우를 말한다.[799] 예컨대 유보매수인이 자신의 전득자에게 소유권유보부 매매의 목적물을 다시 소유권유보로 거래하는 경우가 이에 해당한다. 이는 연장된 소유권유보에서 파생된 유형으로 독일에서 논의되는 유형이다.

소유권유보에 관한 유형론을 전통적으로 인정하지 않는 프랑스에서도 계속적 소유권유보가 인정될 수 있는지 논의된 바 있는데, 2006년 민법전의 개정으로 소유권은 제3취득자에 대한 채무자의 채권 위에 존속하고, 마찬가지로 계쟁 물건의 멸실로 인한 손해배상채권 위에도 존속한다는 점에서 프랑스에서도 계속적 소유권유보가 인정된다고 평가된다(프랑스민법전 제2372조). 그러나 이것이 처음부터 프랑스에서 소유권유보의 특별 형식으로 고안된 것은 아니다.[800] 이는 추급권(droit de suite)을 규정한 것으로 이해되었다. 그러나 이렇게 프랑스민법전이 개정된 이상 이제는 이 규정에 따라 계속적 소유권유보의 특별형식이 프랑스법에서 인정되고 있다고 할 것이다.[801] 그 결과 독일에서와 달리 프랑스에서

---

798) 임건면, 전게논문, 124면.

799) 김상용, 전게서(주 569), 262면.

800) S. Calme, *op. cit.*, p.68.

는 계약이 아닌 법에 의하여 제3취득자에 대한 채무자의 채권으로 소유
권유보가 확대됨을 점을 주의해야 한다.[802]

　　계속적 소유권유보부가 우리 법상 인정될 수 있는지 문제된다. 계약
체결의 자유의 원칙상 계속적 소유권유보부도 역시 가능하다. 물론 독일
과 같이 매수인의 지위를 물권적 기대권을 가진 자로 이해한다면, 물권
적 기대권 자체를 양도하거나 매도인의 승낙을 받아 정지조건부로 매매
목적물을 처분하는 경우에도 인정될 수 있을 것이다. 그러나 물권적 기
대권을 인정하는 해석을 부정하는 사견으로는 이에 동의할 수 없다. 이
경우 유보매수인의 지위가 전득자인 제3자에게 계약을 통하여 이전되어
유보매도인은 제3자의 매매대금채권을 수령하여야 한다고 해석해야 할
것이다.

Ⅲ. 사견
– 단순소유권유보와 양도담보에 준하는 소유권유보의 구별

　　거래의 실제상 양당사자 간의 목적물의 전매를 전제로 하지 않은 단
순소유권유보와 양도담보에 준하는 결과를 낳는 특수한 소유권유보를
구별할 필요가 있다고 할 것이다. 전자는 담보계약의 체결의사가 없지
만, 후자는 원인이 되는 계약, 즉 매매계약과는 별도로 담보계약의 체결
의사가 존재한다. 이는 독일에서 유형론을 채택하여 이를 구분하고 있는
것과도 관련된다.[803]

---

801) *Ibid.*
802) S. Calme, *op. cit.*, p.69.
803) 일본민법의 해석상 다수의 견해는 소유권유보제도를 담보제도로 보고, 유보
　　소유권을 담보물권의 하나로 설명한다. 즉 소유권유보가 양도담보와 기능적

이에 따르면, 단순한 양당사자 간의 소유권유보는 쌍무계약 당사자 사이에서 담보적 역할을 할 뿐이다. 반면, 여전히 유통경제상 담보의 활발한 이용이라는 측면에서 양도담보에 준하는 소유권유보가 효과적이라고 할 수 있다. 이는 양도담보에 준하는 것으로, 금전신용의 수단으로서 비전형담보에 해당한다. 다만, 프랑스와 달리 민법상 입법적으로 채택한 것은 아니라는 점에서, 이러한 특수한 유형의 소유권유보도 단순소유권유보와 마찬가지로 담보물권이라고 부를 수는 없다.[804]

이와 같이 소유권유보라고 하는 공시되지 않은 담보를 양도담보와 별도로 인정하는 것이 타당한지 문제된다. 이에 대답하기 위해서는 계약 체결 자유의 원칙상 위에서 설명한 별도의 약정이 동산양도담보와 별개로 실제 행해질 수 있다는 점을 고려해야 한다. 대법원 판례도 양당사자 사이의 소유권유보 뿐 아니라 전매를 예정한 소유권유보도 유효하다고 한다.[805] 즉 계약체결의 자유의 원칙에 따라 특수한 소유권유보를 양도담보와 별개의 담보로 보는 것이 타당한 것이다. 중요한 점은 양자의 법률 구성이 동일하지 않다는 데에 있다. 또한 양도담보와 유사한 소유권유보는 그 유사성으로 인하여 해석상 유추적용할 수 있을 뿐이지, 양도담보와 완전히 동일한 것은 아니다.[806]

으로 유사하며, 이를 일단 매수인에게 이전된 소유권에 대하여 매수인이 매도인에 대한 양도담보를 설정하는 것으로 구성하는 것이다. 그러나 이러한 견해도 "본래"의 소유권유보는 담보된 매매대금채권이 매매계약으로 발생한 등가적 관계가 있는 점에서 과잉담보 및 청산의 문제가 크게 발생하지 않고 그것이 양도담보와 차이가 있지만, "피담보채권의 범위가 확대되는 경우"에는 양도담보에 근접한다고 하여 단순소유권유보와 양도담보에 준하는 소유권유보의 구분을 인정하는 사고를 하고 있음을 알 수 있다. 이에 관하여는 松岡久和, 擔保物權法, 日本評論社, 2016, 766頁 참조.

804) 제철웅, 전게서, 453면도 동지.
805) 대법원 1999. 9. 7. 선고 99다30534 판결.
806) 이에 관하여는 이 책 제4장 제4절 Ⅳ. 참조.

결론적으로 소유권유보는 단순소유권유보와 양도담보에 준하는 소유권유보로 나뉜다. 단순소유권유보는 매매계약상의 동시이행관계에 있어서 매도인의 매매대금채권을 담보하기 위한 소유권의 담보적 이용인 반면, 양도담보에 준하는 담보로서의 소유권유보는 매수인에게 처분수권을 주어 전매를 전제로 하여 소유권유보를 담보권으로 만든 것이다. 특히 양도담보에 준하는 소유권유보는 소유권을 매도인에게 귀속시키기로 하는 가공약정 내지 전매약정의 체결로, 소유권을 점유개정에 따라 이전하거나(민법 제189조), 전매를 통한 매매대금채권의 사전 양도(민법 제188조)의 방법으로 행해진다. 그밖에 확장된 소유권유보와 계속적 소유권유보도 별도의 약정에 의하여 허용된다고 할 것이다. 이러한 양도담보에 준하는 소유권유보는 매매 및 소유권의 양도와 양도담보가 결합된 형태라고 할 수 있다. 따라서 그 해석상 필요한 경우 양도담보의 법리를 적용해야 할 것이다. 독일법상의 특수한 소유권유보가 우리 실무에서 활발히 행해지지는 않으나, 계약의 자유의 원칙상 인정될 여지가 있다.[807] 또 담보거래의 활발한 유통을 위하여 이를 저지하여서도 안 된다. 따라서 원칙적인 양당사자 간의 소유권유보와는 다른 성격의 소유권유보를 인정하는 것이 타당하다.

---

807) 이미 살펴본 바와 같이 연장된 소유권유보는 독일에서와 달리 우리 거래계에서 그리 많이 행해지지 않는다.

제4절 소유권유보의 해석

Ⅰ. 소유권유보의 대상

1. 서설

우리법상 소유권유보의 대상이 되는 물건에 특정한 동산이 포함됨에는 이론(異論)이 없다. 이러한 동산에는 특정한 동산 뿐 아니라 내용이 변동하는 일정한 물품의 집합체도 해당되는지 문제된다. 판매대리점계약 등 매도인과 매수인 사이에 계속적인 물품공급계약에 기하여 동산이 수시로 매도되고 인도되는 경우가 그 예인데, 우리 대법원 판례는 이를 인정한다.[808] 이 경우에는 다른 특별한 사정이 없는 한 소유권유보의 목적물과 매매대금채권 사이의 개별적인 대응관계가 요구되지 아니하고, 매매대금채권의 잔액이 있는 한 공급된 물품의 소유권은 매도인에게 유보된다.[809]

문제는 프랑스와 같이 무체재산이 소유권유보의 대상이 될 수 있는지 여부와 부동산이 소유권유보의 대상이 되는지 여부이다.[810] 후자는 물권변동에 있어서 형식주의를 요구하는 우리 민법 제186조와 충돌할 수 있어 특히 문제된다.

---

808) 대법원 1999. 1. 26. 선고 97다48906 판결.
809) 양창수·김형석, 전게서, 559-560면.
810) 이에 관하여는 이 책 제3장 제4절 Ⅱ. 3. 참조.

2. 동산

가. 무체재산

프랑스에서는 앞서 본 바와 같이 무체재산 중 영업재산은 소유권유보의 대상이 된다고 하는 판례가 있다.[811] 이는 우리법상의 영업양도의 대상이 되는 인적·물적 조직을 말한다고 할 것이다. 우리의 경우에도 계약자유의 원칙상 소유권유보부로 영업양도가 이루어지는 경우를 생각할 수 있다. 특히 약국이나 휴대폰 대리점의 영업양도가 이루어지는 경우, 영업양도의 대상에는 동산인 당해 영업양도의 개개 목적물 뿐 아니라, 그 밖의 인적조직으로서의 영업조직도 포함된다.[812] 다만, 소유권유보부 영업양도의 대상에 부동산의 소유권이 포함되어 있는 경우 부동산물권 변동에 관한 성립요건주의(민법 제186조)에 따라 이는 제외되어야 할 것이다. 통상적으로도 영업양수도계약의 대상이 되는 것에는 부동산의 소유권은 제외되며, 대신 부동산임차권을 그 대상으로 하는 경우가 많다. 다만, 동 계약의 내용에 부동산임차권이 그 대상으로 포함된다고 할지라도 이에 대한 임대인의 동의(민법 제629조 제1항)를 요건으로 할 것이다. 이와 같이 영업이 동일성이 유지된 채로 양수인에게 이전하는 소유권유보부 계약은 프랑스에서와 마찬가지로 무체재산을 대상으로 하는 소유권유보에 해당한다고 할 것이다.[813]

---

811) Cass. Com., 29 fév. 2000, n°97-14.575, Inédit.

812) 대법원 1995. 7. 14. 선고 94다20198 판결.

813) 영업양도에서의 영업은 상인이 영리목적으로 결합시킨 재산의 전체를 의미하는바, 자산이나 권리와 같은 적극재산 뿐 아니라 채무와 같은 소극재산도 포함한다(송옥렬, 상법강의, 제3판, 홍문사, 2013, 77-78면).

나. 집합물

집합물도 소유권유보의 대상이 될 수 있다. 통상 증감변동하는 집합물도 양도와 담보의 목적이 되기 때문이다.[814] 매도인과 매수인의 계속적 매매관계에 기하여 발생하는 증감·변동하는 매매대금 등의 채권을 위하여 소유권유보가 약정될 수 있다. 즉 판매대리점 계약 등과 같은 매도인과 매수인 사이의 계속적인 물품공급계약에 기하여 동산이 수시로 매도·인도되는 경우가 그러하다.[815] 이러한 경우에는 다른 특별한 사정이 없는 한 소유권유보의 목적물과 매매대금채권 사이의 개별적인 대응관계가 요구되지 않으며, 매매대금채권의 잔액이 있는 한 공급된 물품의 소유권은 매도인에게 유보된다.[816] 대법원은 양도담보에 관하여 집합물도 담보의 대상이 됨을 오래 전부터 인정하고 있었다. 양도담보로 제공된 다수의 동산을 그 구성요소인 개별동산과 구별하여 하나의 독립적인 집합물로 보고 집합물 전체를 양도담보의 목적물로 보는 집합동산양도담보를 인정하였다.[817] 그 법리는 소유권유보의 경우에도 마찬가지이어서, 소유권유보의 대상이 된 집합물의 확정에 관하여 어려운 문제가 있다. 또한 소유권유보로 매매가 행해진 집합물에 대하여 매수인이 선의의 제3자에게 점유개정으로 양도담보를 설정하는 경우 어느 권리자를 보호해야 하는지가 문제된다. 즉 매도인을 보호해야 하는지 제3자를 보호해야 하는지 문제된다.[818] 사견으로는 이 경우에는 매도인을 보호해야 할

---

814) 양창수·김형석, 전게서, 559면.

815) *Ibid.*

816) *Ibid.*

817) 대법원 1988. 10. 25. 선고 85누941 판결 등. 이에 대해서는 일물일권주의에 반하므로 이때의 담보권은 집합물이 아닌 개개의 목적물에 설정되어 있는 것으로 해석해야 한다는 비판으로는, 양창수, "내용이 변동하는 집합적 동산의 양도담보와 그 산출물에 대한 효력", 민법연구 제5권, 1992, 418면 참조.

818) 제철웅, 전게서, 461면.

것이다. 소유자 아닌 매수인으로부터 동산소유권을 양도받은 제3자는 점유개정의 방법으로 양수하였기 때문에, 점유개정에 기한 선의취득을 인정하지 않는 대법원 판례에 따라 그 목적물을 선의취득할 수 없기 때문이다.[819]

3. 부동산

가. 긍정설

부동산의 소유권유보의 대상성에 관하여 독일과 같이 부정하는 명문의 규정이 없는 우리나라의 경우에 이를 긍정하여야 한다는 견해가 있다.[820] 다만, 이러한 정지조건은 등기할 길이 없기 때문에 등기는 소유권을 취득한 후에 비로소 가능하다고 한다.[821] 또한 부동산의 물권행위역시 정지조건을 붙일 수 있으므로 부동산도 목적물이 될 수 있다고 하는 견해도 있다.[822]

나. 부정설

물권적 기대권을 인정하는 견해에 따르면 물권적 기대권을 가지고 있는 유보매수인은 매매대금을 완제하여 정지조건이 성취되면 아무런 다른 조치 없이 당해 부동산의 소유권을 취득하는 것이 아니라, 매도인에게서 매수인에게로 이전등기를 경료하여야 비로소 소유권이 매수인에

---

819) 대법원 1997. 6. 27. 선고 96다51332 판결 등; 제철웅, 전게서, 461면.
820) 이근식, 전게논문, 54면; 김상용, 전게논문, 10면; 최종길, 전게논문, 66면.
821) 정옥태, "물권적 기대권", 사법연구, 제1집, 1992, 86면; 임건면, 전게논문, 113면 동지; 그러나 이는 우리 법상 부동산의 소유권은 등기함으로써 취득할 수 있다(민법 제186조)는 점에서 올바른 해석이 아니다.
822) 이동흡, 전게논문, 21면.

게로 이전하므로, 그 전에는 매수인에게는 이전등기의 등기청구권이 있을 뿐이고, 그 이전의 자기 지위를 확보하기 위한 등기의 길이 없다고 하여 이를 부정한다.[823] 이는 우리 민법이 성립요건주의(민법 제186조)를 채택한 결과에 기한 것이고, 부동산의 경우에는 정지조건의 성취에 의하여 매수인이 당연히 소유권을 취득한다는 소유권유보부 매매의 법리구성에 부합하지 않는 문제점이 있다고 한다.[824] 실제로 오래 전부터 거래 계에서는 자동차의 경우, 할부매매 특약상 저당권을 설정하는 방식으로 물적 담보가 행해지고 있다.[825] 그리고 우리 부동산등기법에는 소유권유보약정을 등기할 수 있는 어떠한 방법도 규정되지 않았기 때문에 매도인에게 유보되어 있는 부동산의 소유권이 매수인이 매매대금을 완제하면 매수인에게 이전된다는 것을 등기부상 표시할 수 있는 방법도 마련되어 있지 않다는 점에서, 우리나라에서 동산에 대한 할부매매는 가능하지만 부동산에 대한 소유권유보가 가능한지는 더 깊은 검토가 필요하다고 하기도 한다.[826] 성립요건주의를 취하고 있는 우리나라에서 소유권유보부 매매의 목적물인 부동산이 매수인 명의로 이전등기가 경료되지 아니하였음에도 불구하고 매수인을 소유자로 인정하여야 한다는 문제점을 제기하기도 한다.[827]

---

823) 곽윤직, 전게서, 163면.

824) 김상용, 전게서(주 647), 857면; 김학동, 전게논문, 471면.

825) 이동흡, 전게논문, 44면.

826) 김상용, 전게서(주 569), 255면.

827) 김상용, 전게논문, 17면, 사실 이 견해에 의할 때 매수인에게 이전되는 소유권은 완전한 소유권이 아니라 담보가치를 제외한 소유권이다. 단지, 이러한 담보가치를 제외한 소유권이 매수인에게 있다는 것이 부동산에서는 전혀 공시되지 아니하고(매매대금 완제시까지는 등기되지 않으므로), 동산의 경우에는 완전한 소유권으로 공시된다는 점(매수인이 인도받아 사용·수익하고 있다는 점)이 문제가 될 것이다.

다. 사견 - 부정설

현재 공정거래위원회에서 게시하고 있는 휴양콘도미니엄 표준약관 (분양계약서) 제2조 제2항은 「"갑"은 제1항의 분양대금을 "을"에게 다음 과 같이 지급하여야 한다. 다만 잔금은 준공일 이후 소유권이전등기에 필요한 서류와 상환으로 지급한다.」고 하여 잔금은 소유권이전등기에 필요한 서류와 상환으로 지급한다고 한다.828) 이러한 잔금의 지급과 등 기의무는 통상 동시이행관계에 있다. 즉 통상적인 부동산 거래에서는 미 리 매수인에게 인도하고 매매대금의 불이행시 이를 회복해 오는 소유권 유보부 매매는 행해지지 않는다. 그리고 기존에 부동산의 소유권유보가 행해진다고 언급되었던 아파트 분양 시의 할부거래의 경우에도 요즘에 는 잘 행해지지 않으며, 오히려 아파트를 선분양하여 매수인이 등기하는 방식의 계약이 이루진다.829) 이러한 경우는 처음부터 매수인이 소유권 을 원시취득하는 경우이므로 부동산의 승계취득을 전제로 하는 소유권 유보부 매매에 해당하지 않는다. 또한 소유권유보부 매매와 유사하게 부 동산 거래 시 환매권을 특약하는 경우가 있다(부동산등기법 제52조 제6 호 및 제53조). 그러나 이 경우는 이미 매수인에게 완전한 소유권이 이 전된 후 당사자 사이의 다른 원인으로 인하여 소유권이 되돌아가는 것 을 목적으로 하는 것이므로, 소유권유보부 매매와는 그 성질이 다르다.

비교법적으로 살펴보면, 이미 소개한 프랑스에는 부동산의 소유권유 보에 관한 규정이 있다(프랑스민법전 제2373조 제2항). 그러나 프랑스에

---

828) "공정거래위원회 홈페이지 정보공개〉표준계약서〉표준약관양식" 참조. http:// www.ftc.go.kr/www/cop/bbs/selectBoardArticle.do?key=201https://www.ftc.go.kr/w ww/cop/bbs/selectBoardList.do?key=201&bbsId=BBSMSTR_000000002320&bbsTyCode =BBST01(2020. 12. 09. 최종검색)

829) 최종길, 전게논문, 67면.

서는 우리법과 달리 부동산물권변동에 있어서도 의사주의를 취하고 있
어 당사자의 합의만으로 물권이 변동되나(프랑스민법전 제1583조) 프랑
스의 부동산의 소유권유보부 매매가 이루어지는 경우 대금의 완제는 공
정증서의 작성과 동시에 행해지게 되고, 이를 통해 그 소유권이 이전됨
으로써, 일반적인 동산의 소유권유보와 같이 대금의 완제가 소유권의 이
전을 정지시키는 메커니즘이 아니다.830) 마치 성립요건주의 하의 소유
권이전과 동일한 결과를 낳게 되는 것이다. 또한 동산과 부동산의 체계
가 우리와 달라 동산이 부동산에 첨부되는 것도 부동산의 소유권유보로
설명한다. 그리고 무엇보다 부동산우선특권, 담보신탁 및 금융리스는 부
동산에 관한 소유권유보의 역할을 대체할 수 있으므로, 소유권유보가 인
정되더라도 그 실효성이 적다는 것이 주류적인 해석이다.831) 가까운 일
본에서도 물권변동에 관한 의사주의적 전통으로 인하여 부동산의 소유
권유보가 가능한 것이 아니냐는 의문이 제기되었으나 부정하는 것이 통
설과 판례이고, 현재는 택지건물거래법에서 택지건물거래업자의 소유권
유보를 금지하는 규정을 두고 있다.832)

　　우리법상 성립요건주의(민법 제186조)를 취하여 부동산의 물권변동에

---

830) L. Aynès et P. Crocq, *op. cit.*, n°800 *supra* note 150.

831) 위의 논문 제3장 제5절 Ⅲ. 참조.

832) "일본택지건물거래업법(宅地建物取引業法) 제43조 소유권유보 등의 금지 ①
택지건물거래업자는, 스스로 매도인으로서 택지 또는 건물의 할부거래를 하
는 경우에는, 해당 할부거래와 관계된 택지 또는 건물을 매수인에게 인도할
때까지(해당 택지 또는 건물을 인도할 때까지 대금액의 3/10을 넘는 금액의
금전지급을 받지 않은 경우에는, 대금액의 3/10을 넘는 금액까지 금전지급을
받을 때까지) 등기 기타 인도 이외의 매도인의 의무를 이행하여야 한다. 다
만, 매수인이 해당 택지 또는 건물에 대한 소유권등기를 한 후에 대금채무에
대하여 이를 담보하기 위한 저당권 또는 부동산매매의 선취특권의 등기를 신
청하고, 또는 이를 보증하는 보증인을 세울 전망이 없는 경우에는 그러하지
아니하다."

등기를 요하는 이상 독일과 같이 정지조건부 소유권이전의 소유권유보
부 매매가 성립할 수 없다는 부정설의 결론이 타당하다 할 것이다. 이러
한 법리는 등기·등록되는 동산에 대하여도 마찬가지이다.833) 대법원은
소유권 이전을 위하여 등기나 등록을 요하는 재산에 대하여 소유권유보
부 매매가 성립할 수 있는지 여부에 대하여, 대법원 2010. 2. 25. 선고
2009도5064 판결은 "부동산과 같이 등기에 의하여 소유권이 이전되는 경
우에는 등기를 대금완납 시까지 미룸으로써 담보의 기능을 할 수 있기
때문에 굳이 위와 같은 소유권유보부 매매의 개념을 원용할 필요성이
없으며, 일단 매도인이 매수인에게 소유권이전등기를 경료하여 준 이상

---

833) 반면 우리와 달리 물권변동에 대한 의사주의의 원칙을 취하는 일본에서는 자
동차도 소유권유보부 매매의 대상이 된다. 즉 자동차의 딜러(매도인인 대형
판매회사)가 서브 딜러(매수인인 중소판매업체)와 협력의무를 지고, 서브 딜
러와 사용자(전득자인 소비자) 사이에 소유권유보부 매매를 체결하여 자동차
를 판매하는 경우가 많은 것이다. 이 경우 통상 매도인이 매수인과 전득자의
자동차 전매계약에 있어서 자동차세, 취득세 등의 납부절차, 차량검사절차,
차량증명절차 등에 대해 협력을 다할 것을 의무로 한다는 점에 특징이 있다.
이를 대상으로 하는 판례에서는 사용자 Y는 서브 딜러 A에게 대금을 모두 지
급하고 본건 목적물을 인도받았으나 A가 딜러 X에게 이를 변제하지 않았다.
원고 X는 A의 할부대금지급채무의 불이행을 이유로 매매계약을 해제하고 자
신의 소유권에 기하여 이미 인도한 자동차를 반환청구하는 소송을 피고 Y에
대하여 제기하였다. 1심과 2심에서는 원고가 모두 패소하였다. 이에 대하여
최고재판소는 "원고X는 딜러로서 서브 딜러인 A가 본건 자동차를 사용자인
Y에게 판매하는 내용은 앞서 언급했듯이 그 매매계약의 이행에 협력하면서
다음 A와 체결한 본건 자동차계약 소유권유보부 매매에 대해 대금을 변제하
지 않는다고 하여 이미 대금을 지급하고 자동차의 인도를 받은 Y에 대해 유
보된 소유권에 따라 그 인도를 구하는 것이고, 위 인도청구는 본래 서브 딜러
인 A에 대해 스스로 부담해야할 대금회수불능의 위험을 사용자인 Y에게 전
가하려는 것이며, 자기의 이익을 위해 대금을 지급한 Y에게 뜻하지 않은 손
해를 가하는 것으로서 권리남용으로 허용되지 않는 것으로 해석하는 것이 상
당하다"고 하여 X의 상고를 기각하였다(最高裁昭和50年2月28日第二小法廷判
決(民集29卷2号193頁). 이 판례의 해설은 道垣内弘人, 非典型擔保法の課題,
現代民法研究 Ⅱ, 有斐閣, 2015, 236-241頁 참조.

은 특별한 사정이 없는 한 매수인에게 소유권이 귀속되는 것이다. 한편 자동차, 중기, 건설기계 등은 비록 동산이기는 하나 부동산과 마찬가지로 등록에 의하여 소유권이 이전되고, 등록이 부동산 등기와 마찬가지로 소유권이전의 요건이므로, 역시 소유권유보부 매매의 개념을 원용할 필요성이 없는 것이다."라고 하여 부동산과 마찬가지로 등기나 등록에 의한 재산을 그 대상에서 제외시키고 있다. 이러한 대법원의 견해가 타당하다고 할 것이다.

II. 소유권유보의 성립

1. 단순소유권유보의 성립

가. 소유권유보의 체결

소유권유보약정은 매매계약에 부가되는 특약으로 이루어진다. 이때 계약자유의 원칙에 따라 묵시적 특약도 가능하다.[834] 그러나 실무상 별도의 약관을 두거나 계약서에 소유권유보에 관한 약정을 두는 것이 보통이다. 소유권유보부 매매가 체결될 때 계약상 기한이익 상실약관과 해제약관이 함께 체결되기도 한다. 이에 의하여 매도인에게 해제권이 발생할 수 있다.[835] 해제약관의 체결은 약정해제권을 정하는 것으로, 소유권유보부 매매에서 자주 이용된다. 민법 제153조 제1항은 기한을 채무자의 이익으로 추정하고 있고, 민법 제388조에 따라 채무자가 담보를 손상, 감소 또는 멸실하게 한 때와 채무자가 담보제공의 의무를 이행하지 아니

---

834) 각국의 실무의 예를 살펴보아도 소유권유보에 관한 어떠한 특별한 양식은 찾아보기 힘들다. 이에 관하여는 I. Davies, *op. cit.*, p.1 이하 참조.
835) 이승우, 전게논문(주 565), 213-217면 참조.

한 때의 채무자는 기한의 이익을 주장하지 못하며, 변제기 전이라도 이행을 청구할 수 있다. 또한 할부거래에 관한 법률에 따르면 할부금을 다음 지급기일까지 연속하여 2회 이상 지급하지 아니하고 그 지급하지 아니한 금액이 할부가격의 100분의 10을 초과하는 경우 및 국내에서 할부금 채무이행 보증이 어려운 경우로서 대통령령으로 정하는 경우에는 소비자는 할부금의 지급에 대한 기한의 이익을 주장하지 못한다(동법 제13조 제1항). 그런데 실거래에서는 매도인을 보호하기 위해 우리 법은 더 나아가 민사집행법 제41조에 의한 매수인의 재산에 대한 강제집행 신청 시, 채무자 회생 및 파산에 관한 법률 제294조에 의한 파산 신청 시 등에도 기한이익상실 특약을 확장해서 적용하고 있다. 매도인은 이 특약에 의해 매수인에게 신용을 잃을 만한 사유가 발생할 때는 그에게 즉각 모든 지체된 잔금을 청구하거나 계약을 해제할 수 있다.[836)]

나. 기본계약

소유권유보부 계약은 통상 매매계약에 부수하여 체결되나, 매매와 도급이 연결된 계약의 경우에 함께 체결되기도 한다. 우리도 도급계약에서 소유권유보약정이 체결되었다고 소개되는 대법원 재판례가 있다.[837)] 그

---

836) 이에 대하여는 다음과 같은 비판이 제기된다. 즉 이러한 기한이익 상실에 관한 특약이 매도인의 보호에 지나치게 경도되어 매수인에게 선량한 풍속에 반하는 불이익을 주고, 구 파산법과 구 회사정리법과 관련해서 형평에 반한다. 매수인에게 이러한 거래상의 신용을 잃을 만한 사유가 발생할 때 매도인이 미지급한 대금을 청구하게 하는 것은 파산재단을 약화시켜서 채권자평등의 원칙에 따른 다른 채권자의 이익을 해칠 수 있다. 그리고 이러한 특약이 인정된다면 매도인이 매수인과 개인적으로 약정하여 파산재단으로부터 일부 재산을 변제의 목적으로 이용할 목적으로 도피시킬 수 있다. 그러한 경우 구 파산법 제50조 제1항(현행 채무자 회생 및 파산에 관한 법률 제119조 제1항)의 파산관재인의 이행권과 해제권에 대한 선택권을 침해하게 된다(이승우, 전게 논문(주 565), 214-215면).

런데 독일에서는 소유권유보가 전통적인 도급계약과는 무관하고, 독일
민법 제650조838)의 가공과 재료의 공급을 포함한 도급계약과 관계가 있
는 것으로 해석되며, 따라서 소유권유보부로 체결되는 계약에는 독일민
법 제433조839) 이하의 규정 중에서 원칙적으로 매매계약과 관계있는 규
정들이 적용가능하다고 한다.840) 프랑스에서 소유권유보약정이 도급계
약에서 체결되었다고 소개되는 재판례가 있는데, 이 역시 매매와 도급이
함께 행해지는 사례였다.841) 이와 같이 독일과 프랑스의 경우와 마찬가
지로 우리 법에서 소유권유보약정의 기본계약이 되는 도급계약은 순수
한 도급계약이 아니라 원재료를 소유권유보부로 매도하면서 그 원재료
로 일의 완성을 목적으로 하는 매매계약과 관련이 있는 도급계약, 즉 제
조물공급계약이라고 이해된다.

그런데 순수한 도급계약에서는 소유권유보약정이 별도로 체결될 수
없는가? 민법 제664조에 따르면 도급계약은 일의 완성을 목적으로 하는

837) 대법원 2009. 9. 24. 선고 2009다15602 판결.
838) **"독일민법 제650조** 매매법의 적용
  제조 또는 생산되어야 할 동산의 인도를 목적으로 하는 계약에 대하여는 매
  매에 관한 규정이 적용된다. 제442조 제1항 제1문은 그 하자가 주문자가 공급
  한 재료에 원인이 있는 경우에도 그 계약에 적용된다. 제조 또는 생산되어야
  할 동산이 비대체물인 경우에 대하여는, 제642조 제643조, 제645조 및 제650조
  가 이들 규정상의 수취를 제446조 및 제447조에 정하여진 기준시점으로 수정
  하는 것으로 하여 적용된다."
839) **"독일민법 제433조** 매매계약에서의 전형적인 의무
  ① 매매계약에 기하여 매도인은 매수인에게 물건을 인도하고 또한 그 물건에
  대한 소유권을 이전할 의무를 진다. 매도인은 매수인에게 물건하자 및 권리
  하자 없는 물건을 공여하여야 한다.
  ② 매수인은 매도인에게 약정한 대금을 지급하고 또한 매매물건을 수취할 의
  무를 진다."
840) BGH NJW 68, 392, S. Calme, *op. cit.*, p.115.
841) Cass. Com., 2 mars 1999, n°95-18.643, 이 판결의 사실관계에 대하여는 이 책
  제3장 제4절 I. 2. 나. 2) 참조.

것이므로, 일의 완성의 결과물의 소유를 누구의 소유로 할 것인지에 대해서는 부합의 법리에 따르거나 별도의 계약을 체결하는 것이지, 목적물의 양도 시 물권행위만을 대금의 완제에 정지조건이 걸리게 하는 약정을 생각하기는 쉽지 않다. 따라서 도급인 경우에도 매매와 연결된 도급만이 소유권유보약정이 체결될 수 있는 계약이 될 것이다.[842]

다. 체결방식과 체결시기

소유권유보약정이 있는 경우 계약서 및 표준약관에 서면으로 그 특약을 명시하여야 불필요한 법적 분쟁을 막을 수 있음은 물론이다. 통상은 아래의 표에서와 같이 계약서에 권리이전시기의 약정에 대하여 명시한다.[843] 소유권유보에 관한 합의는 반드시 매매계약체결당시에 이루어져야 하는 것은 아니며 이후에도 그에 관하여 합의될 수 있다. 이를 사후의 소유권유보부 계약이라고 한다. 또한 매수인이 조건 없는 완전한 소유권을 취득한 후에도 소유권유보에 관한 합의도 가능하다.[844]

---

842) 대법원 2009. 9. 24. 선고 2009다15602 판결. 당해 판결에서는 가공약정에 의한 연장된 소유권유보약정이 이루어지지 않은 단순소유권유보의 사안이다(이병준, "소유권이 유보된 재료의 부합과 부당이득반환청구", 자유와 책임 그리고 동행: 안대희 대법관 재임기념, 사법발전재단, 2012, 98면). 동 판례에서도 문제된 승강기 설치 계약에 대해 매매계약 및 도급계약의 이행에 따른 소유권 귀속의 관계에 관한 것이라고 하였다.

843) 대한상사중재원 홈페이지〉자료〉표준계약서〉작성가이드〉국내계약서〉05. 권리의 이전시기의 약정
http://www.kcab.or.kr/jsp/kcab_kor/contract/cont_01_02.jsp?sNum=7&dNum=1&mi_code=cont_01_02#data_guide05http://www.kcab.or.kr/html/kcab_kor/data/data_list02_3.jsp(2020. 12. 09. 최종검색) 참조.

844) 임건면, 전게논문, 114면.

〈표 1〉

표시의 예)
제 __ 조 (목적물의 소유권이전시기) 본건 기계의 소유권은 을(매수인)이 매매대
　　금을 완제했을 때 갑(매도인)으로부터 을에게 이전한다.
제 __ 조 (소유권이전의 시기) 상품의 소유권은 매수인이 대금을 완제할 때까지
　　는 매도인에게 유보되고 매수인이 대금을 완제 했을 때 매수인에게 이
　　전된다.

2. 담보계약으로서의 소유권유보약정의 체결

담보계약으로서의 소유권유보약정이 원인행위가 되는 채권계약과 별
도로 체결되어야 하는지 문제된다. 프랑스에서는 물권행위와 채권행위
가 분리되지 않아서 매매계약이 체결되면 이것이 곧 담보계약이 되므로
이에 대한 문제가 발생하지 않는다. 그러나 우리나라에서 양도담보에 준
하는 소유권유보를 인정하는 경우 통상의 담보권과 같이 원인행위인 채
권계약과 담보계약인 물권계약이 별도로 체결되어야 하는 것인지 문제
되는 것이다. 이에 대해서는 소유권유보약정을 맺으면서 가공약정이나
전매약정을 함께 규정한 경우가 담보계약에 해당할 것이다. 일본에서도
양도담보와 달리 소유권유보계약이라고 하는 독립적인 담보설정계약은
존재하지 않고, 매매계약에 의한 소유권이전 시의 특약에 의해 담보가
성립한다고 한다.[845] 이때 담보계약으로서의 소유권유보약정은 구체적
으로 어떤 법률구성을 가지는 것인가? 예컨대 연장된 소유권유보의 하
나로 가공약정을 통한 소유권유보의 경우에는 가공약정에 따른 점유매
개관계에 기하여 매수인이 매도인에게 가공물의 소유권을 담보를 위해
양도한 것으로 해석해야 한다.[846]

---

845) 田井義信, 岡本詔治, 松岡久和, 磯野英德, 新 物權, 擔保物權法, 法律文化社,
　　2002, 356頁; 松岡久和, 전게서, 767頁.

Ⅲ. 소유권유보의 공시

1. 서설

　단순소유권유보의 경우에는 그에 대한 공시가 문제되지 않으나 양도담보에 준하는 담보로서의 소유권유보에서는 공시가 중요한 쟁점이 된다. 현재 소유권유보의 담보수단으로서의 가장 큰 약점은 공시가 되지 않는다는 것에 있다.[847] 따라서 매수인이 그 물건을 무단으로 제3자에게 전매할 때 다른 사람이 당해 물건을 선의취득할 가능성이 존재한다. 이하에서는 양도담보에 준하는 소유권유보에 공시가 필요한지에 관한 견해대립을 소개하고, 그 타당성을 검토하도록 한다.

2. 공시필요성 인정론

　동산·채권 등의 담보에 관한 법률의 공시방법처럼 양도담보에 준하는 소유권유보의 공시의 방법이 마련되어야 하는지 입법론적으로 문제된다. 소유권유보에도 공시방법이 마련되어야 한다는 견해를 외국의 입장을 포함하여 살펴보면 다음과 같다. 첫째, 담보의 통일성, 일체성이 추구되어야 하고, 이는 동산을 대상으로 하는 소유권유보에 대하여도 마찬가지이다. 따라서 소유권유보부 매매의 목적물인 동산은 등록되어야 한다. 이는 국내법과 국제법에 있어서 법적 조화가 필요하다는 점에서도 그러하다.[848] 둘째, 스위스의 공시제도를 본받는 입법이 우리 법에도 필요하다는 견해가 있다. 스위스민법에서는 신용을 받는 자의 재산상태에 대한 잘못된 판단으로부터 제3자를 보호할 필요성 때문에 소유권유보등

---

846) 이 책 제4장 제3절 Ⅱ. 2. 나. 2) 나) 참조.
847) 道垣內弘人, 전게서(주 833), 237頁.
848) Cass. 1re civ., 3. mai 1973, *Clunet* 1975. 74 note Fouchard.

록부에 등록하여야 한다는 형식적 요건을 요구하고 있다(스위스민법 제 715조 제1항). 소유권유보는 등록 없이는 당사자 사이에서 뿐만 아니라 제3자 사이에 대해서도 물권적 효력이 없다고 한다(동법 제715조 제1항). 이러한 소유권유보의 등록은 소유권유보의 합의를 공시할 필요성과 소 유권유보의 상대효 때문에 행해지는 것이었다. 즉 당사자 간의 즉각적이 고 지속적인 효력과 등록에 의한 제3자에 대한 효력은 양도담보의 경우 에 입법자에 의하여 추구되던 바였으며, 이를 통해 소유권유보 등록부에 의한 공시이익을 유지할 수 있다는 장점이 있으므로, 이러한 스위스의 공시제도를 본받을 필요가 있다는 것이다.[849]

3. 공시필요성 부정론

소유권유보에 대한 공시가 필요한 것이 아니라는 입장은 다음과 같 다. 우리 학자 중 이에 관한 견해를 피력한 경우가 없으므로 외국의 입 장을 포함하여 논의를 전개하기로 한다. 첫째, 일본의 실무에서의 입장 이다. 일본에서는 동산담보제도를 개혁하기 위한 논의 당시에 리스의 목 적물이나 소유권유보의 목적물에 대하여 등기에 의한 공시를 요구하는 것이 과연 공시가 없는 것보다 더 나은 것인지에 대하여 의문을 가지고 있었다.[850] 둘째, 프랑스 학자의 입장이다. 대부분의 국가에서 소유권유 보는 그 근원을 매매계약에서 찾고 이를 마치 준담보제도로 이해하는 경향이 있고, 여기에서 준(quasi)이라는 표현은 물적 담보에 일반적으로 적용될 수 있는 법리에 복종하지 않는다는 것을 의미한다. 이는 특히 동

---

849) 장병일, "스위스 민법상의 소유권유보부 매매의 기능과 법적 지위", 외법논집, 제37권 제1호, 2013, 80면.
850) 양창수, "일본에서의 동산담보제도 개혁 논의", 민법연구 제9권, 박영사, 2007, 153면; 현재 일본의 다수의 견해도 소유권유보는 소유권의 양도가 있는 것이 아니므로 대항요건이 불요하다고 한다(松岡久和, 전게서, 769頁).

산과 관련하여 소유권유보와 담보의 성립에 있어서 일정한 방식 그리고 그 중에서도 특히 공시의 효력과 관련한 법리가 적용되지 않는다는 것을 말하며, 그것이 프랑스의 소유권유보의 공시가 필요 없는 이유가 되기도 한다는 것이다.[851] 셋째, 일본 학자의 입장이다. 소유권유보의 경우에는 원래의 소유권이 유보된 이상 담보가치가 완전히 파악되고, 피담보채권 금액의 특정 및 공시를 논하는 이익이 없어서 공시가 필요하지 않다. 또한 특정 및 공시가 행해진다고 하더라도 이용되는 잔여의 담보가치가 존재하지 않아서 그에 대한 공시가 필요하지 않다.[852]

4. 사견 – 공시필요부정설

당사자가 신용을 얻기 위한 방법, 즉 담보수단으로서 소유권유보의 방법을 택하는 이유 중 하나는, 이것이 공시되지 않는 숨은 담보라는 점에 있다. 프랑스에서 소유권담보로서 민법전에 등장하게 되었음에도 불구하고 공시방법을 별도로 채택하지 않았다. 물론 프랑스에서는 담보물권의 공시는 우리와 달리 대항요건일 뿐이고, 프랑스민법전 제2368조에서 소유권유보가 서면으로 작성되어야 한다고 규정하고, 그 실행에 있어서 늦어도 인도 전에 서면으로 작성된 소유권유보의 경우에 반환청구가 가능하다고 함(프랑스상법전 제L.624-16조 제2항)으로써 대항요건으로서의 공시(publicité)와는 별도로 서면작성이라는 요건을 두어 제3자와의 관계를 정리하고 있다. 우리의 경우도 통상은 소유권유보약정이 서면으로 이루어지고 있다는 점에서 그 상황이 크게 다르지는 않다. 다만, 프랑스와 달리 우리 민법은 담보물권에 대해서도 성립요건주의를 취하고 있고(민법 제186조), 서면작성을 반환청구의 행사의 요건으로 하지 않음으로써 여전히 선의의 제3자 취득자와의 관계에서 문제가 발생한다는 점에

---

851) Mauro Bussani, Michel Grimaldi, 박수곤 역, 전게논문, 220면.
852) 米倉明, 전게서(주 738), 278-279頁.

서 프랑스와 차이가 있다. 그러나 통상은 많은 입법례가 소유권유보약정
이 있더라도 매도인에게 소유권이 있다는 자체만 공시할 뿐, 그것이 담
보로 유보되어 있다는 것을 공시하지 않으며, 이렇게 공시되지 않는다는
점이 소유권을 이용한 담보만의 장점으로 이해되기도 한다.[853] 또한 당
사자들의 의사가 담보의 공시를 원하는 경우에는 질권 등의 공시담보
(예컨대 동산·채권 등의 담보에 관한 법률 상의 담보권등기)를 채택할
것이지 군이 소유권유보를 택하지 않을 것이다. 즉 당사자의 의사는 공
시가 되지 않아 문제가 있음에도 불구하고 공시되지 않은 숨은 담보를
추구하는 것이다. 그것은 등기·등록과 같은 제도를 이용하는데 드는 시
간·경제적 비용을 절감하려는 목적과 자신의 외상거래를 숨기고 신용상
태가 드러나기 원하지 않는 당사자(매도인과 매수인)의 의사 때문이다.
이들은 자신의 신용상태가 잘못 알려지는 경우 거래가 정지되어 파산에
이르기 쉽다는 점에서 이러한 공시를 적극적으로 원하지 않는다.[854] 따
라서 소유권유보의 공시에 관한 규율을 입법하는 것이 반드시 필요한
것은 아니다. 이러한 태도는 UNCITRAL의 모델법에서도 확인된다(제3장
제24조).[855]

---

853) 스위스와 같이 공시가 인정되는 경우는 극히 예외적이다. 즉 오스트리아, 독
   일, 네덜란드, 스웨덴 그리고 영국은 제3자와의 관계에서도 별도의 특별요건
   이나 공시 없이도 제3자에 대한 관계에서도 유효하다(Ch. von Bar and U.
   Drobnig, *The International of Contract Law and Tort and Property Law in Europe,*
   Sellier. European Law Publishers, 2004, p.338).

854) 과거 프랑스에서 소유권유보부 매매의 매수인이 도산절차에 빠지는 경우, 파
   기원이 매도인의 반환청구권을 부정하자 제조업자인 매도인이 연쇄적으로
   도산하기에 이르렀게 되었다. 결국 프랑스에서는 일반채권자의 이익을 보호
   하는 것보다 제조업자인 매도인을 보호하는 것이 신용의 보호와 거래의 안전
   을 위해 좋다고 판단하여, 매수인이 도산절차에 빠지는 경우 매도인의 소유
   권유보에 대항력을 인정하여 매도인의 소유권에 기한 반환청구권을 인정하
   는 법을 제정하게 된다. 이는 현행 상법전 제L.624-16조 이하가 되고, 2006년에
   는 소유권유보약정으로 의 담보성이 일반법으로 승인되어 민법전 제2367조
   이하가 되었다. 이 책 제3장 제2절 참조.

Ⅳ. 소유권유보의 효력

1. 서설

소유권유보는 단순소유권유보와 양도담보에 준하는 소유권유보로 분류할 수 있다. 이 두 소유권유보는 그 성질에서 의미 있는 차이를 보인다. 따라서 양자를 구분하는 것이 중요한데, 가장 중요한 차이는 당사자가 담보계약을 체결할 의사가 있는지 여부에 있다. 단순소유권유보의 경우 해제약관이나 매수인의 처분금지 약관을 이용할 것이고, 양도담보에 준하는 소유권유보의 경우 명시적 또는 묵시적으로 가공이나 전매대금에 대한 특약 등이 별도로 체결될 것이다.[856] 특히 매수인이 전매를 전제로 하는 경우에 소유권유보약정을 체결하거나, 제3취득을 당연히 전제로 하는 상품, 즉 중간재의 매매에서 소유권유보약정이 체결된 경우에 담보계약의 체결의사를 추단할 수도 있다. 그러나 이러한 담보계약 체결의사의 추정은 계약상의 제반 사정에 따라 이해되어야 한다.

2. 단순소유권유보의 효력

가. 서설

위에서 살펴본 바와 같이 단순소유권유보는 처분수권이 제한된 양당사자 간의 소유권유보약정이 있는 경우를 말한다. 이는 매수인 스스로 물건을 사용·수익함을 목적으로 하는 것으로,[857] 이는 원칙적으로는 소유권유보부 매매에서의 채무의 이행 및 위험부담 등의 효력을 가지나,

---

855) 이 책 제2장 제4절 Ⅲ. 참조.
856) 독일의 가공약관과 전매대금약관이 그것이다.
857) 米倉明, 전게서(주 738), 38頁.

매수인의 채무불이행의 경우에는 담보권의 실행이 아니라 쌍무계약에 기한 동시이행항변권의 담보적 기능을 통하여 매수인의 채무불이행시 목적물을 환취하여 이를 담보하게 된다.[858] 즉 단순소유권유보는 우리 법상의 담보물권으로 볼 수 없고, 단지 소유권의 이전이 대금의 완제라는 정지조건이 부가된 소유권유보부 매매를 의미한다.

나. 매도인과 매수인의 지위

당사자의 소유권유보부 매매를 통하여 매도인은 대금의 완제 전까지 소유권을 보유한다. 그리고 매수인은 매매계약에 기하여 목적물을 점유하여 사용·수익한다. 따라서 매수인은 목적물을 선량한 관리자의 주의로 보관할 의무가 있다(민법 제374조).[859] 이러한 매수인의 점유는 소유권유보부 매매에 기한 것으로 매도인은 매수인에게 목적물의 반환을 청구하지 못한다(민법 제213조 단서). 매수인의 점유를 통한 사용·수익권

---

858) 김형석, 전게논문(주 711), (69면 각주 1) Huber, Der Eigentumsvorbehalt im Synallagma, ZIP 1987, 750ff. 참조; 반면, 프랑스에서는 이 경우 실무에서 매매계약에 기한 동시이행항변권의 담보적 기능으로 이해하지 않는다. 그 이유는 독일이나 우리와 달리 프랑스에서는 동시이행항변권이라는 제도가 잘 이용되고 있지 않고 있었기 때문이다. 최근 채권에 관한 민법전의 개정이 있기 전까지 프랑스에서는 동시이행항변권이라는 제도가 민법전상에 인정되지 않고, 개별적인 경우(프랑스민법전 제1612조 및 제1653조)에만 학설에 의해 동시이행항변권에 기한 것으로 인정되고 있었다. 최근 2016년의 채권법에 관한 민법전 개정에서야 동시이행항변권에 관한 일반규정이 신설되었을 뿐이다. 이는 다음과 같다. "**개정 프랑스민법전 제1219조** 당사자 일방은 타당당사자가 그의 채무를 이행하지 않거나 그 불이행이 매우 심각한 경우에는 자신의 채무의 이행을 거절할 수 있다."

859) 강태성, 전게논문, 56면; 양창수·김형석, 전게서, 560면; 이에 대하여 소유권유보의 법적성질을 담보권으로 구성하는 견해의 경우에는 매수인을 실질적으로 소유자로 보아 자기 재산에 관한 주의의무를 진다고 하는 것이 일반적이나 이는 타당하지 않다(이에 관한 기존의 견해대립에 대하여는 제4장 제2절 V. 3. 참조).

의 근거에 대해서는 매매계약을 기초한 것으로 유보매수인의 당연한 권
리라는 견해860)와 유보소유권을 담보권으로 보아 매수인이 소유자로서
사용·수익한다는 견해로 대립된다.861) 과거 프랑스 학계에서는 이 경우
를 일정한 기한의 경과로 물건의 소유권을 취득하는 매수임대차계약
(location-vente)이 체결된 것으로 이해하기도 하였다. 즉 대금의 완제 전
에는 임차인이다가 매수인의 대금완제로 매매계약으로 변경된다는 것이
다.862) 거래 실무상으로도 별도의 사용대차 내지 임대차계약을 체결하
는 경우도 있었다. 그러나 프랑스에서도 현재 이러한 사용·수익에 관한
특약을 당연히 체결하지 않고 소유권유보부 계약에 기하여 매수인이 목
적물을 소지하여 사용·수익하는 것으로 본다.863) 원칙적으로 매수인의
사용·수익권의 근거는 소유권유보부 매매를 통하여 종국적으로 소유자
가 될 매수인을 위한 매매계약을 기초한 것으로 파악하고, 당사자의 약
정으로 이에 대한 반대약정이 가능하다고 하는 것이 타당하다.864)

매수인은 대금의 완제로 목적물의 소유자가 되는 조건부 권리를 가
지고 있는데 지나지 않는다(민법 제148조). 매수인의 권리가 단순히 채

---

860) 권오승, "소유권유보부매매", 해암 고창현 박사 화갑기념 민법학의 현대적 과
    제, 박영사, 1987, 416면; 강태성, 전게논문, 55면.
861) 이근식, 전게논문, 65면. 그러나 실제로는 매수인에게 자유로운 사용·수익을
    제한하는 특약이 있는 경우가 많으며, 이러한 특약은 유효하다고 한다; 이은
    영, 전게서(주 594), 728면.
862) Vandamme, *op. cit.*, p.152 *supra* note 49; 매수임대차계약은 매매계약과 임대차
    계약의 혼합계약으로 프랑스민법전 상의 전형계약은 아니나 일정한 기한의
    경과로 임차인이 물건의 소유권을 취득하는 약정이다(R.-N. Schütz,
    《Location-vente》, *Rép. civ.*, n°1).
863) 이위 책논문 제3장 제4절 IV. 1 (2) 참조.
864) 일본의 재판례 중에서도 이와 마찬가지로 해석하는 판결이 있다. 일본의 高
    松高裁 昭和32. 11. 15. 判決 高民集 第10卷 第11号 601頁, 이 판결의 소개로는
    이성훈, "소유권유보부매매에 있어서의 매도인과 매수인의 지위", 재판자료
    제63집, 리스와 신용거래에 관한 제문제(상), 1994, 423-425면.

권적인 지위만을 의미하는지에 대해서는 견해의 대립이 있다. 이때의 매수인이 단순히 채권적인 지위만을 가진다고 하는 견해가 앞서 살펴본 정지조건부 소유권이전설 중 채권설이다. 이에 대하여 매수인의 지위는 물권적인 것으로 보아야 한다는 견해로는 그 밖의 담보적 구성설인 물권적 기대권설 및 양도담보와 유사한 변칙담보설 등이 있다.[865] 단순소유권유보는 당사자 양자 간의 법률관계에 지나지 않고, 매수인의 지위는 당해 매매계약상의 조건부 권리를 갖는 자이며, 매수인의 채무불이행시 매도인이 가지는 권리는 소유권을 담보적으로 이용하는 것, 즉 환취권의 행사에 의한 것일 뿐이고 그 밖에 매수인에게 어떠한 물권적 기대 및 권리를 부여해서는 안 된다는 점에서 이 경우에는 담보적 구성설의 여러 학설에 의할 것이 아니라 채권설에 의하는 것이 타당하다. 채권설에 대해서는 대금의 변제에 따라 점차 증가하는 매수인의 경제적 이익 내지 기대를 보호하지 못한다는 비판도 있다.[866] 그러나 그러한 기대는 우리 법상 소유권의 형태로 보호받을 수 없다. 또한 현행법의 해석상 매수인이 목적물의 인도를 통해 이를 점유하고, 소유권유보약정에 의하여 목적물을 사용·수익하고 있다는 점에서, 매수인은 점유권에 기하여 대세적으로 점유보호청구권을 행사할 수 있고(민법 제204조 이하), 타인은 이러한 매수인의 조건부 소유권을 침해해서는 안 되므로(민법 제148조) 이를 침해하는 경우 불법행위가 성립할 수 있는데(민법 제750조), 그러한 보호로 족하다.[867] 대법원판례도 소유권유보에 관하여 마찬가지로 매매대금

---

865) 이 견해의 분류에 대해서는, 이 책 제4장 제2절 I. 참조.

866) 독일에서도 물권적 기대권은 이론상·법구성상의 의문에도 불구하고 유보매수인의 법적 지위가 이미 어떠한 경제적 가치가 지니는 것이어서 특별한 보호가 필요하고 또 그 자신이나 그의 채권자들을 위하여 유용하게 되어야 한다는 경제적 고려가 관철된 결과라고 한다(양창수, 전게논문(주 717), 147면).

867) 물권적 기대권설에 의하면, 이러한 권리는 물권이므로 소유권자의 소유물반환청구권(민법 제213조)과 타인에 대한 불법행위에 기한 손해배상청구권(민법 제750조), 부당이득반환청구권(민법 제748조)과 물권적 기대권에 기한 이

의 완제 시까지 매도인이 매수인에게 뿐 아니라 제3자에까지 소유자인
것868)이라고 함으로써, 채권설의 입장을 취하고 있는 것으로 이해된다.

다. 채권적 효력

1) 채무의 이행

매도인이 목적물을 매수인에게 인도한 것만으로 자신의 의무를 전부
이행한 것인지 문제된다. 매도인은 매수인에 대해 재산권이전의무, 구체
적으로는 목적물 인도의무와 소유권이전의무를 부담하는데, 매도인은
그 중 목적물 인도의무만을 이행하고 소유권이전의무는 매수인의 매매
대금지급의무와 연동하게 함으로써 부분적으로는 동시이행을 포기하지
만 계약 전체의 이행에 있어서는 쌍무계약에 내재하는 동시이행관계가
그대로 존속하는 결과가 된다. 유보매도인은 쌍무계약을 미이행한 것으
로 보아야 한다.869) 왜냐하면 우리 민법상 매도인은 소유권이전의무를
가지고 있는데(민법 제563조), 매도인의 소유권이전의무는 매수인의 대
금의 완제 시에 이행이 완료되는 것이기 때문이다. 이는 매수인의 도산
절차에서 채무자 회생 및 파산에 관한 법률 제119조에 따라 소유권유보
부 매매를 "쌍방미이행쌍무계약"으로 보아 매수인의 관리인이 매매계약
의 이행과 해제 중 이를 선택할 수 있는지의 문제와 관련된다. 이에 대
하여는 후술한다.870)

하의 권리들이 경합하는 것으로 보기도 한다(양형우, 전게논문(주 653), 253면
이하; 이영준, 전게서, 1026면 이하). 그러나 물권적 기대권이라는 권리를 인
정하지 않는 사견으로는 이 경우 매수인은 유보매수인으로서 점유권에 기한
보호(민법 제204조) 내지 조건부권리의 침해에 대한 구제(민법 제148조)를 받
을 수 있을 뿐이다.

868) 대법원 1999. 9. 7. 선고 99다30534 판결.
869) 김형석, 전게논문(주 711), 69면 각주 1) Huber, Der Eigentumsvorbehalt im
Synallagma, ZIP 1987, 750ff. 참조.
870) 이 책 제4장 제5절 참조.

2) 해제권의 발생

매수인의 채무불이행시 매도인이 이행지체를 이유로 매매계약을 해제할 수 있다(민법 제544조). 민법 제549조는 제536조의 동시이행항변권의 규정을 민법 제548조에 기한 해제로 인한 원상회복의 법률관계에 준용한다. 따라서 계약당사자는 변제기 도래 시 상대방이 그 채무의 이행을 제공할 때까지 자기채무의 이행을 거절할 수 있다. 즉 할부매매 등으로 일부의 변제가 이루어진 경우, 매도인의 계약해제권의 행사와 목적물 반환청구권의 행사는 매도인의 이미 변제받은 일부변제액과 동시이행으로 반환되어야 한다.

유보매도인이 매수인의 채무불이행을 이유로 목적물을 환취하기 위하여 반드시 해제권을 행사해야 하는지가 문제된다. 단순소유권유보는 매매계약 체결 시 매도인에게 인도라는 선이행의무를 부담하게 하고, 매매대금의 완제라는 정지조건이 그 소유권의 이전이라는 물권행위에 부가된 계약을 말한다. 따라서 그에 대한 원상회복은 매매계약의 해제의 방식을 따라야 함이 원칙이다. 우리법상 할부거래에 관한 법률에서는 소유권유보의 목적물의 반환청구에 해제권을 명시적으로 규정하고 있고, 독일에서도 마찬가지이다(독일민법 제449조 제2항).[871] 즉 단순소유권유보는 매매계약 상의 계약의 해소 방식에 따라 반환청구가 이루어져야

---

871) "**독일민법** 제449조 ② 매도인은 계약이 해제된 때에 한하여 소유권유보에 기하여 물건의 반환을 청구할 수 있다." 반면, 프랑스의 경우에는 이러한 규정도 없을 뿐더러, 판례가 반환청구의 요건으로 계약의 해제를 요하지 않는다. 개정 전 판례법과 개별법에 의해 인정되는 소유권에 기한 반환청구도 프랑스에서 이 경우 해제권의 이용이 어렵기 때문에 적극적으로 인정되기 시작한 것이었다. 제3장 제2절 참조. 또한 개정된 현행 프랑스민법전 상의 소유권유보(제2367조 이하)는 담보로서의 소유권유보를 규정한 것인데, 그에 따르면 해제 없이도 담보권의 실행 차원에서 목적물의 반환청구가 인정되고 있는 것으로 이해된다.

하는 것이다. 따라서 해제권의 행사가 목적물의 반환청구의 전제조건이
될 것이다.

그런데 당사자가 특약으로 매수인의 채무불이행이 있으면 해제권의
행사 없이 매수인의 반환의무가 있음을 정하는 경우에도 이러한 특약은
계약의 자유 원칙상 유효하다고 할 것이다. 또한 기한이익상실의 약관이
나 약정해제권에 대한 별도의 특약도 가능하다. 실제로 이러한 약정해제
는 기한이익상실약관이 결합되어 이루어지기도 한다. 다만, 기한이익상
실약관은 매수인인 소비자에게 불리한 경우가 많으므로, 그 해석에 있어
서 약관규제 등에 관한 법률의 내용상의 통제를 받아야 한다.

3) 위험부담의 문제

매수인이 목적물을 인도받고 대금을 지급하는 도중에 목적물이 당사
자 쌍방의 책임 없는 사유로 멸실한 경우에 그 위험을 누가 부담해야 하
는지가 문제된다. 통상은 이를 위험부담의 문제로 본다. 즉 기존의 채권
설에 따르면, 매수인은 매매계약상의 채무의 이행을 통하여 이를 사용·
수익하는 것이므로, 민법상의 위험부담의 법리(민법 제537조)로 해결하
면 된다고 하여, 채무자인 매도인은 이 경우 대금을 청구할 수 없게 된
다고 한다.[872] 이에 대하여 물권적 기대권설도 원칙적으로는 이를 민법
상의 문제로 보아 위험부담의 법리를 적용하여 해결하려고 하나, 동산의
인도가 행하여지는 때에 위험이 매도인으로부터 매수인에게 이전된다고
하는 견해와[873] 채무자위험부담주의의 원칙(민법 제537조)에 따라 채무
자인 매도인이 그 위험을 부담한다는 입장[874]으로 견해가 대립된다. 반

---

872) 강태성, 전게논문, 57면; 김주수, 전게서, 57면; 반면, 기존의 채권설의 한 견해
   는 이를 매수인의 부담이라고 하기도 한다(이태재, 전게서, 198면).
873) 이영준, 전게서, 1028면.
874) 김기선, "특수한 매매", 고시계 1980.9, 44면; 김증한, 채권각론, 박영사, 1984,

면 양도담보와 유사한 변칙담보라는 견해에 따르면 매도인에게 소유권이 유보되어 있다고 하더라도 실질상 소유자는 매수인이므로 멸실·훼손에 의한 손해는 당연히 매수인이 부담하여야 한다고 한다.[875]

한편 소유권유보부 매매를 기초로 목적물을 인도한 경우에 매도인의 채무의 이행이 완료된 것으로 보면 이는 위험부담의 문제가 아닌 것으로 보게 된다.[876] 즉 이는 민법 제537조의 위험부담의 문제라기보다는 엄밀히 말하여 위험의 이전에 관한 것으로 보아야 한다는 것이다.[877] 그러나 소유권유보부 매매에서의 매도인은 우리 민법상 소유권이전의무를 부담하는데(민법 제563조), 정지조건이 성취될 때까지는 소유권이 이전되지 않아 여전히 쌍무계약은 미이행상태이고, 따라서 매도인은 목적물을 인도하였더라도 부분적으로는 동시이행관계에 있어 이를 행사할 수 있는 상태에 있다고 하여야 한다.[878] 다만, 통상 소유권유보부 매매를 기초로 목적물을 인도받아 사용·수익하고 있는 매수인은 대금의 완제로 자동적으로 소유자가 되며, 이러한 유보매수인의 지위는 일시적인 것에 불과하므로, 이 경우에까지 매도인이 위험을 부담하는 것은 매도인에게 지나치게 불리한 일이 된다고 할 것이다. 따라서 소유권유보의 법적성질과는 관계없이 형평의 원칙상 이를 점유하고 사용·수익하는 유보매수인이 그 위험을 부담한다고 보는 것이 타당하다.[879]

165면.

875) 이근식, 전게논문, 65면; 이은영, 전게서(주 594), 726면.

876) 김재국, 전게논문, 177면.

877) 양창수·김재형, 민법 Ⅰ 계약법 제2판, 박영사, 2015, 569면; 김용담 대표편집, 주석민법[채권각칙(1)], 최수정 집필부분, 한국사법행정학회, 2016, 432면.

878) 김형석, 전게논문(주 678), 433면 이하 참조.

879) 한편, 독일민법 제446조 제1문은 위험의 이전에 관하여 소유권이전과 무관하게 교부를 기준으로 삼고 있다. 즉 인도주의를 취하여 매도된 물건의 인도와 더불어 우연한 멸실 또는 훼손의 위험은 매수인에게 이전된다고 한다. 반면, 프랑스의 경우에는 개정 프랑스민법전 제1196조 제3항에서 소유권의 이전이

다. 물권적 효력

1) 정지조건부 소유권이전

유보매수인은 매매대금의 완제로 정지조건이 성취되기 전에 목적물에 대한 점유권이 있고, 매매대금의 완제라는 정지조건의 성취로 소유권은 매도인으로부터 매수인에게 자동적으로 이전된다. 즉 매도인의 어떠한 행위가 별도로 필요한 것이 아니다. 대법원도 마찬가지의 입장을 취하고 있다.[880]

2) 매수인의 점유와 매수인의 임의처분

매수인은 매매계약에 따라 정지조건의 성취 전부터 매매목적물의 사용·수익의 권한이 있는 것이 원칙이다. 이때 매수인이 처분권한이 없음에도 불구하고 제3자에게 임의처분한 경우에는 그 양도의 효력은 원칙적으로 무효이고, 제3자는 선의취득의 요건을 갖춘 경우에만 그 목적물을 선의취득하게 된다(민법 제249조).[881]

물건의 위험을 이전한다고 하나, 소유권유보라는 우연한 사정으로 인해 매도인이 물건의 멸실 위험을 부담하는 것을 회피하기 위하여, 당사자들은 소유권유보약정에 매수인에게 인도 시에 즉시 위험을 이전하는 별도의 약관을 체결하는 것이 보통이라고 한다. 프랑스에 관하여는 위의 제3장 제4절 Ⅳ. 1. (1) 참조.

880) 대법원 2010. 2. 11. 선고 2009다93671 판결.

881) 대법원 1999. 1. 26. 선고 97다48906 판결(동산 소유권유보부 매매의 매수인이 제3자에게 위 동산을 보관시킨 경우, 매수인이 그 점유반환청구권을 양수인에게 양도하고 지명채권 양도의 대항요건을 갖추면 동산의 선의취득에 필요한 점유의 취득 요건을 충족하였으나, 원심이 적법하게 인정한 사실관계와 기록에 나타난 모든 사정을 미루어 보면, 원고 회사의 대표사원 X는 성일철강의 대표이사 A과 처남·매부 사이로서 업종은 달라도 역시 사업을 하는 자로서 3년 6개월간 약속어음 32매 액면금 10억 원 가량을 융통어음으로 빌려주고 회수하는 계속적 거래를 해 온 처지이므로, 비록 소유권유보 사항은 몰랐다고 하더라도 성일철강이 피고와 판매대리점으로서 이 사건 철판의 공급자

3) 목적물에 대한 강제집행

매수인의 채권자가 매수인이 보유하고 있는 목적물을 압류하는 경우가 있다. 이에 대하여 매도인이 제3자 이의의 소를 제기할 수 있는지 여부에 대하여 견해가 대립하였다. 정지조건부 소유권이전설은 원칙적으로 매도인에게 소유권이 있으므로 이 경우 매도인에게 제3자 이의의 소가 가능하다고 하는 반면,882) 양도담보에 준하는 변칙담보설 등의 경우에는 이를 우선권에 기한 배당요구의 대상이 된다고 한다.883)

일본에서도 원칙적으로 실무상 매도인의 제3자이의의 소를 인정하고 있으나,884) 소유권유보가 담보제도로 이용된다는 점에서 양도담보와 함께 우선변제의 소가 폐지되기 전에 이를 제기할 수 있는 것으로 보아야 한다는 입법론이 주장되기도 하였다.885) 그러나 소유권유보가 담보적

가 피고이고 통상 상당한 규모의 외상거래를 해 온 사실을 알았다고 보아야 할 것이고, 이러한 상황에서 원고가 성일철강이 유성강재에 보관시켜 놓은 거액의 철판 전부를 성일철강의 부도가 임박한 상태에서 대물변제 받은 것이므로, 피고 회사에 조회하는 경우 소유권유보 사실을 쉽게 알 수 있었음에도 이러한 조치를 하지 않은 채 위와 같이 통상의 방법에 의한 일반적인 거래라고 할 수 없는 경위로 취득한 이상, 원고로서는 성일철강에 이 사건 철판에 대한 처분권이 없음을 알지 못한 데 대하여 과실이 있다는 의심이 들고, 달리 원고가 무과실의 점에 대한 입증을 다하지 못하고 있다는 점에서 동산 선의취득에 있어서 양수인이 양도인에게 처분권이 없음을 알지 못한 데 대하여 과실이 있다고 인정한 사례), 대법원 2010. 2. 11. 선고 2009다93671 판결(소유권유보약정이 있는 동산 매매계약의 매수인이 대금을 모두 지급하지 않은 상태에서 목적물을 다른 사람에게 양도한 사안에서, 양수인에게 통상적으로 요구되는 양도인의 양도권원에 관한 주의의무를 다하지 아니한 과실이 있음을 이유로 선의취득이 인정되지 않는다고 한 사례).

882) 김주수, 전게서, 214면; 이태재, 전게서, 198면; 최종길, 전게논문, 85면; 김형석, 전게논문(주 678), 435면; 한편, 담보권적 입장을 취하고 있으나 이를 인정하는 견해도 있다. 권오승, 전게논문, 423면.

883) 이근식, 전게논문, 69면; 이은영, 전게서(주 594), 728면; 김재국, 전게논문, 181면.

884) 最高裁昭和49年7月18日(民集28巻5号743頁).

기능을 가지고 있다고 하더라도 이는 매도인에게 유보된 소유권에 기한 반환청구, 즉 환취권의 행사에 기한 것이므로, 매도인은 제3자이의의 소를 제기할 수 있다.[886] 우리 대법원도 이를 인정하고 있다.[887] 그런데 대법원은 매수인이 소유권유보부 매매의 목적물을 타인의 직접점유를 통하여 간접점유 하던 중 그 타인의 채권자가 그 채권의 실행으로 그 목적물을 압류한 사안에서, 매수인이 그 강제집행을 용인하여야 할 별도의 사유가 있지 않는 한 유보매수인 또는 정당한 권원 있는 간접점유자의 지위에서 민사집행법 제48조 제1항에 정한 '목적물의 인도를 막을 수 있는 권리'를 가진다고 판시한 바 있다.[888] 그러나 이는 매수인이 매도인 아닌 제3자에게 물건을 직접점유하게 하고 자신은 간접점유하고 있는 사안으로 점유권에 기하여 제3자 이의의 소가 가능한 것이므로, 소유권유보의 구조 및 소유권의 귀속 여부와는 관계가 없다.[889]

한편, 매도인의 채권자에 의한 목적물의 압류는 목적물을 매수인이 보관하고 있다는 점에서 가능하지 않고, 기대권의 압류를 주장하는 견해가 있으나, 인정하는 것이 가능하다고 할지라도 실제로 거의 이용되지 않는다.[890]

---

885) 伊藤進, 物的擔保論, 信山社, 1994, 58頁.
886) 이시윤, 전게서, 224면.
887) 대법원 1996. 6. 28. 선고 96다14807 판결.
888) 대법원 2009. 4. 9. 선고 2009다1894 판결.
889) 이 경우 유보매수인은 간접점유자로 타인의 소지를 매개로 점유권이 성립하므로 이를 기초로 제3자이의의 소를 제기할 수 있다. 민일영 대표편집, 주석 민사집행법[2], 이승영 집필부분, 한국사법행정학회, 2012, 285면; 이시윤, 전게서, 222면; 김형석, 전게논문(주 678), 435면 주 95 참조.
890) 이 책 제4장 제2절 V. 1. 나. 2) 참조; 이성훈, 전게논문, 433면 동지.

3. 양도담보에 준하는 소유권유보의 효력

가. 양도담보에 준하는 소유권유보

소유권유보의 특약을 한 매매계약이 매수인의 전매를 예정하고 있거나 매수인에게 처분수권이 부여된 경우, 소유권유보는 단순한 쌍무계약의 관계를 넘어서 유통과정상의 담보로서의 지위를 갖게 된다.[891] 이러한 소유권유보가 인정되기 위해서, 기존의 담보물권설에 의하면, 물권법정주의(민법 제185조)에 따라 법에 의한 근거가 있거나 판례법상의 관습법으로 승인되어야 한다. 그러나 우리 법에서는 프랑스와 같이 담보권으로 규정되지 않았을 뿐 아니라, 판례법상 양도담보와 같이 관습법으로 승인된 것도 아니다.[892] 또한 소유권유보를 양도담보와 유사한 변칙담보로 새기더라도, 이것이 소유권을 이용한 담보인 이상, 물권법정주의에 반하여 관습법상의 물권의 성립 여부에 대한 문제가 발생할 여지가 없다고 할 수도 있다. 소유권이 실질적으로 다른 담보와 같은 역할을 하는

---

891) 이 책 제4장 제1절에서 서술.
892) 대법원 1999. 9. 7. 선고 99다30534 판결. 이 판결은 「동산의 매매계약을 체결하면서 매도인이 대금을 모두 지급받기 전에 목적물을 매수인에게 인도하지만 대금이 모두 지급될 때까지는 목적물의 소유권은 매도인에게 유보되며 대금이 모두 지급된 때에 그 소유권이 매수인에게 이전된다는 내용의 이른바 소유권유보의 특약을 한 경우, 목적물의 소유권을 이전한다는 당사자 사이의 물권적 합의는 매매계약을 체결하고 목적물을 인도한 때 이미 성립하지만 대금이 모두 지급되는 것을 정지조건으로 하므로, 목적물이 매수인에게 인도되었다고 하더라도 특별한 사정이 없는 한 매도인은 대금이 모두 지급될 때까지 매수인뿐만 아니라 제3자에 대하여도 유보된 목적물의 소유권을 주장할 수 있다 할 것이고, 이와 같은 법리는 소유권유보의 특약을 한 매매계약이 매수인의 목적물 판매를 예정하고 있고, 그 매매계약에서 소유권유보의 특약을 제3자에 대하여 공시한 바 없고, 또한 그 매매계약이 종류물인 철강재를 목적물로 하고 있다 하더라도 다를 바 없다」고 하여 전매를 예정하는 소유권유보의 경우에도 정지조건부 소유권이전설을 채택하고 있다.

경우에도 이를 담보물권이라고 할 수 없기 때문이다. 따라서 여기에서는
물권법정주의의 문제나 관습법상 승인의 문제가 발생할 여지가 없다. 이
는 양도담보에서와 마찬가지이다. 양도담보의 경우에도 이를 관습법상
의 물권으로 보는 견해가 있다. 즉 관습법상의 물권으로 분묘기지권과
관습법상의 법정지상권 이외에 동산의 양도담보권,893) 권리의 양도담보
권894)이 인정되고 있다고 하는 것이다.895) 그러나 양도담보나 가등기 담
보와 같은 권리이전형 담보형태를 관습상의 물권이라고 부르기도 하나,
이는 새로운 종류의 물권이 아니라 기존의 물권형식인 소유권을 담보의
목적에 이용한 것에 불과한 것이므로 관습법상의 물권이라고 할 수 없
다. 또한 동산양도담보가 동산담보로서 가지는 "담보로서의 실질"을 해
석론에서 고려한다고 하는 것과 이를 담보물권으로 이해하는 태도가 직
접적인 관련이 없다는 것도 주의해야 한다.896) 이는 명의신탁의 경우에

893) 대법원 1986. 8. 19. 선고 86다카315 판결.
894) 대법원 1983. 12. 27. 선고 82다카670 판결.
895) 김용담 대표편집(홍성재 집필부분), 전게서, 84면.
896) 동산양도담보가 담보의 실질을 가지고 있다는 것을 가지고 이 제도가 곧 담
보물권이라고 하는 것은 추상적 법률구성으로부터의 개념법학적 태도일 뿐
이다(김형석, 전게논문(주 711), 76-78면 참조). 실제로 가등기 담보 등에 관한
법률 제정 전의 판례 및 다수설은 소위 신탁적 양도설을 취하여 양도담보를
채권자에게 소유권 기타의 재산권을 신탁적으로 양도하여 채권담보의 목적
을 달성하려는 제도로 이해하는 입장이었다. 이에 대하여 양도담보는 채권의
담보를 위한 제도인 만큼, 그 법률적 구성에 있어서도 "소유권의 양도"에 초
점을 맞출 것이 아니라 "담보"에 초점을 맞추어서 구성하는 것이 옳다고 하여
양도담보에 있어서 담보권자가 가지는 권리는 일종의 관습법상의 담보물권
으로 이해하는 입장도 있었다(김용한, 물권법론, 박영사, 1975, 617면). 다만,
가등기 담보 등에 관한 법률의 제정 후에는 동법의 적용범위에 있어서는 신
탁적 양도설로서 양도담보를 설명할 수 없게 되고, 양도담보설정계약에 의하
여 양도담보권이라는 담보물권이 설정된 것으로 볼 수밖에 없을 것이다. 그
러나 가등기 담보 등에 관한 법률에 의하여 규율되는 양도담보는 등기나 등
록에 의하여 공시되는 물건에 한하므로, 그 밖의 물건(예컨대 동산)에 대한
양도담보에 관한 법률구성은 종전과 같은 견해의 대립이 남아있고, 이 경우

도 마찬가지다.[897]

양도담보에 준하는 소유권유보는 소유권을 이용한 권리이전형 담보라는 점에서 질권과 저당권 등의 원칙적인 담보물권이 가지는 효력과는 차이가 있다. 즉 양도담보에 준하는 효력을 가지는 것이다.[898] 따라서 이 경우 유보매수인은 양도담보설정자와 같이 목적물을 점유하여 사용·수익할 수 있고, 담보권자인 유보매도인은 담보목적을 초과하여 행사하지 않을 의무를 가진다.[899]

나. 대내적 효력

1) 목적물의 이용관계

양도담보에 준하는 소유권유보의 대내관계도 1차적으로 계약에 따라 결정된다. 다만, 전매를 목적으로 하거나 목적물이 가공되는 경우를 상정할 수 있으므로 이때에는 매수인이 직접 목적물을 점유하고 이용하여 그 과실을 수취할 수 있다.

2) 목적물의 환취와 청산을 통한 담보가치의 확보

양도담보에 준하는 소유권유보의 특징은 목적물을 환취하여 이를 통하여 우선적으로 담보가치를 확보할 수 있다는 점이다.[900] 그 요건으로는 매수인의 채무불이행이 있어야 한다. 해제권의 행사가 단순소유권유보와 마찬가지로 목적물의 환취를 위하여 필요한지 문제된다. 해제권의

동산양도담보를 해석함에 있어서 신탁적 양도설이 타당하다고 생각된다(곽윤직, 민법주해(VI) 물권1, 박영사, 김황식 집필부분, 1992, 128면).

897) 양창수·권영준, 민법 II 권리의 변동과 구제, 제3판, 박영사, 2017, 18면.

898) 김형석, 전게논문(주 678), 435면.

899) 이영준, 전게서, 997-998면.

900) 곽윤직·김재형, 전게서(주 382), 374면.

행사는 담보실행에 대한 의사표시로서의 의미가 있다. 또한 해제권을 행사하지 않고 있다는 것은 매매계약의 유지를 의도하고 있다는 것이 되므로, 이에 대한 반대특약이 없는 한 해제권을 행사하지 않고 별도로 목적물의 반환청구를 하는 것이 금반언의 원칙에 위배될 수 있다. 한편, 프랑스에서는 별도로 해제권의 행사를 목적물반환청구권의 요건으로 하고 있지 않다. 이는 프랑스에서의 해제권의 행사가, 민법전의 개정 전에는 쌍무계약상의 채무불이행에 대하여 법원에 소제기를 통해서만 행사될 수 있었고(개정 전 프랑스민법전 제1184조 제3항), 민법전의 개정 후에는 해제약정에 의한 것이든지, 채무불이행이 충분히 중대하든지, 법원의 결정(프랑스민법전 제1224조)에 의하여야 하는 등 해제권을 행사할 수 있는 범위가 우리보다 좁다는데 연유하고 있는 것으로 보인다.901) 환취된 목적물은 청산절차를 거쳐야 하고,902) 청산금반환채무와 목적물반환채무는 동시이행의 관계에 있다고 할 것이다.903) 이러한 청산절차를 거치는 목적물의 환취가 권리이전형 담보, 즉 양도담보와 유사한 소유권담보로서의 소유권유보의 특징적인 효과이다.904) 그러나 이러한 청산이 이루어진다고 하더라도 소유권유보의 경우에는 피담보채권인 매매대금과 목적물의 처분대금이 양도담보에 비해서 큰 차이가 없다.905)

---

901) 이에 관하여는 이 책 제3장 제2절 Ⅱ. 1. 가 참조.

902) 이에 대하여는 매도인이 목적물을 환수하였다고 해도 매수인에 대하여 청산의무를 지지 않는다고 하나(양창수·김형석, 전게서, 563면). 그러나 이는 단순 소유권유보의 경우에만 타당한 설명으로 이해되고, 양도담보에 준하는 소유권유보에는 프랑스와 같이 청산의무가 전제되어 있다고 할 것이다.

903) 田井義信, 岡本詔治, 松岡久和, 磯野英德, 전게서, 359頁.

904) 田井義信, 岡本詔治, 松岡久和, 磯野英德, 전게서, 182頁.

905) 米倉明, 전게서(주 596), 17면.

다. 대외적 효력

1) 매수인으로부터 전득한 제3자와의 관계

담보로서의 소유권유보는 양도담보를 유추하여 해석한다는 점에서, 이 경우에도 기본적으로 양도담보와 같이 해석해야 한다. 따라서 형식적인 소유권이 있는 매도인에게 처분권한이 있다. 따라서 대금완제 전에 매수인이 제3자에게 처분하는 경우 원칙적으로 무권리자의 처분행위가 되어 제3자의 선의취득의 문제가 된다.

2) 목적물에 대한 강제집행의 문제

소유권이 유보된 물건은 매수인이 점유하고 있더라도 매수인의 채권자는 이에 대하여 강제집행을 할 수 없다. 이 경우 양도담보에 준하는 유보매도인은 제3자이의의 소를 제기할 수 있다(민사집행법 제48조).[906] 이는 우리의 대법원의 입장이기도 하다.[907]

3) 매수인과 매도인의 도산의 문제

매수인이 도산한 경우에는 유보소유권을 가진 매도인은 목적물을 환취할 수 있는지 여부가 문제된다. 매수인이 도산절차에 빠진 경우에 매도인에게 어떤 권리가 있는지도 문제된다. 매도인이 도산절차에 들어간 경우에도 마찬가지이다. 이에 대해서는 제4장 제5절에서 상술한다.

906) 이근식, 전게논문, 68면; 민일영 대표편집(이승영 집필부분), 전게서, 287면; 양창수·김형석, 전게서, 435면.
907) 대법원 1996. 6. 28. 선고 96다14807 판결.

4. 동산·채권 담보 등에 관한 법률상의 효력

가. 실정법상의 담보권으로서의 효력 및 집행방법

소유권유보의 경우 동산·채권 담보 등에 관한 법률 상의 동산담보권의 등기가 행해지는 경우에는 그에 따른 효력이 발생할 수 있다. 물론 당사자가 담보설정계약을 체결하고 이를 별도로 등기해야 하는 것이다(동산·채권 등의 담보에 관한 법률 제2조 제1호·제2호 및 제34조 제2항).[908]

따라서 담보등기의 경료로 소유권유보부 매매의 매도인은 동산담보권자로 취급되고 더 이상 매매목적물에 대하여 유보된 소유권을 가지지 않는다. 즉 매수인의 다른 채권자들이 매매목적물에 대하여 강제집행하는 경우 제3자 이의의 소를 제기할 수 없다. 반면 매수인은 그 목적물에 대하여 소유권을 취득한 것으로 해석되어 다른 채권자를 위하여 후순위 동산담보권을 설정할 수 있어 취득하는 자산의 가치를 최대한 활용할 수 있게 된다.[909] 또한 동법상의 담보권으로 등기되면, 당사자의 채무불이행시 동법상의 담보권실행방법에 따르게 된다. 따라서 첫째, 담보권자는 자기의 채권을 변제받기 위하여 담보목적물의 경매를 청구할 수 있다(동법 제21조 제1항). 이때 동법상의 환가방법에는 민사집행법상의 동산에 대한 경매절차에 관한 규정(민사집행법 제264조, 제271조 및 제272조)이 준용된다(동법 제22조 제1항). 둘째, 임의변제 등의 사적실행의 방법에 의할 수 있다. 정당한 이유가 있는 경우 담보권자는 담보목적물로

---

908) 실제로 소유권유보부 매매의 매도인과 매수인 사이에서 동법상의 등기가 행해지는지에 대해서는 실증자료가 없다. 다만, 동법의 입법취지가 사문화되지 않도록 등기가 독려될 필요가 있다.

909) 정소민, "도산법상 소유권유보부 매매의 매도인의 지위", 민사판례연구[37], 박영사, 2015, 251면.

써 직접 변제에 충당하거나 담보목적물을 매각하여 그 대금을 변제에 충당할 수 있다. 다만, 선순위권리자(담보등기부에 등기되어 있거나 담보권자가 알고 있는 경우로 한정됨)가 있는 경우에는 그의 동의를 받아야 한다(동법 제21조 제2항). 셋째, 당사자의 약정에 의한 실행도 가능하다. 담보권자와 담보권설정자는 이 법에서 정한 실행절차와 다른 내용의 약정을 할 수 있다. 다만, 동법 제23조제1항에 따른 통지가 없거나 통지 후 1개월이 지나지 아니한 경우에도 통지 없이 담보권자가 담보목적물을 처분하거나 직접 변제에 충당하기로 하는 약정은 효력이 없다(동법 제31조 제1항). 제1항 본문의 약정에 의하여 이해관계인의 권리를 침해하지 못한다(동법 제31조 제2항).[910]

나. 도산절차가 개시된 경우

1) 매수인의 파산의 경우

도산절차에 관한 채무자회생 및 파산에 관한 법률에서는 파산재단에 속하는 재산상에 설정되어 있는 동산·채권 등의 담보에 관한 법률 상의 담보권을 별제권으로 인정하여(채무자회생 및 파산에 관한 법률 제411조), 동산·채권담보권자가 파산절차에 의하지 아니하고 자유롭게 담보권을 실행하여 우선적으로 변제받을 수 있도록 하였다(동법 제412조).[911] 따라서 파산절차에 의하지 아니하고 별제권을 행사한다. 이때 별제권자는 채무자 회생 및 파산에 관한 법률에 정한 채권신고·조사 절차를 거칠 필요가 없이 별제권을 행사할 수 있다.

---

910) 동산·채권 담보권 등에 관한 법률의 실행방법에 대해서는, 김형석, 전게논문 (주 599), 214면 이하 참조; 정소민, "파산법상 동산담보권자의 지위에 관한 연구", 금융법연구, 2016, 제13권 제1호, 267면 이하 참조.

911) 정소민, 전게논문(주 910), 280면.

2) 매수인의 회생절차 개시의 경우

매수인에게 회생절차가 개시된 경우 동산·채권 등의 담보에 관한 법률에 따른 담보권자는 회생담보권을 구성한다.[912] 이때 회생담보권이란, 회생채권이나 회생절차개시 전의 원인으로 생긴 채무자 외의 자에 대한 재산상의 청구권으로서 회생절차개시 당시 채무자의 재산상에 존재하는 유치권, 질권, 저당권, 양도담보권, 가등기담보권 및 동산·채권 등의 담보에 관한 법률에 따른 담보권, 전세권 또는 우선특권으로 담보된 범위의 것을 말한다(채무자 회생 및 파산에 관한 법률 제141조 제1항 본문). 따라서 이는 파산절차에서 별제권과 유사하지만, 회생담보권은 담보권 그 자체가 아니라 채무자의 특정한 재산으로 담보된 채권을 말한다.[913]

5. 할부거래법상의 효력

모든 소유권유보가 할부거래에 관한 법률의 대상이 되는 것은 아니다. 즉 소유권유보 중 동산의 매수인이 동산의 매도인에게 그 대금을 2월 이상의 기간에 걸쳐 3회 이상 분할하여 지급하고 목적물이 대금의 완납 전에 동산을 인도받기로 하는 계약(할부거래에 관한 법률 제2조 제1호 가목)과 매수인이 신용공여자에게 목적물의 대금을 2월 이상의 기간에 걸쳐 3회 이상 분할하여 지급하고 그 대금의 완납 전에 매도인으로부터 목적물의 인도 등을 받기로 하는 계약(동법 제2조 제1호 나목), 즉 동법상의 할부거래만이 동법상의 적용대상이 된다. 이때 할부거래에 관한 법률의 적용을 받기 위해서는 소비자가 존재해야 한다. 따라서 소비자가 존재하지 않는 상인간의 거래에는 할부거래에 관한 법률이 적용되지 않는다.

---

912) 정소민, 전게논문(주 909), 251면.
913) 로앤비온주, 채무자 회생 및 파산에 관한 법률 제141조 부분, 오민석 집필부분, 2015.

할부거래에 관한 법률 상의 소유권유보부 계약의 효력에 관하여 특별한 규정을 두고 있는 것은 동법 제11조이다. 매도인은 매수인이 할부금지급의무를 이행하지 않은 경우에 할부계약을 해제할 수 있다고 한다. 이 경우 매도인이 그 계약을 해제하기 이전에 14일 이상의 기간을 정하여 매수인에게 그 이행을 서면으로 최고해야 한다(동법 제11조 제1항). 또한 매도인은 계약해제 후 목적물의 반환을 청구할 수 있으며 매수인이 수취한 사용이익 및 목적물의 가치훼손에 대하여 가액상환을 받을 수 있다. 이 경우 취득한 매매대금에 이자를 가산하여 이를 반환하여야 하고, 이때 양 채무는 동시이행관계에 있다(동조 제2항). 목적물의 소유권이 매도인에게 유보된 경우 매도인이 그 계약을 해제하지 아니하고는 그 반환을 청구할 수 없다(동조 제3항). 이러한 규정은 단순소유권유보의 경우의 효력과 일치하는 것이다.[914] 즉 할부거래에 관한 법률은 단순소유권유보를 전제로 하는 것이다.

V. 소유권유보의 소멸

1. 소멸의 원인이 되는 사유

가. 매매대금의 완제

매매대금이 완제되는 경우에는 소유권유보도 소멸한다.[915] 그런데 소유권유보의 소멸에 관한 직접적인 사안은 아니지만, 피담보채권의 일부만 변제되었다가 채무불이행인 상태에서 매매대금채권이 소멸시효로 소멸한 경우가 문제된 대법원 판결이 있다.[916] 이러한 판결의 입장에 따

---

914) 제철웅, 전게서, 460면.
915) 김형배, 전게서, 810면.

르면, 이 경우 채무불이행의 대상이 되는 채무가 소멸시효의 완성으로 소멸하게 되면 그와 같은 채무는 처음부터 부담하지 않는 것이 되므로 채무불이행 상태도 소급해서 소멸한다고 볼 수 있다.[917]

나. 소유권이 제3자나 매수인에게 이전되는 경우

1) 선의취득의 경우

전매에 관한 처분권한이 없는 유보매수인(즉 단순소유권유보의 매수인)으로부터 제3자가 평온·공연하게 동산을 양수하여 선의·무과실로 그 동산을 점유하고 있는 경우에는 그 제3자는 목적물을 선의취득한다. 이 때 대상이 되는 목적물이 타인의 소유가 되는 경우, 소유권유보는 소멸한다.

2) 부합 및 가공

소유권유보의 목적물이 타인의 물건에 부합되거나 가공이 이루어진 경우, 부합과 가공의 법리에 따라 물건의 소유자가 결정된다. 따라서 단순소유권유보의 경우에는 목적물이 부합 또는 가공되는 경우, 소유권유보는 소멸하게 된다.[918] 이를 자세히 살펴보면 다음과 같다. 첫째, 소유권유보부 동산이 타인의 물건에 부합된 경우에는 그것이 부동산에 부합된 경우에는 부동산의 소유자가 이를 취득한다(민법 제256조). 또한 동산 간에 부합이 이루어지는 경우에는 부합된 동산에 관하여 주종을 구별할 수 있는 경우에는 주된 동산의 소유자가 합성물의 소유권을 취득하고(민법 제257조 전단), 주종을 구별할 수 없는 경우에는 각 동산의 소

---

916) 대법원 2010. 11. 25. 선고 2010다56685 판결.
917) 방태경, "소유권 유보부 제작물 공급계약에서 소멸시효 완성 시의 법률관계", 민사판례연구[34], 박영사, 202면.
918) 양형우, 전게논문(주 735), 193면.

유자는 부합 당시의 가액의 비율로 합성물을 공유한다(민법 제257조 후단). 부합의 결과 물건이 소멸하게 되면 손해를 받은 자는 부당이득의 규정에 의하여 보상을 청구할 수 있다(민법 제261조). 둘째, 타인의 동산에 노력을 더하여 새로운 물건이 만들어지는 가공이 일어난 경우 가공물의 소유권은 원칙적으로 원재료의 소유자에게 속하고(민법 제259조 제1항 본문), 예외적으로 가공으로 인한 가액의 증가가 원재료의 가액보다 많은 액수인 경우에만 가공자의 소유가 된다(민법 제259조 제2항). 그러나 특약으로 소유권유보가 여전히 미치도록 가공약정을 정할 수 있다. 이 경우 앞에서 본 연장된 소유권유보가 성립하게 될 것이다.[919]

소유권유보부 매매의 목적물이 부합되어 문제된 대법원의 판결이 있다.[920] 당해 사안에서 원고(매도인)는 매수인에게 철강제품의 공급에 관하여 소유권유보부 매매를 체결하였고, 매수인은 피고(수급인)에게 공장건물의 증축 및 신축공사에 대하여 도급계약을 체결하였다. 매도인에게 소유권이 유보된 물건이 제3자와 매수인 사이의 도급계약의 이행으로 제3자 소유 건물의 건축에 사용되어 부합되어 그 철강제품의 소유권은 건물의 소유자에게 귀속되었다.[921] 이 경우 소유권유보부 매매의 목적물이 양도계약에 의하여 소유권이 이전된 것이 아니라 도급계약에 의하여 부합된 것이므로 이에 대하여 민법 제261조에 따라 부당이득에 관한 규정에 의하여 보상청구를 할 수 있었다. 그런데 대법원은 당해 판결에서 수급인이 부합으로 자재의 소유권을 취득한 것이 이를 선의취득한

919) 이 책 제4장 제2절 참조.
920) 대법원 2009. 9. 24. 선고 2009다15602 판결.
921) 따라서 원고인 소유권유보부 매매의 매도인은 이를 통하여 이익을 얻은 제3자에게 계약상 반대급부를 청구할 수 있을지의 문제도 전용물소권의 인정여부의 논의로 쟁점이 될 수 있으나, 본 논문에서는 자세히 소개하지 않는다. 이에 대한 자세한 소개로는 김우진, "소유권유보부매매의 목적물의 부합과 부당이득" 민사판례연구[33-(상)], 박영사, 2011, 463면 이하 참조.

것과는 차이가 있지만,[922] "제3자가 도급계약에 의하여 제공된 자재의 소유권이 유보된 사실에 관하여 과실 없이 알지 못한 경우라면 선의취득의 경우와 마찬가지로 제3자가 그 자재의 귀속으로 인한 이익을 보유할 수 있는 법률상 원인이 있다고 봄이 상당하므로, 매도인으로서는 그에 관한 보상청구를 할 수 없다"고 하여 이 경우에 선의취득을 유추적용하여 수급인에 대한 보상청구를 부정하였다.

이 판결에 대해서는 매도인과 매수인 그리고 제3자에게 이중적인 계약관계가 존재하므로 그것이 제3자로의 소유권이전에 대한 법률상 원인이 되어 부당이득청구권이 인정되지 않으므로 결과적으로 타당하다는 견해[923]와 소유권이 유보된 재료의 부합으로 인한 부당이득삼각관계에서 당사자 사이의 관계를 단순히 급부관계의 연결로 보지 않고 제261조의 보상청구권의 직접행사를 인정한 상태에서 선의취득의 법리를 유추하여 당사자 사이의 이해관계를 합리적으로 조정하였다는 점에서 타당하다는 견해[924]가 있다.

건축물 소유자인 피고는 소유권유보부 매매와 관계 없는 자로서, 피고의 소유권취득이 매수인과의 도급계약을 통한 것이 아니라 부합이라는 사건에 의해 소유권을 취득하였다는 점에서 일반적으로 전용물소권과 관련하여 논의되는 부당이득의 삼각관계와 다르다. 오히려 급부관계가 없는 당사자의 직접청구가 가능한지가 논의의 핵심이 될 것이다. 오늘날 부당이득에 관하여는 독일에서 다수설과 같이 급부관계의 청산을 내용으로 하는 급부부당이득과 타인의 권리를 객관적으로 침해하는 침

---

922) 선의취득은 거래에 의한 소유권의 이전이고, 부합은 사건에 의한 소유권의 이전이다(김우진, 전게논문, 479면).
923) 김우진, 전게논문, 483면.
924) 이병준, 전게논문, 132면.

해행위가 있었던 경우의 침해부당이득 및 의무 없이 넓은 의미에서 객관적으로 타인의 사무에 속하는 사무를 자신의 비용으로 처리하는 구상이득반환의무로 나누어 설명하는 것이 일반적이고,[925] 부합에 관한 제261조는 침해부당이득의 경우에 적용된다고 한다.[926] 따라서 당해 사안의 경우에 소유권을 유보한 상태에서 원고가 행한 철강제품을 인도한 것이 침해부당이득의 내용을 갖는 부당이득을 부정할만한 급부에 기한 것인지 문제된다. 소유권이 유보되었음에도 불구하고 원고인 매도인의 급부가 있는 것으로 보게 되면, 건축자재 공급업자의 직접청구권이 부정된다고 볼 수도 있을 것이다. 이 경우에는 선의취득의 법리를 고려할 것도 없이 직접청구권이 부정된다고 볼 것이다. 그러나 이 사안에서처럼 소유권이 유보된 경우에 급부관계가 연속적으로 일어난 경우는 직접적 급부관계가 있다고 보기 어렵다.

그렇다면 직접적 급부관계가 없는 자 사이에서의 부당이득반환청구권의 직접청구가 인정되기 위해서는 선의취득의 법리를 통한 종국적 이익의 귀속 여부를 판단해야 한다. 즉 판결과 같이 선의취득 규정을 유추적용할 수밖에 없는 것이다. 소유권이 유보된 상태에서 갑→을→병으로 매도되어 병이 직접 건축재료를 사용한 경우와 당해 사안이 질적으로 다를 바가 없기 때문이다.[927] 그러나 이렇게 되면 사안과 같이 직접청구권이 부정된 유보매도인을 보호하기 위한 방안이 필요하다. 프랑스에서는 실무상 부합포기약정을 인정하나,[928] 우리 법에서와 같이 부합규정을 강행법규로 보아 이를 포기하는 약정을 체결할 수 없다면, 유보매도인의

---

925) 곽윤직 대표편집, 민법주해[XVIII], 양창수 집필부분, 박영사, 2005, 171-172면 참조.
926) 양창수·권영준, 전게서, 515면.
927) 이병준, 전게논문, 121면 참조.
928) Cass. Com., 2 mars 1999, n°95-18,643, 이 판결의 사실관계에 대하여는 이 책 제3장 제4절 I. 2. 나. 2) 참조.

지위는 사실상 약화될 수밖에 없기 때문이다.

다. 매수인에 대한 처분권한의 부여

소유권유보는 매수인에게 목적물에 대한 처분권한을 부여하게 되면 소멸한다. 즉 매도인이 매수인에게 매매목적물을 전매할 수 있는 권한을 부여하고 매수인이 제3자에게 이를 재매매하는 경우 그와 동시에 목적물에 유보된 소유권유보는 소멸하게 된다.[929]

라. 목적물의 멸실

목적물이 멸실된 경우 프랑스에서는 명문으로 물상대위를 인정한다 (프랑스민법전 제2372조).[930] 그러나 우리의 경우에는 그러한 명문의 규정이 없다. 단순소유권유보의 경우에는 담보권으로서의 성격도 존재하지 않으므로 목적물이 멸실되면 당연히 소유권유보도 소멸한다.[931] 그러나 양도담보에 준하는 소유권유보의 경우, 특히 가공약정이 있는 경우에는 프랑스민법과 같이 그 담보목적을 유지시키기 위하여 소유권유보가 소멸하지 않는다고 보고, 대위물인 수익에 대해서도 담보의 효력이 미치는 것으로 보는 것이 타당하다. 이는 전매약정이 있는 경우의 전매채권에 대하여도 마찬가지이다.

---

929) 양형우, 전게논문(주 735), 193면.
930) 이 책 제3장 제4절 V. 2. 나 참조.
931) 이는 위험부담에 관한 문제로 이 책 제4장 제4절 IV. 2. 다. 3) 참조.

마. 매매대금채권의 소멸시효

1) 독일

독일에서는 소유권유보가 매도인의 권리보장수단으로서 매도인의 매수인에 대한 대금청구권을 보호하는 제도인지, 아니면 청산관계에 있어서 매도인의 목적물반환청구권을 보장하기 위한 제도인지 문제된 바 있다. 이는 대금채권이 시효로 소멸하였음에도 불구하고 매도인이 목적물을 반환청구할 수 있는지에 관한 것이었다. 이 사건에서 독일연방최고법원은 구 독일민법 제223조 제1항과 제2항을 유추적용하여 매수인은 이를 거절하지 못한다고 판시함으로써 소유권유보를 질권에 유사한 담보목적을 가진 제도로 보아 구 독일민법 제223조를 소유권유보에 유추적용하였다.[932] 이러한 해석은 소유권유보의 목적을 대금채권의 확보에 있는 것으로 보는 것이다.[933] 이후 독일민법의 개정으로 제216조 제2항 제2문[934]을 신설하여 대금채권의 소멸시효 완성 시 매도인이 계약을 해제할 수 있다고 하여, 목적물의 반환을 청구할 수 있게 되었다.[935]

2) 프랑스

프랑스에서는 종래 30년의 기간의 경과로 소멸시효가 완성되었는데(개정 전 프랑스민법전 제2262조), 최근 개정으로 시효기간이 5년으로 줄어들었다(프랑스민법전 제2224조). 따라서 종래에는 매매대금채권이 시효로 소멸하는 일이 많지 않아 그에 관한 논의를 찾기 어려우나, 이제는

---

932) BGHZ 34, 191ff.
933) 임건면, 전게논문, 113면.
934) **독일민법 제216조** [담보 있는 권리에서의 시효완성의 효력] ② 청구권의 담보를 위하여 권리가 부여된 경우에는 청구권의 시효완성을 이유로 그 권리의 재양도가 청구될 수 없다. 소유권이 유보된 경우에는 담보된 청구권에 대하여 소멸시효가 완성된 때에도 계약을 해제할 수 있다."
935) 김학동, 전게논문, 482면.

우리와 같은 문제가 발생할 여지가 있게 되었다.

3) 우리나라

우리의 경우에는 양자 간 소유권유보, 즉 단순소유권유보의 경우에 소유권유보부 매매에서 소유권유보약정의 존부가 대금채권의 소멸시효 진행에 장애사유가 되는지 문제되었다. 대법원은 소유권유보약정이 있더라도 대금채권의 소멸시효의 진행에는 장애가 되지 않는다고 하였다.936) 당해 재판례에서는 직접적으로 문제되지는 않았으나, 학설상 채권의 소멸시효 완성이 소유권유보를 소멸시키는지에 대하여 논의된 바 있다. 소유권유보의 부종성을 인정하여 매매대금채권이 시효로 소멸하면 이러한 소유권유보도 소멸해야 한다고 할 수도 있다. 그러나 유보된 것은 소유권이며, 소유권은 소멸시효의 대상이 아니므로(민법 제162조 제2항) 매매대금채권이 소멸시효에 걸리더라도 소유권유보는 소멸하지 않는다.937)

한편, 독일에서도 양도담보를 구성하는 신탁관계의 통상의 성질에 비추어 양도담보에는 질권에서와 같은 정도의 부종성은 없다고 해석한다. 따라서 피담보채권이 성립하지 않았거나 그 후에 변제 등으로 소멸한 후에도 채무자는 채권적 반환청구권을 가질 뿐이다.938) 양도담보에 준

---

936) 대법원 2010. 11. 25. 선고 2010다56685 판결. 「도급인이 공사대금을 지급하지 않는다고 하여 약정해제사유가 성립한다고 할 수 없고, 그 계약상 도급인에게 수급인으로 하여금 공사를 이행할 수 있도록 협력하여야 할 의무가 인정된다고 하더라도 이러한 협력의무는 계약에 따른 부수적 내지는 종된 채무로서 민법 제163조 제3호에 정한 '공사에 관한 채무'에 해당하고, 주된 채무인 공사대금채무가 시효로 소멸하였다는 도급인의 주장에는 종된 채무인 위 공사 협력의무의 시효소멸 주장도 들어 있는 것으로 볼 수 있다고 한 사례.」
937) 양형우, 전게논문(주 653), 242면; 이영준, 전게논문, 106면; 김학동, 전게논문, 483면.
938) 양창수, 전게논문(주 717), 140-141면.

하는 소유권유보의 경우에도 이와 같은 해석이 가능할 것이다. 왜냐하면 특수한 소유권유보는 양도담보에 준하는 효력을 가지기 때문이다.[939]

4) 사견 – 소멸시효에 의한 소멸 부정

우선 양도담보에 준하는 특수한 소유권유보는 양도담보와 유사하게 소멸시효로 그 담보이익을 상실하지 않아 여전히 매도인이 목적물을 반환청구할 수 있다. 단순소유권유보의 경우 또한 마찬가지이다. 단순소유권유보의 경우에 매매대금채권의 완제 시 정지조건부로 소유권이 이전되고 그때까지는 여전히 소유권이 매도인에게 유보되어 있는데, 채무불이행이 된 매매대금채권의 소멸시효의 완성으로 매도인에게 유보된 소유권이 귀속되므로, 여전히 매도인에게 이를 환취할 이익이 있기 때문이다.[940]

---

939) 이에 대해서는 유보소유권의 담보권적 성질을 강조하는 경우에 소멸시효로 대금채권이 소멸하는 경우 부종성으로 인하여 소유권유보도 소멸한다고 보는 것이 타당하다는 견해도 있다(이성훈, 전게논문, 420면). 그러나 소유권유보의 담보권적 성질을 강조하더라도 그것이 소유권에 기초한 것이므로 그 자체가 소멸시효에 걸리지 아니하며, 담보적 이익이 계속되는 것이 담보권자에게 유리하다는 점에서 매매대금채권이 소멸시효의 완성으로 소멸되더라도 여전히 권리이전형 담보로서의 소유권유보는 존속한다고 보는 것이 타당하다고 할 것이다.

940) 소멸시효 완성의 효과 측면에서 보아도 매도인이 소멸시효기간 동안 권리행사를 해태하여 불이익을 받는 것이 상당하다고 하더라도 그와 같은 불이익은 바로 그 소멸시효가 완성된 대금채권을 상실하는 것에 국한될 뿐이라고 한다(방태경, 전게논문, 216면).

제5절 도산절차에서의 처리

I. 서설

도산절차는 채무자의 지급불능 상태에서의 법적 처리절차를 말한다. 도산절차가 개시되면 채무자의 법적 지위는 통상적인 경우와 달라진다. 채권자 전원의 공평한 만족을 위하여 채무자의 적극재산을 한 번에 정리하거나 청산하여야 하고, 채무자의 개별적인 처분이 허용되어서는 안 된다. 채권자 각자가 채무자의 개별재산에 강제집행을 실시하여 만족을 얻는 것이 허용된다면 다른 채권자들은 전혀 만족을 얻지 못하는 일이 벌어지기 때문이다.941) 이를 위하여 도산한 채무자에 관하여는 파산이나 회생절차가 마련되어 채무자의 무자력으로 인한 손실을 채권자 전원이 공평하게 부담하도록 하였고, 이는 채무자 회생 및 파산에 관한 법률이라는 단행법에서 규율된다.942)

제2장에서 살펴본 바와 같이 소유권유보의 담보적 역할은 매수인에 대한 도산절차가 개시된 경우에 가장 크게 문제된다. 매수인이 이행을

---

941) 양창수, 전게서, 382면.

942) 종전 우리의 도산절차는 기본적으로 파산법, 회사정리법, 화의법, 개인채무자 회생법의 규율 하에 별개의 독립된 절차가 병립되어 운영되고 있었다. 각각의 절차는 이후 2005년 3월 31일 법률 제7428호 상의 「채무자 회생 및 파산에 관한 법률」의 시행으로 단일법으로 통합되었다. 그러나 이 법의 단일화는 법전상의 단일화일 뿐, 도산처리절차의 신청에 있어서 일원화 체제를 취한 것은 아니다. 즉 회생절차, 파산절차, 개인회생절차를 별도로 병렬적으로 유지하면서, 채무자 회생 및 파산에 관한 법률이라는 하나의 법률로 함께 규율한 것에 불과한 것이다. 따라서 각 절차 사이의 우선순위의 설정이 필요하고, 이에 대해서는 파산절차와 다른 회생형 절차가 경합하는 경우에는 그 회생형 절차가 파산절차에 우선한다(전병서, 도산법, 제3판, 문우사, 2016, 16-18면).

다하지 않은 상태에서 도산절차가 개시된 경우 매도인의 구제를 위한 대비책으로 소유권유보가 유용하였던 것이다. 이는 그 연혁에 대하여 자세히 살펴본 프랑스뿐 아니라 미국통일상법전 및 여러 국제규범 등에서도 마찬가지이다. 이하에서는 매수인에 대한 도산절차를 원칙으로 살펴보고, 매도인에 대한 절차개시의 경우도 문제되는 한 간략히 논의하도록 하겠다.

II. 매수인에 대한 도산절차

1. 소유권유보부 매매가 미이행쌍무계약에 해당하여 관재인 또는 관리인에게 선택권이 부여되는지의 문제

가. 문제의 제기

매수인의 채무이행이 완료되지 않은 것은 분명한데, 매도인이 소유권을 유보하고 있는 것을 그 채무와의 관계에서 어떻게 구성할 것인지가 문제된다. 그 전제로 소유권유보부 매매에서 매도인이 매수인에게 목적물을 인도하였으나 아직 매도인에게 매매대금을 지급하지 않은 경우에 매도인은 계약상의 의무를 다했다고 볼 수 있는지, 즉 소유권유보부 매매가 미이행쌍무계약에 해당하는지(채무자 회생 및 파산에 관한 법률 제119조 또는 제335조)가 문제되는 것이다. 소유권유보부 매매가 미이행쌍무계약에 해당하는 경우 관리인은 계약의 이행과 해제를 선택할 수 있는 선택권을 가진다(회생에 관하여는 동법 제119조, 파산에 관하여는 동법 제335조).943)

---

943) 대법원에서 문제된 것은 회생절차와 관련한 것이었으므로, 여기에서는 회생 관련 조문으로 설명한다. 다만, 회생절차와 달리 파산절차에서는 소유권유보

이 조항의 취지는 무엇이고, 소유권유보가 미이행쌍무계약에 해당한다는 것은 어떤 의미가 있는가? 쌍무계약의 처리에 대하여 관리인은 계약해제권과 상대방의 이행청구권 사이에서 선택권을 가지는데, 회생 또는 파산채권자의 공동이익을 도모하면서 절차의 신속한 종결을 목적으로 하고, 쌍무계약의 당사자가 대가관계에 있는 채무에 대하여 가지는 동시이행항변권의 행사를 무력화하게 하는 것을 막기 위한 것이다.[944] 따라서 관리인은 해제와 이행 중 어느 것을 선택할 것인가에 대하여 무엇이 회생채권자의 공동이익이 될 것인가를 기준으로 선택해야 한다.[945] 관리인이 계약을 이행하는 것이 회생채권자의 공동이익에 부합하여 회생재단을 위하여 이익이 된다고 판단하는 경우에는 회생자의 채무를 이행하고 상대방의 채무의 이행을 청구할 수 있다. 이 경우 상대방의 채권은 공익채권으로 보호된다(동법 제179조). 반면, 관리인이 계약의 해제가 유리하고 계약의 계속이 불리하다는 판단이 들면 이를 해제할 수 있다(동법 제119조). 이 경우 상대방은 파산자인 채무자가 받은 반대급부가 재단에 현존하고 있으면 그 현물의 반환을 청구할 수 있고, 현존하지 아니한 때에는 그 가액에 관하여 공익채권자로서 권리를 행사할 수 있다.

의 담보적 효력에 관한 논의가 큰 의미를 가지지 않는다. 그 이유는 회생계획에 따라서만 권리를 행사할 수 있는 회생담보권자와는 달리(채무자 회생 및 파산에 관한 법률 제141조 제3항, 제250조 제1항 제2호), 파산절차에서는 별제권자가 그러한 제한 없이 권리를 행사할 수 있고(동법 제411조), 파산절차가 개시된 경우에도 매도인은 목적물을 환수하여 임의의 방법으로 환가할 수 있고 환가를 위하여 파산관재인에게 목적물의 인도를 청구할 수 있다는 점에서 환취권을 인정하든지 별제권을 인정하든지 결과적으로 크게 다르지 않기 때문이다(박병대, "파산절차가 계약관계에 미치는 영향", 파산법의 제문제(상), 재판자료 제82집, 1999, 법원행정처, 461-462면; 한민, 전게논문(주 576), 75면도 동지).

944) 박병대, 전게논문, 439면.
945) 정영수, "도산절차상 미이행쌍무계약에 관한 연구", 민사소송 제13권 제2호, 2009, 286면.

소유권유보부 매매가 도산법상의 미이행쌍무계약인 경우 관리인은 당해 계약의 이행 또는 해제에 대하여 회생의 목적에 맞게 판단할 수 있고, 이에 따라 특히 관리인이 해제하는 경우에 소유권이 유보된 목적물은 환취권의 대상이 된다. 그러나 이를 미이행쌍무계약으로 보지 않는다면, 매도인에게는 담보권만이 귀속하여 매도인은 회생담보권자로 취급된다. 결국 소유권유보부 매매가 미이행쌍무계약인지의 여부는 소유권유보의 목적물이 환취권의 대상이 되는지 또는 회생담보권의 대상이 되는지의 여부와 밀접한 관계가 있는 것이다.[946]

이와 별개로 타인의 도산절차에 자기 소유의 목적물이 있는 경우에는 이를 환취하는 환취권(還取權)이 있다(동법 제70조). 도산절차에서 환취권은 회생채권이나 회생담보권과는 달리 공익채권의 총액을 변제하기에 부족할 경우 채권액의 비율에 빠른 변제를 받는데(동법 제180조 제7항) 그치지 않는다. 즉 당해 재산을 그대로 채무자로부터 환취할 수 있다. 그러한 점에서 환취권은 매우 강력한 권리라고 할 수 있다.[947] 앞서 살펴본 바와 같이 최우선권의 특징을 가지는 것이라고 할 수 있다.[948] 유보매도인으로서는 회생담보권을 가지는 것보다 환취권을 가지는 것이 더 강력한 권리를 갖는 것이라고 할 수 있다.[949]

---

946) 이는 프랑스에서 소유권유보와 함께 비신탁적 소유권담보의 하나로 보는 금융리스의 경우에도 마찬가지의 문제가 제기된다. 이에 관하여는 제4장 제2절 참조.

947) 임채홍·백창훈, 회사정리법(상), 한국사법행정학회, 2002, 392면.

948) 제2장 소유권유보의 발전과정 참조.

949) 한편, 도산절차 중 파산절차가 개시될 때 기존에 우선적인 권리가 있는 담보권자의 경우에는 별제권(別除權)이 있어서 도산절차와는 별도로 원래의 방법대로 채권의 우선적 만족을 도모할 수 있게 된다(동법 제411조). 이러한 별제권과 환취권은 채무자회생 및 파산에 관한 법률에 의하여 창설되는 권리가 아니라 목적물에 대하여 제3자가 가지는 실체법상의 당연한 효과이고, 어떠한 권리가 있으면 별제권과 환취권이 인정되는지는 실체법상의 일반원칙에

나. 견해의 대립

1) 미이행쌍무계약 긍정설(환취권설)

정지조건부 소유권이전설에 따라 매도인에 대해 도산절차가 개시된 경우에도 아직 양 당사자의 의무이행은 완료되지 않았으므로 당해 계약은 미이행쌍무계약에 해당한다고 해석하는 것이 보다 논리적이라고 한다.[950] 이에 따르면 매도인은 매매목적물에 대해 환취권을 행사할 수 있다.[951] 매도인은 매수인에 대해 재산권이전의무, 구체적으로는 목적물 인도의무와 소유권이전의무를 부담하는데(민법 제568조 제1항), 매도인은 그 중 목적물의 인도의무만을 이행하고 소유권이전의무는 매수인의 매매대금지급의무와 연동하게 함으로써 부분적으로는 동시이행항변권을 포기하지만 계약 전체의 이행에 있어서는 쌍무계약에 내재하는 동시이행관계가 그대로 존속하는 결과가 된다. 그리고 동시이행항변권에 기해 채무의 이행을 거절하고 있는 것과 같이 정당한 사유에 근거하여 채무를 이행하지 않은 경우에는 채무자 회생 및 파산에 관한 법률 제119조에서 규정한 미이행쌍무계약의 요건 중 쌍방이 모두 이행을 완료하지 않은 상태에 해당한다.[952] 따라서 목적물은 인도하였지만 소유권 이전을 위해 매수인의 매매대금지급의무와 동시이행관계를 유지하고 있는 매도인은 아직 소유권유보부 매매에서의 재산권이전 의무를 전부 이행

따르게 된다(전병서, 전게서(주 942), 283면). 따라서 별제권을 가지는 자는 우선변제적 효력이 있는 담보물권자이고, 환취권을 가지는 자는 소유권자, 점유권자, 채권적 청구권자(예컨대 전대차계약 종료를 원인으로 한 목적물반환청구권 등)가 되는 것이 원칙이다(김범준, 전게논문, 247면).

950) 최종길, 전게논문, 69면; 이근식, 전게논문, 69면; 김학동, 전게논문, 475-476면; 김영주, 전게논문(주 585), 159면; 김영주, "미이행 쌍무계약에 대한 민법과 채무자회생법의 규율", 민사법학 제70호, 2015, 501면.

951) 양형우, 전게논문(주 653), 43면.

952) 김형석, 전게논문(주 711), 69면 각주 1) Huber, Der Eigentumsvorbehalt im Synallagma, ZIP 1987, 750ff. 참조; 양창수·김형석, 전게서, 564면.

하지 않은 상태라고 해석함이 타당하다는 것이다.[953] 즉, 소유권유보는 동시이행항변권의 부분적인 행사로 이해되어야 한다고 한다.[954] 긍정설을 취하는 견해는 물권적 기대권설이 타당하다는 전제를 취하기도 한다. 그에 따라 당사자의 특약에 의하여 매매목적물에 대한 소유권은 매도인에게 유보되고, 소유권이전은 매매대금의 완불을 정지조건으로 하여 매매대금이 완제되기 전에는 소유권이전의 법률효과가 발생하지 않고, 매매대금의 완제라는 조건이 성취되면 별도의 합의 없이 소유권은 완전히 매수인에게 이전된다고 설명하기도 한다. 즉 매도인이 이행행위를 하더라도 매수인에게 완전한 소유권의 이전이라는 이행효과는 발생하지 않으며, 대금의 완제라는 조건이 성취되어야 비로소 이행효과가 발생한다고 한다. 그리고 이는 양도담보의 경우와는 다음과 같은 면에서 차이가 있으므로, 이러한 차이가 도산법에서도 반영되어야 한다고 한다. 양도담보의 경우에는 소유자가 담보목적으로 목적물에 대한 소유권을 채권자에게 이전하지만, 이와 반대로 소유권유보의 경우는 채권자인 소유자가 채무자에게 목적물을 인도하여 채무자인 매수인이 점유·사용하는 것이고, 양도담보는 피담보채권을 담보하고, 담보권자에게 타인의 소유물에 대한 환가권이 인정되지만 소유권유보는 매매계약이 해제된 경우에 발생하는 반환청구권을 담보하는 것이기 때문이다.[955] 이 견해는 대법원이 실체법적 이론구성과 도산절차상의 취급을 달리하고 있다고 비판하기도 한다.[956] 매도인에게 환취권이 인정되어야 함에도, 회생담보권을 인정하였다는 것이다.[957]

긍정설은 특히 회생절차에서 소유권유보의 실질은 담보목적에 있지

---

953) 김영주, 전게논문(주 585), 159면.
954) Huber, *op. cit*, S.755.
955) 양형우, 전게논문(주 746), 113면.
956) 김영주, 전게논문(주 585), 161면.
957) 양형우, 전게논문(주 746), 113면; 양형우, 전게논문(주 665), 157면.

만 매도인은 법형식상 소유권을 가질 뿐 아니라, 소유권을 유보한 것은 바로 매수인의 채무불이행이 있을 경우에 목적물을 회수하는 방법으로 담보목적을 실현하기 위한 것이므로, 회생담보권만을 인정하는 것은 소유권유보의 특성을 간과하는 것이라고 한다.[958] 거래의 실제에 있어서도 통상 도산해제조항을 함께 채택하여, 매수인의 파산과 같은 도산절차로의 개시를 계약해제사유로 정하여 그 효력으로 환취할 수 있도록 하기도 한다는 것이다.[959]

2) 미이행쌍무계약 부정설(회생담보권설)

부정설은 소유권유보부 매매는 미이행쌍무계약이 아니라고 한다. 매

---

958) 양형우, 전게논문(주 653), 239면.
959) 권오승, 전게논문, 423면; 이동흡, 전게논문, 47면; "도산해제조항"은 계약 당사자 일방에 관하여 도산절차가 개시되거나 도산 원인 또는 이에 준하는 일정한 사실이 발생하면 계약 상대방이 그 계약을 해제할 수 있도록 하거나 당연히 해제되도록 하는 계약 조항을 말한다. 이러한 도산해제조항은 일반적으로 금지하는 법률이 존재하지 않는 상태에서 그와 같은 구체적인 사정을 도외시한 채 어느 경우에나 회사정리절차의 목적과 취지에 반한다고 하여 일률적으로 무효로 보는 것은 계약자유의 원칙을 심각하게 침해하는 결과를 낳을 수 있을 뿐만 아니라, 상대방 당사자가 채권자의 입장에서 채무자의 도산으로 초래될 법적 불안정에 대비할 보호가치 있는 정당한 이익을 무시하는 것이 될 수 있다. 따라서 대법원은 도산해제조항이 구 회사정리법에서 규정한 부인권의 대상이 되거나 공서양속에 위배된다는 등의 이유로 효력이 부정되어야 할 경우를 제외하고, 도산해지조항으로 인하여 정리절차개시 후 정리회사에 영향을 미칠 수 있다는 사정만으로는 그 조항이 무효라고 할 수 없다고 하여 원칙적으로는 유효한 것으로 본다(대법원 2007. 9. 6. 선고 2005다38263 판결 참조, 이에 관하여는, 오수근, "도산실효조항의 유효성", 판례실무연구 IX, 박영사, 2010, 439면 이하; 한민, "미이행쌍무계약에 관한 우리 도산법제의 개선방향", 선진상사법률연구 통권 제53호, 2011, 57면 이하; 김영주, "계약상 도산해제조항의 효력", 선진상사법률연구 통권 제64호, 2013, 97면 이하 참조). 그러나 이러한 도산해제조항은 미이행쌍무계약에 있어서 관리인이 가지는 선택권을 과도하게 침해할 수 있다(권영준, "도산해지조항의 효력", 비교사법 제25권 제2호, 2018, 778면 이하 참조).

수인의 매매대금의 미지급으로 소유권이전의 효과가 아직 발생하지 않았다고 하더라도 매도인에게 상대방의 채무이행과 연계하여 이행을 거절할 잔존채무가 있다고 할 수 없기 때문에 이를 쌍방미이행의 쌍무계약으로 볼 수 없다는 것이다. 즉 쌍무계약상의 이행이 완료된 것으로 보는 것이다.[960] 따라서 파산의 경우에는 이 경우의 매도인은 미지급한 대금에 대하여 피담보채권으로 하는 양도담보와 유사한 별제권자의 지위를 가질 뿐이다.[961] 회생절차의 경우에는 소유권유보부 매매가 잔대금 채권의 확보를 위한 담보로서의 기능을 가진다는 점에 착안하여 매도인에게 회생담보권을 인정하게 된다.[962] 이는 현재 실무의 태도이다.[963]

이러한 실무의 태도가 실체법과 도산법의 체계정합성 면에서는 문제가 없지 않지만, 소유권유보를 실질적인 소유권은 매수인에게 있고 목적물에 소유권유보라는 형식의 담보권이 설정되어 있다고 본다면 파산의 경우에는 별제권을, 다른 채권자의 압류의 경우에는 우선권에 의한 배당

---

960) 권오승, 전게논문, 423면; 다만, 이 견해는 부동산이나 자동차와 같이 소유권의 이전에 등기·등록을 필요로 하는 경우에는 그 이행을 위한 별도의 의사표시가 필요하다고 하여 이 경우에는 미이행쌍무계약이라고 하는 견해도 있다(박병대, 전게논문, 459면; 한민, 전게논문(주 576), 75면). 이 경우에는 파산관재인이 할부대금을 정상적으로 이행하고 있는 한 환취권의 행사가 허용될 수 없다고 한다(박병대, 전게논문, 460면); 한편, 도산절차에서의 처리문제를 논의한 것은 아니나 위험부담에서의 채무자주의(민법 제537조)를 적용하면 매수인이 대금지급의무를 면한다고 하는데, 이와 같은 결론이 부당하다는 점을 들어 매도인의 채무이행이 완료된 것으로 보는 견해도 있다(최종길, 전게논문, 470면).

961) 박병대, 전게논문, 460면.

962) 고원석, 전게논문, 383-384면; 변재승·이태섭·이광만·이민걸·김재형, 서울민사지방법원의 회사정리사건 처리실무, 사법논집 제25집, 법원행정처, 306면; 오수근·한민·김성용·정영진, 도산법, 한국사법행정학회, 2012, 127면; 노영보, 도산법 강의, 박영사, 2018, 302면; 한민, 전게논문(주 576), 73면.

963) 대법원 2014. 4. 10. 선고 2013다61190판결.

요구를 할 수 있는 것으로 보는 것이 매수인 보호의 견지에서 타당하다고 하는 견해도 회생담보권에 대해 언급한 것은 아니지만 같은 맥락으로 이해된다.964)

또한 물권법과 도산법을 체계정합적으로 해석해야 한다는 환취권설에 관하여 이러한 도식적인 해석론이 해석의 유일한 방법은 아니며, 정지조건부 소유권이전설을 취하더라도 소유권유보부 매매가 실질적으로 담보로서 기능함을 부인하는 것은 아니고, 양도담보와 같은 경우에도 회사정리절차에서는 도산절차의 특수성을 인정하여 정리담보권으로 취급하고 있으며, 도산법의 정책적 목표인 공평한 분배와 채무자의 회생의 목표를 추구하고, 현대 담보법상의 기능주의적 접근방법의 측면과 동산·채권담보제도의 현대화라는 세계적인 흐름을 받아들여 이를 담보권으로 인정할 수 있다고 하기도 한다.965) 이 견해에 따르면 유보매도인은 회생담보권을 갖고, 관계인으로 신고하여 절차에 참가하여야 변제를 받을 수 있다(채무자 회생 및 파산에 관한 법률 제149조 이하).966) 이 경우 매도인으로서는 목적물을 인도한 이상 계약에 기한 채무를 전부 이행하였고, 매매목적물의 소유권이전을 유보하는 것은 매수인의 매매대금완제라는 조건에 지나지 않는 것이어서, 그 조건성취에 의하여 유보된 소유권이전의 효과가 생기게 될 뿐 그 때 다시 매도인의 소유권이전행위를 필요로 하는 것은 아니므로(대법원 1996. 6. 28. 선고 96다14087판결), 그 채무의

---

964) 김용한, 전게서, 1975, 626면; 김증한, 물권법강의, 박영사, 1984, 469면; 이동흡, 전게논문, 47면.
965) 정소민, 전게논문(주 909), 244-251면; 오수근·한민·김성용·정영진, 전게서, 127면에서도 신탁적 양도설을 취하고 있지만 회생절차에서 회생담보권으로 취급되는 동산양도담보와 마찬가지로 소유권유보부 매매의 경우도 그 경제적 실질은 잔대금채권 확보를 위한 담보적 성격을 가진다는 점에서 회생담보권으로 취급하여야 한다고 한다.
966) 전병서, 전게서(주 942), 469면.

이행이 완료하지 않은 것이라고는 볼 수 없다고 하기도 한다.[967] 다만, 이 경우에도 부동산이나 자동차와 같이 소유권의 이전에 등기·등록을 필요로 하는 경우에는, 등기나 등록이 권리이전의 성립요건으로서 그 이행을 위한 별도의 의사표시가 있어야만 이행될 수 있는 것이므로, 설사 그 전에 목적물에 대한 점유의 이전이 있었다고 하더라도 매도인으로서는 대금완제 시에 상환으로 이행할 잔존채무가 있는 것이므로 이러한 경우에는 예외적으로 미이행쌍무계약에 관한 선택권 규정이 적용된다.[968] 따라서 소유권은 매수인에게 정지조건부로 이전되고 있고 매도인에게는 "유보소유권"이라는 담보권만이 귀속한다고 하여야 한다고 한다.[969]

다. 대법원판례의 태도 - 미이행쌍무계약 부정설(회생담보권설)

실무에서는 이 경우 구 회사정리법상의 회사정리절차에서 소유권유보를 정리담보권으로 취급하여 왔고,[970] 최근 2014년 대법원 판례에서 이를 확인하였다. 대법원은 동산의 소유권유보부 매매의 경우에, 매도인이 유보한 소유권은 담보권의 실질을 가지고 있으므로 담보 목적의 양도와 마찬가지로 매수인에 대한 회생절차에서 회생담보권으로 취급함이 타당하고, 매도인은 매매목적물인 동산에 대하여 환취권을 행사할 수 없다고 하였다.[971]

당해 사안의 사실관계는 다음과 같다.[972] 피고들이 공동으로 운영하

---

967) 전병서, 전게서(주 942), 135면.
968) 전병서, 전게서(주 942), 304-305면; 한민, 전게논문(주 576), 75-76면.
969) 전병서, 전게서(주 942), 304-305면.
970) 변재승·이태섭·이광만·이민걸·김재형, 서울민사지방법원의 회사정리사건 처리실무, 사법논집 제25집, 법원행정처, 305면.
971) 대법원 2014. 4. 10. 선고 2013다61190 판결.
972) 대구지방법원 2012. 11. 27. 선고 2012가단48272 판결.

는 사업체에 원고는 이 사건 물품을 설치·납품하고, 솔루션공사 등을 하기로 하는 내용의 납품 및 시공계약을 소유권유보부로 체결하였다. 다만, 그 특약사항으로 피고들이 약정기일에 원고에게 지급해야 할 물품대금을 정당한 사유없이 연체하였을 경우 원고는 피고들에게 동 물품전량의 반환을 청구할 수 있으며 이때 피고들은 원고의 청구에 응하여야 한다고 명시하였다. 이 계약에 따라 원고는 2010. 11.경 이 사건 물품을 피고들에게 납품하고 각종 시설의 설치공사를 완료하였으나, 피고들은 원고에게 이 사건 물품대금으로 2010. 12. 15. 10,000,000원, 2011. 5. 13. 42,000,000원, 합계 52,000,000원만 지급하고 나머지 80,000,000원을 지급하지 아니하였다. 한편 피고들은 2011. 6. 2. 대구지방법원 2011회합24, 25호로 회생절차개시신청을 하여 2011. 6. 23. 위 법원으로부터 회생절차개시결정을 받았고, 2012. 3. 12. 회생계획안이 인가되었다. 이에 대하여 원고는, 이 사건 계약은 소유권유보부 매매에 해당하므로 원고가 여전히 이 사건 물품의 소유권자라고 주장하며 피고들을 상대로 이 사건 물품의 인도를 구하고, 이에 대하여 피고들은 법원의 회생개시결정이 있었으므로 원고는 위 절차에서 회생담보권자로서의 지위를 가질 뿐이며 소유권자로서 이 사건 동산의 인도를 구할 수 없고, 원고의 이 사건 소는 회생절차개시 이후에 제기된 소로서 소의 이익이 없어 부적법하다고 주장하였다. 그러나 제1심 재판부는 "채무자 회생 및 파산에 관한 법률(이하 '채무자회생법'이라 한다)에 의하면 채무자에 대하여 회생절차개시 전의 원인으로 생긴 재산상의 청구권은 회생채권에 해당하고(제118조), 회생절차에 참가하고자 하는 회생채권자 등은 법원이 정한 신고기간 내에 법원에 그 회생채권을 신고하여야 하며(제148조), 관리인이 법원에 제출한 회생채권자 목록에 기재된 회생채권은 법의 규정에 의하여 신고된 것으로 보고(제151조), 회생채권자의 책임질 수 없는 사유로 인하여 신고기간 안에 회생채권의 신고를 하지 못한 때에는 그 사유가 끝난 후 1월 이내에 그 신고를 보완할 수 있으며(제152조, 다만, 회생계획안심리를 위한 관계인집회가 끝난 후에는 신고를 보완하지 못한다), 회생계획인가의 결정이 있는 때에는 회생계획이나 채무자회생법의 규정에 의하여 인정된 권리를 제외하고는 채무자는 모든 회생채권과 회생담보권에 관하여 그 책임을 면하게 되는바(제251조), 회생채권의 경우에는 회생절차에 의하여서만 변제가 가능하므로 채권자가 회생절차에 의하지 아니하고 회생채권의 이행을 구하는 소를 별도의 민사소송으로 제기하는 것은 권리보호의 이익이 없어 부적법하다"는 이유로 소를 각하하였다. 이에 원고가 항소하자 원심은 제1심판결의 판결이유를 인용하여 항소기각 판결을 하였다.973)

이에 대하여 대법원은 원심과 마찬가지로 동산의 소유권유보부 매매는 동산을 매매하여 인도하면서 대금 완납 시까지 동산의 소유권을 매도인에게 유보하기로 특약한 것을 말하며, 이러한 내용의 계약은 동산의 매도인이 매매대금을 다 수령할 때까지 그 대금채권에 대한 담보의 효과를 취득·유지하려는 의도에서 비롯된 것이므로(대법원 2010. 2. 25. 선고 2009도5064 판결 참조), 동산의 소유권유보부 매매의 경우에, 매도인이 유보한 소유권은 담보권의 실질을 가지고 있으므로 담보 목적의 양도와 마찬가지로 매수인에 대한 회생절차에서 회생담보권으로 취급함이 타당하고, 매도인은 매매목적물인 동산에 대하여 환취권을 행사할 수 없다고 판시하였다.974)

라. 대법원판례와 미이행쌍무계약 부정설에 대한 비판

1) 도산절차상 미이행쌍무계약의 개념

원칙적으로 민법상의 쌍무계약의 개념과 도산법상의 쌍무계약의 개

---

973) 대구지방법원 2013. 7. 10. 선고 2012나24864 판결.
974) 대법원 2014. 4. 10. 선고 2013다61190판결.

념은 동일하다. 따라서 쌍무계약에 있어서 당사자 쌍방의 채무는 법률적·경제적으로 대가적 견련성을 가지고 서로 담보하는 관계에 있으므로, 민법은 여기에 동시이행항변권을 부여하여 양자의 공평을 유지한다.[975] 대법원은 구 회사정리법 제103조 제1항에 관한 사안에서, 쌍무계약이라 함은 쌍방 당사자가 상호 대등한 대가관계에 있는 채무를 부담하는 계약을 가리키고, 그 이행을 완료하지 아니한 때에는 채무의 일부를 이행하지 아니한 것도 포함되며 그 이행을 완료하지 아니한 이유는 묻지 아니한다고 판시하였다.[976] 이에 따르면 소유권유보가 쌍무계약에 해당함은 분명하다. 소유권유보는 기본계약이 매매계약인 경우가 보통이고, 도급계약이 체결되는 경우에도 매매가 함께 이루어진다는 점에서 당해 문제의 해결에 대해 매매계약에서의 동시이행관계를 무시할 수는 없다.

2) 소유권유보부 매매가 미이행쌍무계약인지 여부

가) 미이행쌍무계약의 기준

이제 소유권유보부 매매가 동법상의 미이행쌍무계약인지 여부에 관하여 판단해보자. 쌍무계약에서의 미이행 여부를 판단하는 기준이 분명한 것이 아니다. 따라서 견해에 따라서는 미이행부분이 사소한 부분이라면 미이행쌍무계약에 관한 규정이 적용될 수 없지만, 중요한 부분을 이행하지 않고 있다면 위 규정이 적용된다고 해석하기도 한다. 이는 부수적 채무를 불이행한 경우에는 손해배상책임이 발생하지만, 계약의 해제는 허용되지 않는다는 법리(대법원 1992. 6. 23. 선고 92다7795 판결)와 동일하다는 것이다.[977] 물론 이러한 기준이 의미 없지는 않다. 다만, 이

975) 민중기, "회사정리법 제103조 제1항 소정의 쌍무계약의 의미", 대법원판례해설 통권 제34호, 법원도서관, 2000, 295면.
976) 대법원 2003. 5. 16. 선고 2000다54659 판결, 정영수, 전게논문, 280-281면 참조.
977) 남효순·김재형 공편(김재형 집필부분), 전게서, 17면.

해석에는 여전히 미이행부분이 사소한지 여부에 대한 해석의 어려움이 남는다.

그렇다면 미이행을 판단하기 위하여 어떠한 기준을 세워야 하는가? 앞서 살펴본 바와 같이 어느 거래가 쌍무계약인지 여부는 민법상의 기준에 의한다. 다만, 도산법상의 미이행쌍무계약의 선택권에 있어서의 쌍무계약의 미이행의 기준시점은 원칙적으로 도산선고시를 기준으로 하여야 한다. 따라서 도산선고시에 쌍방의 급부의 전부 또는 일부가 잔존하는 경우에 미이행인 것으로 보는 것이 타당하다.[978]

그런데 쌍방의 급부의 전부 또는 일부가 잔존하는지 여부는 쌍무계약상의 동시이행항변권(민법 제536조)을 행사할 수 있는지 여부와 일맥상통한다.[979] 따라서 소유권유보와 같이 매매계약이 주로 전제되는 경우에는 민법이 규정한 매도인의 의무를 근거로 하여 매도인이 동시이행의 항변권을 유지하고 있는지 여부를 판단하여 결정하여야 한다. 이에 따라 우리법상 매도인의 의무는 원칙적으로 인도의무와 소유권이전의무(민법 제568조 제1항)로 나뉘므로, 도산선고 시까지 매도인의 인도의무와 소유권이전의무를 다한 경우에는 이행으로, 그렇지 않는 경우에는 미이행으로 보아야 하는 것이다.

나) 사견 – 단순소유권유보와 양도담보에 준하는 소유권유보의 구분에 따른 해결

(1) 단순소유권유보 – 미이행쌍무계약 긍정

앞에서 살펴본 바와 같이 동산매매계약에서는 목적물의 인도가 소유권이전의 요건이므로, 그 인도의무와 대금지급의무 사이에 대가관계가

---

978) 伊藤眞, 破散法新版, 有非閣, 1991, 185頁.
979) 김형석, 전게논문(주 678), 433면.

있다고 보고, 외상거래·할부거래와 같은 신용거래에 있어서 대금은 후불로 정하여진다는 점에서 쌍무계약에 있어서도 계약의 성질상 일방 당사자가 선이행의무를 부담하는 것으로 해석하여야 함이 옳다는 점에서,[980] 이를 인도로써 이행을 완료한 것으로 해석하여 관리인 또는 관재인에게 동법상의 선택권을 부여할 수 없다는 것이 다수의 견해이다. 이는 유보소유권이 일반적인 담보권과 동일하게 취급되는 결론을 낳는다. 그 근거로 대표적인 것이 첫째, 매도인에게 유보된 소유권이 담보권의 실질을 가진다는 점, 둘째, 소유권유보의 경우에 인도만으로 이행이 완료된 것으로 보아야 한다는 점이 있다. 그러나 첫 번째 근거는 담보권의 실질이라거나, 형식과 관계없이 실질이 담보이면 담보권이라는 근거는 담보라는 실질로 하나로 취급하는 여러 제도의 계약법적 특수성을 등한시하는 결과가 된다는 점에서 타당하지 않다. 부정설을 취하여 소유권유보를 도산절차에 있어서 담보권으로 인정하는 견해는 특히 대법원을 포함하여 이 첫 번째 근거를 중요시 한다. 이를 최근에는 국제규범상의 기능적 접근방법으로 이해하기도 한다.[981] 또한 도산법의 특수성에 기하여 설명하기도 한다.[982]

그러나 도산법상의 공평한 분배라는 목표, 채무자의 회생 목적달성과 같은 도산법의 특수성이 실체법과 도산법상의 괴리를 낳을 만큼 중요한 것인지는 의문이 있다. 도산법상의 공평한 분배는 채권자 평등원칙과 관련이 있다. 그러나 채권자 평등원칙은 다른 담보권자의 이익 보호와 조화롭게 이루어져야 하는 것으로 절대적으로 지켜져야 하는 원칙은 아니

---

980) 곽윤직 대표편집, 민법주해(Ⅷ), 류원규 집필부분, 박영사, 2001, 23면, 각주 28) 중기의 소유권유보부 할부매매에 있어서 매도인의 중기제작증 교부의무를 매도인의 할부금지급의무보다 선이행으로 본 대법원 판례가 있다. 대법원 1991. 8. 9. 선고 91다13267 판결.

981) 정소민, 전게논문(주 909), 244-251면.

982) 김범준, 전게논문, 259면.

며,[983] 그 밖의 다른 담보권자의 이익과도 관련하여 별제권으로 보호되는지 환취권으로 보호되는지는 민법상의 일반원칙에 기하는 것이므로, 유보매도인에게는 도산절차 개시 이후에 환취권으로 보호되어야 하는 것이다. 이는 매수인의 도산절차가 개시되었다는 사정 때문에 변경될 수 있는 권리가 아니기 때문이다.[984] 또한 채무자의 회생을 위해서 여타의 담보권처럼 회생담보권자가 되게 하는 것은 오히려 불합리한 결과를 낳을 수도 있다. 왜냐하면 미이행쌍무계약에 해당하여 관리인에게 계약의 이행 또는 해제를 선택하게 하는 것, 즉 그 선택권의 행사로 목적물이 채무자의 회생에 적합한 것인지를 판단하게 하는 것이 회생목적을 달성하는 방법이기 때문이다.[985] 프랑스에서와 같이 소유권유보가 변제받지 못한 동산매도인에 관한 권리라는 점이 도산절차에서도 관철되어야 하고, 이것이 매도인의 연쇄도산의 위험을 줄이며, 유통을 전제로 하는 소유권유보의 경우에 대금의 결제기한을 단축하여 빠른 유통을 가능하게 한다.[986] 한편, 두 번째 근거는 매도인의 의무는 인도의무와 소유권이전의무(민법 제568조 제1항)로 나뉘며, 그에 따르면 단순소유권유보에서 매도인의 소유권이전의무는 완료되지 않은 것으로 보아야 한다. 즉 단순소유권유보는 미이행쌍무계약인 것이다.[987]

---

983) 이는 채권자평등의 원칙에 기초한 것으로 평가되던 프랑스의 1967년 법률 제60조를 개정하여 소유권유보부 매매의 매도인의 반환청구권을 인정한 1980년 법률에 대한 개정에 관한 논의에서도 이미 살펴본 바 있다. 실재로 제조업자인 매도인의 기업구제에 소유권유보의 대항력의 인정으로 인하여 매도인의 연쇄도산을 막음으로써 제조업자인 매도인의 기업구제에 도움이 되었다. 이 책 제3장 제2절 III. 4. 참조.

984) 어느 권리가 환취권과 같은 소유권에 기한 반환청구권에 해당하다가 도산절차에 들어가는 사정만으로 별제권과 같은 환가담보가 된다는 것이 도산절차의 특수성만으로 설명될 수 있는지 의문인 것이다.

985) 김형석, 전게논문(주 678), 437면.

986) 이는 제2장에서 살펴본 국제규범 뿐 아니라 현재 각국의 실무태도도 그러하다. 특히 오스트리아가 그러하다(I. Davies, *op. cit.*, p.4 참조).

987) 동지 양형우, 전게논문(주 665), 157면.

(2) 양도담보에 준하는 소유권유보 - 미이행쌍무계약 부정

그러나 소유권유보의 법적성질에 대한 사견을 일관하면, 일정한 유형의 소유권유보는 양도담보에 준하는 담보적 특성이 있다. 따라서 그 사안이 단순소유권유보인지 양도담보에 준하는 소유권유보인지를 판단하여 단순소유권유보와 달리 판단하여야 한다. 왜냐하면 전매 등을 예정한 유통과정 상의 소유권유보의 경우에는 매도인이 이에 대한 소유권의 상실을 감수하고 사전점유개정에 관한 약정(민법 제189조) 등과 같은 특별한 약정을 체결하였으므로 인도로써 계약이 선이행된 것으로 보아 동시이행항변권을 포기한 것으로 해석해야 하기 때문이다.[988] 특히 가공약정의 경우에 매도인이 매매목적물의 가공에 따른 변형을 인정하여 소유권상실을 감수한 이상 실질에 있어서 매매를 선이행한 것과 달리 취급할 이유를 찾을 수 없다. 이 경우에는 원래 매매계약에 따른 부분적 동시이행은 포기되었고 이로써 유지되었던 견련관계는 상실된 것으로 보아야 한다.[989] 즉 매도인은 자신이 영업상 취급하지 아니하는 가공된 동산을 인도받아 처분하여 그 대금으로부터 만족을 받아야 한다는 점에서 더 이상 원상회복이라 할 수 없으며, 그 지위는 이제 신탁적 환가담보권에 접근하게 되는 것이다.[990] 이는 양도담보에 준하는 다른 유형들에도 가능하다. 이는 확장된 소유권유보의 경우에는 소유권유보가 다른 채권으로 확장된 범위에 대해서는 견련관계를 상실한다는 점에서 동일하게

---

988) 김형석, 전계논문(주 678), 435면; 일본에서도 매도인의 법적 지위를 일률적으로 회생담보권자로서만 파악할 것이 아니라 환취권을 인정하여도 회생채권자 및 회생담보권자 등의 이해관계인들 사이의 공정, 형평을 해치지 않는 경우, 예컨대 매매목적물이 회사재건에 필요가 없으나 그 전매가능성은 높고 매도인의 곤궁이 심하여 매매대금의 우선적 회수를 할 수 없다면 연쇄도산이 예상되는 경우에 한하여 환취권을 인정하여야 한다는 입장이 있다(고원석, "할부거래계약에 있어서 매수인의 도산과 매도인의 권리", 리스와 신용거래에 관한 제문제(하), 재판자료 제64집, 법원행정처, 1994, 383-384면 참조).

989) Serick, Band Ⅰ, S.211, 김형석, 전계논문(주 678), 434면 재인용.

990) 김형석, 전계논문(주 678), 435면.

해석된다.[991] 단순소유권유보에서는 매도인의 목적물에 대한 환취로 그 담보목적물의 확보가 이루어지지 않으면, 매도인의 입장에서는 모든 담보물을 잃게 되어 목적물을 넘겨준 매도인이 부당하게 불리한 지위에 놓이게 된다. 그러나 양도담보에 준하는 소유권유보는 통상은 전매가 예정되어있는 상거래상의 소유권유보가 그에 해당할 것인데 매도인에게 목적물을 우선적으로 인정하면 매수인의 회생가능성을 약화시켜 채무자회생 및 파산에 관한 법률의 회생절차의 입법취지를 구현하지 못하게 된다. 따라서 이 경우에는 회생담보권으로 취급하여 채무자의 회생목적이 달성되어야 한다. 즉 단순소유권유보는 매도인의 환취권 행사를 인정하고, 양도담보에 준하는 소유권유보는 일반 환가담보로서 파산의 경우에는 별제권의 행사를 인정하고, 회생의 경우에는 회생담보권으로 인정해야 하는 것이다.

그러나 한편으로는 도산절차에 들어온 이상, 단순소유권유보와 양도담보에 준하는 유형의 소유권유보를 구분하지 않고 회생담보권을 인정해야 하는 것이 아닌가라는 의문이 있다. 일본에서도 이를 구분하지 않고 회생담보권을 인정하고 있다.[992] 또한 프랑스에서도 도산절차의 개시에도 반환청구권은 인정되나(프랑스상법전 제L.624-16조), 단순소유권

---

991) *Ibid.*

992) 일본의 하급심판례에서도 이를 회생담보권으로 보아 별제권을 인정하는 판결이 이루어지고 있다. 예컨대 札幌高決昭和61·3·26判タ601号71頁(倒産百選〈第3版〉59事), 諏訪簡判昭和50·9·22判時822号93頁, 大阪地判昭和54·10·30判時957号103頁. 伊藤眞, 破産法·民事再生法第3版, 有斐閣, 2014, 446頁; 그러나 일본은 우리와 물권법적 법리에 많은 차이가 있다. 즉 일본에서는 물권변동이 프랑스와 같이 의사주의를 취하고 있고, 공시에 관하여 대항요건주의를 취하고 있으며, 우리와 같은 물권법정주의를 규정하고 있지 아니하고, 대항요건주의를 취함으로 인하여 부동산에 관한 소유권유보도 인정한다. 그럼에도 불구하고 일본의 해석론을 그대로 답습한 우리의 실무의 태도는 논리정합적이지 못하다고 할 것이다.

유보와 양도담보에 준하는 소유권유보를 인정하고, 양자의 효력을 구분하는 것은 아니다.[993] 독일에서만 이를 구분하는 입법태도를 보인다. 즉 단순소유권유보의 경우에 도산관재인이 선택권을 행사할 수 있음을 명확히 하고 있다. 매매대금이 모두 지급되기 전까지는 매매계약은 그 이행이 종료되지 아니한 것이어서, 매수인이 도산한 경우에는 도산관재인은 여전히 이행인가 해제인가의 선택권을 가진다(독일 신도산법 제103조 제1항, 제107조). 도산관재인이 이행을 선택하는 경우 매도인은 자신의 소유권을 근거로 목적물을 환취할 수 있다(동법 제47조). 반대로 도산관재인이 해제를 선택하는 경우, 매도인은 이미 지급받은 대금을 반환하여야 한다. 다만, 이 경우 목적물의 사용대가와 상계한 액수를 공제해야 한다.[994] 반면 연장된 소유권유보와 확장된 소유권유보에서는 이제 더 이상 목적물의 반환이 아니라 순전히 채권의 만족만이 문제되므로 별제권 만이 인정되는 것이 독일의 기존 판례와 통설이었고, 도산법도 이러한 유형의 소유권유보의 효력이 준용되는 양도담보에 관하여 그 점을 명문으로 규정하기에 이르렀다(동법 제51조 제1호 및 제50조 제1항).[995]

우리의 소유권유보의 구조와 도산법상 이행과 해제에 관한 선택권의 존재로 볼 때 프랑스의 법제보다 독일의 법제가 더 유사하다는 점에서 그 해석에 있어서는 독일법의 해석에 더 시사하는 바가 있다고 생각한다. 왜냐하면 프랑스에서는 소유권유보의 구조에 관하여 기본계약상의

---

993) 물론 이때의 효과는 소유권에 기한 반환청구(revendication)이므로, 그 효력은 환취권에 대응하는 것이다. 이 책 제3장 제2절 참조. 따라서 비교법적으로 담보로 정의되더라도 반드시 별제권의 대상이 되어야 하는 것은 아니라는 결론을 내릴 수 있다.

994) 남효순·김재형 공편(김재형 집필부분), 전게서, 16면 주 48참조.

995) 양창수, 전게논문(주 717), 146-147면; 이는 독일의 기존의 판례법을 승인한 것이었다. RG 9 Apr.1929, RGZ 124 73(75) ; BGH 24 Oct. 1979, ZIP 1980, 40(42), E.-V. Kieninger(ed), *op. cit.*, p.440 참조.

동시이행항변권의 행사로 해석하지 않기 때문이다.[996] 또한 전술한 바와 같이 프랑스법에서는 우리와 달리 담보권으로서의 소유권유보를 실행할 때에도 매매계약의 해제를 함께 행사해야 하는 것이 아니다. 그리고 프랑스에서는 소유권유보에 종전부터 그 전매대금에 대하여 물상대위가 인정되고 있으나, 우리는 그러하지 아니하다는 점에서도 프랑스와 다르다.[997] 이러한 점에서 2014년의 대법원판결은 그 사실관계가 매수인의 회생절차가 개시된 양자 간 소유권유보부 매매임에도 불구하고 이를 구분하지 않고, 그 사례가 단순소유권유보의 사실관계임에도 불구하고 실질적으로 담보권의 성질을 갖고 있다는 점을 들어 회생담보권으로 취급한다는 점에서 타당하지 않다.

II. 매도인에 대한 도산절차

1. 견해의 대립

매도인이 매수인에게 목적물을 인도하였으나 매수인이 대금을 지급하지 않은 채 매도인에 대해 도산절차가 개시된 경우에는 매수인의 도산절차에서와 마찬가지로 당해 계약은 미이행쌍무계약에 해당하여, 관

---

996) 프랑스민법전 제2367조는 소유권유보부계약을 대가관계에 있는 계약으로 규정하고 있어 이를 쌍무계약으로 보는 것은 우리와 독일과 동일하나, 이를 동시이행관계로 설명하지 않는다. 프랑스에서는 동시이행의 항변권에 관한 논의가 전통적으로 활발한 것이 아니었고, 원인행위와 물권행위의 법개념상의 구분이 행해지지 않았다. 따라서 인도와 물권행위로서의 소유권이전을 분리하여 소유권이전에 관한 부분적 동시이행항변권의 행사라고 보는 우리법상의 법논리는 찾아볼 수 없다. 다만, 신용매매로 선인도한 매도인의 경우에는 동시이행항변권과 동일한 기초에 있는 유치권을 포기한 것으로 해석될 뿐이었다(이에 관하여는 이 책 제3장 제2절 II. 1. 다 참조).

997) 이 책 제3장 제4절 IV. 참조.

리인이나 파산관재인이 계약의 이행 또는 해제의 선택 가능한지 여부에
대하여 견해가 대립된다. 이에 관하여서는 우리법상 어떠한 규정도 없어
매수인의 도산절차 개시의 경우와 같이 해석상 긍정하는 견해와[998] 부
정하는 견해[999])가 대립한다.

2. 매수인의 도산과의 차이점

도산법체제가 우리와 유사한 독일에서도 매도인이 파산한 경우에 파
산관재인이 이행 또는 해제의 선택권을 가지는지(독일파산법 제17조) 종
전부터 다툼이 있었고, 판례는 이를 긍정하였다.[1000] 그러나 새로운 도
산법은 이를 명문으로 부정하여, 매수인은 대금을 모두 지급하고 도산관
리인에 대하여 소유권의 이전을 청구할 수 있도록 하였다(독일 신도산
법 제107조 제1항).[1001] 이는 도산에 관한 EU규정의 제정에 따른 것이다.
즉 이 규정에 따라 소유권유보의 매수인의 도산절차의 개시는, 개시 당
시 자산이 도산절차개시국 외의 회원국에 소재하는 경우 소유권유보에
기초한 매도인의 권리에 영향을 미치지 아니하나(현행 도산에 관한 EU
규정 n°2015/848 제10조 제1항), 자산의 인도 후 매도인의 도산절차가 개
시된 경우에는, 개시 당시 자산이 도산절차개시국 외의 회원국에 소재하
는 경우 도산절차의 개시는 매매를 취소 또는 해제할 근거가 되지 않고,
매수인의 소유권 취득을 방해하지 아니하기 때문이다(동규정 제10조 제2
항).[1002] EU규정 제10조 제1항에 상응하는 원칙은 보편성원칙을 규정한

---

998) 김영주, 전게논문(주 585), 162면; 김학동, 전게논문, 513면.
999) 권오승, 전게논문, 424면; 양창수·김형석, 전게서, 564면.
1000) BGH NJW 1967, 2203 등.
1001) 양창수, 전게논문(주 717), 147면; Ott/Vuia, *Münchener Kommentar zur Insolvenzordnung,*
　　Band2, 3.Auflage, 2013, § 107, Rn.1-2. **"독일 신도산법 제107조 ①** 채무자가 도산절차
　　의 개시 전에 소유권을 유보하고 매수인에게 점유를 이전하여 준 동산을 매각한
　　경우 매수인은 매매계약의 이행을 청구할 수 있다. (후략)"

독일 신도산법(제351조 제1항)으로부터 도출되고, 제10조 제2항은 독일 신도산법 제107조 제1항에 상응한다.[1003] 이는 관리인의 이행거절로부터 소유권유보부 매매를 체결한 매수인의 물권적 기대권을 보호하기 위하여 제103조에 따른 관리인의 이행선택권의 행사를 배제하기 위한 것으로 해석되고 있었다.[1004]

3. 사견 - 부정설

단순소유권유보의 경우에는 매매계약 체결 후 인도만 마친 경우에도 원칙적으로 미이행쌍무계약이고, 그밖에 양도담보에 준하는 특수한 소유권유보의 경우에는 미이행쌍무계약이 아닌 것으로 해석해야 함은 이미 살펴본 바와 같다.[1005] 따라서 매도인의 도산절차가 개시된 경우에도 마찬가지로 해석하여 단순소유권유보의 경우에는 매도인의 도산관리인이 그 선택권을 가지고, 양도담보에 준하는 소유권유보의 경우에는 그 선택권이 없다고 하는 것이 일응 논리적이라고 생각할 수도 있다. 이것이 독일 신도산법 제정 전 독일판례의 태도이다.

그러나 매도인의 도산이라는 일방적인 사정에 의하여 해제가 선택될

1002) 도산에 관한 EU규정 n°2015/848 제10조에 관하여는 R. Bork, *Principles of Cross-Border Insolvency Law*, Intersentia Ltd, 2017, p.203 이하 참조.

1003) 석광현, "도산국제사법의 제 문제 : 우리 법의 해석론의 방향", 사법 제4호, 2008, 135면; Thole, *Münchener Kommentar zur Insolvenzordnung*, Band3, 3.Auflage, 2014, § 351, Rn.1. "**독일 신도산법 제351조** ① 독일에서 국내법상 도산절차가 개시시의 도산재산의 대상에 대한 제3자의 권리는 그것이 국내법에 따라 배제될 권리 또는 별도의 만족에 관한 권리가 부여되는 경우에는 외국의 도산절차 개시에 영향을 받지 아니한다. (후략)"

1004) Ott/Vuia, *Münchener Kommentar zur Insolvenzordnung*, Band2, 3.Auflage, 2013, § 107, Rn.8.

1005) 이 책 제4장 제5절 Ⅰ. 참조.

수 있다면, 성실하게 대금지급의무를 다하고 있던 매수인에게 불측의 손해가 발생할 수 있다. 소유권유보의 담보적 기능은 매수인의 채무불이행 시 변제받지 못한 매도인을 보호하기 위한 것인데,[1006) 매도인이 도산절차에 들어간 경우 이행을 성실히 수행하는 매수인과의 계약에 미이행쌍무계약의 이론을 일관하는 것은 무리한 것으로 보인다. 또한 도산법상 미이행쌍무계약의 이론은 채무자의 파산선고로 인하여 종전의 법률관계의 상대방의 지위를 불이익하게 변경되는 것을 막기 위하여 고안된 것이다.[1007) 매도인에게 파산 또는 회생절차가 개시되는 경우 특히 목적물을 인도받아 소비과정 또는 다른 경제활동을 통하여 목적물을 이용하고 있는 성실한 매수인으로서는 관재인 또는 관리인의 선택권행사로 인하여 소유권유보부 매매가 해제되어 환취를 통하여 매도인의 도산재단으로 편입되기를 원하지 않고, 정상적인 법률관계의 종결을 원한다. 이러한 매수인에게까지 미이행쌍무계약의 이론을 일관하여 불이익하게 만드는 것은 애초의 미이행쌍무계약이론의 취지에 부합하지 않는다. 즉 이는 소유권유보가 단순소유권유보인지 특수한 소유권유보인지와 관계없이 미이행쌍무계약 이론의 적용범위에서 벗어나는 것으로 해석해야 하는 것이다. 따라서 독일과 같이 물권적 기대권 개념 자체는 인정하지는 않더라도 상당한 대금을 지급하고 성실히 이행하는 매수인이 보호될 필요가 있다는 점과 이 경우에는 미이행쌍무계약이론의 보호영역에 포함되지 않는다는 것을 이유로 관리인 또는 관재인의 선택권행사가 인정되어서는 안 된다고 생각한다. 즉 이 경우에는 도산에 관한 EU규정 및 이를 기초한 독일의 신도산법의 태도와 마찬가지로 매수인에게 대금의 완제 시 완전한 소유권의 취득을 보장받을 수 있도록 부정하는 견해가 타당하다 할 것이다.[1008)

1006) 이 책 제2장 소유권유보의 발전과정 참조.
1007) 전병서, 전게서(주 942), 119면.
1008) 이러한 견해가 일본의 다수설이다. 이성훈, 전게논문, 437면.

제6절 입법적 해결에 관한 문제

I. 물권적 기대권의 인정 또는 매수인에 대한 보호의 입법문제

물권적 기대권론이 가지는 각종 해석상의 장점에도 불구하고 사견은 이를 인정하는데 의문을 가지며, 이를 부정하는 입장이다. 그렇다면 물권적 기대권을 입법화 하여 현행법상 인정하는 방안은 어떠한가? 물권적 기대권 개념을 인정하는 견해를 일관하면, 이러한 기대권 내지 조건부 소유권을 민법상 인정하고, 이를 양도·압류하는 실무에 관하여 명시적으로 입법을 하는 것이 타당하다고 할 수도 있고, 그것이 물권적 기대권론이 가지는 장점이라고 할 수도 있다. 그러나 이러한 물권적 기대권을 민법상 인정하는 것은 소유권의 원칙적인 모습과 다른 예외를 인정하게 되는 것이어서, 그 예외에 대한 정당성이 입증되어야 할 것이다.

물권변동에 관한 형식주의를 취하는 우리 민법에서는 부동산의 경우에는 등기가 없으면 물권변동이 일어나지 않고(민법 제186조), 동산의 경우에는 인도가 있어야 물권변동이 일어난다(민법 제188조). 물권법정주의가 채택되어(민법 제185조), 관습법에 의한 물권도 인정되나 매우 제한적으로만 인정된다(관습상의 법정지상권, 관습상의 분묘기지권).[1009]

그런데 물권의 의미가 변화하고 있다고 하더라도, 새로운 물권의 인정은 법제도 전체에 영향을 줄 수 있으므로 신중히 결정해야 하고 그 인정의 필요성이 강해야 입법화될 수 있을 것이다. 그렇다면 매수인의 물권적 기대권이 이러한 강한 필요성을 가지고 있는지 문제된다. 앞서 살

1009) 양창수·권영준, 전게서, 17면.

펴보았듯이 유보매수인은 조건부 권리자로서(민법 제148조), 그 침해에 대하여 배상을 받을 수 있고(민법 제149조 및 제750조), 점유를 이전받은 데 기하여 점유보호청구권을 행사할 수 있으며(민법 제204조), 유보매수인의 점유로 인하여 매도인의 무단처분이 사실상 쉽지 않다. 이렇게 현행법상으로도 매수인이 보호되고 있으므로, 더 나아가 또 다른 물권으로까지 입법화하는 것은 불필요하다.

또한 매수인의 경제적 이익을 보호하기 위하여 일본의 입법론[1010]처럼 소유권유보에 있어서 매매대금의 일정금액이 납입되는 경우 소유권을 이전할 것을 명문으로 규정하는 것이 가능한 해법인지 문제된다. 그러나 대금을 완납하지도 않은 매수인에게 일괄적으로 완전한 소유권을 이전하는 입법은 그 경계를 채택하기도 쉽지 않을뿐더러 우리 물권변동의 기본원칙에 반하여 타당하지 않다.

II. 기능적 접근방법에 기한 입법의 필요성 여부

담보법제의 현대화의 측면에서 그리고 국제도산절차상의 담보법의 통일적 조화의 측면에서 볼 때, 우리나라에서 입법이 추진된다면 어떠한 입법을 채택하는 것이 옳은지도 생각해보아야 한다. 현재 우리법상으로는 소유권유보에 관한 민법상 어떠한 조문도 규정되어 있지 않아서, 개별적인 입법을 통해 우리 민법에서 지향하는 바를 추측해 볼 수 있을 뿐이다. 국제거래법상의 거래의 안전과 담보법제의 통일화라는 측면에서는 기능적 접근방법을 바탕으로 하는 UNCITRAL의 담보권입법지침 및 모델법의 일원적 접근방법을 국내법으로 입법화 하는 것이 간단한 해결방

1010) 이 책 주 701 참조.

법으로 보일 수 있다.[1011]

동산·채권담보제도의 개선에 관하여 미국통일상법전 UCC 제9편에 있는 담보제도와 UNCITRAL의 동산·채권담보에 관한 입법지침에 관한 비교법적 연구와 함께, 개별국가가 동산이나 채권에 관한 담보권을 통일적으로 구성할 것인지에 관한 논의가 시작되었다. 이에 대하여 우리나라도 동산·채권담보에 대하여 일원적으로 접근할 것인지, 비일원적으로 접근할 것인지에 관한 논의가 제기되었다. 그러나 우리 법에서는 기존의 담보제도를 담보권 개념에 포함시키지 않고 담보권과 유사하게 규율하는 방법, 비일원적 접근방식을 입법적으로 채택하게 되었다. 그 결과물이 동산·채권 등의 담보에 관한 법률이다.[1012] 이로 인하여 기존의 동산·채권 담보권으로 이용되는 권리와 동법상의 권리가 병존하게 되었다. 동법의 제정 시 소유권유보를 명시적으로 배제하고 있지 않다는 점이나, 민법상 담보권이 아닌 유보소유권이 담보권으로 등기되는 효용을 누리는 것이 유용한 해석이나, 동법상의 등기방법에 있어서 비전형담보와 친하지 않은 면이 있다는 점은 전술하였다.[1013] 그러한 의미에서 동법 상의 담보권에 소유권유보약정으로 유보된 소유권이 인정될 수 있는지, 이것이 인정된다면 이를 어떻게 공시할 수 있는지 명확히 하는 방향으로 규정되는 것이 필요하다. 그리고 이와 같은 별도의 입법이 이루어진 이상 소유권유보가 반드시 민법에 규정되어야 하는 것은 아니다.

1011) 이에 관하여는 이 책 제2장 제3절 III. 4. 참조.
1012) 김재형, 전게논문(주 64), 655면 이하 참조.
1013) 이 책 제4장 제1절 II. 3. 참조.

Ⅲ. 담보물권으로서의 소유권유보의 입법의 필요성 여부

프랑스, 독일 등의 예와 같이 민법상 소유권유보를 규정하는 방안이 있을 수 있다. 위에서 살펴본 바와 같이 독일에서는 단순소유권유보를 기본으로 하는 규정을 두고 있고(독일민법 제449조), 프랑스에서는 독일식의 단순소유권유보를 기본으로 하는 것이 아니라 담보권으로서의 소유권(propriété-sûreté)의 하나로 매도인에게 담보로 유보된 유보소유권을 기본으로 하는 입법을 취하고 있다(프랑스민법전 제2367조부터 제2372조 및 제2373조 제2항까지). 프랑스에서 이렇게 담보권으로서 소유권유보약정으로 유보된 유보소유권이 규정된 것에는 신용거래의 촉진과 동산매도인의 보호라는 목적이 반영된 것이다.[1014] 프랑스의 입법례가 도산절차의 개시에 있어서의 반환청구권을 입법한 과거의 도산에 관한 개별법을 바탕으로 최근 국제적인 담보법의 현대화 추세에 발맞추기 위한 것으로 행해진 것이어서 일응 현대적인 것으로 보일 수는 있다.

그러나 현행 우리 민법상 담보물권으로서의 소유권의 도입이 필수적인 것인 것은 아니다. 또한 프랑스에서 소유권유보약정으로 매도인에게 유보된 유보소유권이 담보권이 되었다는 것은 매도인의 담보권이 인정된다는 것을 의미한다.[1015] 우리법에서 이러한 매도인의 담보권을 민법상의 전형물권으로 인정하는 것이 우리의 담보제도에 반드시 필요한 것인지는 의문이다. 우선 매도인은 현재의 매매의 해제와 그에 기한 원상회복청구권에 관한 해석으로도 담보적 기능을 달성할 수 있다. 이는 소비자가 매수인인 양당사자 간의 소유권유보약정이 있는 경우에 특히 그러하다. 또한 유보소유권이 담보물권이 된다면 담보물권으로서 공시가 필요한지 문제될 것이다.[1016] 통상 제조업자인 매도인은 자신의 신용도

1014) 이 책 제3장 제3절 참조.
1015) 이 책 제3장 제4절 Ⅴ. 참조.

를 드러내는 것을 원하지 않는다는 점에서 프랑스와 같이 공시제도를 인정하지 않는 것이 오히려 매도인 입장에서는 편리함은 물론이다. 오히려 공시제도가 도입된다면 매도인은 담보물권으로서의 유보소유권을 이용하지 않을 가능성이 높아진다.

공시제도를 인정하지 않는 "담보물권"으로서의 유보소유권을 인정하는 것은 어떠한가? 이를 인정하는 것이 우리 담보제도에 있어서 올바른 것인지는 생각해 보아야 한다. 공시제도를 구비하지 않은 담보물권은 거래의 안전을 해할 우려가 있기 때문이다. 만약 유보소유권을 다른 담보물권과 마찬가지로 공시요건을 요하는 담보물권의 하나로 창설하는 경우, 역설적으로 그 비용과 편익을 위해 당사자들은 이를 이용하지 않을 가능성이 높아지게 된다. 따라서 소유권유보약정으로 매도인에게 유보되는 유보소유권을 담보물권으로 새로이 창설하는 것은 불필요한 것으로 보인다.[1017]

오늘날 소유권은 현대적인 목적에 따라 제한이 가능한 권리로서 더이상 절대적이거나 배타적인 권리가 아니다. 이는 소유권의 성질 및 기능 중 담보적 기능을 분리하는 것이 가능함을 의미한다. 대륙법계인 프랑스에서도 소유권이 담보권으로 이용된다는 것은 민법전 개정 전부터 유효하다고 함으로써 이를 인정하였다.[1018] 프랑스민법전 개정 후 소유권유보는 우리 식의 담보물권이라고 볼 수 있는 담보권(sûreté)으로 소유권이 승인되었지만, 이는 2006년 이후의 프랑스민법전의 특징 중의 하나

1016) 이 책 제4장 제4절 Ⅲ. 참조.
1017) 그렇다고 하여 계약의 자유를 인정하는 우리 민법에서는 명문의 규정 없이도 소유권유보를 해석할 수 있다는 점에서, 독일식의 소유권유보(독일민법 제449조) 규정을 채택하는 것도 반드시 필수적인 것은 아니다.
1018) 이 책 제3장 제3절 Ⅰ. 2. 참조.

인 민법전의 일반법으로서의 성격을 강화시키기 위한 입법자의 의지가 반영된 것이었다. 개정 당시 기존 민법전에서는 인정하지 않았던 각종 상사 담보들을 대거 민법전에 편입시킨 것이 그 이유이다. 그러나 우리 법에서 이러한 프랑스 입법자의 입법목적까지 받아들이기에는 쉽지 않다. 따라서 우리법상 소유권담보로서 소유권유보의 입법이 반드시 필요하다고 하는 것은 여전히 조심스러운 일이 아닐 수 없다.

제5장
결론

　　지금까지 프랑스의 소유권유보와 우리의 소유권유보를 살펴보고, 양국의 입법상황과 법률관계의 해석에 관하여 비교하였다. 그에 앞서 우리법과 프랑스법의 연원이 되는 로마법상의 제도와 게르만법과 프랑스고법, 그리고 근대의 소유권유보 및 현대 동산담보제도에 관한 각종 국제규범에서의 소유권유보에 관하여도 살펴보았다. 이를 통하여 소유권유보의 합의가 연혁적으로 매매계약상 매매대금을 담보하기 위한 매도인의 주요한 구제수단이었으며, 이는 중세와 근대 그리고 현대를 거쳐 각국의 소유권유보로 자리 잡았음을 알 수 있었다. 특히 현대의 소유권유보는 각종 국제규범 속에서 나타난 바와 같이 동산담보의 하나로 취급되고 있는 것을 알 수 있었다.

　　프랑스의 소유권유보는 2006년의 개정을 계기로 프랑스민법전상 승인되었고, 매도인의 유보소유권은 담보권이 되었다. 프랑스민법전 개정 전과 후의 법률상황과 그 해석은 우리법상 소유권유보의 해석에 관한 중요한 선결과제로서의 의미가 있다. 프랑스민법전이 개정되기 전부터 프랑스의 소유권유보는 매매계약 체결 시 매매대금을 담보(garantie)하는 역할을 하였다. 2006년의 개정으로 프랑스민법전상의 유보소유권이 담보권(sûreté)으로 승인되었다고 하더라도 그 의미는 매도인의 매매대금 채권에 대한 담보로서 기능한다는 것에 있고, 매도인이 소유권에 기한 반환청구권을 행사하는 것으로서 담보권이 실행된다. 유보매도인의 소유권에 기한 반환청구권은 2006년 민법전 개정 전부터 매수인의 지급불능으로 인하여 도산절차가 개시된 경우에 인정되던 것이었다. 따라서 유보소유권이 민법전 상의 담보권이 되는지 여부와 관계없이 매수인의 도산절차에 있어서 매도인이 이를 반환청구할 수 있다는 것을 그 핵심적인 기능으로 한다.

우리법의 기존의 해석론은 소유권유보의 법적구조를 설명함에 있어서 정지조건부 소유권이전설과 양도담보와 유사한 변칙담보설 또는 담보권설로 크게 대립하고 있었다. 전자인 정지조건부 소유권이전설은 이때의 유보매수인이 단순히 채권자로서의 조건부 권리를 가지는 자에 불과한지, 물권적 기대권이라는 개념을 이용하여 매수인에게 질적으로 소유자와 같은 물권적 지위를 주는지 여부에 따라 채권설과 물권적 기대권설로 나뉜다.

우리법의 해석에 있어서 물권적 기대권을 근거로 한 정지조건부 소유권이전설은 물권법정주의에 반한다는 점에서 문제가 있으며, 독일과 같이 그 개념을 인정할 수 있다고 하더라도 우리의 법현실에서는 물권적 기대권을 양도하거나 압류하는 거래가 거의 이용되지 않는다는 점에서 타당하지 않다. 또한 양도담보와 유사한 변칙담보설 또는 담보물권설은 물품신용과 금전신용의 소유권유보를 변별하지 못하며, 이 견해를 취하는 많은 학자가 그를 근거로 매수인의 도산절차가 개시되었을 때 매도인이 가지는 권리를 담보권으로 봄으로써 유보매도인의 소유물의 반환청구권, 즉 환취권의 행사를 부정한다는 점에서 역시 그 채택에 어려움이 있다. 채권설에 대하여는 매수인의 증가하는 경제적 이익 내지 기대를 보호하지 못한다는 비판이 있으나, 이와 같은 매수인의 법적 지위는 매매대금이 완제되면 소유자가 된다는 조건부 권리자에 지나지 않으며, 매수인으로서는 점유를 침탈당하는 경우 점유자로서의 권리를 행사(민법 제204조 이하)하거나 조건부 권리의 침해에 관하여 손해배상을 청구할 수 있다(민법 제148조 및 제750조)는 등의 보호를 받을 수 있고, 그러한 보호로 족하다는 점에서, 채권설이 원칙적인 소유권유보를 해석하는 데에 가장 타당하다고 생각한다.

그런데 일정한 경우에 소유권유보의 법률관계의 내용에 따라 담보권적인 취급을 인정할 필요가 있다. 물품신용으로 이용되는 경우와 금전신용으로 이용되는 경우를 구분하여, 이를 단순소유권유보(양 당사자 간의 소유권유보)와 양도담보에 준하는 소유권유보(특수한 유형의 소유권유보)로 구분할 수 있으며, 후자의 경우에 담보권적 취급이 필요하다고 생각한다. 전자의 경우에는 종래와 같이 양당사자의 매매계약을 전제로 한 기존의 판례의 해석방법, 즉 정지조건부 소유권이전설 중 채권설로 해석할 수 있다. 반면, 후자와 같이 소유권유보약정시 가공약정이나 전매약정 또는 피담보채권을 확장하는 별도의 약정이 더해지는 경우에는 그와 같은 별도의 약정을 통하여 소유권유보가 일반적인 환가담보로 전환되므로, 양도담보에 준하는 소유권유보로 인정할 수 있다. 종래의 양도담보와 유사한 변칙담보 또는 담보권설은 특히 환가담보로서 이와 같은 소유권유보를 해석하는데 유용한 것이다. 다만, 이 경우 그 실행은 프랑스와 같이 목적물을 환취하더라도 이를 청산하는 의무를 부담한다는 것이 전제되어야 한다.

대법원 판결(대법원 2014. 4. 10. 선고 2013다61190 판결)에서 도산절차상 소유권유보의 취급이 문제되었다. 대법원은 동산의 소유권유보부 매매의 경우에, 매도인에게 유보된 소유권은 담보권의 실질을 가지고 있으므로 담보목적의 양도와 마찬가지로 매수인에 대한 회생절차에서 회생담보권으로 취급함이 타당하고, 매도인은 매매목적물인 동산에 대하여 환취권을 행사할 수 없다고 하여 매도인의 환취권을 부인하였다. 최근의 많은 학설이 실질이 담보이면 형식에 관계없이 담보라는 것을 근거로 이 판례를 지지하고 있다. 특히 소유권유보를 양도담보에 준하는 변칙담보로 보거나 담보권설로 보는 경우에 그러하다. 반면, 물권적 기대권을 전제로 하는 정지조건부 소유권유보설을 취하는 견해 중에서는 이 경우에 매도인의 환취권이 인정되어야 한다는 점에서 대법원의 판단을 비판하고 있다. 이는 소유권유보부 매매가 도산법상 미이행쌍무계약(채무자 회생 및 파산에 관한 법률 제119조 및 335조)에 해당하는지 여부와 관련된다. 미이행쌍무계약에 해당하는지 여부는 실체법상의 원리와 괴리될 수 없다. 또한 도산절차의 특수성으로 주장되는 형식이 무엇이든지 실질이 담보라면 담보로 취급되어야 하는지에 대하여는 담보라는 실질로 하나로 취급하는 여러 제도들의 계약법적 특수성을 등한시하는 결과가 된다는 점에서 타당하지 않다. 또한 소유권유보가 변제받지 못한 동산매도인에 관한 권리라는 점이 도산절차에서도 관철되어야 한하며, 매수인의 도산절차에 있어서 회생목적에 목적물이 필요한지 여부는 도산관리인이 판단해야 한다. 소유권유보의 경우에도 도산법과 실체법이 일치되게 해석해야 하고, 그러한 점에서 소유권유보부 매매에서 매수인이 채무를 불이행하고 있는 동안 매수인에게 도산절차가 개시된 경우 단순소유권유보는 도산절차에서 미이행쌍무계약에 해당한다고 하여야 한다. 즉 동산의 인도로 쌍무계약의 이행이 완료된 것이 아니라 정지조건의 성취로 소유권의 이전이 이루어져야 이행이 완료된 것으로 보아야 하는 것이다(민법 제568조 제1항 및 제536조). 이때에는 매도인이 동시이행의 항변권을 부분적으로 행사하고 있는 것으로 보아 미이행쌍무계약으로서 관리인 등에게 이행 또는 해제의 선택권이 주어진다(채무자 회생 및 파산에 관한 법률 제119조 및 제335조).

그러나 이러한 해석은 원칙적인 소유권유보, 즉 단순소유권유보의 해석에 한하는 것이다. 양도담보에 준하는 소유권유보의 경우에는 전매특약이나 가공특약을 통하여 동시이행항변권을 포기하고 선이행의무를 부담하기로 한 것으로 해석해야 한다. 따라서 양도담보에 준하는 소유권유보인 경우에는 이때의 계약은 미이행쌍무계약이 아니고, 이때 관리인 또는 관재인에게 선택권이 주어지지 않는다. 전자의 경우에는 결국 매도인이 환취권을 취득하고, 후자의 경우에는 매도인이 회생담보권 또는 별제권을 가지는 결과가 된다. 소유권유보가 단순소유권유보인지 양도담보에 준하는 소유권유보인지는 계약의 해석을 통하여 알 수 있다. 2014년 대법원 판결에서는 양자 간 소유권유보부 매매임에도 불구하고 양자를 변별하지 않고 실질적으로 담보권의 성질을 갖고 있다는 점만을 들어 회생담보권으로 취급하고 있다. 따라서 이러한 대법원의 태도는 타당하지 않다.

결론적으로 우리법상 소유권유보는 물품신용의 수단인 광의의 비전형담보로서 기능하는 경우도 있고, 금전신용의 수단인 협의의 비전형담보와 같이 기능하는 경우도 있다. 외국의 입법 중에는 프랑스와 같이 유보소유권을 담보권으로 규율하는 경우도 있고, 반면에 독일과 같이 단순소유권유보의 규율을 원칙적으로 선언하고 있는 경우도 있다. 그러나 이러한 입법이 반드시 필요한 것은 아니다. 계약자유 원칙에 따라, 즉 거래계의 필요에 의하여 당사자는 자유롭게 어떠한 담보제도를 이용할 수 있다. 민법상 유보소유권을 담보물권으로 규율함으로써 당사자가 원하지 않는 공시를 전제로 하는 담보물권으로 규율할 필요도 없을 뿐더러, 계약자유의 원칙으로 당연히 인정될 수 있는 소유권유보부 매매를 굳이 법에 규율할 필요도 없는 것이다. 이것이야말로 소유권유보가 가지는 비전형담보로서의 장점이기 때문이다.

[부록] 프랑스의 관련 법령

1. 소유권유보 관련 연혁법령

가. 1967년 7월 13일 법률 제563호

제60조

Le privilège, l'action résolutoire et le droit de revendication établi par l'article 2102(4°) de code civil au profit du vendeur d'effets mobiliers, ne peuvent être exercés à l'encontre de la masse que dans la limite des dispositions ci-après.

동산매도인을 위한 우선특권, 해제의 소, 민법전 제2102조 제4호에 의한 반환청구권은 이하의 규정에 따른 제한 하에서만, 채권자집단에 대하여 행사될 수 있다.

제61조

Peuvent être revendiquées, aussi longtemps qu'elles existent en nature, en tout ou partie, les marchandises dont la vent a été résolue antérieurement au jugement prononçant le règlement judiciaire ou la lequidation des biens, soit par décision de justice, soit par le jeu d'une condition résolutoire acquise.

① 상품의 전부 또는 일부가 현물로 존재하는 한, 그 상품을 대상으로 하는 매매계약이 재판상 결정에 의하여 또는 해제조건의 성취에 의하여 물건의 재판상 정리 또는 파산을 선고하는 결정 이후에 해제되었더라도 이는 반환될 수 있다.

La revendication doit paraeillement être admise bien que la résolution de justice postérieurement au jugement prononçant le règlement judiciaire ou la liquidation des biens, lorsque l'action en revendication ou en résolution a été intentée antérieurement au jugement déclaratif par le vendeur non payé.

② 매매계약의 해제가 목적물의 재판상 정리 또는 파산을 선고하는 결정 후에 재판상 인용되었을 경우에도, 매매대금을 지급받지 못한 매도인이 반환청구의 소 또는 해제의 소를 그 확인판결 전에 제기하였을 때에는 상품의 반환청구도 마찬가지로 인정되어야 한다.

제65조

Peuvent être revendiquées, aussi longtemps qu'elles existent en nature, les marchandises consignées au débiteur, soit à titre de dépôt, soit pour être vendues pour le compte du propriétaire.

상품이 현물로 존재하는 한, 임치에 의하거나 소유자의 계산으로 매각되기 위하거나 채무자에게 위탁된 상품은 반환될 수 있다.

제66조

Peut être également revendiqué le prix ou la partie du prix des marchandises visées à l'article 61 qui n'a été payé ni réglé en valeur ni compensé en compte courant entre le débiteur et l'acheteur.

제61조에서 정하는 상품 대금의 전부 또는 일부가 지급되지 않고 그에 대하여 유가증권으로 결제되지도 않으며 채무자와 매수인 사이에 상호계산으로 상계된 것도 아닌 경우라면 상품 대금의 전부 또는 일부는 반환될 수 있다.

나. 1980년 5월 12일 법률 제80-335호

제65조

Peuvent être revendiquées aussi longtemps qu'elles existent en nature, les marchandises consignées débiteur, soit à titre de dépôt, soit pour être vendues pour le compte du propriétaire ainsi que les marchandises vendues avec une clause suspendant le transfert de propriété au paiement intégral du prix lorsque cette clause a été convenue entre les parties dans un écrit établi, au plus tard, au moment livraison.

임치에 의하거나 소유자의 계산으로 매각되기 위하여 채무자에게 위탁된 상품은, 그것이 현물로 존재할 때 반환될 수 있고, 소유권의 이전을 가액의 전부의 변제에 유보하는 약정과 함께 매각된 상품도 이 약정이 당사자 사이에서 서면으로 적어도 인도 시까지 합의되었을 경우라면 반환받을 수 있다.

제66조

Peut être également revendiqué le prix ou la partie du prix des marchandises visées à l'article 65 qui n'a été payé ni réglé en valeur ni compensé en compte courant entre le débiteur et l'acheteur.

제65조에서 정하는 상품 대금의 전부 또는 그 일부가 지급되지 않고 그에 대하여 유가증권으로 결제되지도 않으며 채무자와 매수인 사이에서 상호계산된 것도 아닌 경우라면 상품 대금의 전부 또는 그 일부는 마찬가지로 반환될 수 있다.

다. 1985년 1월 25일 법률 제85-98호

제115조

La revendication des meubles ne peut être exercée que dans le délai de trois mois à partir du prononcé du jugement ouvrant la procédure de redressement judiciaire.

동산의 소유권에 기한 반환청구권은 회생절차를 개시하는 결정의 선고 시부터 3월내에만 실행될 수 있다.

제117조

Peuvent être revendiquées, si elles existent en nature, en tout ou partie, les marchandises dont la vente a été résolue antérieurement au jugement ouvrant le redressement judiciaire soit par décision de justice, soit par le jeu d'une condition résolutoire acquise.

① 회생절차를 개시하는 결정이 있기 전에 법원의 결정에 의하거나 해제조건의 성취에 의하여 매매계약이 해제되고, 그 상품의 전부 또는 일부가 현물로 존재하는 경우에는 그 상품은 반환청구될 수 있다.

La revendication doit pareillement être admise bien que la résolution de la vente ait été prononcée ou constatée par décision de justice postérieurement au jugement ouvrant le redressement judiciaire lorsque l'action en revendication ou en résolution a été intentée antérieurement au jugement d'ouverture par le vendeur pour une cause autre que le défaut de paiement du prix.

② 매매계약의 해제가 회생절차를 개시하는 결정 후에 법원의 결정에 의해 선고되거나 확인되었더라도 소유권에 기한 반환청구소권 또는 해제소권이 매수인의 채무불이행 이외의 다른 원인에 의하여 제기된 때에

는 목적물의 반환청구가 마찬가지로 인정되어야 한다.

제121조

Peuvent être revendiquées, à condition qu'elles se retrouvent en nature, les marchandises consignées au débiteur, soit à titre de dépot, soit pour être vendues pour le compte du propriétaire.

① 임치에 의하거나 소유자의 계산으로 매각되기 위하여 채무자에게 위탁된 상품은 그것이 현물로 반환되는 것을 조건으로 반환될 수 있다.

Peuvent également être revendiquées les marchandises si elles se retrouvent en nature, vendues avec une clause subordonnant le transfert de propriété au paiement intégral du prix lorsque cette clause a été convenue entre les parties dans un écrit établi, au plus tard, au moment de la livraison. Toutefois, il n'y a pas lieu revendication si le prix est payé immédiatement ou, au plus tard, l'issue de la période d'observation initiale, suivant le délai fixé par le juge commissaire, l'administrateur étant tenu de garantir lepaiement du prix.

② 상품이 소유권의 이전이 대금 전부의 변제에 종속되어 있는 약정과 함께 매각되고, 이 약정이 당사자 사이에서 서면에 의해서 늦어도 인도 시까지 합의되었을 때 그것이 현물로 회복될 수 있는 경우에도 역시 반환될 수 있다. 그러나 대금이 즉시 변제되거나 적어도 최초 관찰기간의 종료 시까지 대금의 지급을 보증할 의무가 있는 행정관인 수명법관에 의해 정해진 기한 내에 변제가 이루어지는 경우에는 상품은 반환되지 못한다.

제122조

Peut être revendiqué le prix ou la partie du prix des marchandises visées à l'article 121 qui n'a pas été payé, ni réglé en valeur, ni compensé en compte courant entre le débiteur et l'acheteur.

제121조에서 정하는 상품 가액의 전부 또는 일부가 변제되지도 않고 유가증권으로 결제되지도 않으며 채무자와 매수인 사이에서 상호계산된 것도 아닌 경우라면 그 상품 가액의 전부 또는 일부는 반환될 수 있다.

라. 1994년 6월 10일 법률 제94-475호
: 제59조에서 제61조를 통해 1985년 법률 제85-98호를 개정함.

제121조

Peuvent être revendiquées, à condition qu'elles se retrouvent en nature, les marchandises consignées au débiteur, soit à titre de dépot, soit pour être vendues pour le compte du propriétaire.

① 임치에 의하거나 소유권자의 계산으로 매각되기 위하여 채무자에게 위탁된 상품은 그것이 현물로 반환되는 것을 조건으로 하여 반환될 수 있다.

Peuvent également être revendiquées s'ils se retrouvent en nature, s'ils se retrouvent en nature au moment de l'ouverture de la procédure, les biens vendus avec une clause de réserve de propriété subordonnant transfert de propriété au paiement intégral du prix. Cette clause, qui peut figurer dans un écrit régissant un ensemble d'opérations commerciales convenues entre les parties, doit avoir été convenue entre les parties dans un écrit établi, au plus tard, au moment de la livraison.

② 상품이 소유권의 이전이 가액의 전체적인 변제에 종속되어 있는 약정과 함께 매각되었고 절차 개시 시에 현물로 회복될 수 있는 경우에도 역시 반환될 수 있다. 이 약정은 당사자 사이에서 합의된 상사거래

전체를 규율하는 서면에 포함될 수 있다. 그러나 이 약정은 당사자 사이에서 서면으로 늦어도 인도 시까지 합의되어야 한다.

제122조

Peut être revendiqué le prix ou la partie du prix des biens visées à l'article 121 qui n'a pas été payé, ni réglé en valeur, ni compensé en compte courant entre le débiteur et l'acheteur à la date du jugement ouvrant la procédure de redressement judiciaire.

제121조에서 정하는 상품 대금의 전부 또는 일부가 회생절차를 개시하는 결정이 있은 날에도 변제되지도 않고 유가증권으로 결제되지도 않았으며 채무자와 매수인 사이에서 상호계산된 것이 아닌 경우라면 그 대금의 전부 또는 일부는 반환될 수 있다.

마. 1996년 7월 1일 법률 제96-588호
: 제19조를 통해 1985년 법률 제85-98호를 개정함.

제121조 제2항 후문 신설

Nonobstant toute clause contraire, la réserve de propriété est opposable à l'acheteur et aux autres créanciers, à moins que le parties n'aient convenu par écrit de l'écarter ou de la modifier.

모든 반대되는 약정에도 불구하고 당사자들이 소유권유보약정을 제외시키거나 이를 수정하는 서면에 의해 합의한 것이 아니라면 소유권유보약정은 매수인과 다른 채권자에게 대항력이 있다.

2. 현행법상 소유권유보 관련 규정

가. 민법전

제2367조

La propriété d'un bien peut être retenue en garantie par l'effet d'une clause de réserve de propriété qui suspend l'effet translatif d'un contrat jusqu'au complet paiement de l'obligation qui en constitue la contrepartie.

① 물건의 소유권은, 대가관계에 있는 채권을 성립시키는 채무의 완제 시까지 계약의 이전적 효력을 정지시키는 소유권유보약정의 효력에 따라 담보로 유보될 수 있다.

La propriété ainsi réservée est l'accessoire de la créance dont elle garantit le paiement.

② 그와 같이 유보된 소유권은 그 변제를 담보하는 채권에 종된 권리이다.

제2368조

La réserve de propriété est convenue par écrit.
소유권유보는 서면으로 합의된다.

제2369조

La propriété réservée d'un bien fongible peut s'exercer, à concurrence de la créance restant due, sur des biens de même nature et de même qualité détenus par le débiteur ou pour son compte.

종류물에 대한 소유권의 유보는, 잔존 채권액의 범위에서, 채무자가 소지하거나 그의 계산으로 소지하는 동종·동질의 물건에 대하여 행사될 수 있다.

제2370조

L'incorporation d'un meuble faisant l'objet d'une réserve de propriété à un autre bien ne fait pas obstacle aux droits du créancier lorsque ces biens peuvent être séparés sans subir de dommage.

다른 물건에 소유권유보를 목적으로 하는 동산을 첨부하는 것은, 그 물건이 손해 없이 분리될 수 있는 경우에는 채권자의 권리에 장애가 되지 않는다.

제2371조

A défaut de complet paiement à l'échéance, le créancier peut demander la restitution du bien afin de recouvrer le droit d'en disposer.

① 이행기에 완제가 없는 경우, 채권자는 목적물의 처분권을 회복하기 위하여 물건의 반환을 청구할 수 있다.

La valeur du bien repris est imputée, à titre de paiement, sur le solde de la créance garantie.

② 반환된 물건의 가액은 담보된 채권의 잔액에 변제로서 충당된다.

Lorsque la valeur du bien repris excède le montant de la dette garantie encore exigible, le créancier doit au débiteur une somme égale à la différence.

③ 반환된 물건의 가액이 여전히 청구가능한 피담보채무액을 초과하는 경우, 채권자는 그 차액에 대하여 채무자에게 책임이 있다.

제2372조

Le droit de propriété se reporte sur la créance du débiteur à l'égard du sous-acquéreur ou sur l'indemnité d'assurance subrogée au bien.

소유권은 전득자에 대한 채무자의 채권 위에 또는 물건을 대신하는 보험금 위에 존속한다.

제2373조

Les sûretés sur les immeubles sont les privilèges, le gage immobilier et les hypothèques.

① 부동산에 관한 담보에는 우선특권, 부동산질권 및 저당권이 있다.

La propriété de l'immeuble peut également être retenue ou cédée en garantie.

② 부동산의 소유권도 담보로서 유보되거나 양도될 수 있다.

나. 상법전

제L.624-16조

(제1항 생략)

Peuvent également être revendiqués, s'ils se retrouvent en nature au moment de l'ouverture de la procédure, les biens vendus avec une clause de réserve de propriété. Cette clause doit avoir été convenue entre les parties dans un écrit au plus tard au moment de la livraison. Elle peut l'être dans un écrit régissant un ensemble d'opérations commerciales convenues entre les parties.

② 소유권유보약정으로 매각된 물건이 도산절차 개시 시에 현물로 존재하는 경우에도 반환될 수 있다. 이 약정은 서면으로 당사자 사이에서

적어도 인도 시까지 합의되어야 한다. 당사자 사이에서 합의되는 상거래 전체에 관한 서면으로도 소유권유보부 약정이 행해질 수 있다.

La revendication en nature peut s'exercer dans les mêmes conditions sur les biens mobiliers incorporés dans un autre bien lorsque la séparation de ces biens peut être effectuée sans qu'ils en subissent un dommage. La revendication en nature peut également s'exercer sur des biens fongibles lorsque des biens de même nature et de même qualité se trouvent entre les mains du débiteur ou de toute personne les détenant pour son compte.

③ 손해를 입지 않고 동산의 분리가 이루어질 수 있는 때에는, 다른 물건에 합체된 동산에 대하여도 동일한 요건 하에서 그 현물의 반환이 행해질 수 있다. 동일한 성질·동일한 특성의 물건이 채무자 또는 그의 계산으로 이를 소지하는 자에게 존재하는 때에는, 종류물에 대한 현물의 반환이 마찬가지로 행해질 수 있다.

Dans tous les cas, il n'y a pas lieu à revendication si, sur décision du juge-commissaire, le prix est payé immédiatement. Le juge-commissaire peut également, avec le consentement du créancier requérant, accorder un délai de règlement. Le paiement du prix est alors assimilé à celui des créances mentionnées au I de l'article L. 622-17.

④ 이 모든 경우에 수명법관의 결정으로 대금이 즉시 변제되는 경우에는 반환이 일어나지 않는다. 수명법관은 청구하는 채권자의 동의를 얻어 결제 기한을 부여할 수 있다. 제L.622-17조 I 의 채권의 청구권자에게도 매매대금의 변제가 간주된다.

참고문헌

〈국내문헌〉

[단행본]

고상용, 물권법, 법문사, 2001.

곽윤직, 채권각론 [민법강의 Ⅳ], 박영사, 제6판, 2005.

곽윤직·김재형, 민법총칙 [민법강의 Ⅰ], 박영사, 2012.

곽윤직·김재형, 물권법 [민법강의Ⅱ], 박영사, 2015.

권오승, 민법특강, 홍문사, 1994.

김상용, 물권법, 법문사, 1999.

김상용, 비교동산담보법, 법원사, 2011.

김용한, 물권법론, 박영사, 1975.

김주수, 채권각론(上), 삼영사, 1989.

김증한, 물권법, 박영사, 1983.

김증한, 물권법강의, 박영사, 1984.

김증한, 채권각론, 박영사, 1984.

김화진, 상법강의, 제2판, 박영사, 2015.

김현진, 동산·채권담보권 연구, 경인문화사, 2013.

김형배, 민법학강의, 신조사, 2015.

남효순·김재형 공편, 통합도산법, 법문사, 2006.

노영보, 도산법 강의, 박영사, 2018.

송덕수, 신민법강의, 제4판, 박영사, 2011.

송덕수, 물권법, 제2판, 박영사, 2014.

송옥렬, 상법강의, 제3판, 홍문사, 2013.

석광현, UNCITRAL 담보권입법지침연구, 법무부, 2010.

석광현, 국제사법해설, 박영사, 2013.

양창수·김재형, 민법 Ⅰ 계약법, 제2판, 박영사, 2015.

양창수·권영준, 민법 Ⅱ 권리의 변동과 구제, 제3판, 박영사, 2017.

양창수·김형석, 민법 III 권리의 보전과 담보, 제3판, 박영사, 2018.

양창수, 민법입문, 제7판, 박영사, 2018.

양창수, 독일민법전, 박영사, 2018.

양형우, 민법의 세계, 진원사, 2010.

오수근·한민·김성용·정영진, 도산법, 한국사법행정학회, 2012.

윤철홍, 물권법, 법원사, 2013.

이계정, 신탁의 기본법리에 관한 연구-본질과 재산독립성, 경인문화사, 2018.

이상태, 물권·채권 준별론을 취한 판덱텐체계의 현대적 의의, 건국대학교출판부,
2006.

이상태, 물권법, 법원사, 2011.

이시윤, 신민사집행법, 박영사, 2014.

이연갑, 신탁법상 수익자의 보호법리, 경인문화사, 2014.

이영준, 물권법, 박영사, 2009.

이태재, 채권각론신강, 진명문화사, 1978.

전병서, 도산법, 제3판, 문우사, 2016.

전병서, 민사집행법, 문우사, 2016.

제철웅, 담보법, 율곡출판사, 2017.

최병조, 로마법강의, 박영사, 2007.

최수정, 신탁법, 박영사, 2016.

현승종·조규창, 게르만법, 제3판, 박영사, 2001.

현승종·조규창, 로마법, 법문사, 2004.

서울지방법원, 회사정리실무, 2001.

서울지방법원, 파산사건실무, 2001.

법원행정처 사법지원실, 동산·채권담보 집행절차 해설, 법원행정처, 2013.

한불민사법학회, 개정프랑스민법전(물권법, 담보법) 번역 - 제2권(물건 및 소유권
의 변경) 및 제4권(담보), 법무부연구용역 보고서, 2017.

　　[주석서]

곽윤직 대표편집, 민법주해[VI], 김황식 집필부분, 박영사, 1992.

곽윤직 대표편집, 민법주해[VI], 박재윤 집필부분, 박영사, 1997.

곽윤직 대표편집, 민법주해[VI], 최병조 집필부분, 박영사, 1992.

곽윤직 대표편집, 민법주해[VIII], 서정우 집필부분, 박영사, 1992.

곽윤직 대표편집, 민법주해[Ⅷ], 류원규 집필부분, 박영사, 2001.

곽윤직 대표편집, 민법주해[Ⅺ], 이상훈 집필부분, 박영사, 1997.

곽윤직 대표편집, 민법주해[ⅩⅣ], 남효순 집필부분, 박영사, 1997.

곽윤직 대표편집, 민법주해[ⅩⅧ], 양창수 집필부분, 박영사, 2005.

김용담 대표편집, 주석민법[물권(1)], 홍성재 집필부분, 한국사법행정학회, 2011.

김용담 대표편집, 주석민법[채권각칙(1)], 최수정 집필부분, 한국사법행정학회, 2016.

로앤비온주, 채무자 회생 및 파산에 관한 법률 제141조 부분, 오민석 집필부분, 2015.

민일영 대표편집, 주석민사집행법[2], 이승영 집필부분, 한국사법행정학회, 2012.

손주찬 대표편집, 주석상법, 제3판[총칙·상행위(2)], 김진환 집필부분, 한국사법행정학회, 2003.

[논문]

강종구, 소유권유보의 연구: 독일의 이론동향을 중심으로, 서울대학교 석사학위 논문, 1987.

강태성, 소유권유보부 매매의 법적 구성과 효력, 법학논고 제9집, 1993.

권영준, 유럽사법(私法)통합의 현황과 시사점- 유럽의 공통참조기준초안(Draft Common Frame of Reference)에 관한 논쟁을 관찰하며, 비교사법 제18권 제1호(통권 제52호), 2011.

권영준, 담보거래에 관한 UNCITRAL 모델법의 주요 내용과 시사점, 비교사법, 2017.

권영준, 도산해지조항의 효력, 비교사법 제25권 제2호, 2018.

권오승, 소유권유보부매매, 해암 고창현 박사 화갑기념 민법학의 현대적 과제, 박영사, 1987.

김기선, 특수한 매매, 고시계 1980.9.

김범준, 동산 소유권유보부 매매의 매도인이 매수인에 대한 회생절차에서 매매 목적물에 대하여 환취권을 행사할 수 있는지 여부, 재판과 판례, 제24집, 대구판례연구회, 2015.

김상용, 소유권유보부매매에 관한 한·독비교, 연세대학교 법학연구소, 법학연구, 2009.

김성천, 소비자정책동향, 소유권유보의 법리와 비교법 고찰, 한국소비자원, 2013.

김우진, 소유권유보부매매 목적물의 부합과 부당이득, 민사판례연구[33-(상)], 2011.

김영주, 도산절차상 미이행 쌍무계약에 관한 연구, 서울대학교 대학원 박사학위 논문, 2013.

김영주, 계약상 도산해제조항의 효력, 선진상사법률연구 통권 제64호, 2013.

김영주, 미이행 쌍무계약에 대한 민법과 채무자회생법의 규율, 민사법학 제70호, 2015.

김은아, 개정 프랑스민법전에서의 채권양도, 아주법학 제12권 제3호, 2018.

김재형, 담보제도의 개혁방안-동산 및 채권담보를 중심으로, 저스티스, 2008.

김증한, 물권적 기대권론, 서울대학교 법학 제17권 제2호, 1976.

김증한, 물권적 기대권론, 민사법학 제1호, 1978.

김학동, 소유권유보부매매의 법률관계, 민사법학 제27호, 2005.

김현진, 프랑스法上 action en revendication과 action possessoire, 재산법연구, 제29권 제4호, 2013.

김현진, 개정 프랑스 채권법상 계약의 해제·해지, 민사법학 제75호, 2016.

김형석, 강제집행·파산절차에서 양도담보권자의 지위, 저스티스, 2009.

김형석, 점유자와 회복자의 법률관계와 부당이득의 경합, 서울대학교 법학 제49권 제1호, 2008.

김형석, 동산·채권 등의 담보에 관한 법률에 따른 동산담보권과 채권담보권, 서울대학교 법학 제52권 제3호, 2011.

김형석, 우리 담보제도 발전의 회고, 우리 법 70년 변화와 전망, 청헌 김증한 교수 추모논문집, 법문사, 2018.

남윤삼, 유럽 동산담보제도의 역사적 발전과 통일화 과정, 법학논총 제23권 제2호, 2011.

남효순, 프랑스민법의 물권변동법리, 사법연구 제3집, 청림출판, 1995.

남효순, 프랑스민법상의 부동산우선특권-개정담보법 2006을 중심으로, 민사법학 제49권 제2호, 2010.

남효순, 물권관계의 새로운 이해 - 물권 및 물권적 청구권 개념에 대한 새로운 이해의 단초 2, 민사법학 제63권 제1호, 2013.

남효순, 프랑스민법상 무체동산질권, 서울대학교 법학 제55권 제3호, 2014.

알랭 구리오, 남효순 역, 무체재산에 대한 담보물권(새로운 재산), 저스티스 통권 제141호, 2014.

남효순, 개정 프랑스민법전(채권법)상의 비채변제와 협의의 부당이득, 저스티스 제164호, 2018.

박훤일, 상사채권에 대한 새로운 담보수단의 모색-국제기구에서의 논의를 중심으로, 상사법연구 제21권 제1호, 2003.

문용선, 소유권유보부매매목적물의 제3취득자의 지위, 재판자료 제63집, 리스와 신용거래에 관한 제문제[상], 1994.

민주희, UCC상 소유권유보에 관한 연구, 무역상무연구 제75권 제1호, 2017.

민중기, 회사정리법 제103조 제1항 소정의 쌍무계약의 의미, 대법원판례해설 통권 제34호, 법원도서관, 2000.

Mauro Bussani, Michel Grimaldi, 박수곤 역, 소유권을 매개로 한 담보제도 - 대륙법제에 대한 일견, Les sûretés-propriétés: un aperçu du droit continental, 저스티스, 2014.

성중모, 유스티니아누스 법학제요 한글 初譯 - 제2권 번역과 注釋, 법사학연구, 第45號, 2012.

손건웅, 소유권유보약관부 월부매매에 대한 소고, 변호사 Ⅵ, 1975.

송덕수, 민법학과 나의 삶, 고시계, 2008.

서을오, 사비니의 물권계약론에 관한 학설사적 고찰, 법학논집 11권2호, 2007.

석광현, 도산국제사법의 제 문제 : 우리 법의 해석론의 방향, 사법 제4호, 2008.

양창수, 내용이 변동하는 집합적 동산의 양도담보와 그 산출물에 대한 효력, 민법연구 제5권, 1992.

양창수, 일본에서의 동산담보제도 개혁 논의, 민법연구 제9권, 박영사, 2007.

양창수, 독일의 동산담보개혁논의-비점유동산담보제도를 중심으로-, 서울대학교 법학 제44권 제2호, 2009.

양형우, 소유권유보에 관한 법적 고찰-법적 효력을 중심으로, 비교사법 제7권 제1호, 2000.

양형우, 독일의 연장된 소유권유보론의 우리 민법학에의 수용한계에 관한 고찰, 민사법학 제20호, 2001.

양형우, 파산절차상의 담보권, 민사법학 제29호, 2005.

양형우, 물권적 기대권론의 유용성, 민사법학 제37호, 2007.

양형우, 회생절차에서의 소유권유보와 매도인의 지위, 인권과 정의 제447호, 2015.

엄영진, 할부매매의 법률관계, 대왕사, 1985.

여하윤, 프랑스 민법상의 유체동산 질권(gage)에 관하여, 민사법학 제58호, 2012.

여하윤, 프랑스 민법상 자동해제조항(clause résolutoire)에 관하여, 민사법의 이론과 실무, 2017.

여하윤, 프랑스 민법상 재판상 해제(résolution judiciaire) 요건 검토, 재산법연구, 2017.

여하윤, 프랑스 민법상 해제권에 관하여, 법과 정책연구, 2017.

오수근, 도산실효조항의 유효성, 판례실무연구 IX, 박영사, 2010.

원용수, 프랑스 상법상 영업재산의 양도·담보 및 이용대차제도의 어제와 오늘, 법학연구, 충남대학교 법학연구소, 2010.

윤철홍, 물권적 기대권과 공시방법, 비교사법, 제11권 제1호, 2004.

이근식, 할부매매에 관한 문제점, 법조 제27권 제1호, 1978.

이동흡, 소유권유보부매매에 관한 입법론적 연구, 동아대학교 대학원 법학석사 학위논문, 1985.

이병준, 소유권이 유보된 재료의 부합과 부당이득반환청구, 자유와 책임 그리고 동행 : 안대희 대법관 재임기념 103-140, 자유와 책임 그리고 동행 : 안대희 대법관 재임기념, 사법발전재단, 2012.

이상영, 프랑스 소비자파산제도에 관한 연구, 비교사법 제7권 제1호(통권 제12호), 2000.

이성재, 동산담보대출제도 도입경과 및 향후 추진방향, 저스티스, 2013.

이성훈, 소유권유보부매매에 있어서의 매도인과 매수인의 지위, 재판자료 제63집, 리스와 신용거래에 관한 제문제(상), 1994.

이승우, 우리법과 독일법의 소유권유보의 실체법적 형성과 강제집행 비교 연구, 민사법연구 제8집, 2000.

이승우, 한국 민법과 독일 민법상 소유권유보의 법리 비교, 비교사법 제10권 제4호, 2003.

이은희, 개정 프랑스민법전상 급부반환, 법학연구, 제28권 제1호, 2017.

이연갑, 리스계약과 도산절차, 민사판례연구(28), 박영사, 2006.

이영준, 소유권유보, 고시계 제399호, 1990.

이주은, 개정 프랑스민법상 조건부채무(L'obligation conditionnel), 아주법학 제12권 제3호, 2018.

이준형, 프랑스민법전 담보법 개정(2006년)의 기본방침과 개요-그리말디보고서를 중심으로-, 민사법학 제49권 제2호, 2010.

이지은, 일반우선특권에 관한 연구: 프랑스법상 우선특권(Privilèges)과의 비교를 중심으로, 서울대학교 박사학위논문, 2011.

임건면, 소유권유보의 의의와 형태, 경남법학 제9집, 1994.

장병일, 스위스 민법상의 소유권유보부 매매의 기능과 법적 지위, 외법논집, 제37권 제1호, 2013.

정소민, 채권담보제도에 관한 연구 - 동산·채권 등의 담보에 관한 법률을 중심으로-서울대학교 박사학위논문, 2012.

정소민, 채권담보제도의 현대화-DCFR과 우리나라의 채권담보제도의 비교를 중심으로- 민사법학 제61호, 2012.

정소민, 도산법상 소유권유보부 매매의 매도인의 지위, 민사판례연구[37], 박영사, 2015.

정소민, 파산법상 동산담보권자의 지위에 관한 연구 -도산절차 개시 전과 후의 동산담보권의 실행방법 비교를 중심으로- (A Study on Secured Creditor's Right Under the Bankruptcy Law), 금융법연구, 제13권 제1호, 2016.

정옥태, 등기원인증서의 공증과 독일의 Auflassung 실례, 고시연구 17(6), 1990.

정옥태, 물권적 기대권, 사법연구, 제1집, 1992.

정재훈, 담보부거래(secured transaction)에 관한 유엔상거래위원회(UNCITRAL) 논의 의 최근 동향, 국제규범의 현황과 전망 : 2013년 국제규범연구반 연구보 고 및 국제회의 참가보고 3-32, 법원행정처, 2016.

정진세, 은행의 보증인에 대한 담보보존의무(상)-프랑스법을 참조하여- 사법행정, 1994.

정태윤, 프랑스 신탁법, 비교사법 제19권 3호(통권58호), 2012.

최병조, D. 18. 1. 6. 1 (Pomp. 9 ad Sab.)의 釋義- 로마법상 매매실효약관(D. 18. 3)의 법리, 현대민사법연구, 법문서, 2002.

최종길, 소유권유보부매매의 법률효과에 관한 연구-그 매수인의 법적지위를 중 심으로, 서울대학교 법학 제9권 제2호, 1967.

하순일, 동산담보등기를 이용한 담보권설정 및 그 효력에 관한 제문제-집합동산 을 담보로 제공하는 경우를 중심으로, 사법논집 제59집, 2014.

한 민, 미이행쌍무계약에 관한 우리 도산법제의 개선방향, 선진상사법률연구 통 권 제53호, 2011.

한 민, 자산금융과 최근 도산법 쟁점, BFL 제90호, 2018.

한 민, 기업구조조정촉진법의 재입법과 개선과제, BFL 제91호, 2018.

홍성만, 리스계약과 위험부담, 리스와 신용거래에 관한 제문제[나], 법원행정처, 재판자료 제63집, 1994.

황적인, Eigentumsvorbehalt und Sicherungsubereignung - Bd. 1: Der einfache Eingentumsvorbehalt, 1963 Bd. 2: Die einfache Sicherungsubereignung-1. Teil, 1965 von Rolf Serick -, 서울대학교 법학 제10권 제1호, 1968.

황한식, 리스계약의 법적 성질, 리스와 신용거래에 관한 제문제[나], 법원행정처, 재판자료 제63집, 1994.

〈외국문헌〉

[단행본]

Association Henri Capitant, Vocabulaire juridique, sous la direction de G Cornu: PUF, 11e éd, 2015.

Ch. Albiges et M. Dumont-Lefrand, Droit des sûretés, 3e éd., Dalloz, 2011.

P. Ancel, Droit des sûretés, 6e éd., LexisNexis, 2011.

L. Aynès et P. Crocq, Droit des sûretés, 10e éd., L.G.D.J., 2016.

Baur/Stürner, Sachenrecht, Beck, 18.Auflange, 2009.

J.-L. Bergel, M. Bruschi et S. Cimamonti, Traité de droit civil, Les biens, L.G.D.J. lextenso éditions, 2010.

R. Bork, Principles of Cross-Border Insolvency Law, Intersentia Ltd, 2017.

M. Bourassin, V. Brémond et M.-N. Jobard-Bachellier, Droit des sûretés, 2e éd., Dalloz, 2010.

Cl. Brenner, Procédures civiles d'exécution, 8e éd., Dalloz, 2015.

Bundesministerium der Justiz, Erster Bericht der Kommission für Insolvenzrecht proposition, West, 1985.

M. Cabrillac et Ch. Mouly, Droit des sûretés, 6e éd., Litec, 2002.

M. Cabrillac, Ch. Mouly, S. Cabrillac et Ph. Pétal, Droit des sûretés, LexisNexis, 2009.

S. Calme, La réserve de propriété de droit français et de droit allemend dans le contexte européen, une contribution au droit international de l'insolvabilité, PETER LANG, 2011.

G. Chantepie et M. Latina, La réforme du droit des obligations, commentaire théorique et pratique dans l'ordre du Code civil, Dalloz, 2016.

F. Chénedé, Le nouveau droit des obligations et des contrats, consolidations-innovations-perspectives, Dalloz, 2016.

P. Crocq, Propriété et garantie, LGDJ, 1995.

I. Davies, Retention of title clauses in sale of goods contracts in europe, Routledge, 1999.

O. Deshayes, Th. Genicon et Y.-M. Laithier, Réforme du droit des contrats, du régime général et de la preuve des obligations, commentaire article par article, LexisNexis, 2016.

W. Dross, Clausier, Dictionnaire des clauses ordinaires et extraordinaires des contrats de *droit privé interne*, 3e éd., LexisNexis, 2016.

W. Faber/B. Lurger, *National reports on the transfer of movables in europe, Vol. 3, Germany, Greece, Lithuania, Hungary, Germany, Greece, Lithuania, Hungary, Munich*, Sellier European Law Publishers, 2011.

B. Foex, *Le ⟨numerus clausus⟩ des droits réels en martière mobilière*, Collection Juridique Romande, Payot, Lousannem 1987.

G. Gilmore, *Security interests in personal property*, Vol Ⅰ, LTD, 1999.

P. F. Girard, *Manuel élémentaire de droit roman*, 8e éd., Paris, 1929.

G. Goubeaux, *La règle de l'accessoire en droit privé*, Bibl. dr. privé, tome XCIII, L.G.D.J. 1969.

S. Guinchard, Fr. Ferrand et C. Chainais, *Procédure civil*, 4e éd., DALLOZ, 2015.

F. Hamon et M. Troper, *Droit constitutionnel*, 33e éd., L.G.D.J., 2012.

L. Hot, *Droit Romain Des droits du vendeur non payé, Droit Français Des droits du vendeur non payé, En cas de Faillite ou de Liquidation judiciaire de l'acheteur*, thèse pour le doctorat, Libraire du recueil général des lois et des arrêts et du journal du palais, 1893.

J. Huet, Traité de droit civil, Les principaux contrats spéciaux 2e éd., L.G.D.J, 1996.

M. Kaser, *Roman private law*, 4th ed., University of South Africa, 1984.

E.-M. Kieninger(ed), *Security rights in movable property in european private law*, CAMBRIDGE, 2009.

P.-M. Le Corre, *Droit et pratique des procédures collectives*, 8e éd., dalloz, 2014.

D. Legeais, *Droit commercial et des affaires*, 19e éd., Sirey Université, 2011.

D. Legeais, *Droit des sûretés et garanties du crédit*, 11e éd., L.G.D.J., 2017.

J.-Ph. Lévy et A. Castaldo, *Histoire du droit civil*, 2e éd., Dalloz, 2010.

A. Lienhard, *Procédures collectives*, 7e éd., Encyclopédie Delmas pour la vie des affaires, 2016.

M. Maaß, *Die Geschichte des Eigentumsvorbehalts; insbesondere im 18. und 19. Jahrhundert*, Peter Lang, 2000.

Ph. Malaurie, L. Aynès et P.-Y. Gautier, *Les contrats spéciaux*, 5e éd., DEFRÉNNOIS, 2011.Ph. Malaurie et L. Aynès, *Les biens*, 6e éd., Dalloz, 2015.

G. Marty et P. Raynaud, *Droit civil, t. Ⅰ, Introduction générale à l'étude du droit*, 2e éd., Sirey, 1972.

G. Marty et P. Raynaud, *Droit civil, Les biens*, 2e éd., Sirey, 1980.

G. Marty et P. Raynaud, *Droit Civil, t. Ⅰ, Les obligations*, 2e éd., Sirey, 1987.

G. Marty et P. Raynaud, *Droit Civil*, t. *III* vol. *2*, *Les Séretés La Publicité Foncière*, Sirey, 1987.

P. Mayer et V. Heuzé, *Droit international privé*, 10ᵉ éd., Montchristien, 2010.

H., L. et J. Mazeaud et F. Chabas, *Leçons de droit civil, t. I., Introduction à l'étude du droit*, 12ᵉ éd., Montchrestien, 2000.

H., L. et J. Mazeaud et F. Chabas, *Leçons de droit civil, t. III vol. 1ᵉʳ, Sûretés Publicité foncière*, 7ᵉ éd, par Y. Picod, Montchrestien, 1999.

H., L. et J. Mazeaud et F. Chabas, *Leçon de Droit civil, t. III, vol. 2, Principaux contrats: vente et échange*, Montchrestien, 7ᵉ éd., par Michel de Juglart, Paris, 1987.

H., L. et J. Mazeaud et F. Chabas, *Leçons de droit civil, t. II, Biens, Droit de propriété et ses démembrements*, 8ᵉ éd., Montchrestien, 1994.

H., L. et J. Mazeaud et F. Chabas, *Leçons de droit civil, t. II, vol. 1ᵉʳ, Obligations, théorie générales*, 9ᵉ éd., par F. Chabas, Montchrestien, 1998.

B. Mercadal, *Réforme de droit des contrats*, Francis lefebvre, 2016.

J. Mestre, E. Putman et M. Billiau, *Traité de droit civil, Droit commun sûretés réelles théorie générale*, LGDJ, 1996.

M. Mignot, Droit des sûretés, Montchrestien, lextenso, 2010.

M. Niboyet et Géraud de Geouffre de la Pradelle, *Droit international privé*, 4ᵉ éd, L.G.D.J., 2013.

R. Perrot et Ph. Thery, *Procédures civiles d'exécution*, 3ᵉ éd., Dalloz, 2013.

F. Pérochon, *Entreprises en difficulté*, 10ᵉ éd., LGDJ, 2014.

Ph. Pétel, *Procédures collectives*, 6ᵉ éd., DALLOZ, 2009.

Y. Picod, *Droit des sûretés*, Presse universitaires de France, 2011.

M. Planiol et G. Ripert, *Traité pratique de droit civil français, Les biens*, par M. Picard, 2ᵉ éd., tIII Paris, 1952.

P. Puig, *Contrats spéciaux*, Dalloz, 6ᵉ éd., 2015.A. C. Renouard, *Traité des faillites et banqueroutes*, t.2, Paris, 1857.

G. Ripert et R. Roblot, *Traité de droit commercial*, t. 2, 12ᵉ éd., L.G.D.J, 1990.

F. Schulz, *Classical roman law*, Oxford, 1954.

R. Serick, *Les sûretés réelles mobilières en droit allemand, vue d'ensemble et principes généraux*, LGDJ, 1990.

J.-B. Seube, *Droit des sûretés*, 5ᵉ éd., Dalloz, 2010.

S. Singleton, *Retention of title : How to keep ownership of your goods and recover them when a buyer goes under*, Thorogood, 2010.Ph. Simler et Ph.

Delebecque, *Droit civil, Les sûretés, la publicité foncière*, 6ᵉ éd., Dalloz, 2012.

F. Terré et Ph. Simler, *Droit civil, Les biens*, 8ᵉ éd., Dalloz, 2010.

F. Terré, Ph. Simler et Y. Lequette, *Droit civil, Les obligations*, 10ᵉ éd., Dalloz, 2009.

E. Thaller, *Traité élémentaire de droit commercial*, Arthur Rousseau, 1898.

Ch. von Bar and E. Clive, *Principles, definitions and model rules of european private law, draft common frame of reference (DCFR)*, VOLUME VI, Oxford University Press, 2010.

J. J. White and R. S. Summers, *Uniform commercial code Sixed Edition*, West, 2010.

R. Zimmermann, *The law obligations, Roman foundations of the civilian tradition*, C.H. Beck'sche Verlagsbuchhandlung, 1992.

Zulueta, *The roman law of sale*, Oxford, 1949.

道垣內弘人, 買主の倒産における動産売主の保護, 有斐閣, 1997.

道垣內弘人, 非典型擔保法の課題, 現代民法研究 II, 有斐閣, 2015.

米倉明, 所有權留保の研究, 新青出版, 1997.

米倉明, 擔保法の研究, 新青出版, 1997.

伊藤眞, 破散法新版, 有非閣, 1991.

伊藤眞, 破産法·民事再生法[第3版], 有斐閣, 2014.

伊藤進, 物的擔保論, 信山社, 1994.

小梁吉章, フランス倒産法, 信山社, 2005.

石口修, 所有權留保の現代的課題(久留米大学法政叢書), 成文堂, 2006.

田井義信, 岡本詔治, 松岡久和, 磯野英德, 新 物權, 擔保物權法, 法律文化社, 2002.

松岡久和, 擔保物權法, 日本評論社, 2016.

能見善久, 加藤新太郎, 論点体系 判例民法 3 擔保物權 第2版, 第一法規, 2013.

[주석서 등]

R. Bour, 《Saisie-appréhension》, *Rép. pr. civ.*, Dalloz, 2015.

P. Crocq, *Juris-classeur civil Art, 2367 à 2372*, LexisNexis, 2008.

J.-P. Dumas et M. Cohen-Branche, 《Cession et nantissement de créances professionnelles》, *Rép. Com.*, Dalloz, 2006.

G. Duranton, 《Crédit-bail immobilier》, *Rep. com.*, Dalloz, 2000.

C. François, 《Présentation des articles 1321 à 1326 de la nouvelle section 1 "La cession de créance"》, La réforme du droit des contrats présentée par l'IEJ de Paris

1, https://iej.univ-paris1.fr/openaccess/reforme-contrats/titre4/chap2/sect1-cessio n-creance/ [consulté le 09/12/2020]

C. Hannoun et Y. Guenzoui, 《Terme》, *Rép. civ.*, Dalloz, 2008.

Ch. Lefort, 《Saisie-revendication》, *Rép. pr. civ.*, Dalloz, 2008.

D. Legeais, 《Sûretés》, *Rép. civ.*, Dalloz, 2016.

A. Martin-Serf, 《Entreprise en difficulté : nullités de la période suspecte》, *Rép. com.*, Dalloz, 2017.

Ott/Vuia, Münchener Kommentar zur Insolvenzordnung, Band 2, 3.Auflage, 2013.

R.-N. Schütz, 《Location-vente》, *Rép. civ.*, Dalloz, 2016.

Thole, Münchener Kommentar zur Insolvenzordnung, Band 3, 3.Auflage, 2014, § 351.

D. Voinot, 《Réserve de propriété》, *Rep. com.* Dalloz, 2008.

Westermann, Münchener Kommentar zum BGB, Band 3, 7.Auflage, 2016, § 449.

[논문]

J. Acquaviva et C. Bacrot, 《La clause de réserve de propriété en droit affaires》, *Gaz. Pal.* 1980, Chr. p.526s.

Annick de Martel-Tribes, 《Les clauses de propriété : deux enseignements tires d'un échec》, *JCP* 1977 I 2875.

M. Bandrac, 《Nature juridique de la propriété réservée》, *RTD Civ.* 1990. 121.

Cass. Civ. 28 mars et 22 et oct. 1934: *S.* 1934, I, 337, note Esmein.

Cass. Civ. 28 mars et 22 oct. 1934: *DP* 1934 I 151, note J. Vandamme.

Cass. Com., 24 mai 1948 : *JCP* 1948 II 4568, note J. Becqué.

Cass. 1re civ., 3. mai 1973, *Clunet* 1975. 74 note Fouchard.Cass. Com., 24 sept. 2002 : *JCP* G 2003, I 134 note J-J. Caussain, F. Deboissy et G. Wicker.

J. Carbonnier, 《L'influence du paiement du prix sur le transfert de la propriété dans le vente》, in Travaux et conférences de l'Université Libre de Bruxelles, VIII, 1960.

P. Crocq, 《Propriété-garantie. Réserve de propriété. Etre ou ne pas être un accessoire: le sort de la réserve de propriété en cas de défaut de déclaration de sa créance par le vendeur》, *RTD Civ.* 1996. 436.

P. Crocq, 《La réserve de propriété》, *JCP* 2006 I. n°6.

P. Crocq, 《Réserve de propriété: subrogation et inopposabilité d'une exception d'inexécution par le sous-acquéreur》, *RTD civ.* 2011. 378.

M. Cabrillac et Ph. Pétel, 《Redressement et liquidation judiciaires des entreprises》, *JCP G* 1994, I , 3799.

P. Danos, 《Exceptions inhéntes à la dette et subrogation réelle sur la créance de prix de revente》, *JCP E* 2011. 1366.

J. Ghestin, 《Réflexions d'un civiliste sur la clause de réserve de propriété》, *D.* 1981. p.1s

A. Ghozi, 《Nature juridique et transmissibilité de la clause de réserve de propriété》, *D.* 1986. chron. p.317.

T. Håstad, "*General aspects of transfer and creation of property rights(comments)*" in U. Dronnig/H. J. Snijders/E.-J. Zippro, Divergences of Property Law, an Obstacle to the Internal Market?, European Law Publighers, 2006.

R. Houin, 《L'introduction de la clause de réserve de propriété dans le droit français de la faillite》, *JCP* I 2978.

Hübner, Zur dogmatischen Einordnung der Rechtsposition des Vorbehaltskäufers, *NJW* 1980.

A. Kornmann, 《Propriété et procédures collectives : vers en succédané des sûretés?》, *Rev. Jurispr. Com.* 1991.

Les P.-M. Le Corre, 《Les incidences de la réforme du droit des sûretés confrontés aux procédures collectives》, *JCP E* 2007. 1185.

H. Lévy-Bruhl, 《Étude historique sur la revendication du vendeur de meuble en matièrede faillite》, *Annales de droit commercial* 1938.

E. Massin, 《Les droits du vendeur de meubles impayés en vas de cessation des paiements de l'acheteur》, *RJ com.*, 1973, p.208.

A. Martin-Serf, 《Clause de réserve de propriété. Hypothèque maritime sur le navire, Revendication du moteur du navire vendu avec réserve de propriété》, *RTD com.* 1994. 790.

A. Martin-Serf, 《Clause de réserve de propriété. Choses fongibles. Revendication de biens semblables (oui). Confusion des sommes revendiquées avec d'autres valeurs du patrimoine du débiteur》, *RTD com.* 2000. 180.

A. Martin-Serf, 《Procédure, Procédure préliminaire obligatoire devant le mandataire de justice, Action en revendication intentée directement devant le juge-commissaire, Irrecevabilité》, *RTD com.* 2002. 159.

Mülbert, Das existente Anwartschaftsrecht und seine Alternativen, AcP 2002 Bd. 202.

F. Pérochon, 《La réserve de propriété dans la vente de meubles corporels》,

Bibliothèque de droit de l'entreprise, volume 21, Litec, 1988.

F. Pérochon, 《Revendication du prix de marchandises dont l'existence en nature est déterminée au jour de la délivrance au sous-acquéreur. Marchandise montée sur une chaîne d'assemblage n'ayant perdu ni son identité, ni son autonomi e》, D. 1996. 219.

C. Saint-Alary-Houin, 《La sécurisation financière des relations entre maîtres de l'ouvrage et contructeurs dans les marchés privés》, RD imm. 2005. 363.

G. Schiemann, Über die Funktion des pactum reservati dominii während der Rezeption des römischen Rechts in Italien und Mitteleuropa, SZ (Rom.) 93 (1976).

山野目章夫, フランス破産法制にをける所有權留保売買の処遇, 判例タイムズ, no 507, 1983.

[데이터베이스]

프랑스 Dalloz.fr ： http://lps3.www.dalloz.fr.libproxy.snu.ac.kr/

독일 Beck-online ： http://lps3.beck-online.beck.de.libproxy.snu.ac.kr/Home

찾아보기

■ 김은아

이화여자대학교 법과대학 졸업
법학박사(서울대학교)

서강대, 성신여대, 한성대, 동국대 강사 역임
현재 서울대학교 법학연구소 객원연구원
　　　강원대학교 법학전문대학원 강사

주요논문 및 저서

· 지명채권양도에 있어서 "이의를 유보하지 아니한 승낙"에 관한 연구, 서울대학교 대학원 법학석사학위 논문(2008. 2)
· 소유권유보에 관한 연구 - 프랑스법과의 비교를 중심으로, 서울대학교 대학원 법학박사학위 논문(2019. 2)
· 개정 프랑스채권법 해제, 한불민사법학회(분담집필), 박영사(2021)
· "개정 프랑스민법전에서의 채권양도", 아주법학 제12권 제3호(2018)
· "프랑스법을 통해서 본 도산절차상 소유권유보의 담보적 성질", 민사법학 제87호(2019)
· "대리권남용의 법적처리에 관한 연구 - 대법원 2018. 4. 26. 선고, 2016다3201 판결(공2018상, 963)을 중심으로 -", 비교사법 제26권 제4호(2019)
· "프랑스법에서의 친권남용에 관한 연구 - 프랑스의 친권남용에 대한 해결방법과 우리법과의 비교 및 개선방향에 관하여 -", 경희법학 제54권 제4호(2019)
· "미성년자녀의 재산에 대한 친권자의 대리권 행사범위와 그 한계 - 독일, 프랑스, 일본법과의 법제 비교를 중심으로 -", 가족법연구 제34권 제3호(2020)

소유권유보에 관한 연구

초판 1쇄 인쇄 │ 2021년 03월 19일
초판 1쇄 발행 │ 2021년 03월 29일

지 은 이   김은아

발 행 인   한정희
발 행 처   경인문화사
편   집   유지혜 김지선 박지현 한주연
마 케 팅   전병관 하재일 유인순
출판번호   제406-1973-000003호
주   소   경기도 파주시 회동길 445-1 경인빌딩 B동 4층
전   화   031-955-9300 팩   스   031-955-9310
홈페이지   www.kyunginp.co.kr
이 메 일   kyungin@kyunginp.co.kr

ISBN   978-89-499-4948-2 93360
값 28,000원